LA GUERRE AÉRIENNE
1939 - 1945

CHRISTIAN-JACQUES EHRENGARDT

LA GUERRE AÉRIENNE
1939 - 1945

TALLANDIER

Maquette Delacroix Assistance Graphique

© Éditions Tallandier, 1996.
25, boulevard Malesherbes, 75008 Paris.
ISBN : 2-235-02157-3

INTRODUCTION

L'AVIATION a-t-elle gagné la guerre ? La réponse ne peut être que nuancée, car sans les sous-marins, les Américains n'auraient pas asphyxié le Japon en coulant sa flotte de commerce qui transportait les matières premières indispensables à son économie de guerre, sans les navires de surface les Alliés auraient perdu la bataille de l'Atlantique et, avec, toute chance de gagner la guerre, sans les blindés et l'infanterie, l'Europe occidentale n'aurait jamais été libérée du joug de l'Allemagne nazie.

Les premières campagnes de la Seconde Guerre mondiale montrent d'une manière très claire que toute offensive terrestre ou maritime ne peut être conclue victorieusement sans l'appui de l'aviation et sans l'obtention préalable de la supériorité aérienne sur le champ de bataille. Mais, contrairement aux idées reçues, l'avion ne peut à lui seul emporter la décision. Il n'est qu'une arme complémentaire, indispensable, certes, mais en aucun cas absolue.

Lorsque la guerre éclate, le 1er septembre 1939, les états-majors et les populations s'attendent à des raids aériens massifs écrasant tout sur leur passage. Les théories des grands stratèges de l'entre-deux guerres s'effondrent sous le poids des réalités techniques et économiques : à cette époque, les bombardiers ne sont ni assez puissants ni assez nombreux pour forcer la victoire. Pire, ils se révèlent vulnérables à un type d'avion que beaucoup de pays portés sur l'offensive ont négligé : le chasseur. Trenchard, Douhet, Wever et les autres avaient tous tort, car plus que le bombardier, c'est l'avion de chasse qui dominera le ciel pendant la guerre. Les offensives nocturnes sont un aveu d'impuissance, l'impuissance des bombardiers face à la chasse ennemie. Or, de nuit, l'efficacité des raids laisse une large place au doute. La seule solution viable consistera à développer des chasseurs monomoteurs diurnes à long rayon d'action.

COMME LE DISAIT si justement Alphonse Allais, il n'y a rien de plus difficile à prédire que l'avenir. Toutes les réflexions, toutes les doctrines, tous les concepts ont été élaborés en temps de paix, à partir de suppositions, d'hypothèses et de postulats dont personne ne pouvait savoir s'ils résisteraient à la dure réalité des faits. Toutes les forces aériennes, sans exception, se sont armées en fonction d'un éventuel conflit dont aucun état-major ne pouvait prévoir la véritable nature, ni les répercussions que celle-ci aurait inévitablement sur la théorie. Plus malins que les autres, Américains et Britanniques ont cherché à adapter la guerre à leur conception de l'aviation stratégique, jusqu'à ce que la *Luftwaffe* les remette en face des réalités et leur fasse comprendre qu'ils prenaient le problème à l'envers.

La grande question qui agite les historiens depuis 1945 consiste finalement à étalonner le degré de réussite des bombardements stratégiques. Sans me lancer dans une bataille de statistiques, je ne retiendrai que deux chiffres : en 1944, la production aéronautique allemande augmente de 60 % par rapport à celle de l'année précédente et la production d'essence synthétique atteint encore 60 % de la capacité totale des raffineries en décembre 1944, malgré de violents raids de mai à juillet. Le seul résultat tangible des bombardements stratégiques se résume à la limitation de l'augmentation de la production pétrolière et aéronautique allemande.

Comme les Allemands en ont fait l'expérience en 1940, on ne gagne pas la guerre en rasant les villes. Les Alliés ont reproduit cette erreur d'appréciation. Même si la population civile allemande a nourri un certain ressentiment envers le parti, les pouvoirs publics et la *Luftwaffe*, à aucun moment l'Allemagne ne s'est trouvée confrontée à la même situation qu'en octobre 1918.

Plus sûrement que les centaines d'hectares passés au napalm, le manque de matières premières et une organisation déficiente héritée des années d'avant-guerre ont entraîné la chute de l'économie de guerre du Japon. Il ne restait plus alors qu'à procéder à la mise à mort. Ce fut un bombardier solitaire qui allait mettre un terme à la guerre du Pacifique — ultime aboutissement des théories de Douhet ou épiphénomène somme toute marginal ?

Que le lecteur ne se méprenne pas sur la portée de ces quelques lignes. Cet ouvrage n'a pas pour but de soutenir une quelconque thèse universitaire, dont le seul intérêt consiste généralement à fournir à l'auditoire un neuroleptique sans étiquette rouge ni effets secondaires. Il n'a pas non plus pour vocation de traiter tous les aspects de la guerre dans le ciel. Les questions industrielles, économiques, politiques ou techniques ne sont abordées ici que superficiellement et dans le seul souci de permettre une meilleure analyse des causes et des conséquences des actions décrites.

La guerre, quel que soit l'élément dans lequel elle s'est déroulée, n'a été qu'une longue succession d'engagements, dont la narration détaillée aurait eu tendance à assimiler cet ouvrage à une encyclopédie qu'il n'a pas la prétention d'être. Toutefois, toutes les campagnes ont été marquées par des faits dont les acteurs, les circonstances et les conséquences ont retenu l'attention. L'aviation n'a pas échappé à cette règle. Le choix de ces actions exceptionnelles n'a pas manqué. Il a donc fallu trancher d'une manière, je l'accorde volontiers, tout à fait arbitraire, en retenant parfois des opérations jugées mineures, en omettant souvent d'autres peut-être mieux connues.

Les chapitres tentent de suivre deux logiques différentes. En premier lieu viennent les grandes batailles, significatives sinon décisives, comme Pearl Harbor, Ploesti ou Midway, qui peuvent être traitées en détail car elles offrent une unité de lieu et de temps. Pour les longues campagnes, j'ai essayé soit de trouver un fil conducteur (comme par exemple la biographie de Hans-Joachim Marseille pour la guerre du désert), soit d'extraire un point culminant ou une action qui sorte de l'ordinaire (le raid sur Hambourg ou la mort de Yamamoto)

L'aviation a-t-elle gagné la guerre ? Le lecteur trouvera peut-être la réponse dans cet ouvrage. Ce n'est pas, a priori, sa vocation. Quoi qu'il en soit, j'en suis bien conscient, le débat reste ouvert.

PREMIÈRE PARTIE

1939 - 1941
LES ANNÉES NOIRES

I
LE PONT DE TCZEW
La campagne de Pologne

C'est à l'aviation que revient le contestable honneur de lancer la première et la dernière bombe de la Seconde Guerre mondiale. Peut-elle rêver d'une meilleure démonstration de l'importance qu'elle va prendre sur un champ de bataille moderne ? Symboles mêmes de la guerre éclair qui va submerger le monde occidental, les *Stuka* frappent les premiers la Pologne endormie. Combien de millions de bombes vont suivre en six ans celles qui s'abattent à l'aube de ce 1er septembre 1939 sur la petite ville de Tczew[1] ?

1. Tczew s'appelle Dirschau en allemand. Elbing est devenu Elblag. À la question posée, on peut répondre approximativement 2,1 millions de tonnes en Europe et plus de 153 000 tonnes lancées sur le Japon.

LA PREMIÈRE ATTAQUE DES *STUKA*

« L'*Oberleutnant* Bruno Dilley, *Staffelkapitän* de la 3./St.G.1, écarquille les yeux pour tenter d'apercevoir quoi que ce soit de l'habitacle de son Ju 87B. Peine perdue, il n'arrive pas à s'orienter. Il est entouré de bancs de brouillard. Pour lui, ce vol ressemble à un cauchemar. Mais, son manche à balai est bien réel, son moteur Junkers ronronne et, derrière lui, dos à dos, le *Feldwebel* Kather, son radio-mitrailleur, s'évertue à ne pas perdre de vue les deux autres appareils de sa section.

« Pas plus tard qu'hier, Dilley aurait traité de fou celui qui aurait exigé de lui qu'il vole dans une telle purée de pois. Mais, c'est lui qui a été choisi pour

▲ Le *Generalfeldmarschall* Wolfram von Richthofen a été avant la guerre l'un des détracteurs acharnés du *Stuka*. Par un curieux coup du sort, il commande à partir de septembre 1939 l'un des plus performants corps aériens de... *Stuka*.
(Archives A.W. Krüger)

Un Junkers Ju 87B-1 de la 2./St.G. 1 en vol ▶ dans la région d'Elbing (Prusse Orientale), trois jours avant le début de la Seconde Guerre mondiale. (ECPA)

Les années noires — 9

▲ Un PZL P.11c de l'escadrille 113 détruit au sol par la *Luftwaffe*. Même si, contrairement à ce que croient les Allemands, l'aviation polonaise n'a pas été totalement anéantie le premier jour de la guerre, cela ne fait aucune différence car, dès le 3 septembre, l'aviation polonaise ne représente pratiquement plus aucune menace. (ECPA)

effectuer la première mission de cette guerre et pour lancer les premières bombes de la guerre. Alors…

« Le plan allemand a prévu l'établissement rapide d'une liaison entre le Reich et la Prusse Orientale. Le ravitaillement de la 3e armée s'effectuera ainsi par voie ferrée. Or, il existe un dangereux goulet d'étranglement, le pont de Tczew sur la Vistule : il ne faut pas que ce pont saute. Un groupement tactique commandé par le colonel Medem doit partir de Marienburg avec une colonne de blindés pour enlever le pont. Le rôle dévolu à la *Luftwaffe* est de maintenir les Polonais collés au sol et d'empêcher qu'ils fassent sauter le pont avant l'arrivée de Medem.

« Cette mission a été confiée à Dilley. Ce n'est pas le pont qu'il doit toucher, mais les charges situées près de la gare et prêtes à déclencher l'explosion. Une cible minuscule, un point sur le plan de la ville, rien de plus. À longueur de journées, Dilley et ses équipiers se sont exercés sur des cibles près de leur base d'Insterburg. Plusieurs fois, ils ont pris l'express Berlin-Königsberg, et en passant sur le pont de Tczew, ils ont aperçu les cordons de mise à feu courant le long du remblai sud, entre la gare et le pont. Ils ont établi leur plan : attaquer en piqué et lancer le plus bas possible leurs bombes sur le remblai !

« La veille même, ils ont été transférés d'Insterburg à Elbing en vue de cette mission spéciale. Et voilà le brouillard ! Il est là, à cinquante mètres de hauteur à peine, et ses lambeaux traînent jusqu'à la surface du sol. Dilley risque le coup. D'Elbing à Tczew, il n'y a qu'un saut de puce, huit minutes de vol. Le chef d'escadrille a pris place dans le premier appareil, l'*Oberleutnant* Schiller dans le second et le troisième a été confié à un sergent chevronné.

« 4h26 — Dès la première lueur de l'aube, ils décollent et virent vers le sud en volant à travers le brouillard, au ras de la cime des arbres. 4h30 — Très précisément, un quart d'heure avant le début "officiel" de la guerre, ils aperçoivent la bande étroite et sombre de la Vistule. Cap au nord, Dilley remonte le fleuve. Il sait désormais qu'il ne peut pas manquer le pont. Contrairement à ses craintes, il l'aperçoit déjà : il ne peut pas manquer un énorme ouvrage de fer comme ça.

« 4h34 — Toute la région semble plongée dans une paix profonde. Les trois *Stuka*, à dix mètres du sol, foncent sur le remblai à gauche du pont ; chacun porte une bombe de 250 kg sous le fuselage et quatre bombes de 50 kg sous les ailes. Juste avant le remblai, Dilley

Descendu par l'omniprésente chasse allemande, ce PZL P.23 de l'escadrille 42, rattachée à l'armée Pomorze, a terminé sa course dans un champ.
(Archives H. Obert)
▼

10 — La Guerre aérienne 1939-1945

2. *Angriffhöhe 4000, Ein Kriegstagebuch der deutschen Luftwaffe* — C.Bekker — Gerhard Stalling Verlag, Hambourg, 1964.

appuie sur la détente, cabre aussitôt son appareil et franchit la voie ferrée d'un bond, tandis que ses bombes explosent de l'autre côté. Les deux autres avions le suivent, de chaque côté. Leurs bombes font mouche également.

« C'est la première attaque des *Stuka* dans la Seconde Guerre mondiale — un quart d'heure avant l'heure fixée[2] ».

LA PRUDENCE DE GÖRING

Depuis le 24 août, la *Luftwaffe* a massé une armada aérienne forte de 1 302 avions le long des frontières orientales du Reich. Ces avions, parmi lesquels 897 bombardiers de toute nature, sont répartis en deux flottes aériennes : la *Luftflotte* 1 du général Kesselring et la *Luftflotte* 4 du général Löhr. La mission qui attend l'aviation allemande est double : ravir la supériorité aérienne à l'aviation polonaise et soutenir l'avance des troupes au sol.

Elle en a pourtant une troisième, contenir une éventuelle réaction anglo-française à l'ouest. Et c'est la raison pour laquelle, prudemment, Göring n'aligne que 5 groupes de Messerschmitt Bf 109 et 3 groupes de Messerschmitt Bf 110 pour l'attaque sur la Pologne. L'ouverture d'un second front est sans doute le danger que redoute le plus le chef de la Luftwaffe, car il sait qu'il ne dispose pas de réserves suffisantes tant en carburant qu'en munitions pour supporter le choc.

UNE AVIATION SURCLASSÉE

Qu'est-ce qui attend la *Luftwaffe* ? L'aviation polonaise dispose en tout et pour tout de 433 appareils en première ligne. Comme beaucoup d'autres nations européennes, la Pologne n'a pas voulu croire à la guerre et s'est armée trop tard. Son aviation est surprise par le conflit alors qu'elle se trouve en pleine mutation et aligne, de ce fait, un ensemble hétérogène d'avions modernes, trop peu nombreux, presque modernes, mais souvent trop peu puissants et mal armés et démodés.

Le meilleur exemple en est le chasseur PZL P.11, dont la conception remonte à 1930. Impressionnant lors de sa présentation au Salon de l'Aéronautique de Paris en 1932, sept ans plus tard il n'impressionne plus que les paysans de Silésie lorsque ses pilotes s'entraînent en rase-mottes.

Bien entraînés, solidement encadrés, les pilotes polonais — comme l'apprécieront ultérieurement les Français et les Britanniques — ne manquent ni de courage ni d'habileté, juste peut-être d'un peu de discipline. Ils se révéleront en toutes occasions de redoutables adversaires pour les équipages allemands, mais ils ont le lourd handicap de piloter des machines surclassées par le nombre et la qualité de celles qu'ils vont devoir affronter.

Le Messerschmitt Bf 110 apparaît comme le meilleur avion de chasse pendant la campagne de Pologne — en grande partie en raison du retrait précoce de la plupart des unités équipées en Bf 109. Ici, un Bf 110C-1 de la 1./ZG 1, escadrille commandée par le *Hauptmann* Martin Lutz. (ECPA)

Faute de Bf 109 en nombre suffisant, il faut rééquiper d'urgence certaines unités de *Zerstörer* en Bf 109 des premières versions. Photographié à Illesheim, après la conclusion de la campagne de Pologne, le Bf 109D-1 du *Hauptmann* Leesmann, commandant le JGr. 152, subit un échange standard de son moteur. Ce modèle, dépassé en septembre 1939, s'avère malgré tout un adversaire redoutable pour les Polonais. (ECPA)

Les avions polonais ont rejoint leurs terrains de campagne le 27 août. Ils sont répartis entre les Forces aériennes réservées (159 appareils) et les Forces aériennes de coopération (274 appareils). Les premières disposent d'une brigade de chasse, équipée de 54 appareils et d'une brigade de bombardement, équipée de 86 PZL P.23 et P.37. Les secondes mettent en œuvre 105 chasseurs, 68 bombardiers et 84 avions d'observation.

LES PREMIÈRES VICTOIRES DE LA GUERRE

Le 1er septembre 1939, à 4h45, un déluge de fer et de feu s'abat sur la Pologne. Les *Stuka* frappent les premiers. Prenant pour cibles les aérodromes, les nœuds de communication et les concentrations de troupes, ils désorganisent dès les premières heures de l'aube la résistance polonaise.

La réaction de l'aviation polonaise est sporadique et manque de coordination. Toutefois, des Bf 110C du I. (Z)/LG 1 chargés d'escorter des bombardiers au-dessus de Varsovie sont pris à partie par une trentaine de PZL P.11 de la *Brygada Pawlikowski*. Les Allemands revendiquent cinq chasseurs polonais et le *Hauptmann* Schleif obtient la première victoire de la *Luftwaffe*.

Quant à la première victoire de la Seconde Guerre mondiale, il semble qu'elle soit à mettre à l'actif du lieutenant polonais Gnys, qui a abattu un Ju 87 près d'Olkusz, vers 5h30. Wladyslaw Gnys viendra combattre en France, où il remportera deux nouvelles victoires avec le GC III/1, puis en Grande Bretagne, mais il sera abattu et tué pendant la bataille d'Angleterre.

L'AVIATION POLONAISE DÉSORGANISÉE

Dans les airs, la majorité des avions allemands cherche en vain les appareils à damiers rouges et blancs. À tel point que le haut-commandement se persuade d'avoir anéanti l'aviation polonaise au cours des quarante-huit premières heures du conflit. Il n'en est rien et pourtant le résultat est le même. Dispersées sur des terrains de campagne soigneusement camouflés, les unités polonaises tentent de s'organiser. Elles ont perdu, en effet, un certain nombre d'avions dans les deux premiers jours, mais il leur en reste assez pour contrarier la *Luftwaffe*. Toutefois, elles se heurtent à d'énormes problèmes d'intendance; les munitions et le carburant commencent à se faire rares et les communications sont virtuellement coupées avec l'état-major.

C'est en fait au sol que la *Luftwaffe* a vaincu l'aviation polonaise, par des effets induits. Dans le ciel, les pertes infligées tant par les chasseurs que par la redoutable *flak* contraignent les Polonais à réduire leur activité. Le 16 septembre, sur les 123 P.23 engagés au premier jour, seuls 11 demeurent en état de vol.

Et les quelque 60 avions allemands revendiqués par la chasse polonaise sont bien insuffisants à faire pencher la balance. Des 166 chasseurs alignés par les Polonais le 1er septembre, pas moins de 116 ont été détruits du fait de l'ennemi.

Le 17 septembre, l'Armée Rouge franchit les frontières orientales. La Pologne est prise en tenailles et la situation devient intenable. Beaucoup d'aviateurs choisissent de replier les derniers appareils en état vers la Hongrie et la Roumanie. Un grand nombre de ces pilotes arriveront en France pour grossir les rangs de l'armée de l'Air. Ils seront repliés sur l'Angleterre à partir du 18 juin et prendront une part prépondérante dans les succès de la RAF au-dessus de la Manche et de Londres. Peu nombreux sont ceux qui reverront un jour leur pays. Varsovie capitule le 27 septembre et les dernières poches de résistance sont nettoyées par les Allemands le 6 octobre.

L'aviation de chasse polonaise a revendiqué 147 victoires aériennes, dont 20 créditées à l'escadrille 132 de l'armée Poznan et 15 à chacune des escadrilles 113 et 142. Le lieutenant Stanislaw Skalski de l'escadrille 142 revendique 4 victoires seul et une cinquième en collaboration.

▶ Premier as de la Seconde Guerre mondiale, le *Hauptmann* Hannes Gentzen (à droite), commandant le JGr. 102 se tuera accidentellement le 14 mai 1940 en pleine campagne de France. Il totalisait alors 18 victoires, autant que Werner Mölders. (ECPA)

MORTEL MÉNAGE À TROIS

Les Allemands jubilent. La campagne de Pologne s'achève sur un succès écrasant que même les plus optimistes n'avaient pas osé imaginer. Malgré cette victoire-éclair, la *Luftwaffe* n'a été conviée ni à un *kriegspiel* ni à une promenade de santé. Face à une aviation démodée et surclassée à près d'un contre quatre, les Allemands ont dû abandonner sur le terrain quelque 285 avions, dont 67 Bf 109, 12 Bf 110, 78 He 111, 12 Ju 52/3m et 31 Ju 87.

Le I. (Z)/LG 1, équipé en Bf 110, termine la campagne avec 28 victoires à son palmarès, précédant un autre groupe de *Zerstörer*, le I./ZG 26 avec 20 victoires à son actif, plus 7 probables et 40 avions détruits au sol.

C'est en Pologne que les stratèges allemands expérimentent, avec le succès que l'on connaît, l'action combinée du char et de l'avion d'appui tactique. Ce duo est en fait un trio, dans lequel l'avion d'observation Henschel Hs 126, le sinistre « mouchard » de la campagne de France, joue un rôle préliminaire essentiel. Ce ménage à trois, admirablement orchestré par d'efficaces liaisons radio directes entre les commandants de *Panzer* et les unités de *Stuka*, est sans égal pour créer des brèches dans le dispositif ennemi ou, au contraire, pour colmater celles que l'ennemi a provoquées dans les lignes allemandes.

La campagne de Pologne ouvre la voie d'un conflit qui ne ressemble plus en rien aux précédents. Inutile d'espérer occuper le terrain sans avoir acquis au préalable la supériorité aérienne. C'est la grande leçon de septembre 1939. Seule la *Luftwaffe* semble l'avoir comprise, à un détail près : rien n'est jamais définitif et le maintien de la supériorité aérienne est une lutte quotidienne.

Quelque part en Pologne, sur un terrain de campagne, trois Bf 109 du JGr. 102. L'appareil de gauche, partiellement bâché, n'est autre que celui de Gentzen. On peut d'ailleurs distinguer les sept barres qui ornent la dérive, représentant les sept victoires que son pilote a remportées pendant la campagne de Pologne. (ECPA)

II
ILS « LES » AVAIENT VUS
L'aviation française au royaume des aveugles

« L'aviation pour l'armée, c'est zéro ! » C'est par cette phrase, qui n'a rien de prophétique, que le général Foch accueille à contre-cœur des aéroplanes aux grandes manœuvres de 1913. Près de trente ans plus tard, la mentalité a peu évolué. Des avions et des chars, il en a notre état-major, mais, il ne sait pas trop quoi en faire. Il n'a pas compris que ces deux éléments nouveaux ont profondément modifié l'art de la guerre. Il n'a pas non plus assimilé le fait que le concept de la *Blitzkrieg* a bousculé la notion du temps. Les Ardennes ? Il aura bien le temps de colmater une brèche, si jamais les Allemands s'avisent de vouloir passer par Sedan. Et le 10 mai, il déclenche la « manœuvre Dyle » qui exclut toute alternative ; la guerre est déjà perdue.

ILS SONT LÀ ! À QUINZE KILOMÈTRES DE SEDAN

BIEN CALÉ sur son siège, au confort tout spartiate, un bloc-notes sur le genou gauche et un crayon à papier dans la main droite, le sous-lieutenant Saint-Genis regarde défiler sous lui la campagne inondée par un magnifique soleil printanier. Après avoir grimpé jusqu'à mille trois cents mètres au-dessus de Sedan pour franchir la frontière belge, le Potez 63.11 confié aux mains expertes du capitaine Fouché, a mis le cap sur Bouillon, premier objectif imparti à l'équipage du GR II/22, en ce dimanche de Pentecôte 12 mai 1940. Derrière le pilote, et lui tournant le dos, le sergent Taïb a engagé son premier « camembert[1] ». On n'est jamais trop prudent, même avec une solide escorte de Curtiss dont les silhouettes rassurantes se détachent, un peu

1. La mitrailleuse MAC 34 de 7,5mm, installée dans le poste de tir arrière, est alimentée par un tambour de 100 obus dont la forme n'est pas sans rappeler celle du célèbre fromage normand.

Le Potez 63.11 n°280 du GR II/22 dans un hangar de Metz-Frescaty, au cours d'une prise d'armes, en novembre 1939.
(L. Saint-Genis)
▼

Les années noires — 15

plus haut, dans le ciel sans nuage. Dès la frontière dépassée, Saint-Genis a mis l'appareil photo en marche. Dans quelques petites minutes, le Potez survolera Bouillon et la Semois, qui change d'orthographe en changeant de pays.

À la même heure, un peu plus à l'ouest, un Potez 637 du GR II/33 suit le cours de la Liesse et se dirige vers Rochefort, à très basse altitude. À demi accroupi, à demi couché dans la cuve ventrale d'observation, le lieutenant Chéry scrute avec une attention soutenue la campagne qui lui semble bien déserte. L'avion vole à vingt mètres à peine du sol et de temps en temps, Chéry a l'impression qu'une branche d'arbre va venir fracasser la vitre de sa cuve. Le Potez ne bénéficie d'aucune escorte de chasse. Ce n'est pas grave ; les équipages de reconnaissance ont l'habitude de se passer de « nounous ». Bien sûr, ils préfèrent quand même être chaperonnés — tant des leurs sont tombés sous les balles de Messerschmitt en maraude — mais ils savent faire « sans ».

Qui de Saint-Genis ou de Chéry *les* a vus le premier ? L'histoire ne le dit pas et cela n'a d'ailleurs aucune importance car, le plus grave, c'est qu'*ils* sont là !

— Nom de D..., s'écrie Saint-Genis dans le laryngophone. Regardez sur la droite.

Fouché se tord le cou pour mieux voir. Il ne peut basculer son avion, car le « Planiphote » est en plein travail. Les photos, si précieuses pour l'état-major, seraient floues et inutilisables.

— Qu'est-ce que vous voyez ?
— Des chars qui traversent la rivière. Il y en a sur l'autre rive. (Une pause.) Oh ! il y en a d'autres, au moins cinquante, sur la route.
— Des Boches ?

La voix de Saint-Genis se fait plus grave.

— Il n'y a pas le moindre doute.

Saint-Genis se tait. Il s'empresse de noter ses observations sur son bloc, avec le maximum de détails. Le Potez 63.11 n°280 du GR II/22 vient de survoler les avant-gardes de la 1. *Panzerdivision* du corps blindé de Guderian. Quinze petits kilomètres séparent Bouillon de Sedan !

À VINGT MÈTRES AU-DESSUS DES *PANZER*

Un spectacle encore plus terrible s'offre à la vue de Chéry. Éberlué, le souffle coupé par cette vision, il ne peut même pas parler. Ce n'est d'ailleurs pas nécessaire. À cette altitude, les deux autres membres de l'équipage ont vu la même chose. À deux kilomètres à l'ouest de Marche, ils ont aperçu les

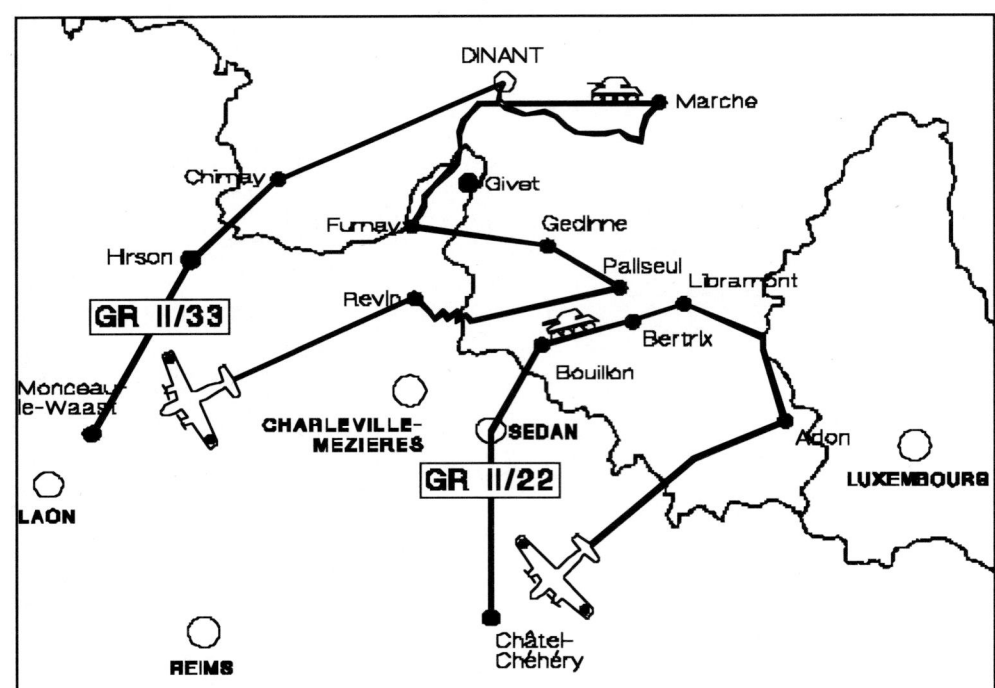

**LA ROUTE DES POTEZ
12 mai 1940**

Sur ce montage de deux photos prises par le Potez 63.11 du GR II/22, on distingue, dans la boucle de la Semois, quelques véhicules allemands en train de traverser à gué. Cinq autres forment déjà une colonne sur la rive opposée et s'apprêtent à reprendre leur marche vers le sud — en direction de Sedan. (L. Saint-Genis)

avant-gardes ennemies : des motocyclistes, des fusiliers portés, des automitrailleuses, des chars légers... Il y en a des centaines, un peu plus à l'est, faisant route vers l'ouest par petits groupes. Certaines colonnes roulent sur les routes, d'autres coupent à travers champs.

Le Potez reprend de l'altitude puis effectue un nouveau passage en rase-mottes, entre Jemelle et Marche. Des soldats sautent des camions pour se jeter à l'abri dans les fossés. Des motocyclistes se laissent tomber à plat ventre. Les blindés ouvrent le feu sur l'intrus. L'appareil tressaille sous le choc de plusieurs impacts. La pression d'huile du moteur gauche chute subitement, le radiateur est crevé. Chéry, officier des chars détaché au groupe de reconnaissance, note le type des blindés. Il ignore, toutefois, qu'ils appartiennent à la 7. *Panzerdivision* du général Rommel. Mission accomplie, les deux avions mettent le cap sur leur terrain respectif. Mais, le plus dur reste à venir !

Le capitaine Fouché pose son Potez 63.11 à Châtel-Chéhéry, petit village perdu dans la forêt d'Argonne, entre Grandpré et Varennes. À peine l'avion s'est-il immobilisé, moteurs coupés, que Saint-Genis s'extrait de son poste d'observation comme un diable sort de sa boîte. Il n'attend pas que les mécaniciens poussent l'appareil à la main dans les carrières aménagées et couvertes de grillages et de raphias teintés pour dissimuler les avions aux vols de reconnaissance ennemis. Il fait signe aux « photographes » de récupérer le « Planiphote » pour développer les photos, puis il court vers « l'abbatiale ». Le groupe II/22 a installé son poste de commandement dans une gentilhommière voisine du terrain, une maison de caractère, mais délabrée et vétuste, que les équipages et les mécanos ont retapée pendant les heures creuses de la « Drôle de Guerre ».

Saint-Genis en est bien conscient, la « Drôle de Guerre » est bel et bien terminée. Et ce qu'il a vu risque de rendre la guerre beaucoup moins amusante. Dans la grande pièce du bas, il trouve le commandant Barruet. À la vue de l'aviateur essoufflé qui pénètre avec fracas, le commandant du groupe II/22 lève la tête et pose son crayon.

— Eh bien ! Saint-Genis, vous m'avez l'air dans un drôle d'état.

— Mon commandant, si vous saviez... Il y a de quoi. Les Allemands sont à Bouillon.

Une bombe qui serait tombée dans « l'abbatiale » à ce moment précis n'aurait pas davantage étonné Barruet.

— Qu'est-ce que vous racontez ? Vous en êtes sûr ?

— Certain, mon commandant. D'ailleurs, nous rapportons une cinquantaine de photos.

— Mais, enfin, c'est impossible. La dernière reconnaissance n'a rien donné.

Il réfléchit un instant, puis ajoute :

— Bien ! Je téléphone au PC de la 2ᵉ armée. Assurez-vous que vos clichés soient développés rapidement et portés par estafette.

Dire que l'interlocuteur du commandant Barruet au PC de la 2ᵉ armée accueille ces révélations avec scepticisme est un euphémisme. La conversation tourne court et s'achève sur cette phrase sans réplique :

— Soyons sérieux, commandant. Si les Allemands étaient à quinze kilomètres de Sedan, ça se saurait !

« IL M'A PRIS POUR UN FUMISTE ! »

Une scène à peu près identique se déroule au même moment à Monceau-le-Waast, terrain assigné au GR II/33. Le commandant Alias écoute le récit de Chéry. Il manifeste cependant une moins grande surprise. Ces renseignements corroborent tout à fait ceux recueillis la nuit précédente par un autre équipage du groupe qui a vu, sur les routes au sud de la Meuse, en pleines Ardennes belges, des convois circulant tous feux allumés, sacrifiant la sécurité à la vitesse.

Alias écoute silencieusement. Lorsque Chéry a terminé son rapport, Alias lui dit :

— Chéry, ce que vous me dites est très grave. Cela est en parfaite contradiction avec les thèses de notre grand état-major. Si ce que vous venez de m'exposer est vrai, et je n'ai aucune raison de mettre votre parole et vos compétences en doute, il faut en informer immédiatement la 9ᵉ armée. Ces chars peuvent leur tomber dessus d'une heure à l'autre.

Sans hésiter, Alias décide de bouleverser la voie hiérarchique traditionnelle pour gagner un temps précieux dans la transmission d'un renseignement de la plus haute importance. Il appelle directement le chef du 2ᵉ bureau de la 9ᵉ armée, le commandant Hosteing, qu'il connaît bien puisqu'ils ont été potaches dans le même lycée. Mais l'amitié d'enfance n'a pas toujours la force nécessaire pour vaincre le doute.

— Enfin, sois sérieux, Henri, répond le commandant Hosteing, après avoir écouté avec une impatience à peine contenue l'exposé d'Alias. Deux divisions blindées se dirigent vers Givet. C'est impossible. Ton gars a dû rêver.

— Certainement pas. Il est officier de chars et c'est un observateur très compétent.

— Sans doute, sans doute. Mais, tu sais, nous avons quelques unités automitrailleuses qui sont en reconnaissance dans le secteur. Il a dû se méprendre.

À bout d'arguments, Alias tend le combiné à Chéry. Calme au début de la conversation, Chéry commence à sentir l'énervement le gagner. Son interlocuteur le cueille à froid avec une ironie mal dissimulée.

— Et vous les connaissez si bien que ça, les chars allemands ?

— Il y avait des *Panzer* 38 tonnes, à l'ouest de Rochefort, au moins cinquante et aussi quelques *Panzer* II. Chéry récite ses notes en essayant de

Notes écrites de la main du sous-lieutenant Saint-Genis au cours de la mission du 12 mai 1940. (L. Saint-Genis)

Le sous-lieutenant Lucien Saint-Genis quelques minutes avant un vol.
(L. Saint-Genis)

conserver son sang-froid. Sur les rocades de Marche, il y avait des *Panzer* I. Ce sont des chars de 5 tonnes, armés de deux mitrailleuses de 7,92 mm. Il y avait aussi…

Hosteing le coupe brutalement.

— Et de quelle hauteur vous avez vu tout cela ? demande-t-il sur un ton franchement caustique.

Chéry explose.

— À moins de vingt mètres et je suis le lieutenant Chéry, officier de chars !

Chéry raccroche brutalement le combiné, rouge de rage et se tourne vers Alias.

— Il m'a pris pour un fumiste !

Il ne reste plus qu'à taper le rapport à la machine à écrire, en trois exemplaires et le transmettre selon le mode habituel à l'état-major. Dans son compte rendu, Chéry ne peut s'empêcher de laisser transpirer sa colère : « Les renseignements ci-dessus sont téléphonés immédiatement à la 9ᵉ armée où ils sont accueillis avec une incrédulité totale. Malgré des "explications" fort vives entre l'observateur (officier de chars) et le correspondant de l'armée, il ne semble pas que l'on soit arrivé à convaincre cet état-major du passage de divisions blindées à travers les Ardennes. »

Le 12 mai dans la soirée, la 7. *Panzerdivision* arrive à la Meuse d'Yvoir, tandis que les 1. et 10. *Panzerdivisionen* atteignent Floing et Givonne, à quelques kilomètres de la « charnière » de Sedan. Hitler a gagné son pari. La France, elle, a perdu la guerre.

* *

Rétrospectivement, on ne peut pas ne pas s'interroger à propos de l'attitude de ces deux états-majors qui vont subir de plein fouet l'impact principal des forces armées allemandes. Cette incrédulité est d'autant moins explicable qu'en 1940, plus de 40 % des avions de l'armée de l'Air sont dédiés à la reconnaissance et à l'observation, c'est-à-dire qu'ils opèrent exclusivement au profit des forces terrestres. L'armée a des yeux, mais elle ne s'en sert pas, faisant davantage confiance à ses propres reconnaissances terrestres qu'aux aviateurs. Cette situation très étonnante marque une nette régression par rapport à celle de la Grande Guerre. En septembre 1914, en donnant l'alerte sur le changement de direction de von Kluck, l'aviation est à l'origine de la victoire de la Marne. L'importance de la reconnaissance aérienne n'était désormais plus à prouver. Son intérêt reste vif, bien sûr, en 1940, sauf lorsqu'elle se heurte de front avec les théories d'un état-major dont on se contentera de dire, par pure charité, qu'il avait une guerre de retard.

Un Potez 637 du GR II/33 s'apprête à partir en mission. Terrain d'Orconte, octobre 1939. Sur l'aile, le lieutenant Hochedé.
(Coll. de l'auteur)

III
DU SANG, DE LA SUEUR ET DES LARMES
La bataille d'Angleterre

Les batailles ne sont qu'une longue suite d'erreurs et la victoire sourit à celui qui en commet le moins. Cette maxime, la RAF pourrait la faire sienne le soir du 15 septembre 1940. Ce jour-là, elle vient de remporter une bataille décisive comme son histoire n'en a jamais été avare, et la Luftwaffe a manifestement laissé passer sa chance. La guerre à l'ouest ne sera plus une question de semaines, les deux camps s'y installent désormais et pour plusieurs années. Ce qui est intéressant dans la bataille d'Angleterre est sans doute moins de savoir comment la RAF l'a gagnée que de comprendre pourquoi la Luftwaffe l'a perdue.

L'ABSENCE DE STRATÉGIE

« Et maintenant, que fait-on ? » Alors que Hitler, savourant son triomphe, visite Paris et les champs de bataille de la Grande Guerre, son état-major se pose cette angoissante question. La France vaincue, l'Angleterre se trouve dans le collimateur. Certains pensent qu'il ne faut pas laisser le moindre répit aux Anglais et poursuivre la guerre sur sa lancée.

Cependant, la *Luftwaffe*, qui n'ignore pas qu'elle va devoir supporter le poids de cette nouvelle campagne, a besoin de souffler. Sur la brèche sans discontinuer depuis le 10 mai, les équipages jouissent d'un repos bien mérité et les unités attendent l'arrivée d'avions neufs et de nouveaux pilotes pour compléter leurs effectifs. La perspective d'une offensive de grande envergure sur l'Angleterre incite à la recherche de bases aériennes permanentes permettant de mettre en œuvre tous les moyens logistiques indispensables. Il est nécessaire de prévoir des dépôts de munitions, de carburant, de pièces détachées, des ateliers de réparation, qui se trouvent alors en Allemagne. Tout cela prend du temps.

Mais, ce n'est pas très important, car Hitler, revenu de ses congés, ne semble pas franchement décidé à poursuivre les hostilités contre la Grande-Bretagne. Ou, plus exactement, il aimerait bien que Churchill demande la

▲ À l'été 1940 fleurissent slogans et chansons sur le thème de *Bomben auf England*. Cet équipage de la KG 26 présente ses meilleurs vœux au gouvernement britannique. « Mister Churchill, reste tranquille sinon tu vas perdre tes lunettes » peut-on lire sur l'un des parapluies, preuve que l'humour militaire est une calamité qui ne connaît pas de frontières. (ECPA)

Un instant dramatique : emporté par son ▶ élan, un Spitfire dépasse le Heinkel He 111 qu'il vient d'attaquer. En une fraction de seconde, il s'expose au tir du mitrailleur logé dans le nez vitré du bombardier allemand. (Tallandier)

paix. Pour Berlin, la guerre est presque terminée ; il ne reste qu'à trouver la formule de politesse à inscrire au bas des traités de paix. L'euphorie qui suit l'une des plus éblouissantes victoires de toute l'histoire de l'Allemagne explique en grande partie que le récent raidissement de la position de Churchill soit passé inaperçu des diplomates de la *Wilhelmstraße*.

Il faudra pourtant bien l'admettre, la Grande-Bretagne n'est pas décidée à se montrer raisonnable. La question ne pourra pas être réglée autrement que sur le plan militaire. Cependant, si les forces armées allemandes ont démontré — et de quelle manière — qu'elles maîtrisent admirablement les données tactiques et opérationnelles sur un champ de bataille, il n'existe aucune stratégie d'ensemble à l'échelon le plus élevé.

« Les discussions et la mise au point de la stratégie allemande tout au long de l'été 1940 reflètent, d'une manière éclatante, une impuissance à en appréhender les principes fondamentaux. [...] L'armée a mis sur pied un plan d'invasion de l'Angleterre, baptisé "Lion de Mer", que l'on peut qualifier charitablement de boiteux et qui étale la méconnaissance de la véritable force navale disponible. À la remorque de Göring, la *Luftwaffe* passe tout l'été à se désintéresser des problèmes opérationnels que pose une traversée militaire de la Manche, certaine que sa victoire sur la RAF rendra l'invasion inutile[1]. »

DER URAL BOMBER

En 1935, la jeune *Luftwaffe*, qui sort de la clandestinité, se dote d'un premier chef d'état-major d'envergure, le général Walther Wever. Il se distingue de la plupart des autres stratèges par son absence d'idée préconçue. Il lance deux grands axes de réflexion. Le premier amène à un développement de la coopération entre la *Wehrmacht* et la *Luftwaffe*, notamment en matière d'avions d'appui tactique indispensables aux campagnes continentales. Le second débouche sur un programme de construction d'un bombardier quadrimoteur, dont le surnom — « Ural Bomber » — dispense de préciser les futurs objectifs. Deux prototypes voient le jour, mais la mort accidentelle de Wever, en juin 1936, condamne le programme.

Plusieurs raisons amènent l'OKL[2] à envoyer au pilon les deux prototypes : un cahier des charges vient d'être déposé auprès des constructeurs demandant un appareil plus lourd et plus moderne — il donnera naissance à l'infortuné Heinkel He 177 ; la *Wehrmacht*, engagée dans son réarmement en vue d'un conflit continental, fait pression pour la mise en œuvre d'avions tactiques ; le règlement politique devrait permettre de se dispenser d'avions capables d'atteindre Londres, Moscou ou New York ; pour un bombardier lourd, on peut construire deux bombardiers légers.

Göring, qui n'a jamais abandonné l'idée du bombardier stratégique, surévalue la capacité de l'aviation à raser les usines et à saper le moral des populations. Il estime que des bombardiers moyens bimoteurs, ou le tout nouveau bombardier en piqué — le Ju 87, dont son ami Udet dit le plus grand bien — obtiendront des résultats suffisants dans une campagne continentale.

Quand Göring avance à Hitler que « sa » *Luftwaffe* mettra l'Angleterre à genoux, n'a-t-il pas encore présent à l'esprit que le bombardement de Varsovie a accéléré l'avance allemande au moment où les Soviétiques entraient en Pologne ? Comment ne ferait-il pas le lien entre le bombardement de Rotterdam du 14 mai et la reddition hollandaise ?

Il devient trop vite manifeste que les conditions préalables à un débarquement en Angleterre ne peuvent être remplies que par la *Luftwaffe*. Pour protéger les vulnérables chalands, péniblement tirés des eaux paisibles du Rhin pour écouter le chant d'autres sirènes, la supériorité aérienne constitue une condition *sine qua non*. Et qui d'autre mieux que la *Luftwaffe* peut l'arra-

▲
Un Hurricane I du n° 32 *Squadron* à Acklington. Cet appareil forme l'ossature du *Fighter Command* au moment de la bataille d'Angleterre. Surclassé par le Bf 109, il n'en tire pas moins son épingle du jeu et constitue un redoutable adversaire face aux Bf 110 et aux bombardiers allemands. (Tallandier)

1. *Luftwaffe, Strategy for defeat 1933-1945* — W. Murray — G. Allen, Londres, 1985.

2. *Oberkommando der Luftwaffe*, haut état-major de l'aviation allemande.

Scramble ! décollage sur alerte pour ces ▶ pilotes du n° 601 *Squadron*. À la mi-septembre 1940, cette unité se trouve basée à Exeter, au sud-ouest de l'Angleterre, pour parer à toute menace venue du Cotentin. (Fox)

22 — La Guerre aérienne 1939-1945

cher à la RAF ? Tout doucement, le haut état-major glisse vers une solution « tout aérienne ». Selon la réflexion du général Warlimont : « Apparemment, Hitler n'était que trop disposé à accepter [toutes les] objections à l'idée du débarquement. » Tandis que le haut état-major allemand se perd en conjecture dans le choix de la meilleure manière de continuer une guerre qu'il n'avait jamais imaginé poursuivre, début juillet les unités de la *Luftwaffe* prennent leurs nouveaux cantonnements qui s'étendent du Morbihan à la Norvège. Celles-ci appartiennent à trois flottes aériennes, du nord au sud : *Luftflotte* 5 (*Generaloberst* Stumpff, QG à Stavanger), *Luftflotte* 2 (*Generalfeldmarschall* Kesselring, QG à Bruxelles) et *Luftflotte* 3 (*Generalfeldmarschall* Sperrle, QG à Chantilly).

▲
Deux Spitfire I du n°92 *Squadron*, basé à Biggin Hill, au sud de Londres. Pour des raisons tactiques et psychologiques, l'*Air Marshall* Sir Hugh Dowding, commandant le *Fighter Command* de la RAF a massé la majorité de ses unités de chasse dans le périmètre défensif du Grand Londres. Sa stratégie, bien que couronnée de succès en fin de compte, se révèle coûteuse en hommes et en matériel. Ses détracteurs, qui parlent de victoire à la Pyrrhus, finiront par le faire limoger.
(Imperial War Museum)

LA RAF REFUSE LE COMBAT

Air Marshall et patron du *Fighter Command* de la RAF, Dowding est un fin renard. Son aviation de chasse a particulièrement souffert au cours de la campagne de France. La RAF a en effet laissé 944 appareils dans cette aventure, dont 386 Hurricane et 67 Spitfire. Malgré une production qui ne cesse de croître et qui, compte tenu de l'évolution de la situation, a mis l'accent sur les avions de chasse (446 en juin et 496 en juillet, soit 43 % de plus que prévu), il reste inquiet et se montre prudent. Au cours de la première phase de ce qui deviendra la bataille d'Angleterre, la chasse britannique refuse le combat.

Si cette première phase est riche en enseignements et permet de tester ses propres tactiques, ainsi que la réactivité et les procédures du camp adverse, elle est loin de procurer à la *Luftwaffe* les occasions d'anéantir la RAF.

Le 24 juillet, l'OKL dresse une liste en quatre points des missions d'urgence dévolues aux unités de la *Luftwaffe* :

1) obtenir la supériorité aérienne, directement en détruisant la RAF au sol et dans les airs et indirectement, en attaquant son industrie aéronautique ;

2) préparer l'invasion en attaquant la flotte anglaise ;

3) établir un blocus commercial en attaquant les voies de communication maritimes, les ports et les dépôts de toute nature ;

4) lancer des raids de terreur « en représailles » sur les principales villes britanniques.

Cette deuxième phase est lancée le 13 août, journée que les responsables allemands baptisent pompeusement *der Adler Tag*, le jour de l'aigle. Mais,

Les années noires — 23

SPITFIRE CONTRE Bf 109
Le meilleur chasseur du monde

— Et vous, Galland, avez-vous un souhait à exprimer ?
— Monsieur le maréchal du Reich, je demande que mon escadre soit équipée en Spitfire !

Les Britanniques ont fait des gorges chaudes de cette réplique. Ainsi, l'un des plus grands as allemands, Adolf Galland, le futur général de la chasse allemande soi-même, avait ouvertement admis devant Göring en personne la supériorité du Spitfire ! Il convient toutefois de replacer cette conversation dans son contexte. Venu en visite dans le Pas-de-Calais à un moment où la bataille d'Angleterre s'étire en longueur, Göring a, une fois de plus, reproché aux pilotes de chasse leur manque d'agressivité, voire leur incapacité. Par cette insolence, Galland a surtout voulu exprimer sa réprobation aux propos du maréchal. Et puis, en rappelant que le livre dans lequel il a narré cette anecdote n'a été publié que huit ans après la fin de la guerre, peu de temps après son retour d'exil en Argentine, on peut même se demander si elle est authentique !

Car, pour les Allemands, le doute n'est pas permis. Le Bf 109E est le meilleur avion de chasse du monde. Certes, le Spitfire tourne plus court, mais le 109 est plus puissant et, grâce à son système d'injection, accélère mieux. L'habitacle est étroit, mais les pilotes disent faire corps avec la machine. L'armement est puissant et, à l'exception du train, l'appareil est robuste. Les Britanniques qui ont l'occasion d'évaluer un Bf 109E-3 capturé, résument ainsi ses qualités et ses défauts :

↗ bonne pointe de vitesse et excellente vitesse ascensionnelle ;
↗ pilotage aisé à faible vitesse ;
↗ décrochage en douceur, même à hauts « g » ;
↗ alimentation en essence ininterrompue sous « g » négatif ;

↘ gouvernes lourdes à vitesse élevée ;
↘ mauvais rayon de virage et décrochage rapide en virage en raison d'une charge alaire élevée (157,2 kg/m2 contre 121,1 au Spitfire Mk. I) ;
↘ manœuvres rapides délicates à haute vitesse en raison de ce qui précède ;
↘ habitacle étroit, gênant les mouvements du pilote en combat.

« Suite à mon long combat avec le Me 109, j'étais en mesure de juger les avantages et les inconvénients relatifs des deux appareils. Lors des premiers engagements entre les Hurricane et les 109 en France, la puissance et la vitesse ascensionnelle de ces derniers étaient devenues légendaires et beaucoup les estimaient largement supérieures à celles du Spitfire. J'étais en mesure de réfuter cette assertion et étais convaincu que, sauf en piqué, le Spitfire était meilleur dans tous les domaines et, comme le Hurricane, nettement plus maniable. La supériorité en vitesse ascensionnelle dépendait toutefois du modèle de Spitfire dont mon escadrille était équipée. Les appareils du n° 54 *Squadron* possédaient une hélice Rotol à vitesse constante que nous testions lorsque la guerre a commencé. Les autres Spitfire étaient alors équipés d'une hélice à deux vitesses (c'est-à-dire soit petit pas, soit grand pas), ce qui entraînait une dégradation de la vitesse ascensionnelle. Mes déclarations à propos de la supériorité du Spitfire furent accueillis avec beaucoup de scepticisme ; beaucoup ne me crurent pas, parce que c'était contraire aux comparatifs des performances qui avaient été publiés.

▲ « Une escadrille de Spitfire ? » Allons, *Herr* Galland, un peu de sérieux ! Quand on voit avec quelle fierté vous présentez les 94 victoires que vous avez remportées avec votre Bf 109, on ne peut guère imaginer que vous l'auriez échangé contre un boulet de canon, fût-il celui du baron de Münchhausen ! Audembert, 5 décembre 1941. (ECPA)

Cependant, l'avenir allait prouver que j'avais raison[3]. »
Et il sait de quoi il parle, Al Deere ! Ce Néo-zélandais pilote des Spitfire depuis mars 1939. Il est titulaire de dix-sept victoires confirmées à la fin de la bataille d'Angleterre et termine la guerre au grade de *Wing Commander* avec cinq succès supplémentaires à son palmarès.
Le débat reste ouvert.

l'aigle va se brûler les ailes, car l'OKL est loin de soupçonner la véritable force du *Fighter Command* qui repose sur des effectifs, faibles certes, mais plus importants que ce que croient les Allemands et sur une utilisation optimale du radar. Cette phase durera jusqu'au 15 septembre, avec un tournant notoire auparavant : l'application du quatrième point de la directive, le 7 septembre.

Débutant par une partie de cache-cache et des escarmouches sans grande conséquence, la bataille d'Angleterre devient au cours de sa deuxième phase une terrible guerre d'usure. Dans cette partie de bras de fer, c'est la *Luftwaffe* qui lèvera le pouce la première — trop tôt.

LES FORCES EN PRÉSENCE

De quels effectifs les forces en présence disposent-elles ? Au 1er juillet, Dowding dispose de 462 Hurricane et 279 Spitfire (taux de disponibilité moyen : 74 %). Au 20 juillet, Sperrle et Kesselring alignent près de 2 600 appareils, dont 809 Bf 109 (taux de disponibilité : 81 %). Si le rapport de force de la chasse est sensiblement identique, la RAF ne dispose que d'un tiers de chasseurs équivalant au Bf 109E. Cependant, comparer le Spitfire au seul Bf 109 serait réduire la bataille d'Angleterre à un simple combat tournoyant. Or, les *boys* du *Fighter Command* doivent également s'occuper des bombardiers classiques (He 111, Ju 88, Do 17) et en piqué (Ju 87) et des chasseurs bimoteurs (Bf 110). Et contre ces appareils, le Hurricane s'avère un redoutable challenger.

Britanniques comme Allemands ont toutes les raisons de croire qu'ils possèdent le meilleur avion de chasse du monde. Les évaluations qui seront faites du Spitfire et du Bf 109 seront toujours empreintes de subjectivité, chaque camp soulignant les défauts de l'avion ennemi en mettant en regard les qualités du sien. Ces deux appareils constitueront l'épine dorsale de leur aviation de chasse respective jusqu'à la cessation des hostilités. Chaque camp prendra tour à tour l'avantage sur l'autre avec l'introduction d'une nouvelle version, jusqu'à ce qu'une version encore meilleure apparaisse dans le camp opposé.

De l'autre côté du Channel, une escadrille de Bf 109E du II./JG 2 décolle pour une nouvelle mission. Ce groupe restera longtemps basé à Beaumont-le-Roger, ce qui l'oblige à effectuer un trajet inutile de 150 km avant de retrouver les bombardiers au-dessus de la Manche. Quand on connaît la faible autonomie du Bf 109, on ne peut manquer de s'étonner qu'il ait fallu attendre les dernières phases de la bataille d'Angleterre pour que l'OKL se décide à regrouper ses chasseurs dans le Pas-de-Calais. (ECPA)

3. *Les premiers et les derniers* — A. Galland — Ed. Y. Michelet, Paris, 1985 — Édition révisée et « améliorée » (?) par l'auteur et l'éditeur.

UN FIL À LA PATTE

La Manche n'est pas la Meuse. Cette lapalissade n'a, semble-t-il, pas aveuglé les Allemands qui, en cet été 1940, possèdent un moral à toute épreuve. Et pourtant, les lignes ennemies commencent là où la côte française s'arrête. Tout avion qui tombe au-delà est irrémédiablement perdu — et son pilote aussi, dans de nombreux cas. La perspective d'effectuer deux à trois missions par jour, impliquant la traversée de ce maudit « Kanal » dans les deux sens, n'a rien de réjouissant pour un pilote de chasse. Or, le Messerschmitt Bf 109 présente à cet égard une grave lacune : une autonomie limitée à six cent soixante kilomètres. Cette distance franchissable est un maximum, qui ne tient pas compte des combats éventuels ni d'une réserve de sécurité dans les réservoirs.

En raison de leur vulnérabilité, les bombardiers doivent être impérativement protégés par une escorte de chasse. Leur rayon d'action se limite donc à un demi-cercle de 300 km dont le centre se trouve dans le Pas-de-Calais. Dans ces conditions, les villes industrielles comme Liverpool, Birmingham, Bristol ou Manchester deviennent hors de portée des raids diurnes allemands. L'aigle a un fil à la patte.

Le Bf 109E n'a jamais été prévu pour recevoir un réservoir supplémentaire. Il n'existe ni point d'ancrage, ni tuyauterie. Il faut attendre fin août pour voir apparaître les premiers Bf 109E-7 capables d'emporter un réservoir supplémentaire, mais à cette époque, on préférera le remplacer par une bombe.

Il est curieux de noter que les Allemands n'ont l'idée de regrouper leurs unités de Bf 109 dans le Pas-de-Calais que le 18 août, soit cinq jours après le « jour de l'Aigle ». Certains groupes sont encore basés au Havre et à Beaumont-le-Roger, ce qui les laisse très éloignés du sud-est de l'Angleterre.

En attendant, il existe une autre solution pour accompagner les bombardiers dans leurs pénétrations à longue distance. Cette solution, c'est le Messerschmitt Bf 110.

LA CRUELLE DÉSILLUSION DES *ZERSTÖRER*

Les *Zerstörergeschwadern* — littéralement, les escadres de destroyers — constituent l'élite de l'aviation allemande, l'orgueil de Göring. Leur bimoteur biplace de chasse lourde, le Messerschmitt Bf 110, vit sur une réputation de puissance. Ses deux moteurs Daimler-Benz DB 601A de 1 110 ch lui confèrent des performances *presque* égales à celles des monomoteurs, notamment une vitesse (théorique) de 562 km/h à 7 000 mètres et surtout une autonomie de près de 800 km. Quant à son armement, deux canons de 20 mm et quatre mitrailleuses de 7,92 mm dans le nez, il est tout simplement dévastateur. D'ailleurs, les aviations polonaise et française, ainsi que les bombardiers anglais, en font la triste expérience. Face à la chasse britannique, toute la différence est dans le *presque*.

Dès lors que la *Luftwaffe* ne dispose pas de la supériorité aérienne, dès lors que le Bf 110 se heurte à d'autres adversaires que des avions lents et mal défendus, le combat change d'âme. Dès les premiers engagements de juillet, les Anglais en font une grosse consommation. À tel point que les pilotes de *Zerstörer*, négligeant leur mission, ne pensent plus qu'à se protéger entre eux.

« Les trois groupes de destroyers, qui avaient atteint la Manche entre-temps, s'étaient séparés, placés l'un derrière l'autre et avaient formé un cercle défensif où ils se couvraient mutuellement avec leurs armes de bord à l'avant et leur mitrailleuse mobile à l'arrière, en tournant en rond. Tout cela, c'était bien beau, mais, même en supposant l'invulnérabilité de ce dispositif, il offrait le désavantage décisif de demeurer sur place, au lieu d'avancer. Il nous fallait pourtant bien regagner nos bases. Impossible de tourner pendant des heures au-dessus de Douvres.

« Au reste, les chasseurs anglais ne semblaient pas décidés à attendre que les destroyers recommencent à voler "raisonnablement", car ils se précipitèrent énergiquement au milieu des cercles pour les rompre par la force. [...] Dans leur "carrousel", les destroyers décrivaient comme trois anneaux olympiques géants, en tirant dans toutes les directions. Les Spitfire fonçaient à l'intérieur et à l'extérieur de ces cercles, presque tous suivis par un Messerschmitt, lui-même suivi par un autre Spitfire. Quand ils perdaient de l'altitude, ils remontaient pour recommencer. Les attaques anglaises se ralentirent. Les destroyers saisirent ce moment avec une habileté consommée, démontrant un parfait entraînement. Rompant leurs cercles, ils reprirent leur formation en vol de canards et foncèrent, pleins gaz, au-dessus de la Manche[4]. »

▲ Le *Hauptmann* Heinz Bretnutz, *Kommandeur* du II./JG 53, illustre parfaitement la phobie des pilotes de chasse : survoler la mer en monomoteur. Outre d'un gilet de sauvetage, il s'est équipé d'une cartouchière pour pistolet d'alarme et d'un fumigène, en cas d'amerrissage. Si, pour la RAF, un avion endommagé ou accidenté peut être récupéré et éventuellement réparé, pour la *Luftwaffe*, il est irrémédiablement perdu. (ECPA)

▶ Deux grands as allemands commentent un récent engagement. À gauche, le *Hauptmann* Wilhelm Balthasar, qui s'est taillé la réputation d'avoir abattu un avion par jour pendant la campagne de France et, à droite, le *Hauptmann* Günther Lützow qui, depuis août 1940, commande la JG 3. La queue du Bf 109E de Balthasar présente son tableau de chasse : 25 victoires aériennes et 13 avions détruits au sol. Il sera tué après un combat aérien le 3 juillet 1941. (ECPA)

▲ Ce Heinkel He I 11 du *Stab*/KG 26 a tout juste réussi à rejoindre les côtes françaises après un dur combat contre la chasse anglaise. Son commandant de bord, l'*Oberst* Robert Fuchs, *Kommodore* de l'escadre, a été le premier pilote de bombardier à être décoré de la *Ritterkreuz*. (DR)

4. *Avant tout pilote de chasse* — T. Osterkamp — Press Pocket, Paris, 1955.
5. *Nine lives* — A.C.Deere — Hodder & Stoughton, Londres, 1959.

Le cercle défensif s'avérant insuffisant, il faut bientôt protéger les Bf 110 par… des Bf 109. Cette situation, qui confine à l'absurde, pénalise fortement les chasseurs monomoteurs en les privant de leur liberté de manœuvre, essentielle en combat aérien.

Une plus cruelle expérience encore attend les *Zerstörer*. Pour améliorer l'allonge des appareils de la *Luftflotte* 5, Messerschmitt a livré une nouvelle version, le Bf 110D-1/R1, qui se différencie par un volumineux réservoir ventral de 1 200 litres, que les équipages surnomment *Dackelbauch* (ventre de basset). À l'usage, il s'avère difficile à larguer en vol et les vapeurs d'essence qui s'y accumulent le rendent hautement explosif. Le 15 août, ce sont 21 Bf 110D-1/R1 des 2. et 3./ZG 76 venus de Stavanger (Norvège) qui entrent dans la zone d'intervention du *Group* 13 du *Fighter Command*, celui qui a été maintenu dans le nord de l'Angleterre et en Écosse. Les pilotes du n°72 *Squadron* conduits par le *Flight Lieutenant* Edward Graham repèrent l'imposante formation de bombardiers et de chasseurs envoyée par la *Luftflotte* 5[5] :

« Vous les avez vus ? demanda quelqu'un. Graham répondit avec son bégaiement familier :

— Bien s-sûr que je-je les vois, ces-ces s-s-salauds. C'est j-juste que je-je me demande ce-ce qu'il f-faut f-faire !

Il se décida à attaquer le flanc droit, chaque pilote choisissant sa propre cible. En voyant arriver les Spitfire, la formation allemande se disloqua : certains bombardiers se débarrassèrent de leurs bombes dans l'eau avant de tourner les talons et les 110 formèrent un cercle défensif, suivis par une escadrille de Ju 88 qui les imitèrent. Sheen [le *Flying Officer* Desmond Sheen — NDA] pénétra dans le cercle, s'approcha à moins de deux cents mètres et ouvrit le feu sur un Ju 88 [il s'agissait en fait d'un Bf 110] qui portait sous son fuselage une grosse bombe ou un réservoir supplémentaire. Il n'eut pas le temps de savoir ce que c'était, car le bombardier explosa instantanément sous son nez, le Spitfire devant se frayer un chemin au milieu de la fumée et des débris épars. Lorsqu'il se remit de ce choc, il aperçut le reste des Ju 88 piquer jusqu'au ras des vagues et mettre le cap sur la Norvège. »

Les années noires

Le *Hauptmann* Restemeyer, *Kommandeur* du I./ZG 76, éprouve des difficultés à se débarrasser de son « ventre de basset ». Il y parvient juste au moment où un Spitfire ouvre le feu — sans aucun doute celui de Sheen. Le Bf 110 explose comme une bombe. Six autres sont abattus malgré leur cercle défensif. Le soir même, l'orgueil de Göring sera retiré des opérations.

LA PLUS GRAVE ERREUR

Le 12 août, seize chasseurs-bombardiers Bf 110 appartenant à l'*Erprobungsgruppe* 210, s'en prennent aux stations de radar de Pevensey, Rye, Dunkirk et Douvres. Les dégâts n'y sont pas considérables, mais les appareils ont creusé une brèche de 160 km dans le dispositif de détection anglais.

Le Bf 109F du *Major* Werner Mölders, à Düsseldorf, quelques jours avant la campagne de Russie, en juin 1941. Mölders, alors le grand as de la *Luftwaffe*, compte 68 victoires. (Tallandier)

Le radar n'est pas une invention inconnue des Allemands. Loin de là, ils ont même mis en œuvre les premières installations, de rudimentaires radars Freya, en baie d'Allemagne, en septembre 1939. Cependant, ils n'accordent pas tout à fait la même importance à ce système que les Britanniques, sans doute en raison de l'accent mis sur l'offensive par les dirigeants allemands. En l'espace d'un an, ils perdent leur avance technique et resteront à la traîne des Alliés tout le restant de la guerre. La grande supériorité du radar anglais vient de son intégration à une organisation, où il n'est que le premier maillon d'une chaîne dont le dernier est l'avion de chasse. Entre les deux se trouvent les salles de filtrage et les salles d'opérations, dont le contrôleur décide du choix des escadrilles et du nombre d'avions nécessaires à l'interception d'un raid — s'il n'a pas estimé qu'il ne s'agit que d'une diversion ou d'une manœuvre dilatoire.

En raison de la proximité de leurs bases, les avions allemands sont détectés avant d'avoir rentré leur train d'atterrissage. La surprise ne jouera jamais en faveur de la *Luftwaffe* au cours de la bataille d'Angleterre, ce qui, par rapport aux campagnes précédentes, constitue un élément déterminant, mais dans le mauvais sens.

Le soir de l'attaque de l'Epr. Gr.210, les Britanniques réparent les dégâts. Une seule station est hors d'usage ; ils y replantent de fausses antennes et font émettre ses signaux par une autre station. Les Allemands tombent dans le panneau et, assurés que les œuvres vives des stations sont enterrées trop profondément, ils estiment qu'ils perdent leur temps. Le 15 août, à la conférence des chefs de flotte et de corps aériens, Göring déclare[6] : « Il est fort douteux qu'il y ait lieu de poursuivre les attaques sur les sites de radar, étant donné que jusqu'à présent aucune station attaquée n'a été mise hors service. »

C'est la plus grave erreur de la bataille.

6. *Strike from the sky, the Battle of Britain story* — A. McKee — Souvenir Press, Londres, 1960.

◂ Des Spitfire I du n° 610 *Squadron* en vol. Dissoute le 3 mars 1945, cette unité sera créditée de 132 victoires aériennes pendant la guerre. Comme le montre clairement cette photo, la RAF a conservé la patrouille de trois avions, alors que la *Lufwaffe*, sous l'impulsion de ses grands théoriciens comme Werner Molders, a depuis longtemps abandonné cette organisation au profit d'un dispositif plus souple et plus efficace à deux avions. La RAF n'y viendra que deux ans plus tard. (Tallandier)

▲ Un Bf110C-4/B *Jabo* (abréviation pour *Jagd-Bomber*), l'un des premiers chasseurs-bombardiers du monde. Cet appareil appartient à l'unité expérimentale *Erprobungsgruppe* 210. Le syndrome de l'offensive à tout prix qui a frappé le haut-commandement allemand entraîne la *Luftwaffe* sur de fausses pistes (mais, il y entraînera également la RAF!). Le chasseur-bombardier n'offre aucune solution à l'impasse devant laquelle se trouve la *Luftwaffe* pendant la bataille d'Angleterre. S'il peut — théoriquement — se passer d'escorte, sa puissance de frappe est trop faible pour être significative dans ce type d'engagement. (ECPA)

ÇA PASSE OU ÇA CASSE

Une autre erreur de la *Luftwaffe* a été de vouloir s'en prendre à toute la RAF. Un grand nombre d'avions ont été perdus et beaucoup d'énergie gaspillée pour bombarder des terrains occupés par des appareils du *Coastal Command* ou de reconnaissance ou encore des usines sans intérêt stratégique. La logique aurait voulu de concentrer les attaques uniquement sur les aérodromes abritant des escadrilles de chasse. Même les raids sur l'industrie aéronautique n'ont aucune utilité si l'on escompte une guerre courte et une victoire rapide, car les effets des destructions ne se font pas sentir avant plusieurs semaines.

Fin août, les terrains du *Fighter Command* sont sévèrement touchés. Il aurait été plus simple — et moins coûteux — de transférer la chasse au nord de Londres, soustrayant ainsi installations, avions et pilotes aux raids. Mais Dowding ne veut pas d'un repli que les Allemands transformeraient en victoire. Les bombardiers allemands se présentent désormais à une altitude de 7 000 mètres. Pour économiser le carburant, Spitfire et Hurricane décollent au dernier moment et, la plupart du temps, n'ont pas le temps de rétablir à l'altitude des bombardiers avant d'avoir été attaqués par l'escorte.

Début septembre, le *Fighter Command* est à genoux. La *Luftwaffe* ne vaut guère mieux. C'est elle qui va céder la première, sous la pression de ses grands chefs militaires qui continuent à surestimer leurs forces et leurs succès. À cet égard, les communiqués de propagande des deux camps rivalisent d'extravagance; fin août, si on fait le total des victoires revendiquées par les belligérants, on doit largement excéder la totalité des effectifs de la RAF et de la *Luftwaffe*. Le problème, c'est que l'état-major allemand semble prendre ces chiffres pour argent comptant.

De chaque côté, les pertes ont grimpé à une vitesse vertigineuse. La *Luftwaffe* a rayé de ses effectifs 284 appareils (10 % du nombre d'avions alignés par les trois flottes aériennes le 20 juillet) entre le 13 et le 19 août. Pour le mois complet, les pertes culminent à 774 appareils, toutes causes confondues. L'hémorragie en pilotes de chasse n'est pas moindre : 168 en août (15 % des effectifs) et 229 en septembre (23 %).

Après le changement d'objectif, le 7 septembre, puis le point culminant du 15, la bataille d'Angleterre va progressivement s'étirer en longueur. Surestimant la valeur des raids de terreur, mais aussi pour réduire ses pertes, la *Luftwaffe* n'engage plus ses bombardiers que de nuit : c'est la période du *Blitz*. Dans les unités de bombardement, on badigeonne hâtivement les parties claires des appareils pour ne pas attirer l'attention des défenseurs nocturnes. (ECPA) ▶

◀ C'est à la *Luftwaffe* que revient l'invention du chasseur-bombardier. On voit ici un Bf 109E-4/B de la 3./Erp. Gr.210 équipé d'un râtelier ventral pouvant accommoder une bombe de 250 kg. Les Alliés transformeront cette petite activité artisanale en une véritable industrie lourde. (ECPA)

Dowding a subi une pression bien plus terrible encore. Il a perdu 237 pilotes de chasse en août (26 % de ses effectifs) et 264 en septembre (28 %). Cela signifie qu'à ce rythme, dans deux mois la totalité de ses effectifs sera anéantie ! Près de 60 % des pilotes perdus ont plus de 300 heures de vol. La RAF voit s'éroder la quantité, mais aussi la qualité, car, pour combler les trous, la durée de l'instruction des nouvelles recrues doit être divisée par deux.

Aucune force aérienne ne peut encaisser de telles pertes impunément. Le dénouement ne peut qu'être proche ; ça passe ou ça casse.

LE TOURNANT DE LA BATAILLE

Et le 7 septembre, prétextant des représailles aux bombardements nocturnes de la RAF sur les villes allemandes, Hitler ordonne le *Zielwechsel*, le changement d'objectif. Pas moins de 625 bombardiers décollent ce jour-là, objectif : Londres. La bagarre est furieuse, mais Dowding respire. Ses précieux aérodromes sont épargnés. Les pertes anglaises sont lourdes (22 pilotes tués), mais celles de la *Luftwaffe* ne sont pas plus légères (22 pilotes de Bf 109 tués ou disparus).

Si le terrible engagement du 15 septembre, qui voit la *Luftwaffe* perdre 25 % des avions engagés, marque la fin « officielle » de la bataille d'Angleterre, le 7 septembre en est le grand tournant. Qu'est-ce qui a poussé Hitler à changer de cible au moment précis où la victoire tend les bras à la *Luftwaffe* ?

Sans doute, appliquant ainsi le quatrième point de sa directive, a-t-il pensé affaiblir le moral des Anglais en bombardant leur capitale. En 1940, les aviations n'ont pas les moyens de leur politique et les résultats attendus de tels raids sont largement surévalués. D'autant que la *Luftwaffe* n'est pas une arme stratégique et qu'elle ne dispose ni du matériel adéquat ni du nombre suffisant pour vaincre de cette manière. Comme les Allemands l'apprendront plus tard à leurs dépens, on ne sape pas le moral d'une population par des raids de terreur, on le fortifie.

Sans doute Hitler, davantage intéressé par sa future conquête de l'Est, a-t-il voulu tenter une ultime action pour forcer la décision afin de ne pas mener une guerre sur deux fronts.

Sans doute, l'OKL a-t-il vu là une nouvelle possibilité d'attirer la chasse anglaise dans une nasse et mieux l'anéantir. Encore aurait-il fallu laisser les coudées franches aux *Jagdgeschwadern* et ne pas leur imposer de « coller » aux bombardiers pour « mieux les défendre ». Tactique inepte de stratèges qui ne connaissent rien au combat aérien, qui limite les possibilités des Messerschmitt et les empêche non seulement de protéger les bombardiers, mais également de se défendre eux-mêmes.

Cette fois, Göring est contraint de le reconnaître : « sa » *Luftwaffe* a perdu la bataille.

Le 17 septembre, le lion de mer réintègre les eaux du Rhin. L'invasion de l'Angleterre est ajournée *sine die*. Pendant que les équipages de la *Luftwaffe* s'initient aux mystères de la navigation de nuit, Hitler consulte des cartes de la Russie.

Face à la RAF, la *Luftwaffe* s'est retrouvée le derrière entre deux chaises. Séduit par la théorie du bombardement « de terreur », Göring oublie simplement le fait que son aviation est avant tout une arme tactique et que le bombardement stratégique requiert une infrastructure fondamentalement différente. Ce vice n'était probablement pas rédhibitoire, mais il aurait fallu que la *Luftwaffe* contrebalançât l'absence de bombardiers lourds par un accroissement substantiel de ses effectifs et surtout par la mise en œuvre d'une stratégie concertée et raisonnée — deux éléments qui ne se fabriquent pas en si peu de temps.

7. *Fighter, the true story of the Battle of Britain* — L. Deighton — J. Cape, Londres, 1977.

(ECPA)

L1+ AM
Le plus célèbre avion de la Luftwaffe

Contrairement à ce que l'on pourrait croire, l'avion le plus célèbre de la *Luftwaffe* n'est pas un Bf 109, mais un Junkers 88 et plus précisément le L1+ AM du *Hauptmann* Joachim Helbig. Le 15 août 1940 à 16 h 45, vingt-sept Ju 88A de la LG 1 décollent d'Orléans-Bricy. Les quinze appareils du deuxième groupe ont reçu comme objectif le terrain de Worthy Down. Dans la section de queue, la plus vulnérable, vole un appareil qui porte sur les flancs le code L1+ AM. Son pilote est le *Hauptmann* « Jochen » Helbig.

Sa section est assaillie par un nombre considérable de Spitfire. L'équipage de Helbig en compte 80. Un chasseur anglais s'approche plein arrière. Le mitrailleur, le *Feldwebel* Schlund, est le plus prompt. Une rafale bien ajustée envoie le Spitfire en abattée vers le sol, traînant une épaisse fumée noire. Schlund n'a pas le temps de suivre sa victime des yeux. Helbig s'est lancé dans de violentes évolutions pour décrocher d'autres chasseurs qui se présentent pour ouvrir le feu à cadence élevée. Schlund tire de courtes rafales. Les Anglais prennent alors le Junkers en tenaille. Le moteur gauche est atteint, le mitrailleur et le radio sont blessés et les munitions de bord son épuisés. Bref, la situation est désespérée…

Helbig s'est rapproché du sol. Enfin, la Manche… Les Spitfire abandonnent la partie, laissant le bombardier éclopé filer vers les côtes françaises. Tous, sauf un. Schlund, blessé et impuissant derrière ses armes vides, alerte son pilote :

« *Spitfeuer derrière, à 200 mètres.* » Sur un seul moteur, déjà très sollicité, les acrobaties sont déconseillées. Le point noir grossit. L'Anglais n'est plus qu'à cent mètres. Schlund ferme les yeux. Il attend la mise à mort. Mais, rien ne vient. Il rouvre les yeux. Le *Spitfeuer* a disparu. Où est-il donc ? Helbig lui fait signe. L'Anglais vole à côté du Junkers, aile dans aile. Le vol en formation se prolonge jusqu'à la côte. Alors, le pilote anglais fait un signe de la main et cabre son appareil. Était-ce l'un des derniers chevaliers du ciel ou bien était-il, lui aussi, à court de munitions ? Helbig ne le saura jamais. Il se pose enfin à Orléans où il a la désagréable surprise de constater qu'il est l'unique survivant de son escadrille, la 4./LG 1[7].

Le Ju 88A L1+ AM ne sera détruit qu'en février 1944 par un bombardement américain. L'avion compte alors plus de 1 000 heures de vol, un véritable record, à une période où l'espérance de vie d'un appareil n'excède pas trois semaines. C'est à son bord que Helbig effectue la majorité de ses 480 missions, revendiquant trois avions de chasse et un avion d'observation.

Né en 1915 en Saxe, Jochen Helbig est affecté en 1935 à la LG 1, comme sous-lieutenant observateur. Il en deviendra le *Kommodore* et ne quittera son escadre que pour quelques postes temporaires en état-major. Il reçoit la Croix de Chevalier avec les Épées en septembre 1942. Directeur d'une société de brasserie après la guerre, il est tué dans un accident de voiture en 1985.

Comme l'écrit R.J. Overy[8] : « Les avantages sur le plan technique et sur le plan de l'organisation dont jouissait la RAF n'auraient pu être compensés que par des attaques massives de bombardiers, auxquelles les Allemands étaient mal préparés ou par un supériorité numérique écrasante, dont ne disposait pas la *Luftwaffe*. »

Pour la troisième fois depuis septembre 1939, la *Luftwaffe* succombe au syndrome du « coup décisif » : *der Adler Tag*. Cependant, pour la première fois, celui-ci échoue. Ce mythe montre à quel point les responsables de l'aviation allemande ont une notion assez floue de ce que peut représenter l'acquisition et le maintien de la supériorité aérienne en termes d'efforts à long terme sur le plan industriel, économique et militaire.

L'Allemagne s'est préparée pour une guerre courte et essentiellement continentale. Sa confiance dans la victoire est telle qu'en juin 1940, Göring fait interrompre tous les programmes de recherche qui n'ont aucune chance d'aboutir avant la fin de l'année. Une telle justesse de vue ne tarde pas à payer ses dividendes. Entre 1940 et 1943, seuls quatre types nouveaux d'avions entreront en service, avec, d'ailleurs, des fortunes diverses.

Les lourdes pertes de l'été sont à peine comblées par une production qui stagne. De 227 en juillet, la production mensuelle de Bf 109 tombe à 177 en septembre. C'est sans doute dans cette bataille de chiffres que se situe la cause première de la défaite de la *Luftwaffe*. Sous-estimant à la fois le potentiel de l'adversaire (les rapports allemands font état d'une capacité de production mensuelle des Britanniques de 500 appareils, alors qu'en août elle dépasse 1 600) et ses propres forces à mettre en œuvre, le haut-commandement s'est placé lui-même en position d'infériorité dès le début. Il s'est engagé dans une guerre d'usure sans le comprendre et, surtout, sans s'y être préparé.

Dowding a gagné la bataille d'Angleterre, mais il perdra celle des couloirs des ministères. Parmi ses détracteurs les plus virulents, l'*Air Vice-Marshall* Leigh-Mallory, commandant le 12 *Group*, et le *Wing Commander* Douglas Bader lui reprochent d'avoir engagé ses escadrilles avec trop de retenue, laissant continuellement l'avantage numérique à la *Luftwaffe*. À ces partisans des grandes formations de chasseurs, Dowding objectera en vain l'engorgement des terrains du sud de l'Angleterre et le manque de souplesse que cette tactique aurait engendrés. Impressionné par la manière dont Leigh-Mallory et Bader ont conduit leurs escadres au combat, Churchill fera remercier Dowding comme un malpropre, sur un simple coup de téléphone, en novembre 1940. Ce sera l'une des rares erreurs d'appréciation du grand homme.

Lorsque la Grande-Bretagne s'est retrouvée seule face à l'Allemagne, au début de l'été 1940, Winston Churchill a promis à ses compatriotes « du sang, de la sueur et des larmes ». Ils n'ont pas été déçus, Churchill a largement tenu sa promesse. Mais, il les a remerciés en leur offrant une victoire décisive. Guillaume de Normandie restera le dernier à avoir posé le pied sur le sol anglais, une arme à la main, un peu moins de 900 ans auparavant.

8. *The air war, 1939-1945* — R.J. Overy — Papermac, Londres, 1987.

IV
OPÉRATION « BARBAROSSA »
La Luftwaffe *frappe à l'Est*

Lorsque la nuit tombe sur le 22 juin 1941, pas moins de 1 811 carcasses d'avions frappés de l'étoile rouge gisent sur les cendres du pacte de non-agression germano-soviétique. Des centaines d'avions ont été abattus pour des pertes minimes. Ce qu'ignore la *Luftwaffe*, c'est qu'elle ne fait qu'achever le travail commencé par l'Armée Rouge : rayer des effectifs les avions périmés pour les remplacer par des appareils plus modernes et plus performants. La campagne s'annonce comme une promenade de santé et pourtant, tous ne partagent pas l'avis d'un état-major euphorique[1] **: « La menace suspendue au-dessus de nous depuis le début de cette guerre comme une épée de Damoclès, la guerre sur deux fronts, devait à présent se réaliser. »**

PREMIÈRE VICTOIRE SUR LE FRONT EST

« Tout le monde dans la *Geschwader* savait que j'aimais me lever tôt et prendre part à la première mission à l'aube ; je fus le premier à décoller. Vers 3 h 30, je pris l'air avec mon *Rottenflieger* pour une reconnaissance au-dessus des terrains russes près de la frontière, à la recherche de chasseurs ennemis. Je découvris que sur chaque aérodrome deux ou trois chasseurs russes se tenaient en état d'alerte. Après avoir survolé plusieurs terrains et sur le chemin du retour, je repassai à la verticale du premier. En m'approchant, je vis que deux appareils étaient déjà entre les mains de leur pilote. À une altitude de 700 à 800 mètres, je refis un passage pour mieux observer. Après un tour et demi, j'aperçus les Russes mettre leur moteur en route et rouler, puis décoller immédiatement. Comme ils cherchaient manifestement la bagarre, j'attaquai le premier *Rata*[2] à une altitude supérieure de 300 à 400 mètres et réussis à l'abattre avec seulement quelques obus dès la première passe. En comparant les horaires avec mon *Rotenflieger* plus tard, cet événement se déroula à 3 h 58, le 22 juin 1941. Le second chasseur fut probablement secoué de voir l'un de ses camarades tomber en flammes car je ne pus le retrouver. De retour au-dessus de notre terrain, je battis trois fois des ailes. Incrédules, mes camarades secouèrent la tête — la plupart venaient juste de se réveiller et sortaient encore à moitié endormis de leur tente. »

L'*Oberleutnant* Robert Olejnik est le *Staffelkapitän*[3] de la 4./JG 3, escadrille basée à Zamosc, au sud-est de Lublin. Il est vraisemblablement le premier pilote allemand victorieux sur le front russe[3].

---

1. A. Galland, *op. cit.*

2. *Rata*, le rat en espagnol, surnom donné au Polikarpov I-16 par les pilotes de la Légion Condor pendant la guerre d'Espagne.

3. *Messerschmitt Bf 109 at war* — A. Van Ishoven — Ian Allan, Shepperton, 1977. Olejnik, promu au grade de *Major*, sera affecté à l'*Erprobungskommando* 16, chargé du développement du chasseur à réaction Messerschmitt Me 163 ; il sera grièvement blessé au cours d'un vol d'essai.

Les prédateurs prêts à l'envol. Quelque part sur le front russe, des Bf 109G du II./JG 54 attendent leur prochaine mission. De conception plus moderne, possédant une meilleure accélération que les appareils soviétiques et confié à des pilotes beaucoup plus expérimentés que leurs adversaires, le Messerschmitt Bf 109 rencontre peu de difficultés à obtenir la supériorité aérienne dès le premier jour de l'offensive allemande Mais, la *Luftwaffe* l'apprendra à ses dépens, cet exercice requiert une constance dans les efforts qui ne constitue pas à proprement parler le point fort de l'aviation allemande. (ECPA)

ABATTUS TOUS LES TRENTE

Le 22 juin 1941, les pilotes de chasse allemands changent d'adversaire. Pour eux, tout est nouveau, le champ de bataille qui s'étend à l'infini, les avions et leurs pilotes, leurs tactiques... Mais, ils apprennent vite ! Le premier soir de l'offensive, les services de renseignements de la *Luftwaffe* dénombrent la destruction de 1 489 avions au sol et 322 en combat aérien. Les pertes allemandes s'élèvent à... 35 appareils. Ces nombres paraissent tellement invraisemblables que même l'OKL les fait vérifier deux fois.

Déjà, dans les mess circulent les histoires les plus invraisemblables :

— Il y avait trente bombardiers qui volaient droit devant eux, comme si on n'était pas là ; on les a tous abattus, les uns après les autres.

— Des prisonniers nous ont raconté qu'ils avaient décollé avec des bombes en ciment pour s'entraîner ; Staline avait oublié de leur dire qu'ils étaient en guerre. C'est nous qui leur avons appris !

Où est la vérité dans tout cela ? La 9e division aérienne soviétique reconnaît la perte de 85 % de ses 409 appareils dès le premier jour de l'offensive. L'OKW estime à 4 017 le nombre d'avions soviétiques détruits au cours de la première semaine des combats et l'Armée Rouge reconnaît la perte de 5 316 appareils entre le 22 juin et le 4 octobre[4]. Les statistiques allemandes ne doivent pas être très éloignées de la vérité ; une vérité confirmée par l'étendue du désastre subi par l'Armée Rouge sur terre.

Il est en tout cas certain que dans la première phase de l'opération « Barbarossa », la *Luftwaffe* a surtout écrasé l'aviation soviétique au sol. Dans les airs, elle a principalement rencontré des appareils démodés, du type I-15bis, I-16 et I-153 pour la chasse et SB-2 et DB-3 pour les bombardiers, qui ne font pas le poids face au redoutable prédateur qu'est le Bf 109. La qualité et les tactiques des pilotes soviétiques laissent considérablement à désirer et, surtout, ils n'ont pas l'expérience de leurs adversaires.

DEUX ERREURS FONDAMENTALES

À l'aube du 22 juin 1941, ce ne sont pas moins de 3,2 millions de soldats de la *Wehrmacht* qui franchissent les frontières soviétiques. Les armées allemandes, réparties en trois groupes (Nord, Centre et Sud), sont renforcées par des troupes roumaines et finlandaises, rejointes deux jours plus tard par des troupes hongroises et slovaques, puis par des corps expéditionnaires espagnols et italiens (et même français).

La *Luftwaffe* engage 2 770 avions de combat (65 % de ses effectifs), soit à peine 50 Bf 109 de plus et surtout 200 bombardiers de moins que lors de l'ouverture de la campagne à l'Ouest. La production aéronautique allemande se poursuit sur un rythme de temps de paix, les avions neufs ne parviennent pas à combler les pertes du front ouest.

L'Allemagne s'engage à l'Est en commettant deux erreurs fondamentales. La première concerne la puissance aérienne et la capacité industrielle de l'Union soviétique. Les estimations des experts allemands portent sur une production annuelle de 5 000 appareils, alors qu'elle atteint plus de 10 000 les deux années précédant la campagne. Si les avions rencontrés dans les premières semaines appartiennent à des modèles périmés, les appareils de la nouvelle génération (chasseurs LaGG-3, MiG-3 et Yak-1) commencent à entrer en service en nombre important (1 946 exemplaires produits avant juin 1941) et rééquipent des unités stationnées pour la plupart en arrière du front. En fait,[5] « la majorité des appareils russes détruits en juin 1941 sont déjà considérés comme périmés, la *Luftwaffe* ne faisant qu'achever un travail déjà bien entamé par l'Armée Rouge elle-même ».

La seconde erreur commise par Hitler découle en fait de la première. Sous-estimant la véritable puis-

Un des 1 489 avions soviétiques détruits au sol dès le premier jour de « Barbarossa ». Cet avion, un Polikarpov I-16, surnommé *Rata* (le rat), a connu son heure de gloire pendant la guerre d'Espagne. En juin 1941, il est totalement surclassé par le Bf 109. (ECPA)

4. *The Soviet Air Force since 1918* — A. Boyd — McMillan, Londres, 1977.

5. R.J. Overy, *op. cit.*

Le Lavochkin LaGG-3, entré en service début 1941, constitue l'un des premiers chasseurs modernes soviétiques. Plus maniable parce que plus léger, il est beaucoup moins puissant que le Bf 109. Comme la majorité des avions de chasse russes, il est construit en bois. (ECPA)

Le *Hauptmann* Dieter Hrabak, *Kommandeur* du II./JG 54 (sortant de l'habitacle) et l'*Oberleutnant* Hans Philipp font connaissance de plus près avec un LaGG-3. Ils en consommeront un certain nombre, qui figurent parmi les 125 victoires du premier et les 206 du second. (ECPA)

6. *Knights of the Black Cross* — J. Mizrahi — Sentry Books, Granada Hills, 1972. Heinz Schmidt est abattu et tué en octobre 1943 avec 173 victoires à son actif; il commande alors la 4./JG 52.

Dans le grand Nord, les Finlandais ont repris la lutte aux côtés des Allemands. L'*Ilmavoimat*, équipée d'un assortiment hétérogène d'avions américains, britanniques, français, hollandais, allemands et même russes, obtiendra des succès surprenants dans les premières phases de la guerre à l'Est. On voit ici un Fokker D. XXI (FK-125) du LeLv 30 portant un superbe camouflage sur les pantalons du train d'atterrissage. (DR)

sance de l'Union soviétique, le chef suprême des armées allemandes s'en tient à sa stratégie du « coup décisif » et pense que la supériorité aérienne acquise dans les premiers jours sera suffisante pour couvrir l'avance irrésistible de ses forces terrestres jusqu'à la victoire de cette nouvelle *Blitzkrieg*.

LE PARADIS DES CHASSEURS

Le soir du 30 juin, la JG 51, l'escadre de Mölders, dénombre sa 1 000e victoire depuis le 1er septembre 1939. Les autres escadres de chasse ne tardent pas à l'imiter : la JG 53 le 31 juillet et la JG 54 le 1er août. Parmi les pilotes naît une véritable compétition. Mölders, qui remporte sa 100e victoire le 15 juillet, tient la corde. Le tableau ci-après donne les dix premiers pilotes allemands à atteindre ce nombre magique.

DATE 100e	PILOTE	AFFECTATION	TOTAL FINAL
15.07.1941	*Obstlt.* W. Mölders	*Kdore* JG 51	115
24.10.1941	*Maj.* G. Lützow	*Kdore* JG 3	108
26.10.1941	*Hpt.* W. Oesau	*Kdr.* III./JG 3	123
31.03.1942	*Hpt.* H. Philipp	*Kdr.* I./JG 54	206
22.04.1942	*Hpt.* H. Ihlefeld	*Kdr.* I./JG 77	130
12.05.1942	*Oblt.* M-H. Ostermann	*Kap.* 7./JG 54	102
14.05.1942	*Lt.* H. Graf	*Kap.* 9./JG 52	212
18.05.1942	*Lt.* A. Dickfeld	*Kap.* 8./JG 52	136
19.05.1942	*Hpt.* H. Bär	*Kdr.* IV./JG 51	220
20.05.1942	*Hpt.* G. Gollob	*Kdore* JG 77	150

Les jeunes suivent l'exemple des anciens. Hermann Graf remporte sa première victoire d'une longue série le 3 août 1941, à une époque où ses supérieurs ne reconnaissent guère en lui que ses talents de... gardien de but de l'équipe nationale de football! Gerhard Barkhorn, le 2 juillet et Walter Nowotny, le 19. À la fin de leur carrière, ces trois « bleus » de l'été 1941 totaliseront 771 victoires aériennes. Le front russe est devenu le « paradis des chasseurs ».

UNE SURPRISE NOMMÉE Il-2

Absente du front pendant quelques jours, l'aviation soviétique apparaît à nouveau à partir du 30 juin, au grand étonnement des pilotes allemands. Mais, ce n'est pas tout. Les Soviétiques réservent une belle surprise aux *Panzer* : un avion blindé, qui paraît indestructible, spécialisé dans la lutte antichars, l'Iliouchine Il-2 *Stormovik*. Le *Hauptmann* Heinz Schmidt compte parmi les pilotes qui font sa connaissance[6] :

« Cette fois, nous interceptons environ 80 Il-2 Stormovik, des chars volants, quasiment imperméables à nos canons de 20 mm. Mais, ils sont vulnérables à certains endroits. Un obus de 20 mm bien placé dans l'empennage peut les abattre. [...] Je les déteste plus que les chasseurs russes. Les Rouges semblent en avoir des milliers et ils nous causent beaucoup de dégâts. Leur seul défaut est de ne pas avoir assez d'autonomie, mais ils n'ont pas besoin de plus d'une heure d'endurance, car ils sont basés aussi près du front que nous et leurs missions ne dépassent pas 45 minutes en général. Dieu merci, il volent bas et sont lourds en altitude. J'ai trouvé que le meilleur moyen de les attaquer est de plonger sur le côté, attendre le dernier moment et viser le pilote. Nous avons inspecté une épave l'autre jour. Les deux membres de l'équipage avaient été tués et l'appareil avait percuté un corps de ferme en bois. Les pales s'étaient enroulées autour de la casserole d'hélice, mais tout l'avant du fuselage était absolument intact. Les ailes étaient encore fixées au fuselage et seulement une partie de l'empennage horizontal avait été sectionnée quand l'avion avait heurté une souche d'arbre. »

LES MORANE À LA SVASTIKA BLEUE

Fin juillet, malgré — ou peut-être à cause — de la fantastique percée qui porte le front sur une ligne allant de Tallinn à Odessa, en passant par Minsk et Kazatin, l'aviation allemande se trouve confrontée à de graves difficultés. La *Wehrmacht* s'étale en éventail au fur et à mesure de son avance, contraignant l'aviation à couvrir un front de plus en plus large. Les pertes sont à peine compensées par la livraison d'avions neufs et, fin juillet, la *Luftwaffe* ne dispose plus que de 1045 appareils disponibles. Les unités découvrent des terrains rendus systématiquement inutilisables par les Russes avant leur retraite et doivent souvent se satisfaire de prairies vaguement aménagées, aussi dangereuses pour les avions allemands que vulnérables aux attaques aériennes. La multiplication des aérodromes de campagne et leur dispersion sur la largeur du front perturbent l'acheminement du carburant, des munitions et des pièces détachées. Les avions endommagés doivent, pour la plupart, être retournés en Allemagne pour y être réparés.

Malgré tout, l'aviation allemande enregistre de bons résultats sur le terrain en raison d'une utilisation tactique rationnelle. La *Luftwaffe* compense son infériorité numérique par une meilleure qualification de ses équipages et par les performances supérieures de ses appareils. La campagne de Russie se résumera de part et d'autre à un engagement terrestre soutenu par de faibles moyens aériens, tant que l'Armée Rouge n'aura pas amélioré la qualité de ses pilotes et de ses avions et tant qu'elle n'écrasera pas la *Luftwaffe* sous le nombre.

▲ À l'été 1941, l'escadrille 2./LeLv 28 se bat sur des Morane 406 cédés par les Français au printemps 1940. Les Allemands en récupèreront 57 autres tant en zone occupée qu'après l'invasion de la zone libre qu'ils expédieront en Finlande. Les Morane seront utilisés jusqu'à la cessation des hostilités, en septembre 1944 et les derniers survivants seront envoyé au pilon en... 1952. (DR)

◀ Ce Yakovlev Yak-1 soviétique a été abattu par l'aviation finlandaise en juin 1941. (DR)

La *Luftwaffe* est évidemment présente dans le grand Nord et ses unités sont rassemblées sous les *Luftflotten* n° 1 et 5. On voit ici le Bf 110F (LN + KF) de l'*Oberleutnant* Karl-Fritz Schloßtein (8 victoires), commandant l'escadrille 10 (Z)/JG 5, survolant les environs de Kirkenes au printemps 1942. (ECPA)

Le mythique Werner Mölders, premier pilote allemand a dépasser les 100 victoires. *Kommodore* de la JG 51, il remporte 33 victoires sur le front russe dans les trois premières semaines de l'offensive allemande. Retiré du front par ordre de Göring, il devient : le premier « général de la chasse » et disparaît dans un banal accident d'avion en se rendant aux obsèques d'Ernst Udet, le 22 novembre 1941. (ECPA)

Dans le grand Nord, la *Luftflotte* 5 n'entre en action que six jours après les autres, en couverture des troupes allemandes et finlandaises sous le commandement unifié de von Falkenhorst. Deux points d'action principaux sont offerts à la *Luftwaffe* : Mourmansk, dont la DCA est réputée deux fois plus dense qu'à Londres et les 1 500 km de voie ferrée reliant la presqu'île de Kola et la Carélie septentrionale à Léningrad.

Aux côtés de la *Luftflotte* 5 se tient la modeste (modeste, mais efficace) aviation finlandaise, l'*Ilmavoimat*, équipée d'appareils de toutes origines. On y compte des avions américains, italiens, hollandais, britanniques, russes et même français ! Trente Morane-Saulnier MS.406 donnés par le gouvernement français en février 1940, auxquels s'ajouteront cinquante autres cédés par les autorités d'occupation entre janvier 1941 et novembre 1942, reprennent du service frappés de la svastika bleue de l'aviation finnoise. Opérant dans le secteur du lac Ladoga, ils remportent quelques succès avec l'escadrille LeLv 28. Notamment, le 9 juillet, une patrouille abat 2 MiG-1 et 2 SB-2 sans perte. Le 9 septembre, les Morane revendiquent 7 I-16 et I-153. À la fin de l'année 1941, la LeLv 28 possède un palmarès éloquent de 70 victoires pour la perte de onze appareils.

UN CUIRASSÉ COULÉ PAR LES *STUKA*

La *Luftwaffe* continue à étoffer son tableau de chasse d'une façon étourdissante et l'un des exploits les plus retentissants est à mettre au compte du II. (Schl.)/LG 2 du *Major* Otto Weiss. Constantant, au retour d'une mission, la per-

Un chasseur-bombardier Bf 109E-7 du II. (Schl.)/LG 2. L'appareil est piloté par le grand as des *Schlachtgeschwadern* (escadres d'appui tactique), le *Hauptmann* Alfred Druschel, qui disparaîtra le 1er janvier 1945 au cours de l'opération « Bodenplatte ». Engagés dans des missions sans grande portée contre l'Angleterre, les chasseurs-bombardiers se révèlent une arme redoutable sur le front russe où ils prennent une part prépondérante aux succès initiaux de la Wehrmacht. (Bundesarchiv-Coblence)

Les années noires — 37

cée de chars russes, les braves Henschel Hs 123, à court de munitions, interviennent d'une manière peu banale mais efficace. Lançant leur moteur en surrégime, l'hélice faisant alors plus de bruit qu'un régiment d'artillerie, les pilotes se ruent en rase-mottes sur les blindés dont les équipages prennent peur. Les chars s'enfuient et viennent s'enliser dans un marécage où le maréchal Kesselring viendra s'assurer en personne que 47 T-34 ont été mis hors de combat sans qu'un seul obus ait été tiré...

◀ Une parfaite illustration des conditions épouvantables dans lesquelles se bat la *Luftwaffe* à l'automne 1941. Les pluies incessantes ont transformé les terrains avancés en véritables bourbiers et les *Stuka* (ici un Ju 87B du III./St.G.51) connaissent d'énormes difficultés à assurer un nombre régulier de missions. L'effort de la *Wehrmacht* s'en ressentira d'une manière considérable. Mais, avec la neige et le froid, le pire est encore à venir... (ECPA)

Le 22 septembre, la St.G.2 du *Major* Oskar Dinort basée à Tyrkovo est dirigée contre la flotte russe dans le port de Cronstadt. La première mission menée avec des bombes de 500 kg s'achève sur un fiasco. Les *Stuka* ont eu l'occasion d'apprécier la densité de la DCA ; plus de mille pièces de tout calibre ont accompagné les bombardiers dans leur piqué. Enfin chargés de bombes spéciales de 1 000 kg, les *Stuka* reprennent le même chemin le lendemain. Le *Hauptmann* Steen, *Kapitän* de la 1./St.G.2 et l'*Oberleutnant* Hans-Ulrich Rudel se concentrent sur le *Marat*, un cuirassé de 23 000 tonneaux. Touché de plein fouet à l'avant par la bombe de Rudel, le cuirassé est littéralement coupé en deux par l'explosion qui s'ensuit. Le cuirassé *Révolution d'Octobre* et le croiseur lourd *Leningrad* subissent de lourdes avaries, de même que le croiseur *Kirov* que percute le Ju 87B du *Hauptmann* Steen, frappé à mort par la DCA soviétique, le 24 septembre.

LES ÉLÉMENTS NATURELS AU SECOURS DES RUSSES

Le 27 septembre, l'OKW reconnaît la perte de 1 603 appareils, 1 028 autres ayant été endommagés, depuis le 22 juin. Malgré les succès égrenés par ses communiqués, la campagne de Russie n'est pas la promenade de santé espérée en haut lieu.

Début octobre, la Wehrmacht occupe les rives méridionales du lac Ladoga, dans le nord, et le front court de Novgorod aux rivages de la mer d'Azov, en passant par Smolensk, Orel et Dniepropetrovsk. Le 18 de ce même mois, les poches de Vyazma et de Briansk sont oblitérées, l'Armée Rouge laissant 658 000 prisonniers supplémentaires aux mains des Allemands. La route de Moscou est grande ouverte devant von Bock.

Le 2 octobre, les Allemands déclenchent l'opération « Taïfun » devant aboutir à la chute de Moscou. Mais, le « typhon » leur tombe sur la tête quatre jours plus tard sous la forme des violentes pluies d'automne qui transforment en moins de vingt-quatre heures les aérodromes de fortune en bourbiers. De mille sorties en moyenne par jour, la *Luftwaffe* doit se contenter de 559 le 8 octobre et de 269 le lendemain. Début novembre, le froid succède à la pluie. Les avant-gardes de la division *SS das Reich* atteignent Khimki, à huit kilomètres des portes de Moscou. Elles n'iront pas plus loin.

Les Allemands courbent l'échine dans l'attente de jours meilleurs. L'année 1941 s'achève sur le front est alors que trois points de résistance s'offrent à eux : Léningrad, au nord, Moscou, au centre et Sébastopol, au sud

V
PEARL HARBOR
La victoire inachevée

« **Si vous m'en donnez l'ordre, je peux vous garantir une succession ininterrompue de victoires. Mais, je tiens à vous avertir que si les hostilités viennent à se poursuivre deux ou trois ans, je ne crois pas en notre victoire finale.** » Prophétiques pour le moins, ces paroles sont prononcées devant le Premier ministre Konoye en septembre 1941 par l'homme investi de la lourde responsabilité de mener la marine impériale au combat : l'amiral Isorokû Yamamoto. Ce joueur invétéré de poker et d'échecs, surprenant ses adversaires par des prises de risques calculés et par ses réactions imprévisibles, dresse un plan de bataille ambitieux, imaginatif et inattendu pour diminuer le potentiel de la marine américaine : l'attaquer au mouillage de Pearl Harbor. Ce raid qui prend les Américains par surprise comble l'état-major japonais au-delà de ce qu'il pouvait espérer. Et pourtant, la victoire de Pearl Harbor aura comme un goût d'inachevé...

LA GUERRE EST INÉVITABLE

ISOROKÛ YAMAMOTO est né le 4 avril 1884 à Nagaska. Il suit les cours de l'école navale où il est remarqué par le vice-amiral Baron Yamamoto, futur ministre de la Marine qui, en l'adoptant, lui offre non seulement la possibilité de poursuivre ses études, mais aussi d'envisager une belle carrière militaire. En janvier 1905, il embarque à bord du croiseur *Nishiin* et participe à la bataille de Tsushima où il est blessé par un obus et perd deux doigts à la main gauche.

Son second séjour aux États-Unis comme attaché militaire lui permet d'appréhender les immenses ressources économiques et industrielles de ce pays ; une leçon qu'il mettra à profit quinze ans plus tard. En 1928, il commande le porte-avions *Akagi*. Directeur technique de l'état-major de l'aéronavale, en 1933 il commande la 1re Flotte aérienne. Chef d'état-major de l'aéronavale en 1939, puis vice-ministre de la Marine, il est nommé commandant en chef de la Flotte combinée en août 1939.

Cette dernière nomination, qui l'amène à résider à bord du cuirassé géant *Yamato*, ancré dans la baie d'Hashirajima, au sud d'Hiroshima, il la doit à ses amis, contraints de le soustraire à la vindicte du clan des « faucons ». Car, Yamamoto n'est pas favorable à une guerre contre les États-Unis ; il en connaît trop les dangers qui guettent le Japon.

Son mètre soixante, ses soixante kilos, son allure voûtée et ses manières obséquieuses dissimulent une personnalité très forte et rigoriste. Fuyant l'alcool, à cause d'un ulcère à l'estomac, mais recherchant la compagnie des femmes, Yamamoto passe des nuits entières à écrire des poèmes ou à jouer au poker et au Shogi (sorte de jeu d'échecs), où il est passé maître grâce à son intuition, sa façon exceptionnelle de calculer les risques et ses réactions inattendues.

Dès la fin de l'année 1940, l'amiral Isorokû Yamamoto a compris qu'un conflit est devenu inévitable. Il sait aussi, cependant, que le Japon n'a pas les ressources humaines et industrielles pour soutenir une guerre d'usure contre les États-Unis. Ses fréquents séjours en Amérique lui ont permis de percevoir l'immense potentiel de ses futurs ennemis. C'est pourtant à lui, en tant que commandant en chef de la Flotte combinée de la marine impériale, qu'échoit la responsabilité d'établir le plan de bataille de la « Première Phase d'opérations ». Il ne partage pas les vues officielles car il craint que le déroulement du plan envisagé pour une confrontation « décisive » en mer laisse à la marine américaine un délai suffisamment long pour qu'elle surclasse la marine japonaise — si elle ne l'a pas privée de pétrole avant. S'il faut vaincre la marine américaine, il faut la vaincre vite.

▲
Un Nakajima B5N1 Type 97 («Kate») sur le pont du porte-avions *Akagi*, mouillé dans la baie de Tankan, novembre 1941. Le début de l'« Opération Z » n'est plus qu'une question de jours.
(Collection C.-J. Ehrengardt)

Les années noires — 39

◀ Le fier pavillon « Z » claque dans le vent froid du nord Pacifique, quelque part entre les Kouriles et Hawaï.
(Collection C.-J. Ehrengardt)

Pour défendre Pearl, l'*US Army Air Corps* ▶ compte sur 99 P-40B et P-40C. Considéré comme moderne, cet appareil n'en constitue pas moins une proie relativement facile pour le véloce et agile *Zero*.
(Collection C.-J. Ehrengardt)

OPÉRATION Z

Pour avoir occupé plusieurs postes importants dans l'aéronavale, Yamamoto est très au fait du potentiel de l'aviation embarquée. Pourtant, comme le démontrera toute son action dans les années suivantes, il reste fermement attaché au mythe de la toute-puissance du cuirassé et demeure un fervent partisan de l'engagement naval au canon, et de préférence de nuit — une grande spécialité de la marine impériale.

Il étudie de près les rapports qui ont été adressés par le capitaine de frégate Minoru Genda, attaché naval à Londres, sur le torpillage de la flotte ita-

Au premier plan, le Mitsubishi A6M2 Type 0 du capitaine de corvette Itaya, commandant l'escadrille de chasse de l'*Akagi*. Pendant la traversée, le château du porte-avions a été protégé par des sacs de sable en prévision d'une possible réaction des Américains. (Collection C.-J. Ehrengardt)
▼

40 — La Guerre aérienne 1939-1945

lienne à Tarente par l'aviation embarquée anglaise en novembre 1940. Appliquée à la flotte américaine à Hawaï, ce type d'opération présente au moins deux avantages. D'abord, les Américains, qui n'ont que mépris pour les forces armées japonaises, sont à cent lieues de les imaginer capables d'une opération d'une telle envergure. Ensuite, les navires américains, pris au piège dans la nasse de la rade, n'auront aucune possibilité de manœuvre pour éviter les torpilles et les bombes.

Le 7 janvier 1941, il soumet un mémoire au ministre de la Marine, esquissant les grandes lignes d'un raid aérien sur Hawaï. Il en adresse une copie au chef d'état-major de la 1re Flotte aérienne (qui regroupe les unités embarquées), le contre-amiral Takijiro Onishi, en prenant soin de court-circuiter l'amiral Chuichi Nagumo, commandant en chef de la marine, dans lequel il a peu confiance. Transmis à Genda, devenu entre-temps chef des opérations aériennes de la flotte embarquée, le projet est considéré par celui-ci comme risqué mais viable.

Cet avis est suffisant pour Yamamoto qui met son état-major au travail sur son plan qu'il baptise « Opération Z » — comme le signal qui a commandé l'attaque de l'amiral Togo lors de la victoire navale historique du Japon sur la Russie à Tsushima en 1905. Présenté par l'amiral lui-même au Conseil supérieur de la guerre le 2 septembre, le plan d'attaque est accueilli avec un certain scepticisme. Pendant ce temps, le haut état-major impérial a déjà arrêté le sien pour la conquête du Sud-Est asiatique, prévoyant un large coup de faux emportant les Philippines, Singapour, l'Indonésie et la Birmanie en l'espace de six mois.

Un *kriegspiel* organisé sur ce thème ne s'achève pas sur une note d'optimisme et Nagumo s'oppose à ce que l'« Opération Z », qu'il juge trop risquée, soit intégrée au plan principal, jusqu'à ce que Yamamoto menace de démissionner. Les dés sont jetés.

7 décembre 1941, 6 heures (heure d'Hawaï), le pont d'envol de l'*Akagi* résonne du rugissement des moteurs des 36 appareils de la première vague. En tête, le *Zero* AI-101 d'Itaya dont les mécaniciens sont en train d'enlever les cales. Contrairement à la quasi-totalité des chasseurs occidentaux contemporains, le *Zero* a été conçu *ab initio* pour recevoir un réservoir supplémentaire qui lui confère une allonge identique à celle des bombardiers qu'il est chargé d'escorter. (Collection C.-J. Ehrengardt)

▼

Les années noires — 41

ENTRAÎNEMENT INTENSIF ET BRICOLAGES

Pendant ce temps, Yamamoto n'est pas resté inactif. Il a rappelé à son service le capitaine de frégate Mitsuo Fuchida, qui vient juste de quitter l'*Akagi*, et le nomme commandant opérationnel de la 1re Flotte aérienne. Fuchida insiste particulièrement sur l'entraînement des pilotes au lancer des torpilles. Deux écueils sont à envisager; d'une part, la course d'élan des torpilleurs sera courte à l'intérieur de la rade et d'autre part, la faible profondeur de l'eau risque de faire planter les torpilles dans le fond du port. La première question est résolue par un entraînement intensif, la seconde par un bricolage qui consiste à fixer des ailettes en bois au corps des torpilles pour leur éviter de plonger trop profondément après leur lancer.

Les renseignements qui parviennent du réseau d'espionnage bien implanté à Hawaï font apparaître un troisième problème : les cuirassés américains sont amarrés deux à deux bord à bord. S'il est aisé de toucher le cuirassé extérieur, le second, dont un flanc est protégé par le quai et l'autre par le premier navire, semble inaccessible aux torpilles. Il ne reste qu'une solution pour les atteindre, les bombardiers en piqué et les bombardiers horizontaux. Les bombes classiques risquant d'être inefficaces contre le blindage des puissants vaisseaux, Fuchida prône l'utilisation d'obus antiblindage de 400 mm dotés d'ailettes.

Plus le temps passe, plus la guerre semble inévitable. Les Américains, insensibles aux négociations diplomatiques, durcissent leur position. Le 3 novembre, l'« Opération Z » est approuvée officiellement par le Conseil supérieur de la guerre et l'ambassadeur plénipotentiaire à Washington se voit fixer la date du 15 novembre comme ultime limite pour faire triompher l'offensive diplomatique. Le Japon joue désormais à quitte ou double; pour des raisons climatiques, l'attaque sur Pearl Harbor doit impérativement se dérouler avant le 10 décembre. Le 7 novembre, Yamamoto fixe lui-même la date au 8 décembre (heure de Tokyo).

GRAVISSEZ LE MONT NIITAKA

Le 16 novembre, les trente bâtiments impliqués dans l'« Opération Z » se regroupent petit à petit dans la baie de Tankan, devant l'île d'Itouroup, la plus étendue de l'archipel désertique des Kouriles. La flotte, qui se compose des trois divisions de porte-avions (six en tout), d'un groupe d'escorte (un croiseur léger et neuf destroyers), d'un groupe de soutien (deux cuirassés et deux croiseurs), de deux destroyers destinés à neutraliser les défenses de Midway et de huit ravitailleurs, est placée sous les ordres de l'amiral Nagumo. Le respect de la hiérarchie militaire est tel que Yamamoto n'a pas d'autre choix que de confier la responsabilité de l'attaque qui doit décider du sort de la guerre à un homme qui n'a pas confiance dans le plan qu'il est chargé d'exécuter.

Le 26 novembre, la flotte appareille. La flamme de l'amiral Nagumo flotte sur le porte-avions *Akagi*. Contrainte d'éviter les routes maritimes commerciales et les zones couvertes par les patrouilleurs américains, l'escadre de Nagumo rencontre souvent une mer forte qui rend pénibles et dangereux les fréquents mazoutages.

Le 2 décembre, l'amiral Nagumo reçoit le message fatidique : « GRAVISSEZ LE MONT NIITAKA », qui lui signale que l'opération contre Hawaï ne sera plus décommandée. La diplomatie a échoué, la parole est désormais aux canons.

LA FINE FLEUR DE L'AÉRONAVALE

Dans la soirée du 3, Nagumo infléchit sa route au sud-est. Pearl Harbor n'est plus qu'à 1 000 milles. Sur les porte-avions, les conférences se succèdent. Sur l'*Akagi*, l'amiral Kusaka, chef d'état-major de Nagumo, dévoile une maquette en relief d'Oahu dont il se sert pour familiariser les équipages avec la topographie de l'île. Sur le *Kaga*, les observateurs des bombardiers jouent à celui qui donnera le premier le nom des navires américains à la seule présentation de leur silhouette. Tous les pilotes ont été méticuleusement triés sur le volet; ils représentent la fine fleur de l'aéronavale impériale. Aucun ne

▲
Dans l'enthousiasme général, la première vague s'envole. Le pilote a relevé le siège de son *Zero* pour mieux contrôler la trajectoire de l'appareil au moment du décollage. À cette époque, ceux-ci s'effectuent sans l'aide d'une catapulte. On distingue nettement les deux barrières d'arrêt, évidemment repliées, et utilisées à l'atterrissage pour éviter qu'un toucher trop long n'entraîne l'avion dans la mer, ou pire, contre une superstructure du navire. (Collection C.-J. Ehrengardt)

Des bombardiers horizontaux Type 97, portant leur charge de mort, se dirigent sur Pearl Harbor endormi.
(Collection C.-J. Ehrengardt)

compte moins de 800 heures de vol et beaucoup ont reçu leur baptême du feu en Chine.

Mais les Japonais réservent aux Américains une bien plus grosse surprise encore : le *Zero*. Cet avion de chasse aux qualités manœuvrières exceptionnelles est entré en service en juillet 1940, presque dix-huit mois avant ces événements. Une censure sévère au Japon et l'arrogance des spécialistes alliés qui ne croient pas les Japonais capables de réaliser autre chose que de pâles copies des modèles occidentaux ont occulté jusqu'à l'existence de cet appareil. Pourtant, le général Claire Chennault, conseiller militaire de Chang Kaïchek et futur commandant des *Flying Tigers* en Chine, a multiplié les rapports alarmants sur la qualité remarquable du matériel mis en œuvre par les Japonais, mais ils ont dû s'entasser dans quelque poubelle ou sur une étagère poussiéreuse du Pentagone.

Mazoutant une dernière fois le 6 décembre, Nagumo fonce sur Hawaï à la vitesse de 24 nœuds. Il adresse aux équipages son ultime message dans la soirée du lendemain et fait hisser au grand mât de l'*Akagi*, le fameux pavillon « Z » qui a conduit l'amiral Togo à l'écrasante victoire de Tsushima, au milieu des cris d'enthousiasme et des traditionnels *Banzaï*. Cinq cents milles plus au sud, Oahu baigne dans un confort douillet qui n'est troublé que par l'habituelle fièvre du samedi soir d'un port de garnison.

LA GUERRE, OUI, MAIS OÙ ?

Depuis des années la polémique fait rage et elle n'est pas près de s'éteindre : le gouvernement américain a-t-il été informé de l'attaque japonaise et, si oui, a-t-il délibérément omis de prévenir Pearl Harbor ? S'il est inconcevable que le président Roosevelt n'ait pas été conscient de l'imminence de la guerre, il semble toutefois qu'un ensemble de concours de circonstances n'a pu empêcher le désastre.

Il est certain que dès juin 1941, les divers états-majors américains ont envisagé l'entrée en guerre du Japon. Toutefois, chacun a échafaudé des plans autour de ses propres préoccupations. MacArthur estime que seules les Philippines sont en danger ; général de l'armée américaine, il est également maréchal en chef des forces armées du Commonwealth et conseiller militaire auprès de l'armée philippine. Les Britanniques, tout en soutenant le point de vue de MacArthur, cherchent à renforcer Singapour, point clef d'une poussée japonaise vers les possessions néerlandaises en Indonésie, mais estiment que le Japon se limitera à une action contre la Thaïlande. Le général Marshall, chef d'état-major de l'armée et l'amiral Stark, son homologue de la marine, craignent une conquête de Bornéo, des Philippines et de la Thaïlande.

Les Américains, fondant leurs espoirs sur une force de dissuasion, allouent une première dotation de 35 B-17 à MacArthur, dont certains proviennent d'Hawaï. Les Britanniques renforcent leur « Gibraltar de l'Extrême-Orient » avec l'envoi des cuirassés *Prince of Wales* et *Repulse*. Les Japonais, qui ont eu

Ford Island. Un geyser d'eau jaillit le long du flanc du cuirassé *Oklahoma*, touché par la torpille d'un Type 97 que l'on voit dégager entre le *Neosho* et le *California*. Une fumée semble s'élever entre le *Utah* et le *Raleigh*, à l'opposé de l'île. (Collection Tallandier)

connaissance des rapports confidentiels allemands sur le fiasco des premiers raids des « Forteresses Volantes » en Europe, ne sont pas plus impressionnés par les B-17 que par les deux unités de la *Royal Navy*. Les événements ne leur donneront pas tort.

L'ARROGANCE AMÉRICAINE

Sans doute, l'attaque de Pearl Harbor a-t-elle été envisagée, mais dans ce cas elle n'a pas été prise très au sérieux. À aucun moment l'état-major de la marine américaine n'a imaginé que des avions embarqués étaient capables de mettre hors de combat une flotte de puissants cuirassés. Tarente n'a été qu'un épisode isolé et la plupart des engagements aéronavals qui se sont produits en Europe n'ont pas placé les avions-torpilleurs sous un jour favorable.

Les avertissements n'ont pourtant pas manqué. En dresser la liste serait hors de propos ici et le lecteur pourra avantageusement se référer à différents ouvrages consacrés à Pearl Harbor. La prolifération de messages qui n'atteignent pas les décisionnaires ou qui arrivent sans aucune sorte d'analyse, l'absence de hiérarchisation des événements, l'excès de confiance, des impondérables humains ont concouru plus sûrement qu'une volonté délibérée de la part du pouvoir politique à la catastrophe du 7 décembre 1941.

Enfin, dernier aspect et non des moindres, les Américains nourrissent un net complexe de supériorité devant les Japonais. Intarissables de sarcasmes à l'encontre de ces plagiaires dénués d'imagination, caramélisés dans une guerre coloniale en Chine où ils démontrent chaque jour leur incapacité, leur manque de combativité et la faible valeur de leur matériel, les Américains font peu de cas du potentiel militaire japonais. Juste retour des choses, les Japonais apprendront plus tard à leurs dépens que l'on ne mésestime pas impunément les ressources de l'adversaire.

UN WEEK-END TRANQUILLE

Pendant que le vent froid fait claquer le fier pavillon « Z » de l'*Akagi*, les marins américains savourent le repos dominical de la « planque » du Pacifique. Dans la rade d'Oahu, la plupart des grosses unités de la flotte du Pacifique ont mouillé pour le week-end. S'y trouvent huit cuirassés, neuf croiseurs, trente-huit destroyers et une quarantaine d'autres navires de plus petite taille. En revanche, aucun des porte-avions n'est présent : l'*Enterprise* rentre tranquillement d'un convoyage d'avions sur l'île de Wake, le *Lexington* fait route sur Midway dans le même but et le *Saratoga* a été envoyé en cale sèche à San Diego.

L'aviation américaine dispose de six terrains à Oahu, répartis entre les trois armes, l'*US Army Air Corps*, l'*US Navy* et le *Marine Corps*. L'armée dispose de 99 chasseurs modernes P-40B et P-40C et d'un certain nombre de chasseurs anciens et de bombardiers. Ils sont stationnés à Wheeler, Hickam Field et Bellows Field. L'aéronavale aligne 106 appareils, principalement des PBY Catalina, sur les bases de Ford et de Kaneohe. Enfin, le terrain d'Ewa loge 10 F4F-3 et une quarantaine d'autres appareils appartenant au corps des Marines. Oahu peut donc compter sur la défense de 162 avions de chasse, mais seuls les P-40 et les F4F peuvent présenter une menace quelconque envers les *Zero*.

Il est 5h30, lorsque deux hydravions de reconnaissance du Type 0 sont catapultés des croiseurs *Tone* et *Chikuma*. Nagumo n'est plus qu'à 250 milles de son objectif. La veillée d'armes est terminée sur les porte-avions dont les ponts et les hangars en proie à une vive effervescence contrastent avec les chapelles shintoïstes où se recueillent en silence les aviateurs avant d'assister à l'ultime conférence[1] :

1. *Icare* n°98 - Publication du SNPL, Orly, 1981.

« Au tableau noir, la position de l'*Akagi* à 1h30, heure de Tokyo : 230 milles au nord d'Oahu. Je me rends sur la passerelle pour prendre congé du commandant en chef et de son état-major. En revenant, je croise le capitaine de frégate Masuda, chef des opérations aériennes de l'*Akagi* qui s'inquiète du roulis et du tangage pour les décollages. La mer est dure, le vent souffle en

L'extrémité de l'île Ford apparaît sur la droite de cette photo prise dans l'axe nord-sud par un avion japonais. Tandis que de la fumée s'élève du terrain d'Hickam Field, une nappe de mazout s'échappe des flancs du cuirassé *Utah*. On note l'onde de choc qui se propage vers les docks. Au premier plan, le croiseur *Detroit*.
(Collection Tallandier)

tempête autour des superstructures et, de temps en temps, une vague se brise sur le pont d'envol. Il fait encore si sombre que l'horizon n'est pas encore visible. [...]

« "Au revoir, mon commandant". Puis j'échange des saluts avec les officiers alignés pour nous souhaiter bonne route et je me rends à mon avion au milieu de leurs cris d'enthousiasme. La machine est prête, moteur tournant, sa queue peinte en rouge et jaune pour l'identifier. Le chef d'équipe m'attend, il m'aide à monter et me tend un bandeau de coton blanc au nom de tout le personnel technique pour me souhaiter un raid brillant et décisif. J'en ceins mon casque de vol. Peu après, le navire vire dans le vent et au signal d'une lampe bleue, les avions commencent à décoller, les chasseurs en tête. Alignés sur le pont, les marins agitent leur casquette et leurs mouchoirs pour nous saluer. »

Le capitaine de frégate Mitsuo Fuchida a pris la tête des 183 appareils représentant la première vague d'assaut sur Oahu. Il est 1h45, le 8 décembre, heure de Tokyo. Malgré une mer agitée, le décollage s'effectue sans encombre.

UN ÉNORME « BIP »

À 6h46, un des sous-marins de poche japonais qui tente de se faufiler dans la rade est coulé par le destroyer *Ward*. Cette information paraît tellement invraisemblable qu'aucune mesure n'est prise avant le résultat de l'enquête ordonnée par l'officier de quart. Car, tout le monde dort à Pearl Harbor, à l'exception des manipulateurs des six stations de radar d'Opana qui attendent avec impatience qu'il soit 7 heures pour débrancher leur système et aller se coucher.

Pourtant, l'une d'entre elles, celle de Kahuku Point, reste en veille. L'opérateur manque d'entraînement et le camion qui doit récupérer l'équipe est en retard. À 7h02, un énorme « bip » crève l'écran de contrôle, à 200 km au nord, relèvement 3° est. Pendant treize minutes, les opérateurs vérifient et revérifient les paramètres. Indiscutablement, une importante formation s'approche d'Oahu. Le responsable se décide à téléphoner au centre de contrôle de Fort Shafer. Il tombe sur un officier de garde qui n'est présent

▲

L'*Allée des Cuirassés* sous le feu japonais. De gauche à droite, les *Maryland* et *Oklahoma*, *West Virginia* et *Tennessee* et *Arizona* et *Vestal*. Tandis que des bombes tombent dans l'eau, le mazout coule à flots des flancs éventrés des cuirassés. Le *Nevada*, à l'extrémité droite, a disparu sous la fumée. (Roger-Viollet)

Un bâtiment de plus petite importance gît sur le flanc tandis qu'un incendie ravage le *Helena* (à gauche) et des bâtiments de l'île Ford (à droite). (Collection Tallandier)

2. *The Pacific War* — J. Costello — W.Collins & Sons, Londres, 1981.

que pour « se former et observer[2] ». Celui-ci se souvient qu'une formation de B-17 arrivant sans escale depuis la côte ouest des États-Unis est attendue au début de la matinée. Cependant, le cap d'approche n'est pas logique pour des avions venant du continent. Mais peut-être s'agit-il alors d'avions de l'aéronavale en manœuvres ? « *Ne vous inquiétez pas* » conclut-il et l'information est enterrée. À 7h39, le « bip » disparaît. La formation se trouve alors à 35 km au nord de l'île.

SURPRISE TOTALE

La formation franchit la côte ; le ciel est dégagé au-dessus de Pearl. Fuchida se demande si la surprise est complète ou si les Américains sont déjà sur leurs gardes. Une fusée commande la manœuvre de l'attaque par surprise, deux fusées celle d'une attaque en force.

« Je donne l'ordre de déploiement. Les bombardiers poursuivent leur détour vers l'ouest. Je tire une fusée, il est 3h10, heure de Tokyo, 7h40 à Hawaï. Les différentes formations doivent se déployer comme convenu à ce signal, les chasseurs en premier, mais ils me suivent toujours. Pensant que le commandant de la chasse n'a pas vu ma première fusée, son altitude étant très supérieure à la mienne, j'en tire une seconde dans sa direction pour confirmer mon ordre qui est enfin reçu : les chasseurs mettent le cap sur Oahu. Mais, les bombardiers en piqué, voyant deux fusées, prennent ceci pour un assaut en force et manœuvrent vers la position correspondante. »

Tandis que les torpilleurs et les bombardiers conventionnels entament la phase initiale de leur attaque, les Type 99 bousculent la belle ordonnance pour se ruer en piqué sur la rade. C'est donc d'une manière quelque peu confuse que la marine impériale aborde sa première mission de la guerre du Pacifique. À vrai dire, au sol, cette légère confusion passe totalement inaperçue, car, une fusée ou deux fusées, la surprise est totale — et même au-delà.

À 7h55, les premiers monomoteurs sont observés au sud-est de la rangée des hangars d'Hickam Field en train de se diriger vers Pearl. Simultanément, la base navale et le terrain d'aviation subissent leur premier assaut. Fuchida dirige la manœuvre :

« Comme nous approchons, le ciel s'éclaircit et, à la jumelle, je reconnais les cuirassés américains à leurs mâts-cages, huit au total, mais à mon grand regret, je ne découvre aucun porte-avions. J'avais espéré qu'ils seraient rentrés dans la nuit. Il est 3h19 et si je mets mes formations au cap d'attaque maintenant, les torpilleurs pourront lancer à exactement 3h30. Je demande à mon radio de lancer l'ordre d'attaque et il envoie en morse le code convenu : TO, TO, TO… »

Les années noires — 47

LA TORPILLE COMMENCE SA COURSE

Le lieutenant de vaisseau Heita Matsumura, commandant l'escadrille des torpilleurs du porte-avions *Hiryû*, cherche désespérément les porte-avions. Il n'y en a pas. Tant pis !

« Je décide d'attaquer les cuirassés. Je vais au sud, entre des colonnes de fumée, et passe à la verticale de Hickam Field. L'escadrille de Kadono, qui était derrière moi à l'origine, ne fait pas mon détour et traverse la fumée : il lance et s'esquive, mais un éclat coupe une de ses tuyauteries d'essence : il la tiendra avec la main jusqu'à l'appontage.

« Mon avion et celui du maître principal Oku (juste derrière moi) coupons alors la longue file des escadrilles de l'*Akagi* et du *Kaga*, mais je suis si près que le souffle de l'avion qui me précède me secoue et que le lancement sera certainement mauvais. Je quitte la ligne, fais un 360° à droite et recommence. Me voilà une parfaite cible pour la DCA des destroyers mouillés à ma gauche, mais je n'ai pas le temps de m'attarder à cette pensée ! Devant moi, la mer est sillonnée de torpilles dont le sillage s'entrecroise en entourant un petit canot à moteur qui fonce vers le quai. Ma nouvelle cible, un gigantesque cuirassé du type *West Virginia*, qui me semble intact et vers lequel peu de sillages se dirigent.

— Attention... feu ! », je lance au meilleur moment.

L'avion retrouve sa légèreté et je fais une prière pour que ma torpille ne se plante pas bêtement dans le fond. Mon observateur ne doit pas la quitter des yeux, il m'annonce calmement : « La torpille commence sa course ».

Je fais des virages serrés autour de la cible, mais je ne peux distinguer le sillage de ma torpille des autres sillages. Lorsque l'observateur me crie : "Au but !", je me retourne et vois une colonne d'eau monter le long du vaisseau, un peu en avant de la passerelle[1] ».

Il est 7 h 56 en ce dimanche 7 décembre 1941 (heure américaine). La guerre qui a commencé le 1er septembre 1939 en Europe est devenue une guerre mondiale.

LA PREMIÈRE BOMBE DE LA GUERRE DU PACIFIQUE

À 7 h 59, tandis que les torpilleurs commencent leur approche dans l'*Allée des Cuirassés*, faute de porte-avions, les Type 99 de Sakamoto lâchent leurs premières bombes sur Wheeler Field, suivis par les bombardiers de Takahashi qui s'en prennent à l'aérodrome de Ford Island.

La première bombe de la guerre du Pacifique explose sur l'aire de parking des PBY-3 du *Patrol Squadron* 22 de l'*US Navy*, détruisant sept appareils et en endommageant cinq autres. Des bombes s'abattent sur le gigantesque mess de Ford, tuant sur le coup 35 hommes qui prenaient tranquillement leur petit-déjeuner.

Pendant ce temps, Fuchida exécute la manœuvre prévue, doublant Barbers Point pour pénétrer dans l'*Allée des Cuirassés*. N'ayant pas constaté de réaction de la part des Américains, il demande à son radio d'envoyer le message : « TORA, TORA, TORA ». À bord de l'*Akagi*, Nagumo a tout de suite compris. L'effet de surprise joue à plein.

Fuchida, qui a effectué un détour, se prépare à attaquer à son tour. Son pilote laisse la première place de la file à l'avion qui le suit, dans lequel se trouve le grand spécialiste du bombardement de l'*Akagi*. Le Type 97 de Fuchida est touché à plusieurs reprises par la DCA. Les torpilleurs traversent un nuage de fumée qui gêne la vision. Rien à faire. L'avion de tête bat des plans. Il faut revenir. Au milieu des explosions qui déchirent l'*Arizona*, touché par les appareils du *Kaga*, Fuchida choisit un cuirassé qui semble intact. C'est probablement le *Maryland* sur lequel le commandant de la première vague d'assaut lance ses bombes.

CECI N'EST PAS UN EXERCICE !

Les torpilleurs du *Sôryû*, arrivés par l'ouest, s'en prennent d'abord au croiseur *Helena*. La première torpille passe sous le vieux mouilleur de mines *Oglala* et atteint le croiseur dans ses œuvres vives. Délaissant les croiseurs, ils visent ensuite les cuirassés. L'*Utah*, pratiquement désarmé, reçoit deux coups directs et le croiseur *Raleigh* prend une torpille.

L'*Oklahoma* reçoit quatre torpilles en moins de soixante secondes. Un bombardier du *Kaga* est abattu par la DCA alors qu'il tente d'empêcher le

Les secours se dirigent vers le *West Virginia* en proie aux flammes. (USIS)

Nevada d'appareiller. Un Type 97 explose en plein vol, entraînant un second appareil dans sa chute. À 8h02, les deux dernières torpilles se frayent un chemin jusqu'au *California* durement secoué.

Au sol règne le désordre le plus complet. Les Japonais viennent de donner un grand coup de pied dans une gigantesque fourmilière. Beaucoup croient encore à un exercice et maudissent ces damnés aviateurs qui les forcent à se lever si tôt un dimanche. Certains font même des signes amicaux aux pilotes japonais! Des hommes courent dans tous les sens, tentant de rejoindre leur poste de combat. Quelques marins, désarmés, jettent des pierres aux avions qui passent en rase-mottes.

Le commandant du *Patrol Wing Two* de Ford Island donne l'alerte par haut-parleur avec un message révélateur de l'état d'impréparation des forces armées américaines à Hawaï et qui deviendra célèbre par la suite : « *RAID AERIEN SUR PEARL HARBOR... CECI N'EST PAS UN EXERCICE!* »

L'*ARIZONA* BRISÉ EN DEUX

Pour la plupart, les aviateurs américains ne tardent pas à comprendre que ce n'est pas un exercice. Depuis l'alerte renforcée déclenchée le 27 novembre, il faut un préavis de quatre heures pour mettre en route une mission et pourtant, quatre P-40 et deux P-36 parviennent à décoller de Wheeler Field moins de trente-cinq minutes après le début de l'attaque. Les chasseurs de l'USAAC réaliseront vingt-cinq sorties entre 8h30 et 9h30.

Le reste des bombardiers horizontaux se concentre maintenant sur les navires intacts ou peu touchés, principalement les cuirassés protégés sur leur flanc extérieur par un premier bâtiment. Quatre bombes de 850 kg s'abattent

Les années noires — 49

sur l'*Arizona*, la dernière traversant le pont blindé pour venir exploser dans la sainte-barbe. Une gigantesque explosion secoue le cuirassé, le brisant en deux et causant la mort de 1 104 membres de son équipage.

Deux bombes destinées à l'*Arizona* touchent le *Vestal*. Le *Nevada* prend deux coups directs mais parvient à appareiller malgré ses avaries. Le *Tennessee* et le *West Virginia*, ancrés bord à bord, sont touchés chacun par une bombe, le *Maryland* par deux et le *California* par une.

N'ayant pas à craindre d'opposition, le capitaine de vaisseau Shiregu Itaya donne l'ordre aux *Zero* de l'escorte de mitrailler les terrains d'aviation et les batteries de DCA. Les résultats dépassent leurs espérances. Parqués comme à la parade, aile dans aile pour éviter les actes de sabotage les avions américains s'offrent aux chasseurs japonais comme des pipes dans un stand de foire. La moitié des chasseurs et des bombardiers stationnés à Hickam et à Wheeler sont détruits, tandis que de nombreuses carcasses fumantes marquent le passage des *Zero* sur les autres aérodromes.

DES CHASSEURS AMERICAINS DÉCOLLENT

Sur ces entrefaites, le porte-avions *Enterprise* qui revient de Wake a la malencontreuse idée d'envoyer 18 SBD-2 de la VB-6 (*Commander* H. Young) en éclaireurs. Sans comprendre ce qui leur arrive, les pilotes voient fondre sur eux une nuée de chasseurs qui ouvrent le feu. « *Ne tirez pas ! Je suis Américain* » crie désespérément l'*Ensign* Manuel Gonzales avant que sa radio devienne brutalement muette. Il ne faut pas longtemps aux experts japonais pour en descendre cinq (trois victoires sont revendiquées par le second maître Isamû Doigawa et deux par le premier maître Shinichi Suzuki). Un sixième, fortement avarié, s'écrase au sol, tandis que la DCA américaine, qui tire sur tout ce qui vole, en abat un septième.

En plein cœur de la bagarre, arrivent six B-17E du 88th *Reco Squadron*, précédant de peu deux B-17E et quatre B-17C du 38th *Reco Squadron*. Des six premiers appareils, deux se posent sur la piste de 360 mètres de long du terrain auxiliaire d'Haleiwa, trois traversent les tirs de la DCA et des chasseurs japonais pour atterrir à Hickam et le dernier ne trouve rien de mieux qu'un terrain de golf ! Les six autres se présentent pendant une accalmie, mais l'un d'entre eux a été sérieusement endommagé par des *Zero*.

Vers 8 h 30, la première vague a achevé son œuvre destructrice. C'est ce moment que choisissent deux P-40C du 47th *Pursuit Squadron*[3] pour décoller subrepticement du terrain auxiliaire d'Haleiwa qui a échappé à l'attention des avions japonais. Ils sont rejoints au fur et à mesure de l'arrivée d'autres pilotes par deux P-40 et deux P-36. Ils ont pris l'air trop tard pour intercepter la première vague, mais ils sont en patrouille lorsque la seconde se présente. Le Lieutenant Welch revendique quatre victoires[4] et le Lieutenant Dains réalise trois sorties en P-40 et P-36, mais il est descendu par la DCA de Schofield Barracks au retour de la dernière.

À Bellows Field, les mécanos du 44th *Pursuit Squadron* préparent leurs P-40 dès qu'ils sont informés de l'attaque de Wheeler. À 8 h 55, au moment où les trois premiers pilotes s'apprêtent à décoller, des *Zero* du *Sôryû* surgissent et les mitraillent. Le *Lieutenant* Hans Christiansen est tué au moment où il monte dans son avion et le *Lieutenant* George Whiteman est abattu dès son décollage. Le P-40 du *Lieutenant* Samuel Bishop est fortement endommagé et doit amerrir. Malgré une blessure à la jambe, son pilote parvient à nager jusqu'au rivage. L'enseigne de vaisseau Iyozô Fujita et le premier maître Jiro Tanaka reçoivent chacun le crédit d'une victoire.

Vers 8 h 50, profitant du répit entre les deux vagues, quatre P-36A du 46th *Pursuit Squadron* décollent de Wheeler et se heurtent à neuf avions japonais au-dessus de Bellows. Le *Lieutenant* Gordon Sterling est tué, mais deux avions ennemis sont abattus, dont un vraisemblablement par Sterling. Les *Zero* du *Kaga* impliqués dans ce combat ne signalent la disparition que d'un seul des leurs.

LA SECONDE VAGUE

À 8 h 50, le capitaine de corvette Shimazaki donne l'ordre d'attaque à la seconde vague. Celle-ci se compose de 168 appareils, sans torpilleurs. Les premiers à entrer en lice sont les Type 99. Si la première vague a pu bénéficier à plein de l'effet de surprise, il n'en va pas de même pour la seconde. Les

3. Le terme de *Pursuit* sera remplacé par celui de *Fighter*, le 15 mai 1942, lorsque l'*US Army Air Corps* sera devenue *US Army Air Force*.

4. George S. Welch revendiquera trois victoires un an plus tard, jour pour jour. Adepte des victoires multiples, il termine son tour d'opérations au sein du 80th *Fighter Squadron* avec un palmarès de seize victoires confirmées, qui en fait le 9e as de la 5th *Air Force*.

Tout est consommé. Des Type 97 de la seconde vague se retirent vers la flotte japonaise alors que de gigantesques colonnes de fumée montent de Pearl Harbor. La menace de l'*Us Navy* n'est plus que théorique.
(Collection C.-J. Ehrengardt)

artilleurs sont à leur poste et les batteries de DCA abattent quatorze bombardiers en piqué. Les Type 97 munis de bombes attaquent les terrains d'Hickam, Kaneohe, Ewa et Ford. Les *Zero* mitraillent Hickam, Ford, Kaneohe et Wheeler.

À 9h01, le premier Type 99 plonge sur le *Nevada* qui se traîne péniblement pour gagner la haute mer. Quatre coups au but et plusieurs à proximité le contraignent à s'échouer pour ne pas sombrer. Il est le cinquième cuirassé mis hors d'usage. Il en reste un indemne, le *Pennsylvania*, qui se trouve en cale sèche. Trois Type 99 le prennent pour cible et une bombe de 250 kg percute une tourelle de proue. Deux des trois assaillants sont descendus par la DCA.

Un Type 99 de l'*Akagi* touché à mort s'écrase volontairement sur le porte-hydravions *Curtiss* qui reçoit une bombe quelques instants plus tard. Ses artilleurs revendiquent la destruction de trois bombardiers.

Les destroyers *Cassin* et *Downes*, eux aussi en cale sèche, sont écrasés par trois bombes bien ajustées. Un troisième destroyer, le *Shaw*, subit un sort identique. Le *Raleigh* est atteint à son tour à 9h12, mais les servants de sa DCA certifient avoir abattu cinq Type 99. Enfin, le croiseur léger *Honolulu* est endommagé par l'explosion d'une bombe sur son quai d'amarrage.

À l'issue de sa passe de mitraillage sur l'aérodrome de Kaneohe, le lieutenant de vaisseau Fusata Iida s'aperçoit que son réservoir d'essence a été percé par un obus de DCA. Sachant qu'il n'a aucune chance de rejoindre son porte-avions, il choisit de s'écraser entre deux hangars de la base.

NAGUMO JOUE LA PRUDENCE

Ainsi s'achève l'attaque-surprise sur la flotte américaine du Pacifique. À 10 heures, tous les avions japonais ont quitté les lieux de leurs exploits, à l'exception d'un seul : le Type 97 portant des bandes jaunes et rouges sur la dérive. Fuchida survole les objectifs de ses avions, prenant des photos et essayant de mesurer l'ampleur des dégâts.

Les derniers bombardiers se hâtent de rejoindre les *Zero* qui les attendent pour les escorter. Comme convenu, tous les avions dégagent plein sud pour leurrer l'ennemi sur la véritable position de l'escadre japonaise. Bien qu'ayant reçu l'ordre de se tenir à 320 km d'Oahu, Nagumo a pris sur lui d'avancer d'une vingtaine de kilomètres pour recueillir ses avions.

Peu après 10 heures, les premiers points noirs sont repérés par les vigies. Beaucoup appontent avec une jauge proche de zéro. Les nerfs des équipages sont à vif, mais ils se détendent à leur arrivée et sur leur visage ne se lit plus maintenant que l'exaltation d'avoir mené à bien cette mission.

Fuchida quitte Oahu une demi-heure après tout le monde. Il emporte avec lui la douce vision de l'apocalypse que ses pilotes ont déchaînée deux heures durant. L'*Allée des Cuirassés* est ravagée par les incendies et d'épaisses colonnes de fumée noire montent des différents terrains d'aviation.

Les années noires — 51

Dès leur retour, les bombardiers sont aussitôt réarmés de bombes et de torpilles. Fuchida s'empresse de faire son rapport à l'amiral Nagumo. Il penche pour une troisième attaque. Cependant, les divers comptes rendus qui parviennent à l'amiral suffisent à le convaincre que l'essentiel a été atteint. Si Nagumo sait que les porte-avions américains ne sont pas éloignés d'Hawaï, il en ignore la position. Une troisième vague pourrait compromettre le succès de l'opération et de lourdes pertes seraient à envisager.

À 13 h 30, Nagumo donne l'ordre de faire demi-tour.

L'HEURE DES COMPTES

Incontestablement, les Japonais ont toutes les raisons de se réjouir. Sur le fond, d'abord : cette exceptionnelle prouesse démontre amplement leur aptitude stratégique et la qualité du matériel mis en œuvre. Le Japon se révèle à la face du monde comme une grande puissance militaire avec laquelle il va falloir désormais compter. Humiliés par deux années d'échecs diplomatiques, les Japonais ont pris une éclatante revanche.

Sur la forme ensuite : les Japonais ont tout lieu de croire que la flotte du Pacifique a cessé de représenter une menace pour la marine impériale. Même si aucun des précieux porte-avions n'a été coulé, la flotte américaine est désormais incapable d'empêcher la conquête des Philippines, de l'Indonésie, de la Birmanie et de Singapour. Or, le prix payé est dérisoire : neuf *Zero*, cinq *Type 97* et quinze *Type 99*, soit vingt-neuf avions.

Du côté américain, le bilan semble particulièrement lourd, mais il paraît largement surestimé par les Américains, sans doute pour mieux sensibiliser l'opinion publique. Si les huit cuirassés ont tous été touchés, pas moins de six reprendront ultérieurement la mer. Seuls, l'*Arizona*, coupé en deux, et l'*Oklahoma*, chaviré, sont irrémédiablement perdus (on passera sous silence la perte du *Utah*, qui n'avait déjà plus aucune valeur militaire).

L'aviation a également subi de lourdes pertes, mais la majeure partie des appareils détruits sont des appareils de reconnaissance. Parmi les avions détruits se trouve un B-24A « espion » qui s'est posé l'avant-veille ; l'appareil devait effectuer un survol clandestin des îles Marshall et Caroline. La clandestinité des opérations ne s'impose plus désormais. Toutefois, à midi, il reste encore 27 P-40, 16 P-36A et 3 F4F-3 pour s'opposer à une nouvelle tentative japonaise. Une troisième vague pourrait être repoussée énergiquement.

Les pertes en vie humaine s'élèvent à 2 008 marins, 106 hommes du corps des Marines, 218 de l'armée et 68 civils ; pas moins de 1 178 blessés sont dénombrés.

DES OBJECTIFS OUBLIÉS

Pressé par Yamamoto d'attaquer Midway sur le chemin du retour, Nagumo prétexte le mauvais temps pour ne pas s'exécuter. Ce n'est pas la peur, mais un excès de prudence qui motive sa décision. Nagumo n'a pas cru au plan de Yamamoto ; il l'a pourtant mené à bien — ce qui n'est sans doute pas une mince surprise pour lui ; il ne veut surtout pas tenter le diable. Son attitude timorée empêche le Japon de remporter une victoire stratégique décisive à Pearl Harbor.

Les porte-avions américains sont intacts, ce qui n'est pas la faute de Nagumo. Pourtant, leur poids pèsera lourd dans la balance quelques mois plus tard, dans la mer de Corail et à Midway.

Certes, la flotte et l'aviation américaines du Pacifique sont la proie des flammes, mais les Japonais ont délaissé plusieurs objectifs de la plus haute importance : l'arsenal et surtout les réservoirs de mazout de la marine. Pearl n'a plus de navires — pour le moment — mais Pearl *reste* une base navale. Combien de temps aurait-il fallu à l'*US Navy* pour reconstituer ses stocks de carburant et de munitions en envoyant des convois depuis la côte ouest des États-Unis ? Combien de temps les précieux porte-avions auraient-ils été ainsi paralysés ?

VI
LE NAUFRAGE D'UN MYTHE
Les dernières heures du Prince of Wales *et du* Repulse

Le 10 décembre 1941 (9 décembre, heure occidentale), les puissants navires de guerre britanniques *Prince of Wales* et *Repulse* coulent en quelques minutes sous les torpilles et les bombes des avions-torpilleurs japonais. Ce jour-là, au large des côtes malaises, sombre le mythe de l'invulnérabilité du cuirassé et la guerre, qui n'est vieille que de deux jours, va brutalement prendre une autre tournure stratégique pour les belligérants. Désormais, le contrôle des vastes étendues du Pacifique passe nécessairement par la détention de la supériorité aérienne.

PAS UN APPAREIL ENNEMI N'EST EN VUE

« À 13 H 03 TRÈS PRÉCISÉMENT, un point noir apparaît juste sous le nuage devant nous. Sans doute les navires ennemis, à une quarantaine de kilomètres. En effet... ce sont eux ! Bientôt, on peut distinguer les navires. La flotte se compose de deux cuirassés, escortés par trois destroyers et un petit cargo. Enfin ! voici le *Prince of Wales* et le *Repulse* !

« La 1ʳᵉ escadrille force l'allure et dépasse mon escadrille. Le capitaine de corvette Nakanishi lance ses ordres : "Formation de combat !", puis "En avant !".

« Tous les hommes à bord des avions scrutent le ciel pour détecter les chasseurs ennemis qui ne devraient pas manquer de fondre sur nous. Mais, à notre grande surprise, pas un appareil ennemi n'est en vue. C'est d'autant plus étonnant que cette bataille va se dérouler à moins de 150 km de Singapour et de Kuantan, c'est-à-dire tout à fait à portée des chasseurs britanniques.

« Pas un appareil ennemi n'est en vue » : cette réflexion extraite de la narration du lieutenant de vaisseau Sadao Takai[1] explique en grande partie le drame qui va se nouer quelques minutes plus tard. Elle est, à elle seule, une longue histoire et en aucun cas le fait du hasard.

LES RÉTICENCES DE L'AMIRAUTÉ

En 1941, alors que la guerre en Europe et en Afrique du Nord fait rage et absorbe toute l'énergie et le matériel que la Grande-Bretagne peut produire, la menace d'un conflit avec le Japon commence à émerger. Parmi toutes les possessions du Commonwealth dans le Sud-Est asiatique, la Malaisie tient une place à part. Outre le fait qu'elle produit la moitié du caoutchouc naturel du monde et plus de la moitié du minerai de fer blanc, elle se trouve exactement dans le passage d'une force d'invasion qui viserait l'Australie et les champs pétrolifères de l'Insulinde.

Si les Britanniques ont compris qu'il serait impossible de tenir la Malaisie, ils espèrent préserver leurs intérêts dans la péninsule en renforçant la défense de Singapour. Ils ont établi une nouvelle base navale à l'extrémité nord de l'île, sur le détroit de Johore. La base de Changi est inaugurée en février 1938, mais trois ans plus tard, elle attend toujours son premier cuirassé.

Ce n'est que fin octobre 1941, au terme de longues tractations entre Churchill, le secrétariat d'État aux Affaires étrangères et l'amiral Pound, Premier Lord de la Mer, que ce dernier accepte d'envoyer le *Prince of Wales* et le *Repulse* au Cap pour y retrouver le porte-avions *Indomitable* qui navigue alors dans l'océan Indien. Cette escadre, née d'un compromis entre les exigences de Churchill et les réticences de l'Amirauté, n'a rien d'une armada susceptible de détourner les Japonais de la Malaisie. Elle prend le nom de *Force G* et est placée sous les ordres du contre-amiral Sir Tom Spencer Vaughan Philipps, dit *Tom Pouce*.

---

1. Zero, *The Story of the Japanese Navy Air Force* — M. Okumiya, J. Horikoshi et M. Caidin — Cassell, Londres, 1957.

TOM POUCE

Ce surnom, comme celui de *Napoléon de poche*, Philipps le doit à sa petite taille. Âgé alors de 53 ans, il occupe depuis deux ans le poste d'adjoint au Premier Lord de la Mer. Centralisateur et pointilleux, mais aussi considéré comme un bon stratège, il ne jouit pas d'une réputation d'homme commode ni d'une trop grande popularité auprès des équipages. Son choix prête le flanc aux critiques dans la mesure où il n'a pas commandé un bâtiment en opérations depuis 1917 et n'a pas quitté l'état-major depuis le début de la guerre.

Mais Philipps est surtout un marin de l'ancienne école, celle de la bataille du Jutland, celle qui estime que le cuirassé n'a qu'un adversaire à redouter, un autre cuirassé, mieux armé et mieux blindé. Soyons honnêtes, à l'époque où se situe notre narration, cette vision des choses prévaut dans la plupart des cercles navals. Les avions sont estimés trop lents et trop vulnérables pour obtenir des résultats significatifs contre une escadre en haute mer. Un cuirassé évoluant à vitesse forcée peut éviter une salve de torpilles et même si l'une d'entre elles parvient à le toucher, le blindage et les compartiments étanches doivent permettre de limiter les dégâts.

Le déroulement des opérations aéronavales depuis le début de la guerre n'est pas de nature à faire changer Philipps d'avis. Aucun bâtiment supérieur à un croiseur n'a été victime de l'aviation. Tous les cuirassés attaqués ont absorbé sans trop de mal quelques bombes aériennes bien placées. Pour faire valoir leur point de vue, les partisans de la supériorité de l'avion sur le navire de guerre ne peuvent guère se raccrocher qu'à la destruction des cuirassés *Caio Duilio*, *Conte di Cavour* et *Littorio*, le 12 novembre 1940. Mais, les avions-torpilleurs britanniques ont surpris les trois unités italiennes dans la rade de Tarente de nuit, les privant de toute possibilité de manœuvrer et d'utiliser la pleine puissance de leur artillerie antiaérienne.

Par malchance, le 3 novembre, le porte-avions *Indomitable* s'échoue sur de hauts reliefs au large des Bermudes. Privée de couverture aérienne, la *Force G* aurait dû recevoir l'ordre de faire demi-tour. Mais pas de la part de Winston Churchill, qui se sent trop engagé vis-à-vis de Roosevelt, ni à la demande de l'amiral Philipps, qui n'a jamais estimé indispensable la présence d'un porte-avions.

Sans doute parce qu'il se trouve moins sous la pression des événements ou libre d'exprimer ses considérations stratégiques, le Premier ministre d'Afrique du Sud, Jan Smuts, est le seul à voir le danger qui pèse sur la *Force G*[2]. La veille de l'arrivée du *Prince of Wales* au Cap, il adresse un télégramme à Churchill dans lequel il manifeste son « inquiétude concernant la disposition actuelle des deux flottes, l'une basée à Singapour et l'autre à Hawaï, chacune prise séparément étant inférieure à la marine japonaise qui, ainsi, aura toute latitude pour les anéantir chacune leur tour. [...] Si les Japonais agissent rapidement, cela débouchera sur un désastre de première grandeur ».

2. J. Costello, *op. cit.*

INSUBMERSIBLE

Le *Prince of Wales*, lancé le 3 mai 1939, est le deuxième des cinq cuirassés de la nouvelle classe *King George V*. Il se distingue par une combinaison complexe de compartiments étanches qui rendent le bâtiment insubmersible — ou tout au moins est-ce sa flatteuse et rassurante réputation. Confié au commandant John C. Leach, le *Prince of Wales* participe avec son équipage (110 officiers et 1 502 hommes et sous-officiers) à la chasse qui s'achève par la destruction du *Bismarck*, mais aussi par celle du *Hood* dont il est rendu — injustement — responsable et qui lui vaut une réputation de « jaune » dans toute la *Royal Navy*.

Le 27 septembre 1941, escortant un convoi en direction de Malte, le *Prince of Wales* repousse plusieurs attaques aériennes et abat même deux avions-torpilleurs italiens[3], apportant ainsi un peu plus d'eau au moulin de ceux qui prêchent la supériorité du cuirassé sur l'aviation. Sans doute, la présence du porte-avions *Ark Royal* et de ses chasseurs a-t-elle été un facteur déterminant, mais dans la bataille, le cuirassé *Nelson*, touché par la torpille aérienne du *Maggiore* Arduino Buri pilotant un Savoia-Marchetti SM.84 du 108° *Gruppo*, n'a été que légèrement endommagé, prouvant s'il en est encore besoin, la quasi-invulnérabilité des gros bâtiments dans ce type d'engagement.

À l'inverse de celle du *Prince of Wales*, la réputation du *Repulse* est excel-

3. En fait, un seul des deux appareils a été touché par la DCA et, désemparé, est venu percuter le second. (*Malta : The Hurricane Years 1940-41* — C.F. Shores, B. Cull et N. Malizia — Grub Street, Londres, 1987).

Le *Repulse*, considéré par les marins britanniques comme le *nec plus ultra* des croiseurs de bataille. (Roger-Viollet)

lente dans toute la *Royal Navy*, de même que celle de son commandant, William G. Tennant, dont les exploits sur les plages de Dunkerque lui ont valu le surnom affectueux de *Dunkirk Joe*. Le bâtiment, un croiseur de bataille de 32 000 tonnes, ne date pas d'hier, puisqu'il a été lancé en janvier 1916, mais il a été modernisé et même équipé de cabines de luxe pour transporter le nouveau roi George VI et la reine Elisabeth au Canada en 1939. Le *Repulse* est sans doute le navire de croisière le mieux armé du monde, mais surtout son équipage (69 officiers et 1 240 hommes et sous-officiers) estime combattre à bord de l'élite des croiseurs de bataille.

UNE « FAIBLE » AVIATION JAPONAISE

4. Cette date et celles qui suivent sont données en heure locale, un jour plus tard par rapport à l'heure américaine ou anglaise.

5. Battleship — *The Loss of the* Prince of Wales *and the* Repulse — M. Middlebrook et P. Mahoney — Allen Lane, Londres, 1977.

Le *Prince of Wales* et le *Repulse* abordent Singapour le 3 décembre[4]. La situation internationale dans cette partie du monde s'est singulièrement détériorée. Désormais, les nations occidentales s'attendent à tout moment à l'entrée en guerre du Japon.

L'apparition des deux bâtiments de la *Royal Navy* soulage la population de Singapour. « En fait, l'arrivée de quelques cuirassés britanniques à Singapour rend insoluble le problème naval japonais dans le Pacifique — écrit un correspondant de guerre du *Malaya Tribune*[5]. L'aviation navale des Japonais est, de toutes leurs armes, celle qui est la plus faible comparée à celle des Américains et la production aéronautique japonaise est si modeste qu'elle est incapable de remplacer les pertes. Les Japonais sont pris à leur propre piège et ni au sol, ni en mer, ni dans les airs, ils n'ont la moindre chance de victoire s'ils persistent à appeler à la guerre malgré les forces supérieures qui les encerclent. »

Leur arrivée a selon toute vraisemblance inquiété l'état-major japonais, mais il n'existe aucune indication qu'elle ait entraîné une reconsidération de leur plan initial qui consiste en une série de débarquements sur la côte est de la Malaisie, du golfe de Siam jusqu'à Kota Bharu, puis en une plongée vers Singapour à travers une jungle réputée aussi infranchissable que l'étaient les Ardennes pour les blindés allemands. La préoccupation du vice-amiral Kondô, commandant l'escadre d'invasion, s'arrête à la possibilité d'une rupture de ses lignes de communication en cas d'intervention de la flotte britannique. Il prend donc trois dispositions en conséquence :

— dans la nuit du 6 au 7 décembre, deux navires mouillent des mines entre l'île Tioman et les Anambas, au beau milieu de la route directe que pourrait emprunter l'escadre britannique pour perturber les débarquements sur la côte est de la Malaisie ;

— le 2 décembre, trois lignes de patrouille sont formées par quatorze sous-marins au nord du champ de mines ;

— les unités aériennes sont renforcées dans le secteur.

Or, contrairement à ce que croient les Alliés et malheureusement pour eux, l'aviation japonaise constitue une force redoutable. Philipps a même l'occasion d'admirer lui-même ses possibilités. Au petit matin du 8 décembre, 54 appareils bombardent Singapour par surprise. Les bombes ne causent aucun dégât sérieux aux installations militaires, mais tuent environ deux cents personnes. Les bombardiers repartent comme ils sont venus, la coopération entre la DCA terrestre, la marine et les unités de projecteurs ne brillant pas par son efficacité (les chasseurs de la RAF recevant même l'ordre de rester au sol!). Or, ces bombardiers sont arrivés en droite ligne d'Indochine — soit un trajet de plus de... 1 000 km aller avec pleine charge de bombes et autant pour le retour.

C'est l'amiral Yamamoto en personne qui a donné l'ordre à la 22e Flottille du contre-amiral Sadaichi Matsunaga de faire mouvement de Formose sur l'Indochine. La 22e Flottille dispose de 37 chasseurs, dont 25 *Zero*, 99 bombardiers de Type 96 («Nell») et de Type 1 («Betty») et d'une demi-douzaine d'avions d'observation. La contribution du *Prince of Wales* et du *Repulse* à l'ordre de bataille de la marine japonaise concerne le transfert du Kanoya *Kôkûtai* de la 21e à la 22e Flottille, au détriment des forces aériennes prévues pour l'attaque sur les Philippines. L'armée est également présente en Indochine, mais la marine n'ayant aucune confiance ni aucune envie de lui confier la protection de ses navires, ses avions seront utilisés à d'autres tâches.

Sur le plan défensif, les Britanniques disposent de 66 Brewster Buffalo appartenant à trois *Squadrons* de la RAF et un de la RAAF (*Royal Australian Air Force*) basés dans la péninsule. Ce chasseur d'origine américaine, que les Finlandais qui l'utilisent contre les forces soviétiques ont baptisé « le petit tonneau », est de l'avis de ses pilotes un appareil aussi rapide que le *Zero*, sauf en montée. Quoique moins maniable, il est plus robuste et mieux armé et en tout cas supérieur au Hurricane, qui constitue une proie facile pour l'avion de chasse japonais. Les Buffalo remporteront quelques succès pendant la campagne de Malaisie, mais leur nombre fondra comme neige au soleil, abandonnant rapidement la supériorité aérienne à l'aviation nippone. Parmi ces unités se trouve le n° 453 *Squadron* placé, par interim, sous les ordres du *Flight-Lieutenant* Tim A. Vigors, un Irlandais bon teint, vétéran de la bataille d'Angleterre, et basé à Sembawang, au nord de l'île de Singapour. Nous le retrouverons bientôt.

LA *FORCE Z* APPAREILLE

Le 8 décembre (heure locale), peu après zéro heure, les premiers soldats japonais prennent pied sur la plage de Kota Bharu, avec comme objectif principal le terrain d'aviation. Le débarquement précède le raid sur Pearl Harbor d'une heure et dix minutes. Dans les heures qui suivent arrivent des nouvelles de six autres débarquements japonais plus au nord sur les côtes siamoises, notamment à Singora.

Malgré le flou qui entoure les premières heures de la guerre, bien que submergé de télégrammes parfois contradictoires ou incomplets, Philipps possède des renseignements suffisants sur la composition des forces navales et aériennes japonaises. Il est donc à même de prendre rapidement ses dispositions.

Le 8 décembre à midi, il annonce à son état-major que son navire-amiral

Des Mitsubishi G3M3 Type 96 («Nell») du Genzan *Kôkûtai* au décollage. Ces appareils emportent 800 kg de bombes sur des râteliers externes logés sous le fuselage. Les Alliés, qui considèrent cet appareil comme n'étant qu'une pâle copie de modèles occidentaux, ne leur accordent qu'une valeur militaire réduite. Ils auront raison, mais un peu tard...
(Collection W. Green)

appareillera dans la soirée, en compagnie du *Repulse* et de quatre destroyers (*Electra, Express, Tenedos* et *Vampire*), pour attaquer les convois japonais sur les côtes malaises et siamoises dans la matinée du 10. Il informe le commandement local de la RAF qu'il se trouvera alors à 120 milles nautiques au large de Singora et demande :
— une reconnaissance à 150 km au nord de sa formation, à l'aube du 9 ;
— une reconnaissance au large de Singora, à l'aube du 10 ;
— une couverture aérienne au large de Singora dans la journée du 10.

Ce message consterne l'*Air Vice-Marshall* Pulford. Ses maigres forces ont beaucoup souffert dès le premier jour de la guerre. Pour la perte de seulement trois appareils, les Japonais ont contraint la RAF à abandonner ses trois terrains les plus septentrionaux. Pulford se voit dans l'obligation d'informer l'amiral Philipps que la RAF ne pourra assurer aucune des missions requises aux jours dits.

Mais la décision de Philipps est prise et il ne reviendra pas dessus. Que pourrait-il craindre ? La vitesse et la maniabilité de ses deux grosses unités les prémunissent d'une attaque de la part de sous-marins. Il connaît l'emplacement des mines mouillées par les Japonais. Il estime qu'aucun bombardier japonais ne possède un rayon d'action suffisant pour transporter une torpille sur les 650 km qui séparent Saigon de sa future position au large de Singora.

À 17 h 10, la *Force Z*, ainsi que l'escadre vient d'être rebaptisée, appareille.

LE CHASSEUR DEVIENT GIBIER

La chance sourit aux marins britanniques, alors qu'ils doublent les îles Anambas pour éviter le champ de mines. Le ciel s'obscurcit et les navires sont enveloppés dans des grains qui les masquent aux éventuels avions de reconnaissance japonais. Dans la journée du 9, le *Flight-Lieutenant* T.A. Vigors est avisé que son escadrille est chargée de la protection de la *Force Z* et qu'elle doit se tenir prête à décoller dès que l'amiral Philipps aura réclamé son aide. Il reste cependant deux points obscurs pour Vigors : l'alerte sera-t-elle donnée assez tôt pour qu'il puisse intervenir à temps et les navires britanniques seront-ils alors dans la limite du rayon d'action de ses Buffalo ?

Mais la chance ne reste pas longtemps du côté des Britanniques. Ils sont repérés par deux fois. Une première fois, sans qu'ils s'en doutent, à 13h45, par le sous-marin I-65 et une seconde à 17 h 45 par trois hydravions *Aichi* E13A lancés par les croiseurs japonais. Le chasseur est devenu gibier.

L'amiral Ozawa, à bord de son navire-amiral, le croiseur *Chôkai*, navigue à moins de 200 km de l'endroit où le I-65 a signalé les bâtiments ennemis. Sans hésiter, il rameute par radio tous les navires japonais dans le secteur et fait catapulter les hydravions de reconnaissance embarqués. Les navires anglais ne sont qu'à 480 km des terrains de la 22ᵉ Flottille. Le contre-amiral Matsunaga n'attend pas les ordres pour faire préparer ses bombardiers. Quatre appareils de reconnaissance sont suivis peu après par cinquante-trois bombardiers dont neuf n'ont pas eu le temps d'échanger leurs bombes contre une torpille.

DEUX HEURES TROP TARD

La sagesse voudrait que Philipps, se sachant désormais découvert, profite de la nuit et de la vitesse de ses navires pour faire demi-tour, mais aussi qu'il rompe le sacro-saint silence radio qu'il a imposé pour signaler sa position à son état-major de Singapour et aussi au commandement local de la RAF. Peut-il réellement ignorer que sept croiseurs, cinq destroyers, une demi-douzaine de sous-marins et cinquante-trois bombardiers cherchent à refermer le piège sur lui et qu'il est en train de se jeter dans la gueule du loup ?

La décision de rebrousser chemin, l'amiral Philipps va finir par la prendre, mais trop tôt ou trop tard.

Trop tôt, car au moment où il se décide, la *Force Z* n'est qu'à dix kilomètres de l'escadre d'Ozawa et fonce droit dessus — sans le savoir. Ironie du destin, cette dernière est repérée par les bombardiers de la 22ᵉ Flottille qui, en pleine nuit, la prennent pour celle de l'amiral Philipps. Une fusée éclairante lancée par l'un des appareils au-dessus du *Chôkai* les fait, l'une et l'autre, changer de cap. Elles ne se rencontreront jamais.

Trop tard, car si Philipps a abandonné la lutte, il a perdu deux heures...

À minuit, Philipps met le cap sur Kuantan où son état-major de Singapour vient de lui signaler un nouveau débarquement japonais. Il est compréhensible que cette fois le commandant de la *Force Z* maintienne son silence radio. Ce qui se comprend moins, c'est la raison pour laquelle son état-major de Singapour n'intervient pas auprès de la RAF pour obtenir une patrouille au-dessus de Kuantan le lendemain matin, alors que le n° 453 *Squadron*, écarté des opérations depuis la veille, ronge son frein au sol.

Le 10 décembre, à 2h10, la *Force Z* est à nouveau repérée par un sous-marin japonais, un fait qu'ignore Philipps. Cependant, à 6h30 un avion apparemment ennemi survole les abords de l'escadre pendant plus d'une demi-heure. L'amiral britannique sait désormais que les Japonais connaissent ses intentions et sa nouvelle position. Pourtant, il ne se résout toujours pas à rompre le silence radio et à réclamer l'aide de la RAF ! Pire, il s'entête à poursuivre sa mission.

À 7h18, il ordonne à son hydravion *Walrus* d'effectuer une reconnaissance au-dessus de Kuantan. L'hydravion revient signaler que les plages sont désertes et qu'il n'y a aucun bateau japonais dans les parages à l'exception d'un innocent (?) chalutier remorquant trois barges que le *Prince of Wales* a croisé deux heures plus tôt.

Sachant que l'aviation et la flotte japonaises sont forcément lancées à sa recherche, il est totalement inexplicable que l'amiral Philipps décide d'aller voir par lui-même ce qui se passe réellement à Kuantan, puis de rebrousser chemin pour intercepter le chalutier ! Manque de confiance dans ses propres aviateurs, sous-estimation du potentiel ennemi ? La *Force Z* va rester près de trois heures dans un secteur désespérément vide, prenant ainsi des risques énormes qu'elle va finir par payer au prix fort.

◀ Deux Type 96 du Mihoro *Kôkûtai* en vol. Doté d'une exceptionnelle allonge à pleine charge, le « Nell » se révélera très vulnérable aux armes de petit calibre, dans la mesure où la protection de l'avion et de son équipage a été volontairement sacrifiée au profit des performances. Cette conception très japonaise de l'art de la guerre devra être rapidement révisée par les avionneurs nippons lorsque l'état-major se rendra compte que, pour d'élémentaires raisons de rentabilité, le coût d'un équipage expérimenté dépasse largement celui du blindage le plus rudimentaire.
(Collection SHAA)

LA ROUTE DE LA *FORCE Z*

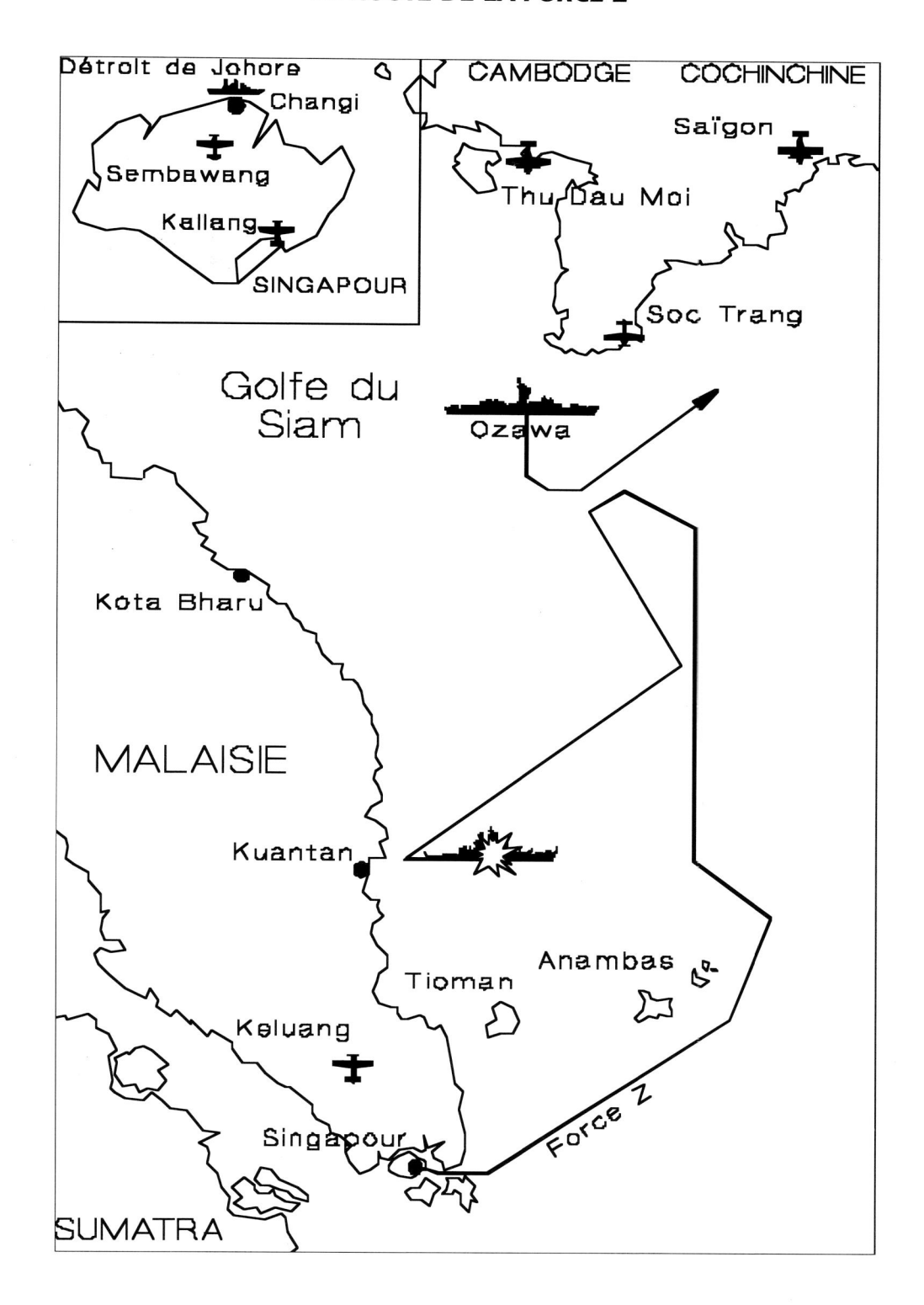

LES AVIONS-TORPILLEURS DÉCOLLENT

Il est 10 h 05, lorsque le *Tenedos*, un destroyer que Philipps a renvoyé sagement à Singapour pendant la nuit, signale qu'il est attaqué par des avions. Or, le *Tenedos* navigue alors à plus de 200 km au sud de la *Force Z*… Si des avions japonais sont capables d'atteindre le destroyer, la *Force Z* est donc parfaitement à leur portée. Philipps aurait juste le temps de réclamer l'aide de la RAF. Reste-t-il sur l'idée que celle-ci ne pourra toujours pas intervenir ou qu'il n'en a pas vraiment besoin ?

Les bombardiers de la 22ᵉ Flottille ont dû attendre minuit que la lune se soit levée pour pouvoir atterrir en toute sécurité sur leurs terrains d'Indochine après leur mission avortée qui a failli s'achever par le bombardement du propre navire-amiral d'Ozawa. Matsunaga sait que ses équipages sont revenus fatigués et n'ont pas eu leur comptant de sommeil, mais il sait aussi qu'il n'y a pas une minute à perdre. Il fait donc préparer dès l'aube tous les appareils disponibles ; il en trouve 94 sur les 99 qu'il a sous ses ordres — un taux de disponibilité exceptionnel qui en dit long sur la robustesse du matériel et la qualité du personnel technique.

Au petit matin du 10 décembre, 9 Type 96 du Genzan *Kôkûtai* s'envolent pour localiser avec précision l'escadre britannique et guider les 34 Type 96 équipés de bombes et 51 Type 1 et Type 96 armés d'une torpille qui commencent à prendre l'air à partir de 6h25. Ces appareils appartiennent aux Genzan, Kanoya et Mihoro *Kôkûtai*.

Laissons la suite du récit au lieutenant de vaisseau Sadao Takai, qui commande la 2ᵉ escadrille du Genzan *Kôkûtai*[1] :

« À 10h15, nous apercevons un petit bâtiment sur notre gauche. La mer est d'huile. Cela semble être un cargo de 500 ou 600 tonneaux. Singapour n'est plus très loin. Dans la mesure où d'autres navires ennemis peuvent se trouver dans les parages, je demande à mes hommes de rester vigilants. On ne voit rien d'autre ; c'est très curieux. Guettant l'apparition d'avions ennemis au-dessus et derrière nous, nous resserrons la formation et gardons le cap au sud.

« Sans crier gare, la 3ᵉ escadrille quitte la formation et pique sur le petit bâtiment. Elle commence à faire des cercles au-dessus. Je ne comprends pas ce que le chef d'escadrille est en train de faire. À peine le navire ennemi a-t-il viré de bord précipitamment qu'une salve de bombes tombe à 200 mètres de lui sans lui causer le moindre dommage. Mais quelle mouche a piqué le commandant d'escadrille ? Gâcher ainsi neuf bombes de 500 kg, sans le moindre résultat, après tout ce que nous avons enduré pour les amener jusque-là ! »

En fait, le bâtiment attaqué par la 3ᵉ escadrille n'est autre que le destroyer *Tenedos*. À bord du bombardier de tête se trouve le capitaine de vaisseau Nakanishi, commandant le Genzan *Kôkûtai* et c'est vraisemblablement lui qui a ordonné à l'escadrille de bombarder le navire britannique. Si le message envoyé par le *Tenedos* a été reçu 5 sur 5 par la *Force Z*, il semble cependant qu'il n'ait pas été capté à Singapour, dont le destroyer n'est qu'à 200 km au moment de l'attaque. À Sembawang, le *Flight-Lieutenant* Vigors et ses pilotes continuent à jouer aux cartes dans l'attente d'une hypothétique alerte déclenchée par la *Force Z*.

« ILS SONT DERRIÈRE NOUS ! »

« À 10h20, mon radio m'annonce que nous venons de recevoir un message. Je quitte aussitôt mon siège pour aller le déchiffrer. La flotte ennemie a été découverte ! La joie rayonne sur tous les visages. Le message indique : FLOTTE ENNEMIE REPÉRÉE LAT. 4N LONG. 103.55E RELÈVEMENT 60 DEG. FORCE ENNEMIE MET AU CAP 30 DEG. FORCE ENNEMIE ESCORTÉE PAR 3 DESTROYERS. FORMATION COMPORTE UN CUIRASSÉ DU TYPE *KING* ET *REPULSE*.

« Ils sont donc derrière nous ! J'attends le signal de faire demi-tour, mais assez curieusement, la 1ʳᵉ escadrille continue à voler plein sud comme si de rien n'était. Au bout de dix minutes, je m'inquiète. Je retransmets le message et, en même temps, je vire pour prendre la tête dans la nouvelle direction. En me voyant faire, la 1ère escadrille m'imite et se retrouve derrière la mienne. »

Un certain nombre des unités en vol ne reçoit pas le message de l'avion de reconnaissance ou ne parvient pas à le déchiffrer. Matsunaga donne l'ordre à ce dernier de le répéter en clair et d'émettre un signal continu sur ondes longues pour servir de balise aux bombardiers. Ceux-ci foncent maintenant sur l'objectif en ordre dispersé et il n'est plus possible d'organiser une attaque coordonnée.

Curieux que le message en clair et le signal continu ne soient pas perçus par Singapour ; curieux et dommage.

« Avions ennemis en vue. Distance 16 500 mètres. Altitude 3 000 mètres. Vitesse 320. Commencez à tirer. » Les canons antiaériens du *Prince of Wales* et du *Repulse* se tournent dans la direction des huit bombardiers. Il est 10h55. La radio de la *Force Z* reste désespérément muette.

« IL N'Y A PAS D'AVIONS-TORPILLEURS DANS LES PARAGES ! »

Plus qu'un simple combat aéronaval, ce qui va se dérouler maintenant est un véritable choc de culture stratégique[5] : « La grande question et sa réponse tenaient à une théorie, une philosophie : des cuirassés en mer pouvaient-ils survivre à une attaque aérienne poussée à fond ? [...] certaines théories attendent parfois un temps étonnamment long à être testées sur le terrain, mais l'heure des comptes avait sonné. On pourra peut-être être surpris que le bilan en soit dressé au terme d'une action très rapide et sans grande complication. »

Dix minutes après cette première attaque, les deux escadrilles de torpilleurs du Genzan *Kôkûtai* se présentent en provenance du sud-est. Elles se séparent alors qu'elles sont encore hors de portée des canons antiaériens pour prendre les deux cuirassés en étau. Mais, l'escadrille de Takai est retardée dans son attaque par un petit incident (Takai croyant au dernier moment avoir affaire à une escadre japonaise — le traumatisme de la nuit précédente, où son escadrille a failli bombarder le *Chôkai*, n'est pas tout à fait effacé — reprend de l'altitude et doit refaire un passage pour s'assurer de l'identité exacte des navires), de sorte que les deux unités vont en fait lancer leurs torpilles en deux assauts distincts.

L'officier spécialiste des torpilles à bord du cuirassé se tourne vers son amiral et lui souffle :

— Je crois qu'ils vont faire une attaque à la torpille.

Philipps lui répond très posément :

— Certainement pas. Il n'y a pas d'avions-torpilleurs dans les parages !

Dans les quelques minutes qui suivent, les 9 Type 96 de la 1re escadrille du Genzan *Kôkûtai*, menés par le lieutenant de vaisseau Ishihara, vont lui infliger un cinglant démenti.

Sans se soucier du tir de barrage, d'ailleurs peu efficace, huit appareils lancent leur torpille à une distance comprise entre 1 500 et 600 mètres sur le flanc bâbord du cuirassé. Un Type 96 est abattu, mais trop tard : il a déjà lancé son cylindre de mort. Les quatre-vingt-dix secondes qui suivent sont terribles pour l'équipage. À la vitesse de 40 km/h, les huit torpilles se rapprochent du *Prince of Wales*, suivies par un long sillage blanc de bulles provenant de leur système de propulsion à air comprimé. Le gros bâtiment vire sur la gauche pour tenter d'éviter la salve meurtrière, mais les officiers sur la passerelle de commandement se rendent vite compte qu'ils ne pourront pas toutes les éviter.

LE *REPULSE* ÉVITE SEIZE TORPILLES

Une terrifiante explosion secoue le navire. Une colonne d'eau et de fumée s'élève jusqu'à soixante mètres de hauteur. Immédiatement, le *Prince of Wales* prend une gîte de 10° sur bâbord et sa vitesse tombe brutalement. La torpille a percuté la poupe à la hauteur de l'hélice bâbord extérieure. L'explosion a cassé net l'étrier, arraché l'hélice et tordu l'arbre sur ses soixante-dix mètres de longueur. En quelques minutes, plus de 2 400 tonnes d'eau, remontant le long de l'arbre d'hélice, envahissent plusieurs compartiments étanches jusqu'au centre du navire. Deux chaudières et plusieurs générateurs sont inondés. Toute la partie arrière du navire est privée d'électricité, donc de tout moyen de communication et d'énergie pour les tourelles antiaériennes. Le gouvernail est paralysé. Une seconde torpille, qui le prend par plein travers, ne cause que des dégâts mineurs, les compartiments étanches jouant cette fois leur rôle à plein.

L'escadrille de Sadao Takai s'élance en direction du *Repulse*. Huit autres Types 96 du Mihoro *Kôkûtai* ont choisi la même cible.

« Nous commençons l'attaque à 300 mètres d'altitude, juste en dessous des nuages et à une distance d'environ deux kilomètres. [...] Le *Repulse* a commencé à manœuvrer et vire serré sur tribord. L'angle de visée se rétrécit à mesure que la proue du navire pointe dans ma direction, ce qui ne me facilite pas la tâche. Il était prévu que l'avion de tête soit contraint d'attaquer dans la position la plus défavorable. Je m'y attendais et cela permet aux avions qui me suivent de lancer leur torpille dans les meilleures conditions. »

Le commandant Tennant manœuvre admirablement. Aucune des quinze torpilles n'atteint son navire. Il en évite même une seizième, celle de Takai, contraint d'effectuer une seconde passe pour se débarrasser de sa torpille qu'une défaillance dans le mécanisme de lancement a maintenue dans son berceau lors de sa première attaque.

Le calme revient brusquement. Entre l'arrivée des torpilleurs et la dernière attaque isolée de Takai, il s'est écoulé trois quarts d'heure. Dans ce laps de temps, vingt-cinq torpilleurs et huit bombardiers horizontaux ont largué leur charge de mort sur les deux cuirassés. Le *Repulse*, grâce à l'habileté de son commandement, s'en est sorti sans mal. En revanche, le *Prince of Wales* paraît mal en point. Mais, sa radio reste toujours muette. Ni à Singapour, ni à Sembawang, personne ne se doute du drame qui s'est noué. Mais, le pire reste à venir...

Prenant l'initiative, le commandant Tennant décide de rompre le silence radio imposé par l'amiral Philipps. À 11 h 58, il fait envoyer le premier message depuis que la *Force Z* a quitté Singapour : BOMBARDEMENT PAR AVIONS ENNEMIS. Suit la position du *Repulse*. Vingt minutes plus tard, l'alerte est donnée à Sembawang. En moins de cinq minutes, Tim Vigors décolle à la tête d'une formation de dix Buffalo. La *Force Z* se trouve à une heure de vol du terrain de la RAF. Soixante minutes, une éternité.

À 12 h 20, les vigies aperçoivent une nouvelle vague de bombardiers. Ce sont les 26 Type 1 du Kanoya *Kôkûtai* conduits par le capitaine de corvette Miyauchi. Ils se présentent en ordre dispersé et sont décidés à en finir au plus vite en raison de la crainte des équipages de tomber en panne d'essence sur le retour. La formation se divise en deux : les 17 appareils des 1re et 2e escadrilles fondent sur le *Prince of Wales*, tandis que la 3e, un peu en arrière des deux autres, se rabat sur le *Repulse*.

La première vague de six appareils lance ses torpilles sur le flanc tribord, à moins de cinq cents mètres de distance. Sans possibilité de manœuvrer son navire, le commandant Leach retient son souffle. Quatre torpilles l'atteignent de la proue à la poupe. Réduit à une vitesse de 8 nœuds, le *Prince of Wales* s'enfonce doucement dans l'eau.

L'attaque contre le *Repulse* se déroule d'une manière confuse, mais huit Type 1 le prennent par tribord, tandis que, fort astucieusement, plusieurs autres se détachent de la formation qui vise le *Prince of Wales* pour lancer leur torpille par bâbord. Malgré son habileté, le commandant Tennant est impuissant à contrer cette manœuvre. Il lui est impossible d'éviter deux salves de torpilles lancées simultanément sur chaque bord. En moins de quatre minutes, cinq torpilles le frappent de plein fouet, quatre à bâbord et une à tribord. Le gouvernail explose alors que le navire est en train de virer à tribord. Le *Repulse* prend une gîte inquiétante qui atteint 12° en quelques minutes et se met à tourner en rond.

Il est 12 h 30 lorsque les derniers torpilleurs abandonnent les deux cuirassés à leur triste sort. Dix minutes plus tôt, Philipps a enfin adressé son premier télégramme réclamant l'aide de destroyers — sans doute pour recueillir les survivants.

UNE PAGAILLE INDESCRIPTIBLE

Mais son calvaire n'est pas tout à fait terminé. À 12 h 41, huit bombardiers horizontaux se présentent. Sept bombes de 500 kg tombent sur le *Prince of Wales*. L'explosion ne cause que peu de dégâts matériels, mais tue au moins deux cents hommes.

Onze minutes après avoir été touché par la première torpille, le *Repulse*, qui tourne toujours en rond, bascule et coule. Le *Prince of Wales* ne lui survit qu'une cinquantaine de minutes. À 13 h 17, il entraîne au fond de l'océan les corps de l'amiral Tom Philipps et du commandant Leach. Huit cent trente-huit hommes et officiers des deux cuirassés les suivent dans leur tombe d'acier.

Deux Buffalo appartenant au n° 243 *Squadron* ont décollé de Kallang dès la réception du message du *Repulse*. Le *Flight-Lieutenant* Mowbray Garden pilote l'un des deux appareils[6] :

« J'ai reçu l'ordre par téléphone du QG de mettre en état d'alerte ma section et de décoller par patrouilles de deux, avec un intervalle de vingt minutes entre chaque, et de suivre un cap de 10° à partir de Kallang pour survoler la mer de Chine. Je ne savais pas dans quel but, mais on m'avait dit (au téléphone) que je devais rechercher un "gros navire qui était en train d'être bombardé".

« Il y avait une certaine brume, mais assez vite je remarquai sur la mer non seulement des traces de mazout, mais aussi une immense flaque qui allait en s'étalant. Puis, je l'ai aperçu : un gros cuirassé réduit à l'impuissance sur une

6. *Bloody shambles*, vol. I — The drift to war to the fall of Singapore — C.F. Shores, B. Cull & Y. Izawa — Grub Street, Londres, 1992.

mer légèrement agitée, ingouvernable et donnant de la bande. Avec ses quatre tourelles, ce ne pouvait être que le *Prince of Wales*, et il était en train de sombrer.

« Tout autour de lui, aussi loin que le regard pouvait porter, la mer était couverte de mazout — des hommes sautaient du navire dans le mazout, certains avec des débris, comme des chaises, des planches, tout ce qui pouvait les aider à surnager dans cette mer huileuse. Il y avait quelques petits navires divers et variés qui s'étaient approchés pour porter secours. À mon arrivée, les derniers canons antiaériens encore en état de marche à bord du *Prince of Wales* ouvrirent le feu sur moi, ce qui n'avait rien d'étonnant, mais je pus lancer une cartouche de la couleur du jour (avec mon pistolet Very) et leur tir cessa. Il n'y avait rien que je puisse faire, à part patrouiller le secteur en cas d'une nouvelle attaque des Japonais et attendre que la seconde patrouille vienne prendre la relève. »

Tim Vigors et ses Buffalo n'arrivent que pour apercevoir les derniers bombardiers japonais s'enfuir. Le *Prince of Wales* vient de sombrer trois minutes plus tôt. Vigors survole les survivants à basse altitude et aperçoit une multitude d'hommes « faisant signe de la main, applaudissant et plaisantant comme s'ils étaient des vacanciers à Brighton, saluant joyeusement les avions ». Fortement impressionné par cette scène, il écrit le lendemain au commandant en chef en Extrême-Orient une lettre remplie d'admiration pour l'état d'esprit exemplaire dont ont fait preuve les marins. Toutefois, à bien y regarder, on ne peut s'empêcher de se demander si ce que Vigors a pris pour des saluts joyeux de *vacanciers à* Brighton (la comparaison est aimable…) n'était pas plutôt des poings rageurs tendus vers les aviateurs, arrivés comme les carabiniers, ou plus simplement les gestes désespérés de naufragés implorant du secours.

Une formation de Mitsubishi G4M1 Type 1 («Betty») du Kanoya *Kôkûtai*. Affublé de manière désabusée par ses équipages du surnom de « briquet volant Type 1 », le « Betty » manifeste tous les travers des avions japonais de l'époque et en particulier, une désagréable propension à s'enflammer rapidement sous le feu de mitrailleuses légères.
(Collection Tallandier)
▼

Les Japonais laissent les destroyers recueillir les survivants qui regagnent Singapour après la tombée de la nuit. L'*Air Vice-Marshall* Pulford attend le commandant Tennant sur le quai. « Mon Dieu ! lui dit-il. J'espère que vous ne me tenez pas pour responsable. Nous ne savions même pas où vous étiez. » Tout est dit.

Au petit matin du 10 décembre, Winston Churchill est réveillé par la sonnerie de son téléphone. Le Premier Lord de la Mer lui annonce le désastre en quelques phrases. « Dans toute la guerre, je n'ai jamais reçu un tel choc » écrira Churchill dans ses mémoires. La conclusion de cette tragédie sera couchée par le général Sir Alan Brooke, chef de l'état-major général impérial dans son journal[2] : « Cela revient à dire que depuis l'est de l'Afrique jusqu'à l'Amérique, de l'océan Indien au Pacifique, nous avons perdu le contrôle de la mer. »

LA FIN D'UN MYTHE

Dans la conduite des opérations, l'amiral Philipps a commis un certain nombre d'erreurs, dont la plus grave a été de maintenir à deux reprises son projet initial alors qu'il savait à chaque fois qu'il avait été découvert par les Japonais. Deux heures perdues la première fois, trois la seconde. Cinq heures précieuses qui lui auraient sans doute permis de regagner Singapour sans être inquiété. Cependant, le maintien du silence radio alors que les avions japonais le surveillaient étroitement reste inexplicable. A-t-il pensé que la RAF ne viendrait jamais à son aide ou a-t-il estimé qu'il pouvait s'en passer ? Tout dans son attitude laisse à penser que la seconde explication est la bonne.

D'ailleurs, les déclarations de Vigors, postérieures de plusieurs années au drame, ne laissent planer aucun doute[6] :

« Je pense que ce dut être la dernière bataille où la marine a cru qu'elle pouvait se débrouiller sans la RAF. Une leçon qui lui a coûté la peau des fesses. J'avais mis au point un plan avec l'officier de liaison du *Prince of Wales* afin de maintenir six appareils au-dessus du navire pendant toute la journée à 100 km de la côte est jusqu'à un point au nord de Kota Bharu. Ce plan fut écarté par l'amiral Philipps. Si j'avais pu le mettre en œuvre, je suis sûr que les navires n'auraient pas été coulés. Six chasseurs auraient pu malmener 50 ou même 60 bombardiers-torpilleurs, lents et sans escorte. Comme nous ne pouvions rien faire d'autre, nous avons maintenu l'escadrille entière en état d'alerte à Sembawang pendant la sortie de la flotte. En fait, j'étais assis dans mon avion quand nous avons finalement reçu le message que la flotte était attaquée. Philipps savait qu'il avait été repéré la nuit précédente et également à l'aube suivante. Il n'a pas réclamé le moindre soutien aérien. Il était attaqué et malgré tout il n'appelait pas au secours. Finalement, ce fut le commandant du *Repulse* qui demanda l'aide de l'aviation juste avant que son navire ne soit coulé. »

L'apparition de chasseurs pendant la phase critique du lancer n'aurait pas manqué de perturber l'attaque des torpilleurs. Sans doute, Tim Vigors a-t-il raison quand il considère qu'il aurait pu au moins éviter aux deux cuirassés un certain nombre d'impacts, peut-être un peu moins quand il prétendra ultérieurement que six Buffalo auraient pu empêcher le désastre.

Mais, la bataille aéronavale qui s'est déroulée le 10 décembre 1941 au large de Kuantan n'était en rien une bataille ordinaire. L'enjeu n'en était pas le sort de deux cuirassés britanniques, ni même la maîtrise des mers de l'océan Indien à la côte ouest des États-Unis. C'était la conception même de la guerre moderne qui se trouvait dans la balance ce jour-là. Un mythe avait sombré au large de la Malaisie en entraînant l'un de ses plus farouches partisans dans un cercueil d'acier qui avait pour nom *Prince of Wales*, un géant des mers réputé insubmersible et invulnérable aux torpilles aéroportées.

DEUXIÈME PARTIE

1942 - 1943
LE GRAND TOURNANT

VII
MIDWAY
La victoire en 120 secondes

La marge qui, dans une bataille, sépare le succès du désastre est souvent étroite. De toute la guerre, elle ne sera probablement jamais aussi étroite qu'à Midway. Tous les éléments sont réunis pour que le Japon remporte la victoire décisive qu'il recherche — et d'une manière écrasante. Cependant, la fortune ne sourit pas toujours au plus fort ou au plus prudent, mais souvent au plus rapide ou au plus audacieux. Pour avoir oublié cette vérité, les Japonais vont perdre cette bataille, dont le destin s'est finalement joué en deux minutes — cent vingt secondes qui décideront du sort de la guerre du Pacifique.

LE SYNDROME DE LA VICTOIRE

La « Première Phase d'Opérations » s'achevant sur un succès qui a dépassé leurs espérances, les stratèges japonais se penchent dès janvier 1942 sur la « Deuxième Phase d'Opérations ». De v ves polémiques agitent les états-majors de la marine et de l'armée au sujet des prochains objectifs. L'armée de terre, déjà caramélisée en Chine et qui ne possède ni réserves ni logistique suffisantes, frémit à la seule idée d'avoir à mener une campagne « napoléonienne ». Mais, la marine ne veut pas se contenter de consolider ses positions, bien au contraire.

Le point de vue de la marine s'explique sans mal. Depuis le début du conflit, elle vole de succès en succès et se forge ainsi elle-même une sorte de mythe d'invincibilité. Ses chefs sont tous plus ou moins atteints de ce que l'on pourrait appeler le « syndrome de la victoire ». Le Japon n'a pas été vaincu sur mer depuis quatre cents ans, pourquoi le doute naîtrait-il dans l'esprit de l'amiral Nagumo, chef d'état-major de la marine impériale ?

Cette alternative entre la consolidation et l'offensive consacre en fait une véritable impasse stratégique pour le Japon qui ne dispose ni des moyens matériels, ni des hommes et encore moins des ressources industrielles pour vaincre de l'une ou l'autre manière.

Nagumo propose un plan ambitieux visant à l'occupation de la Nouvelle-Guinée et des îles Salomon, tremplins pour une action ultérieure en direction de l'Australie. L'amiral Yamamoto, commandant en chef de la Flotte combinée, a d'autres vues, plus ambitieuses encore. Il envisage un coup de main sur Hawaï car, pour lui, dans cette course contre la montre que représente la guerre contre les États-Unis, il importe de détruire définitivement et le plus tôt possible le reste de la flotte américaine du Pacifique. Lorsqu'il lui apparaît que cette opération dépasse largement les capacités de la marine impériale, l'idée d'intervenir sur Midway fait son chemin.

DOOLITTLE MET TOUT LE MONDE D'ACCORD

Cette action offre une alternative très intéressante : si l'*US Navy* sort en force pour défendre Midway, elle sera écrasée par la Flotte combinée ; si elle demeure passive, l'île conquise constituera un bastion avancé du périmètre de défense japonais. Alors qu'un conflit ouvert éclate entre le grand quartier général impérial et le commandant de la flotte combinée, seize bombardiers américains vont mettre tout le monde d'accord.

Le 18 avril 1942, à 8h18, seize North American B-25B commandés par le *Colonel* James H. Doolittle s'envolent du pont des porte-avions *Hornet* et *Enterprise*. C'est une traversée de plus de 1 500 km qui les attend avant d'atteindre leurs objectifs (Tokyo, Yokosuka, Nagoya et Kobe) pour y larguer leur tonne de charge offensive (trois bombes de 250 kg et une charge incendiaire de même poids).

Un seul B-25 est perdu avant l'attaque et le bombardement s'effectue à une altitude variant entre 20 et 750 mètres au moyen d'un viseur de fabrication « système-D » — qui se révèle d'une précision étonnante. Il n'est bien entendu pas question de revenir se poser sur les porte-avions. D'une part, les B-25B ne possèdent pas l'autonomie suffisante pour un aller et retour et, d'autre part, ces volumineux bimoteurs n'ont jamais été conçus pour décoller d'un porte-avions — encore moins pour y apponter. Les quinze avions se dirigent vers la Chine, mais l'un d'entre eux, à court d'essence, doit se poser à Vladivostok où son équipage est interné par les Soviétiques. Deux tombent entre les mains des Japonais qui fusillent l'un des équipages.

Ce raid, d'une portée stratégique des plus limitées, a une répercussion psychologique d'une étendue incalculable sur le grand quartier général impérial. Les quelques bombes tombées sur Tokyo sont ressenties comme autant de camouflets. Toute la défense antiaérienne a été prise par surprise et n'a pu empêcher le bombardement de la mère patrie. La colère des Japonais sera mauvaise conseillère.

Le 20 avril, Yamamoto voit son plan entériné. L'état-major de la marine estime désormais indispensable de contrôler le Pacifique central afin d'éviter à la flotte impériale de passer son temps en de fastidieuses patrouilles destinées à prévenir toute nouvelle tentative de bombardement du Japon. Ce n'est pas pour autant que les opérations prévues par Nagumo sont annulées, ce qui ne va pas sans compliquer la tâche des stratèges. L'extrême complexité du plan de Yamamoto et son intégration au schéma de Nagumo ne laissent aucune place au moindre contretemps ni à un quelconque dérapage. Or, ce ne sont pas les grains de sable qui vont manquer…

LA PLUS GRANDE VICTOIRE AMÉRICAINE

C'est dans le sous-sol aveugle du nouveau bâtiment administratif de Pearl Harbor, au milieu de milliers de fiches cartonnées, de bruyantes machines à calculer, que l'on n'appelle pas encore ordinateurs, et de télétypes que l'*US Navy* remporte sa plus grande victoire de la guerre du Pacifique. Au moment

Un hydravion géant Kawanishi H8K2 (*Emily*). Avec son autonomie de 7 000 km et son armement défensif de trois canons de 20 mm et de six mitrailleuses, le Type 2 est sans doute l'hydravion de combat le plus redoutable de la Seconde Guerre mondiale. On voit ici un exemplaire de la version de transport H8K2-L. (Collection W. Green)
▼

Des Douglas SBD-2 Dauntless d'une unité ▶ non identifiée en vol. Relativement agile pour un bombardier en piqué, le Dauntless se révèle parfois un adversaire coriace pour les chasseurs ennemis et quelques pilotes de l'*US Navy* ont même remporté des victoires aériennes à son bord.
(Collection SHAA)

où les Japonais s'attardent sur les détails de la « Deuxième Phase d'Opérations », le code secret de leur marine impériale est percé par la *Combat Intelligence Unit* commandée par le *Lieutenant-Colonel* Rochefort. Un autre homme va jouer un rôle considérable dans la grande bataille à venir, le *Lieutenant-Commander* Layton, attaché à l'état-major de l'amiral Nimitz, commandant de la flotte du Pacifique. Layton connaît bien le Japon et la mentalité de ses ennemis et c'est à lui qu'échoit la charge de reconstituer le puzzle dont Rochefort lui communique les pièces.

Grâce à eux, la flotte américaine est intervenue avec succès dans la mer de Corail, empêchant les Japonais de prendre pied à Port Moresby. Quoi qu'en pensent leurs adversaires, c'est bel et bien une victoire qu'ont remportée les Américains, même si en termes purement statistiques la rencontre se solde par un match nul (un porte-avions coulé dans chaque camp, le *Lexington* contre le *Shôhô*).

Endommagés par l'aéronavale américaine, les porte-avions *Shôkaku* et *Zuikaku* doivent être retirés des opérations. Or, les chantiers navals japonais n'ont pas la qualité de leurs équivalents américains et ils ne pourront pas les réparer à temps pour qu'ils participent à l'opération contre Midway. Ce n'est plus de sept, mais de quatre porte-avions lourds dont dispose Yamamoto.

Les services de renseignements japonais brilleront pendant toute la guerre par leur totale inefficacité. Yamamoto reste sur l'impression — fausse — que l'*US Navy* ne dispose plus que de deux porte-avions. Selon ses informations, le *Lexington* a été coulé en janvier et le *Saratoga* et le *Yorktown* ont été envoyés par le fond dans la mer de Corail. Donc, il ne reste plus que l'*Enterprise* et le *Hornet*. Or, la réalité est tout autre. Si le *Saratoga* a bien pris une torpille, il se trouve en cale sèche sur la côte ouest des États-Unis. Le *Yorktown*, endommagé, est en train de regagner Hawaï par ses propres moyens. Seul *Lady Lex* compte parmi les pertes — mais pas en janvier !

UN PLAN GRANDIOSE

Le plan de Yamamoto repose sur une série complexe d'opérations imbriquées dont le but final, qui consiste à anéantir le reste de la flotte américaine en une bataille décisive, finit par être perdu de vue. Le chef de la Flotte combinée engage une impressionnante armada, composée de huit porte-avions (puis six, dont deux d'escorte), onze cuirassés, vingt-deux croiseurs, soixante-cinq destroyers, vingt et un sous-marins, sans compter les pétroliers, dragueurs de mines, vedettes et navires de transport, soit 185 bâtiments en tout !

Afin de leurrer les Américains et de les entraîner loin de sa véritable destination — Midway — une manœuvre de diversion vise à l'occupation des îles Aléoutiennes, soixante-douze heures plus tôt. Confiée au vice-amiral Hôso-

Le grand tournant — 69

gaya, la force de diversion s'appuie sur les porte-avions légers *Junyô* et *Ryûjô*.

Deux sous-marins débarqueront du carburant sur un récif des îles de la Frégate Française pour y ravitailler deux hydravions lourds venus de Wotje et chargés d'une reconnaissance au-dessus de Pearl Harbor dans la journée du 1er juin[1]. Treize sous-marins prendront position le 3 juin — la veille de l'attaque — entre Midway et Hawaï de manière à prévenir Yamamoto de la sortie de l'*US Navy* de ses mouillages.

Parvenue à 250 milles au nord-ouest de Midway au petit matin du 4 juin, la force de frappe de l'amiral Nagumo, incorporant les porte-avions *Akagi*, *Kaga*, *Hiryû* et *Sôryû*, attaquera l'île et y brisera toute résistance en trois jours afin de permettre à l'amiral Kondô d'y débarquer sa force d'intervention dès le 6 juin. L'assaut sera soutenu par les quatre croiseurs lourds et les deux destroyers de l'amiral Kurita et par les deux cuirassés et les quatre croiseurs lourds de Kondô.

Un groupe d'hydravions, basé sur l'îlot de Kure, sous le commandement du contre-amiral Fujita, appuiera les débarquements, en compagnie d'autres avions terrestres rameutés de Kwajalein, de Wake et de Jaluit.

La Flotte combinée, au centre de laquelle le puissant cuirassé *Yamato* arborera la flamme de l'amiral Yamamoto, se tiendra à 600 milles au nord-ouest de Midway, c'est-à-dire à 300 milles à l'ouest de Nagumo et à 800 milles au sud-ouest d'Hôsogaya. Ainsi placé, Yamamoto estime être en mesure d'offrir son soutien à l'une ou l'autre des escadres selon la tournure des événements et la réaction de l'ennemi.

Avant même d'être mis à exécution, le plan de Yamamoto recèle trois points faibles :
— sa complexité et la dilution des forces engagées qui en découle;
— l'absence de tout scénario de repli;
— la faiblesse de ses moyens de renseignements.

Yamamoto viole à deux reprises le grand principe de la concentration des forces sur lequel repose la stratégie navale la plus élémentaire depuis l'avènement de la marine moderne. Une première fois en mettant sur pied l'attaque sur les Aléoutiennes qui prive la force principale de deux porte-avions d'escorte. Une seconde fois en scindant ses forces navales dans le secteur de Midway. En outre, le respect de la tradition japonaise, qui veut que le commandant en chef se trouve en première ligne, ôte à Yamamoto toute liberté de communication avec ses différentes forces, puisque lui aussi se voit contraint de respecter le silence radio. Avec sa puissante Flotte combinée navigant entre les deux forces d'invasion, sans possibilité de les informer ni de les contrôler, il risque de se retrouver trop loin de l'une ou de l'autre pour intervenir avec rapidité en cas de besoin.

Le plan de Yamamoto imagine la réaction *probable* des Américains, mais en aucun cas il n'envisage leurs réactions *possibles*. Le raisonnement peut tenir à condition de demeurer informé avec précision et régularité des mouvements de l'ennemi. Mais, dans ce domaine, les Japonais se montrent laxistes et présomptueux.

Il paraît, en effet, invraisemblable que le stratège de Pearl Harbor n'ait pas envisagé de mettre en place son piquet de sentinelles sous-marines avant la veille de l'attaque. Musardant en route, prenant tout leur temps pour se mettre en position, les sous-marins japonais manquent les porte-avions américains qui traversent leurs zones de patrouille... vingt-quatre heures plus tôt ! Sans doute, si les deux hydravions Kawanishi H8K1 («Emily») du Yokohama *Kôkûtai* avaient pu s'apercevoir de la disparition de ceux-ci en survolant la rade de Pearl Harbor le 1er juin, les sous-marins auraient-ils pu les repérer à temps. Oui, mais voilà, le survol de Pearl Harbor n'aura pas lieu. En émergeant au large des îles de la Frégate Française, le premier sous-marin chargé de fournir le carburant aux gros hydravions a trouvé deux ravitailleurs d'hydravions américains que le hasard a amenés dans les parages et a jugé plus prudent de faire demi-tour !

C'est donc dans la méconnaissance complète des mouvements de l'ennemi que Yamamoto se lance dans l'opération qui doit décider du sort de la guerre du Pacifique. L'excès de confiance, la suffisance, qui prévalent aux différents échelons de la hiérarchie de la marine impériale qui ont tous succombé au syndrome de la victoire, se paieront comptant le jour où les Américains présenteront l'addition.

[1]. Une procédure identique avait été suivie le 4 mars 1942, lorsque deux hydravions du Yokohama *Kôkûtai* avaient été pressentis pour bombarder Oahu de nuit. Le mauvais temps qui sévissait au moment de leur arrivée au-dessus de Pearl Harbor les avait empêchés de mener à son terme leur raid « stratégique ».

L'AVIATION DE MIDWAY NE FAIT PAS LE POIDS

Or, les Américains savent tout, ou presque, de l'opération qui se prépare. Lentement, les pièces du puzzle sont mises en place par Rochefort et Layton, de sorte que ce dernier est en mesure de brosser un tableau assez précis de la situation. Le 24 mai, il informe Nimitz que les Japonais attaqueront Dutch Harbor, aux Aléoutiennes, le 3 juin et Midway le lendemain.

Le moins que l'on puisse dire, c'est que les Américains ne sont pas en position de force pour faire face à cette terrible menace. Malgré les renforts qui parviennent à Midway, la chasse locale se trouve en infériorité tant sur le plan quantitatif que sur le plan qualitatif par rapport à l'aviation embarquée japonaise.

L'escadrille VMF-221 de l'*US Marine Corps*, commandée par le *Major* Floyd B. Parks aligne 21 F2A-3 Buffalo et 7 F4F-3 Wildcat. Les Marines disposent également d'une escadrille de bombardiers en piqué, la VMSB-241, sous les ordres du *Major* Benjamin W. Norris (dit *Vibrator* — c'est également le surnom du Vought SB2U), équipée de 18 SB2U-3 Vindicator et de 16 SBD-2 Dauntless. Dix pilotes de Norris sont frais émoulus des centres de formation.

L'USAAF a envoyé 15 Boeing B-17E sous le commandement du *Lieutenant-Colonel* Walter C. Sweeney Jr., ainsi qu'un détachement de 4 Martin B-26B (2 du 18th *Reconnaissance Squadron* et 2 du 69th *Bombardment Squadron*). Le *Major* James F. Collins peut s'enorgueillir d'être le seul chef d'unité de l'USAAF à commander une escadrille de bombardiers-torpilleurs, car ses B-26B ont été équipés à titre expérimental d'un système de lancement de torpille aérienne.

Enfin, l'*US Navy* a détaché un groupe de 6 Grumann TBF Avenger de la VT-8, commandé par le *Lieutenant* Langdon K. Fieberling. Le TBF vient juste d'entrer en service et a été conçu pour remplacer le TBD Devastator qui constitue encore l'épine dorsale des bombardiers-torpilleurs embarqués de l'*US Navy*.

C'est à la fois bien peu pour faire face à la menace japonaise et beaucoup pour le minuscule terrain de Sand Island. Si les Marines disent en plaisantant

Deux grands as de l'*US Navy* à bord de leur Grumman F4F-3 de l'escadrille VF-3 (*Lexington*), photographiés le 10 avril 1942. Au premier plan, le *Lieutenant-Commander* John S. Thach (6 victoires) et au second plan, le *Lieutenant* Edward « Butch » O'Hare (7 victoires — tué le 24 novembre 1943). Les appareils arborent l'insigne de « Félix-le-Chat » et trois marques de victoire. (*US Navy*)

que l'atoll pourrait bien chavirer sous le poids de l'aviation qui y a été massée, les avions, eux, ne font guère le poids devant leurs adversaires...

De son côté, Nimitz dispose de deux porte-avions de la *Task Force* 16, les *Hornet* et *Enterprise*, mais il doit se passer des services du bouillant amiral Halsey, cloué sur un lit d'hôpital par une dermatose due au stress des récents combats. Halsey désigne lui-même son remplaçant : Spruance. Ce n'est pas un « aviateur », ce qui ennuie Nimitz, mais malgré sa frêle silhouette, il a su se tailler une solide réputation de fin tacticien doté d'un jugement remarquable. En raison de son manque d'expérience des engagements aéronavals, Nimitz le place sous les ordres du contre-amiral Fletcher qui arrive le 27 mai dans la rade de Pearl Harbor avec sa *Task Force* 17. Le *Yorktown*, endommagé dans la mer de Corail, rentre au port en traînant derrière lui un sillage de mazout long de quinze kilomètres.

— Combien de temps pour le réparer ? demande Nimitz au commandant de l'arsenal.

— Trois mois environ, répond celui-ci.

— Je vous donne trois jours, pas un de plus !

Trois jours plus tard, les chantiers de l'arsenal rendent le *Yorktown* à Fletcher. Il s'agit plus à probablement parler de bricolage que de réparations, mais avec sa coque raccommodée par de larges plaques d'acier rivetées,

LA PLUS BELLE PRISE DE GUERRE

Le 3 juin 1942, rentrant d'un raid sur Dutch Harbor, aux Aléoutiennes, le premier maître Tadayoshi Koga, du porte-avions *Ryûjô*, signale au leader de sa formation que le réservoir de son *Zero* est crevé et qu'il va tenter un atterrissage forcé. Il se dirige vers l'île d'Akutan où il repère une bande de terre plate et bien dégagée. Koga abaisse son train, ouvre sa verrière et relève son siège. À peine les roues ont-elles touché le sol qu'elles s'enfoncent et se bloquent dans une terre meuble et gorgée d'eau. L'appareil effectue un soleil et retombe sur le dos, tuant sur le coup le malheureux pilote.

L'épave est repérée par un avion américain en patrouille. Cinq semaines plus tard, elle est récupérée par une équipe de l'*US Navy*. L'appareil, virtuellement intact, est envoyé à la base aéronavale de San Diego, en août 1942, où il est réparé puis testé en vol. Le *Zero* de Koga va livrer tous ses petits secrets et cette prise de guerre sera l'une des plus importantes de toute la guerre pour les Américains.

Le *Zero* est un avion léger, très léger ; à vide, il pèse 1 680 kg, soit... 1 000 kg de moins que le F4F-4 Wildcat. Il ne faut pas chercher ailleurs les raisons de sa maniabilité diabolique, de son autonomie exceptionnelle (jusqu'à 3 000 km avec un réservoir externe de 330 litres) et de sa belle vitesse ascensionnelle (les 6 000 mètres d'altitude sont atteints en 7 mn 27, contre 12 mn 15 au F4F-4). Mais, avec un moteur de seulement 940 ch (25 % de moins que le Wildcat) pour tirer l'ensemble, il a fallu des contreparties. Le gain de poids a été réalisé au détriment de la sécurité du pilote — il n'y avait pas le choix. Le *Zero* ne possède pratiquement aucun blindage et ne dispose même pas de réservoirs auto-obturants. Dans sa version A6M2, l'armement de deux canons de 20 mm et deux mitrailleuses de 7,7 mm peut même être considéré comme léger.

Les informations recueillies au cours des essais se révéleront fort précieuses et influenceront à la fois les tactiques de combat des pilotes de chasse et les programmes de construction aéronautique américains.

Il est toutefois surprenant que les Alliés aient dû attendre août 1942 pour exorciser ce qu'ils ont longtemps considéré comme une invention diabolique. En effet, le 20 mai 1941, un *Zero* est tombé victime de la DCA près de Chengtu, la principale base de l'aviation chinoise, qui est alors commandée par le colonel Claire Chennault, futur chef des *Tigres Volants*. De nombreuses informations concernant le nouveau chasseur japonais sont alors transmises au QG de la RAF à Singapour, qui les relaie à Londres. L'attaché de l'Air britannique en Chine joint même les performances estimées de l'avion, qui s'avéreront d'une étonnante précision. Malheureusement, le QG de Singapour ne dispose pas de « 2e bureau » et ces précieux renseignements se retrouvent mélangés à une masse d'informations que personne ne se soucie de trier. À Singapour, on peut comprendre, mais au ministère de l'Air et au grand quartier-général de la RAF à Londres ? Manque de confiance en leurs informateurs expatriés, sans doute, conviction que les Japonais sont incapables de produire des avions de qualité, à coup sûr. Le mythe du *Zero* invincible continuera à ronger les aviateurs alliés pendant plus d'un an.

le porte-avions peut repartir au combat, même s'il n'a retrouvé ni toute son étanchéité, ni sa vitesse initiale.

RENDEZ-VOUS AU POINT *LUCK*

Les porte-avions US réunissent 300 avions à eux trois, répartis en trois types, F4F-4 pour la chasse, TBD-1 pour le torpillage et SBD-2/-3 pour le bombardement en piqué et la reconnaissance armée, soit quatre escadrilles par porte-avions.

Ce sont donc, en tout, 421 appareils de toute catégorie qui attendent Nagumo de pied ferme. De son côté, l'amiral japonais aligne les 84 chasseurs *Zero*, 93 bombardiers-torpilleurs du Type 97 (B5N2 « Kate ») et 84 bombardiers en piqué du Type 99 (D3A1 « Val ») de ses deux divisions de porte-avions, auxquels s'adjoignent les hydravions d'observation du Type 95 (E8N2 « Dave ») et du Type 97 (E13A1 « Jake ») embarqués à bord des cuirassés et des croiseurs de la force d'intervention. Plus en arrière, avec la force d'invasion de Kondô, se trouve le porte-avions *Zuihô*, avec 12 *Zero* et 12 Type 97, ainsi que les porte-hydravions *Chitose* et *Kamikawa Maru*. On passera sous silence tous les autres appareils (hydravions embarqués, forces des Aléoutiennes et avions terrestres) qui n'auront pas l'occasion d'intervenir dans la bataille de Midway.

Le 2 juin, les trois porte-avions américains, accompagnés par huit croiseurs et quatorze destroyers, se retrouvent au point *Luck*, situé à 350 milles au nord de Midway. Ce lieu de rendez-vous, admirablement choisi — et baptisé — par Fletcher lui permet d'attendre les Japonais sur leur flanc et de profiter de l'appui des unités basées sur l'île.

Au petit matin du 3 juin, la bataille pour la conquête des Aléoutiennes débute. Les avions du *Ryûjô* bombardent Dutch Harbor. Les combats y dureront presque un an. Ignorant que les Américains ont dévoilé ses batteries et qu'ils l'attendent l'arme au pied près de Midway, Nagumo s'enfonce vers l'inconnu et le brouillard, cap au sud. Quant à Yamamoto, des crampes d'estomac d'origine nerveuse l'empêchent de s'alimenter normalement depuis deux jours. La nouvelle de la réussite des débarquements aux Aléoutiennes lui redonne de l'appétit. Mais Fletcher lui réserve une surprise qu'il aura du mal à digérer...

À 9 heures, le 3 juin, un Catalina de Midway survole la flotte d'invasion de Kondô. Faisant confiance aux indications de Layton, Fletcher se garde de tomber dans le piège d'envoyer ses avions bombarder une escadre qui n'est pas celle qui l'intéresse. Il les tient en réserve pour les porte-avions qui devraient arriver par le nord-ouest le lendemain, évitant ainsi de révéler aux Japonais sa présence dans les parages.

Yamamoto, averti que la flotte d'invasion vient d'être découverte, ne manifeste aucune inquiétude particulière. Les Américains ont compris que son objectif est Midway ? Tant mieux, ils n'en sortiront que plus vite à sa rencontre. La confiance règne également à bord de l'*Akagi*. À l'aube du 4 juin, Nagumo assure à son commandant des opérations aériennes, le capitaine de frégate Minoru Genda, que « rien ne prouve qu'une escadre ennemie soit dans les parages ». Certes, mais rien ne prouve le contraire non plus.

PREMIER TOURNANT DE LA BATAILLE

Et ce n'est certes pas la curiosité qui étouffe Nagumo. Il estime suffisant de faire décoller 8 des 14 appareils d'observation dont il dispose avec pour mission de scruter l'horizon à la recherche d'une hypothétique force navale américaine.

Deux appareils de reconnaissance quittent le pont de l'*Akagi* en même temps que deux autres du *Kaga*, un hydravion du croiseur *Chikuma* et le vieux Type 95 de l'*Haruna*, à 4 h 30, soit exactement au moment où s'envole la première vague d'assaut sur Midway. Mais deux Type 97, celui du croiseur *Tone* et le second du *Chikuma* sont retardés. Ce dernier fera demi-tour prématurément à 6 h 35 avec un moteur bafouillant. Le premier, victime d'une panne de la catapulte, s'envole avec une demi-heure de retard.

Premier tournant de la bataille qui s'annonce : l'appareil du *Chikuma* sur son chemin du retour passe à la verticale des porte-avions de Fletcher, mais ne peut les apercevoir en raison du mauvais temps. Celui du *Tone* va les repérer, comme on le verra plus loin, mais trente précieuses minutes auront été perdues. Malchance ? Sans doute, mais Nagumo a-t-il mis toutes les chances de son côté ?

Fuchida, l'homme qui a commandé la première vague d'assaut sur Pearl Harbor et qui est alors terrassé par une crise d'appendicite, semble penser le contraire[2] :

« Bien que la couverture parût adéquate, je n'en pensais pas moins qu'une recherche en deux phases eût été plus judicieuse. Une recherche à simple phase était suffisante si nous ne cherchions qu'à nous convaincre qu'il n'y avait aucune flotte ennemie dans les parages. Cependant, si nous pensions [...] qu'une force ennemie pouvait être présente, nos recherches auraient dû être menées de telle sorte que nous puissions la repérer et l'attaquer avant qu'elle ne se retourne contre nous. Pour cette raison, une recherche en deux phases dès l'aube constituait la réponse logique.

« Comme son nom l'indique, une recherche en deux phases consiste à envoyer deux vagues d'avions pour couvrir le même secteur à un intervalle déterminé. Dans la mesure où nos avions n'étaient pas équipés de radar à cette époque, ils étaient totalement dépendants d'une observation visuelle et ne pouvaient être efficaces que lorsque le jour s'était levé. En conséquence, pour repérer une force ennemie le plus tôt possible après le lever du jour, il était nécessaire de lancer une première vague d'avions pour qu'ils se trouvent à la limite de leur rayon de recherche à l'aube, laissant de ce fait inexplorées les zones survolées alors qu'il faisait encore nuit. Une seconde vague devant explorer le même secteur que la première, décollait environ une heure plus tard. »

Des historiens japonais se sont penchés sur cette question[3] :

« La cause de cette faillite, encore une fois, peut être trouvée dans le fait que la marine était obnubilée par l'offensive, ce qui a entraîné un désintérêt total dans l'exploration et la reconnaissance. La reconnaissance n'était enseignée que dans le cadre normal de la formation, mais aucune spécialisation n'était prévue. De même, il n'existait aucune unité organique de reconnaissance digne de ce nom dans la marine japonaise. Il n'existait aucun avion spécialisé à bord des porte-avions. Lors de l'attaque sur Pearl Harbor, tous les avions embarqués à la disposition de Nagumo étaient destinés à l'offensive, abandonnant l'observation à une dizaine d'hydravions des cuirassés et des croiseurs d'accompagnement. Ce fut sans doute la raison pour laquelle l'amiral Nagumo prit la décision de se retirer sans exploiter son avantage. Au moment le plus critique, quand il fallut décider de lancer ou non une autre vague sur Pearl Harbor, il ne disposait pas des informations essentielles que des avions de reconnaissance auraient pu lui fournir. »

LES PORTE-AVIONS LANCENT LEURS APPAREILS

Mais, à 4 h 30, Nagumo a l'esprit ailleurs. La première vague d'assaut, placée sous les ordres du lieutenant de vaisseau Joichi Tomonaga (*Hiryû*), commence à s'envoler des ponts de ses porte-avions. Elle se compose de 108 appareils :
— 36 bombardiers horizontaux Type 97 (*Sôryû* et *Hiryû*);
— 36 bombardiers en piqué Type 99 (*Akagi* et *Kaga*);
— 36 chasseurs *Zero* (neuf de chacun des quatre porte-avions).

À 5 h 30, émergeant des nuages, un autre Catalina de Midway aperçoit la silhouette facilement reconnaissable des porte-avions japonais. Le message qu'il envoie à 5 h 34 est quelque peu laconique. Mais l'équipage a d'autres chats à fouetter. Plusieurs *Zero* grimpent pour l'intercepter. Il doit jouer à cache-cache avec eux plusieurs minutes dans la couche nuageuse avant de donner les précisions manquantes. À 6 h 07, Fletcher donne l'ordre d'attaque à Spruance.

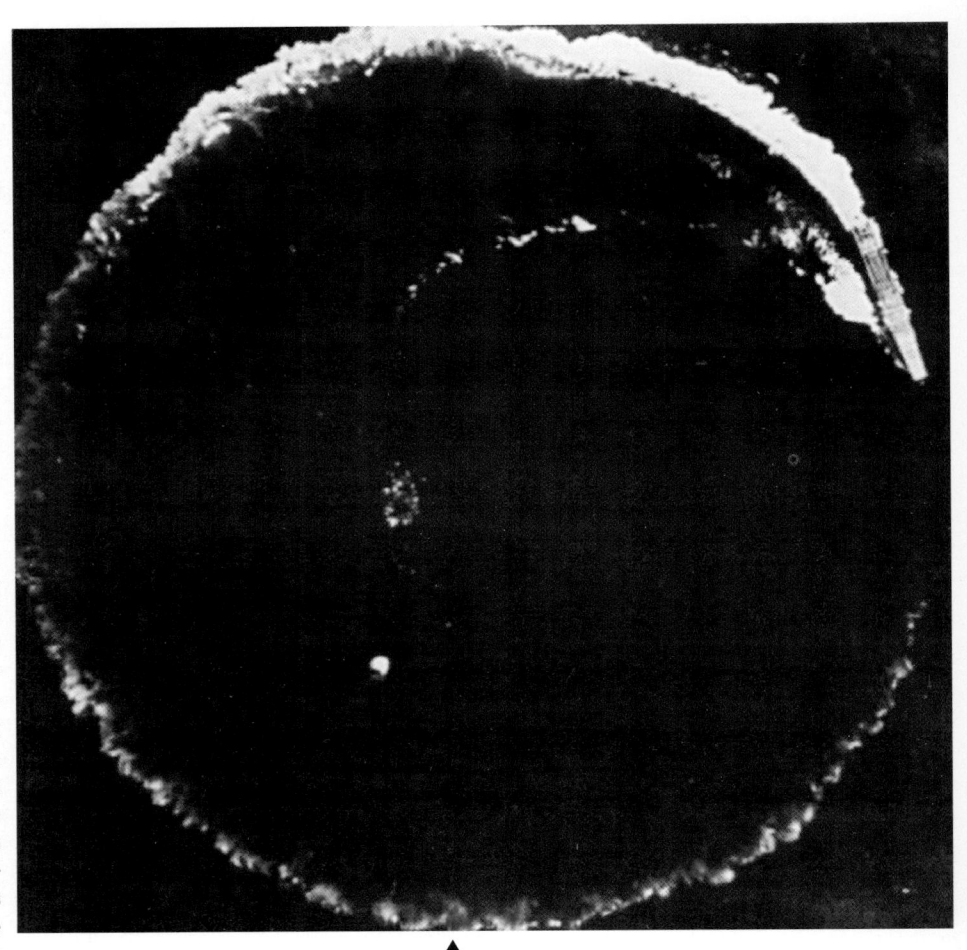

▲

Le *Kaga* manœuvre habilement pour éviter les salves des B-17 du 431st *Bombardment Squadron*. Les Américains surévaluent dans une large mesure l'efficacité des bombardiers lourds dans la lutte aéronavale pendant la bataille de Midway. Selon les archives japonaises, aucun coup au but n'a été noté. À Midway, lors des attaques aériennes américaines, les navires japonais s'écartent des porte-avions pour leur laisser toute liberté de manœuvre. Quelques années plus tard, les amiraux japonais copieront la tactique américaine qui consiste, au contraire, à resserrer les rangs pour opposer aux assaillants une concentration maximale d'artillerie antiaérienne. (PPP/IPS)

2. *Midway, the battle that doomed Japan* — M. Fuchida & M. Okumiya — Ballantine Books, New York, 1958.

3. M. Fuchida & M. Okumiya, *op. cit.*

Mais, Spruance voudrait se trouver à 100 milles de Nagumo avant de lancer ses avions avec une chance de les récupérer avant qu'ils ne tombent en panne d'essence, ce qui retarderait le départ de deux bonnes heures. Son chef d'état-major, qui a servi précédemment sous les ordres de l'amiral Halsey, estime qu'il serait pertinent d'attaquer plus tôt, notamment au moment où la première vague japonaise serait en train de se poser. Dès 7h02, les premiers appareils de la *Task Force* 16 s'envolent, ceux de la *Task Force* 17 ne décollent pas avant 8h38[4]. Un délai qui aurait pu coûter cher.

4. Les chiffres diffèrent légèrement selon les sources, notamment en ce qui concerne le nombre de bombardiers SBD engagés. Ceux cités pour l'*Enterprise* sont tirés des comptes rendus de combat américains (cf. notes subs.).

HORNET (CV-8)
Lieutenant-Commander Ring
— 15 torpilleurs TBD   VT-8   *Lt. Cdr.* Waldron
— 20 bombardiers SBD   VS-8   *Lt. Cdr.* Ring
— 15 bombardiers SBD   VS-8   *Lt. Cdr.* Rodee
— 10 chasseurs F4F   VF-8   *Lt. Cdr.* Mitchell

ENTREPRISE (CV-6)
Lieutenant-Commander McClusky
— 14 torpilleurs TBD   VT-6   *Lt. Cdr.* Lindsey
— 15 bombardiers SBD (a)   VB-6   *Lt. Cdr.* Best
— 16 bombardiers SBD (b)   VS-6   *Lt. Cdr.* Gallaher
— 10 chasseurs F4F   VF-6   *Lt. Cdr.* Gray

YORKTOWN (CV-3)
Lieutenant-Commander Massey
— 12 torpilleurs TBD   VT-3   *Lt. Cdr.* Massey
— 17 bombardiers SBD   VB-3   *Lt. Cdr.* Leslie
— 6 chasseurs F4F   VF-3   *Lt. Cdr.* Thach

(a) porteurs chacun d'une bombe de 1 000 livres.
(b) 12 appareils armés d'une bombe de 500 livres et de 2 bombes de 100 livres et 4 appareils armés d'une seule bombe de 500 livres.

L'ATTAQUE DES AVIONS JAPONAIS

5h50 — Le radar de Midway repère l'arrivée des avions japonais. Aussitôt l'alerte donnée, le *Major* Parks prend l'air à la tête d'une formation mixte de 6 Wildcat et 7 Buffalo pour tenter de s'opposer au raid japonais. Il est suivi par une seconde formation de 13 Buffalo, commandée par le *Captain* Kirk Armistead, envoyée couvrir un secteur un peu plus à l'ouest. Les 4 B-26B de Collins, les 11 SB2U et 16 SBD de Norris et les 6 TBF de Fieberling quittent Sand Island quelques instants plus tard en direction de l'escadre de Nagumo. Quatorze B-17E déjà en route pour s'occuper de la flotte d'invasion sont immédiatement redirigés vers les porte-avions.

6h15 — Parks, en patrouille à quatre mille mètres, supporte le premier choc. L'un de ses pilotes a dû faire demi-tour et avec ses 12 avions de chasse il plonge sur l'impressionnante formation en « V » conduite par Tomonaga, environ mille mètres sous lui. La surprise ne joue pas longtemps en sa faveur. Le lieutenant de vaisseau Suganami grimpe à sa rencontre avec ses *Zero* et un terrible combat s'engage. À un contre trois, sur des avions largement surclassés par ceux de leurs adversaires, les Marines succombent les uns après les autres. Cependant, le *Captain* Marion E. Carl rentre au terrain avec deux victoires. Pendant ce temps, les bombardiers japonais attaquent sans opposition aérienne le terrain de Sand Island et les installations militaires de l'île. En vingt minutes, tout est terminé.

Armistead, alerté, arrive sur les lieux de la bagarre au moment où les bombardiers japonais commencent leur œuvre de destruction. Il est à son tour pris à partie par les *Zero*. Des 25 pilotes des Marines qui ont décollé une heure plus tôt, il ne reste que 10 survivants, dont 7 se sont posés comme ils ont pu, parfois en pleine nature. Si amer est l'un d'eux qu'il écrira[5] : « Tout commandant qui donne l'ordre à un pilote d'aller combattre dans un Buffalo devrait le considérer comme perdu avant même qu'il ait décollé ! » Parks compte parmi les disparus.

5. *But not in shame* — John Toland — Londres, 1961.

6h45 — Les derniers appareils japonais quittent l'île.

Les courageux défenseurs revendiquent 53 avions japonais, dont 43 en combat aérien et les pilotes de *Zero* 47 américains (11 crédités aux pilotes de l'*Akagi*, 12 à ceux du *Kaga*, 6 à ceux du *Sôryû* et 18 à ceux du *Hiryû*) ! Superbe surestimation des deux camps, due vraisemblablement à la confusion du combat. Cependant, tout au long de la guerre les Japonais ne s'avéreront jamais capables de recenser avec précision leurs victoires, qu'elles soient aériennes ou navales — et dans ce dernier domaine, les surestimations les amèneront à commettre de lourdes erreurs.

Seulement 6 appareils japonais de la première vague ne regagnent pas leur porte-avions, dont deux chasseurs. Les pertes sont négligeables, mais le résultat de l'attaque n'est pas loin de l'être également.

7 h 00 — Tomonaga, conscient que l'objectif qui lui a été assigné n'a pas été atteint — à savoir la neutralisation des défenses de l'île — adresse le message suivant à Nagumo : *UNE SECONDE ATTAQUE EST NÉCESSAIRE.*

L'ATTAQUE DES AVIONS DE MIDWAY

7 h 05 — « Avions ennemis en vue » : les vigies viennent d'apercevoir les premiers appareils de Midway. L'ordre d'attaque des formations diffère selon les sources, japonaises ou américaines. Ce qui ne varie pas, cependant, c'est le sort que leur réservent les 18 *Zero* maintenus en couverture et les batteries antiaériennes de l'escadre de Nagumo.

Il semble toutefois que ce soient les 4 B-26B de Collins qui arrivent les premiers à bâbord des *Akagi* et *Kaga*. Deux sont abattus instantanément par la chasse, dont un est revendiqué par l'enseigne de vaisseau Iyozô Fujita du *Sôryû*. Collins vole si bas qu'il évite de justesse la passerelle de l'*Akagi*. Il réussit à s'échapper en compagnie du *Lieutenant* Muri pour regagner Midway à bord d'un appareil mal en point.

Par tribord se présentent les 6 torpilleurs TBF de la VT-8 menés par Fieberling. Trois sont descendus avant même d'avoir pu larguer leur torpille. Deux autres subissent un sort identique peu après avoir lancé la leur. Un seul TBF reviendra à Midway. Terrible baptême du feu pour cet appareil.

Peu avant la première attaque, Nagumo a reçu le message de Tomonaga. Les bombardiers qu'il a gardés en réserve à bord de l'*Akagi* et du *Kaga* ont été armés d'une torpille au cas où ses appareils de reconnaissance lui auraient signalé l'approche d'une escadre ennemie. Il donne l'ordre de les réarmer avec des bombes pour une seconde vague d'assaut sur Midway. Prêts à décoller, les bombardiers sont alignés sur le pont. Il convient de les descendre, un par un, dans le hangar, sous le pont d'envol. Les armuriers doi-

◀ Un barrage de fer et de feu se dresse entre les navires américains et ce trio de « Kate ». Les gerbes à la surface de la mer sont causées par les retombées d'éclats d'obus antiaériens. À l'horizon, un sillage de fumée noire marque la chute d'un bombardier japonais. (Collection Tallandier)

vent d'abord décrocher le long cylindre de 400 kg et le ranger dans un local protégé dans le pont inférieur. Ensuite, ils doivent apporter les bombes et les fixer aux râteliers sous le fuselage des avions. Ce n'est qu'ensuite que ceux-ci peuvent être remontés sur le pont d'envol.

7 h 28 — L'hydravion du croiseur *Tone*, qui avait été retardé d'une demi-heure au décollage, adresse un message qui fait l'effet d'une bombe sur la passerelle de l'Akagi : *NAVIRES APPAREMMENT ENNEMIS REPÉRÉS RELÈVEMENT 010 DEGRÉS DISTANCE 240 MILLES MIDWAY CAP 150 DEGRÉS VITESSE INFÉRIEURE À 20 NŒUDS.*

Personne, dans toute la marine impériale, n'a imaginé que des navires américains pouvaient se trouver à moins de 350 km de l'escadre de Nagumo dès le premier jour de l'opération ! Des navires, oui, mais lesquels et combien ? Cependant, l'amiral ne peut se permettre de croire qu'il n'y a pas de porte-avions. Immédiatement, il donne l'ordre de suspendre le réarmement des bombardiers. Il fait envoyer un message à l'hydravion pour qu'il précise le type des navires. Dix minutes se passent avant que l'hydravion ne signale qu'un simple changement de cap des navires américains. L'état-major de Nagumo fulmine.

LES PORTE-AVIONS AMÉRICAINS REPÉRÉS

8 h 00 — Une formation américaine se présente d'une manière qui intrigue quelque peu les Japonais — trop haut pour une attaque à la torpille, trop bas pour une attaque à la bombe. Ce sont les SBD de la VMSB-241 conduits par le *Major* Lofton R. Henderson, dont la plupart des pilotes sont si inexpérimentés que leur chef a fait le choix d'une attaque à la bombe en semi-piqué. Ils se dirigent sur le *Hiryû*, mais sont interceptés par une dizaine de Zero. Henderson est parmi les premières victimes de la chasse japonaise[6]. Son second, le *Captain* Richard Fleming emmène le restant de la formation lancer leur bombe à 120 mètres d'altitude. Aucune ne touche le porte-avions. Sur les seize appareils, huit seulement rentreront à leur base, dont six devront être envoyés à la ferraille. Les mécaniciens de Sand Island compteront 179 impacts sur l'appareil de Fleming !

8 h 09 — L'hydravion du *Tone* a finalement compris la demande de l'amiral et le message qu'il envoie a de quoi le rassurer : *NAVIRES ENNEMIS SONT CINQ CROISEURS ET CINQ DESTROYERS.*

8 h 20 — Retardé par la lenteur de ses appareils, le reste de la VMSB-241, emmenée par Norris, ne parvient pas à s'approcher des porte-avions. Son commandant choisit un cuirassé et pense avoir réussi trois coups au but. Trois de ses onze SB2U sont abattus, mais le bâtiment visé s'en sort sans une égratignure.

L'équipage de l'hydravion du *Tone* paraît décidé à jouer avec les nerfs de Nagumo. *FORCE ENNEMIE ACCOMPAGNÉE PAR CE QUI SEMBLE ÊTRE UN PORTE-AVIONS À L'ARRIÈRE.* Le message ébranle la belle assurance dont faisait à nouveau preuve l'amiral depuis dix minutes. Cette fois, il n'y a plus à hésiter. Et pourtant, la décision est loin d'être simple.

Les bombardiers de l'*Akagi* et du *Kaga* ont été pour la plupart réarmés de bombes. Il ne reste d'immédiatement disponibles que les 36 Type 99 des *Hiryû* et *Sôryû*. Par ailleurs, Nagumo souhaite une escorte de chasse pour assurer la réussite de la mission. Les 18 avions américains abattus sur les 31 qui se sont présentés, tous sans escorte, témoignent de la sagesse de ce raisonnement. Or, les Zero prévus pour la seconde vague ont été envoyés en renfort de la couverture et n'ont donc plus assez d'essence pour accompagner les bombardiers.

Nagumo demande à l'instant même l'envoi de l'un des ceux nouveaux Type 2 de reconnaissance (Aichi D4Y1 « Judy »), qui ont été embarqués à bord du *Sôryû* pour des essais opérationnels.

LES TERGIVERSATIONS DE NAGUMO

8 h 30 — La situation se corse un peu plus lorsque Tomonaga se présente avec sa formation, de retour de Midway, pour apponter. Elle ne laisse à Nagumo qu'une alternative : lancer de suite les bombardiers et les torpilleurs — avec ou sans torpille — et les envoyer sans escorte contre les navires américains ou faire apponter les appareils de Tomonaga et retarder l'attaque. Nagumo, après avoir consulté son commandant des opérations aériennes, le capitaine de frégate Minoru Genda, opte pour la seconde solution, la plus

6. En souvenir de son attaque courageuse, le corps des Marines donnera son nom au célèbre terrain de Guadalcanal.

prudente — d'autant que Genda affirme que l'appontage des avions revenant de Midway peut être achevé en une demi-heure.

En fait, Nagumo a pris sa décision en mettant dans la balance la réussite ou l'échec de sa propre offensive. À aucun moment, il ne semble avoir considéré que le raisonnement pouvait être : attaquer tout de suite quelles que soient les chances de succès ou se faire piéger par les Américains *avant* d'avoir pu lancer son attaque.

Le bouillant contre-amiral Yamaguchi, à bord de l'*Hiryû*, a bien compris les tergiversations qui agitent l'amiral. Il lui envoie le message suivant : CONSEILLE DE LANCER VAGUE D'ASSAUT IMMÉDIATEMENT, révélateur de ce que ses subordonnés pensent de ses hésitations. Il n'aura pas de réponse à cette interpellation qui viole les sacro-saintes règles hiérarchiques de la marine impériale, mais sans doute est-il le seul dans le vrai.

Le capitaine de corvette Fuchida, spectateur impuissant du drame qui se noue, écrira dans ses mémoires[7] : « Nagumo avait changé et je commençais à me lasser de son apparent esprit conservateur et de sa passivité... Il était toujours aussi chaleureux et sympathique, mais son esprit combatif d'autrefois semblait l'avoir quitté et avec, son prestige de chef naval d'exception. À l'inverse, il semblait plutôt médiocre et je pris soudain conscience qu'il n'était plus tout jeune. »

8 h 38 — La décision est prise. Les ponts sont aussitôt dégagés pour permettre aux appareils de Tomonaga de se poser tandis que les armuriers, qui commencent à se poser des questions sur la santé mentale de leur amiral, reçoivent l'ordre de remonter les torpilles à la place des bombes. Harassés, étouffés de chaleur, ils se contentent, pour gagner du temps, d'empiler les bombes décrochées à même le sol du hangar.

9 h 18 — Les avions de Tomonaga ont fini d'apponter. Nagumo décide de mettre temporairement cap au nord afin de s'éloigner des avions en provenance de Midway et de se mettre en meilleure position pour attaquer les navires ennemis.

Les quatre porte-avions terminent leurs préparatifs pour envoyer une force de 54 bombardiers-torpilleurs ou horizontaux du Type 97, 36 bombardiers en piqué du Type 99 et... 12 *Zero* comme escorte, dans la mesure où il est indispensable de conserver une couverture aérienne au-dessus de l'escadre.

Fuchida, qui vient d'apprendre la décision de l'amiral Nagumo, est consterné[8] :

« La sagesse vient après l'événement, dit un proverbe. Cependant, il ne fait aucun doute qu'il aurait été plus judicieux de lancer immédiatement nos bombardiers en piqué, même sans protection de chasse. Dans une guerre aéronavale comme celle-ci, qui ressemble à un quitte ou double, aucun autre choix n'était admissible. Même le risque d'envoyer des bombardiers horizontaux sans protection aurait dû être couru dans ce cas d'urgence. Leur sort aurait probablement été le même que celui des avions américains venus nous attaquer un peu plus tôt sans escorte, mais il est possible qu'ils nous aient évité la catastrophe qui nous attendait. »

TÉMOIN AUX PREMIÈRES LOGES

9 h 20 — Les premiers avions embarqués américains sont repérés par les piquets de destroyers.

Chaque commandant de formation, tributaire de son horaire d'envol, a suivi la route qui lui a paru la mieux appropriée, sans trop se soucier de son voisin. En outre, à l'intérieur de chaque formation, les escadrilles se sont parfois trouvées séparées les unes des autres après avoir traversé des masses nuageuses ou parce que leurs avions sont plus lents. Les chasseurs, malgré de larges zigzags, ont toutes les peines du monde à suivre l'allure des torpilleurs dont la vitesse de croisière, qui n'a jamais été leur point fort, est encore ralentie par le poids et la traînée de leur torpille.

Le premier à se présenter est l'impétueux commandant de la VT-8 (*Hornet*). Le *Lieutenant-Commander* John C. Waldron, un personnage haut en couleur, descendant d'un chef Sioux, a tenu un petit discours simple mais direct à ses pilotes avant le décollage : « S'il ne reste qu'un seul survivant avant l'attaque, je veux qu'il aille leur f... sa torpille dans leur p... de porte-avions ! » Suivant l'intuition qu'il clame tenir de ses ancêtres, Waldron a anticipé le changement de cap de Nagumo. Il entraîne dans son sillage les TBD de la VT-6 (*Enterprise*) conduits par Lindsey.

7. *Climax at Midway* — T. Tuleja — Dent, Londres, 1960.

8. M. Fuchida & M. Okumiya, *op. cit.*

L'ATTAQUE DES AVIONS AMÉRICAINS

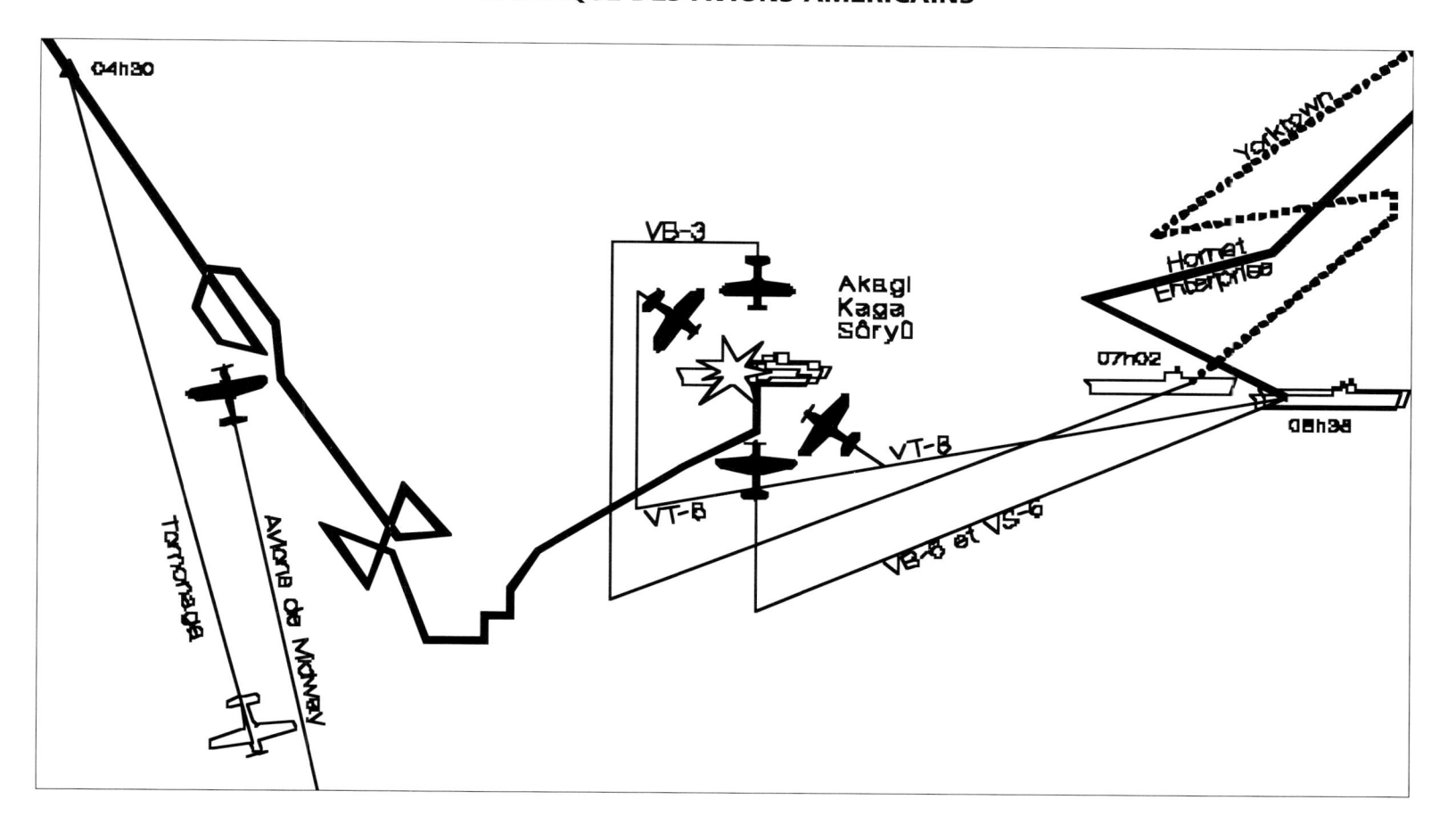

Après avoir choisi le porte-avions qui navigue le plus au sud, mais qui semble le mieux défendu par la DCA, Waldron se rabat sur celui du milieu — le plus proche. Entre 30 et 40 *Zero* interviennent à ce moment et concentrent leur tir sur l'avion de tête. Waldron est le premier à tomber en flammes. Le dernier pilote de la formation, l'*Ensign* George Gay, a son mitrailleur touché dès la première passe.

« L'approche se fit par l'est, en visant la proue. Gay remarqua que son navire virait vers lui et il dut virer à son tour vers le nord avant de lancer sa torpille à environ 800 mètres. Il redressa au-dessus de l'étrave du porte-avions et vira sec dans son sillage. Il ne fut pas touché par la DCA. Il fut abattu par un chasseur *Zero* peu après avoir dépassé la poupe du porte-avions. Un obus explosif (probablement de 20 mm) emporta la pédale gauche du palonnier, lui brûla la jambe gauche et il reçut une balle (probablement de 7,5 mm) dans le bras gauche, un éclat se logeant dans sa main. Il put tenir son appareil pour réussir un amerrissage forcé convenable. L'aile droite se détacha sous l'impact. Il était environ 10 heures.

« L'appareil coula rapidement après l'amerrissage, ne laissant que la queue émergée. Gay ne parvint pas à sortir son radio avant que l'avion finisse par disparaître. Le canot pneumatique encore dans son sac flottait à proximité avec le coussin noir de la soute. Le pilote gonfla son gilet de sauvetage, s'accrocha au sac contenant le canot et se protégea la tête avec le coussin afin de ne pas se faire repérer par les Japs. Plusieurs navires ennemis passèrent à courte distance de lui et il fit alors très attention à ne pas être vu. »

Ainsi débute la saga de l'*Ensign* Gay qui, aux premières loges, assistera aux principaux événements de la bataille de Midway[9]. Il est l'unique survivant des trente membres d'équipage de la VT-8 engagés ce jour-là.

9. Personal account of attacks on Japanese carriers, 4 June 1942, during Battle of Midway — Memo du Captain Ofstie établi à une date inconnue à la demande de l'amiral Nimitz au terme d'un entretien avec George Gay hospitalisé à Pearl Harbor — Archives *US Navy*.

LE MASSACRE DES TORPILLEURS AMÉRICAINS

Les TBD Devastator du *Lieutenant-Commander* Eugene Lindsey (VT 6) suivent de près ceux de Waldron. Le porte-avions visé par Lindsey[10] vire pour présenter sa poupe aux nouveaux arrivants. Cette manœuvre habile oblige la VT-6 à effectuer un large arc de cercle pour se mettre en position et à s'exposer un peu plus longtemps. Volant d'une manière aussi rectiligne que possible, à moins de 30 mètres au-dessus des vagues et à une vitesse stabilisée de 195 km/h, afin de larguer leur torpille Mk 13 dans les meilleures conditions, les TBD ressemblent à des « canards assis » comme disent les pilotes américains. Et au stand de tir de Midway, les *Zero* décrochent le gros lot : 10 des 14 appareils, parmi lesquels celui de Lindsey, sont abattus.

10. L'*Akagi* selon les sources japonaises, le *Kaga* selon Tuleja, *op. cit.*

Nagumo s'impatiente. Les manœuvres brutales nécessaires pour éviter le torpillage ont rompu la belle ordonnance de ses deux divisions de porte-avions. En outre, ceux-ci ne peuvent prendre le risque de se stabiliser face au vent pour lancer leurs avions. Chaque vague d'assaut américaine retarde d'autant le départ de la sienne.

10 h 00 — Partis ensemble, les appareils du *Yorktown* découvrent les porte-avions à une cinquantaine de kilomètres plus au nord de l'endroit où ils les attendaient. Le *Lieutenant-Commander* Maxwell E. Leslie, commandant la VB-3, maudit la malchance qui l'accable. Peu après le décollage, sa bombe s'est décrochée de son berceau. Il n'en poursuit pas moins sa mission à la tête de son escadrille[11] :

11. Action report VB-3 — Archives US Navy. NB : Toutes les heures citées dans les comptes rendus originaux sont celles d'Hawaï. Pour une meilleure compréhension du texte, elles ont été systématiquement traduites en heure locale (H -2).

« Vers 10 heures, l'ennemi fut aperçu à environ 55 km au nord, navigant vers l'est à environ 20 nœuds. Les forces furent estimées à quatre porte-avions, deux cuirassés et de nombreux destroyers. La formation apparut éparpillée ; apparemment, les porte-avions venaient juste de recueillir à leur bord les avions qui avaient participé à l'attaque sur Midway dans la matinée. L'escadrille a viré vers le nord. Les torpilleurs [*VT-3 de Massey*] n'ont pas encore donné le signal de l'attaque. Vers 10 h 20, le commandant de l'Escadrille de Bombardement Trois [*Leslie*], a appelé le commandant de l'Escadrille de Torpillage Trois [*Massey*] pour lui demander s'il était prêt à commencer l'attaque. Il a répondu par l'affirmative, puis immédiatement après, il a appelé le commandant de l'Escadrille de Chasse Trois [*Thach*] pour l'informer d'une manière affolée que des chasseurs attaquaient son escadrille. »

Le *Lieutenant-Commander* John S. Thach est l'une des grandes figures de l'aviation embarquée américaine. Ancien pilote d'essais, il commande l'escadrille VF-3 lorsqu'éclate la guerre. Il est le premier commandant de chasse de la marine à préférer une formation de combat de deux avions au lieu de trois. Il a mis au point une savante tactique, baptisée « Thach Weave » (la navette de Thach), pour permettre aux Wildcat d'engager les *Zero* avec une chance de succès. Son escadrille aura plus d'une occasion de mettre ses théories en pratique.

L'ERREUR DES CHASSEURS JAPONAIS

Thach note que les pilotes japonais ne cherchent pas à tirer parti de la plus grande maniabilité de leur *Zero*. Ils piquent sur les bombardiers pour effectuer une passe frontale et reprennent aussitôt de l'altitude. La VF-3 tente de protéger les torpilleurs de Massey, mais avec seulement 6 F4F, elle est submergée sous le nombre. Thach et ses équipiers revendiquent la destruction de 6 *Zero* pour la perte d'un seul des leurs.

Le *Lieutenant-Commander* Lance Massey a déjà à son actif le torpillage d'un navire ennemi, le 1er février 1942, au large de Kwajalein. Mais, cette fois, il est abattu en flammes avant d'être parvenu à se placer en position de lancement. Quatre autres appareils le suivent dans la mer avant que les sept derniers, divisés en deux sections, lancent leur torpille contre le *Hiryû*. Cinq sont descendus peu après, ne laissant que deux rescapés regagner le *Yorktown*. Il semble qu'une torpille soit parvenue à toucher le *Hiryû*, mais sans exploser — mettant ainsi à nouveau en évidence les qualités incertaines de la Mk 13.

L'un des deux équipages rescapés de la VT-3 de Massey est l'appareil 3-T-3, pilote *Ensign* Harry Corl et mitrailleur *Radioman 3rd class* Lloyd Childers. Ce dernier raconte son expérience[12] :

12. *Wings of war* — L. Lucas — Hutchinson, Londres, 1983.

« Tout à coup, Corl a hurlé, "Là-haut devant !" J'ai pensé, "Que diable peut-il y avoir là-haut devant ?" Alors, en me tournant sur ma gauche, j'ai aperçu un *Zero* qui fonçait à notre rencontre. J'ai pointé ma mitrailleuse et quand le *Zero*

80 — La Guerre aérienne 1939-1945

est passé à côté de nous en virage sur l'aile, j'ai pressé la détente. Mais dans le vide, je n'avais pas retiré la sécurité. J'étais furieux parce que j'étais sûr de le farcir de quelques plombs à bout portant. C'était le début de la mêlée avec une trentaine de *Zero* attaquant comme des cinglés de la manière la plus indisciplinée et la plus débridée qu'on puisse imaginer. [...] J'ai observé les F4F en train d'en découdre avec les *Zero* au-dessus de nous. À un moment, où je n'étais pas en train de tirer sur un *Zero*, j'en ai vu un descendre presque à la verticale, sans fumer et percuter l'eau à une centaine de mètres de nous. Alors, j'ai compris que les F4F ne perdaient pas à tous les coups, même quand ils étaient surpassés en nombre. [...]

« Même si cela nécessitait quelques contorsions de ma part, j'ai essayé de voir ce qu'il y avait devant. Un coup d'œil me fit apercevoir trois porte-avions, des croiseurs et des destroyers filant à pleine vitesse et virant. Ce fut une vision d'épouvante qui m'a durement secoué. [...] Corl a crié de sa voix aiguë, "Regarde le Skipper!" J'ai regardé à gauche juste à temps pour voir l'avion du Skipper [*Lt. Cdr. Massey*] en feu toucher l'eau, vraisemblablement atteint par un obus de DCA. En nous approchant un peu plus des Japs, mon regard s'est posé sur le pont d'un croiseur au-dessus duquel nous passions à une trentaine de mètres. Là aussi, j'ai eu très peur. [...]

« Quand nous avons montré nos fesses aux Japs, la bataille est entrée dans une phase entièrement différente. Les *Zero* nous attendaient, travaillant deux par deux avec discipline et précision. Ils semblaient chercher à toujours maintenir un avion en position de tir, d'un côté puis de l'autre. Au cours d'une longue passe, deux balles de 7,7 m'ont touché à la cuisse gauche. Ça ne m'a pas fait très mal, mais j'ai eu très très peur et les balles étaient chaudes. [...] Une autre balle de 7,7 m'a atteint au-dessus de la cheville droite. La douleur a été si vive que j'aurais sauté de mon siège si je n'avais pas été sanglé dessus. Quelques minutes plus tard, ma mitrailleuse s'est enrayée. J'avais bien quelques outils sous la main, mais je n'arrivais pas à la débloquer avec deux *Zero* en train d'alterner leurs passes. Quand ils sont revenus, j'ai dégainé mon calibre 11,43 ; j'ai tiré quatre balles sur le premier quand il s'est approché et trois sur le second. Ce furent les dernières attaques sur notre T-3 qui avait été sérieusement amoché et dont le moteur fonctionna par à-coups pendant les deux heures et demie de vol du retour. [...] Nous avons amerri le long du premier destroyer du groupe de l'*Enterprise*, après avoir survolé le *Yorktown* endommagé. »

Il est 10 h 20 lorsque le dernier TBD s'échappe de l'enfer. En une heure, pas moins de 41 torpilleurs sont venus buter sur les défenses japonaises. Seuls 6 ont pu en réchapper... 35 appareils et leur équipage abattus pour une bosse dans la coque d'un porte-avions ! Sacrifice inutile ? Pas tant que cela...

Certains *Zero*, qui commencent à se trouver à court de munitions ou d'essence, se posent pour ravitailler. Les pilotes exultent. En trois heures, ils ont abattu 158 avions américains (soit quatre fois les effectifs engagés par les Américains !). Ils n'ont rencontré que des torpilleurs, à l'exception des 16 SBD de Norris qui ont d'ailleurs bombardé d'une manière qui n'était pas prévue dans les manuels. Ce détail a son importance car les appareils qui restent en patrouille commettent l'énorme faute d'abandonner la couverture haute, laissant le ciel totalement dégagé au-dessus de 2 000 mètres.

Profitant d'une apparente accalmie, Nagumo donne l'ordre de faire décoller la vague d'assaut qu'il destine aux porte-avions américains. Il est 10 h 24 lorsque le premier des douze *Zero* de l'escorte s'apprête à quitter le pont de l'*Akagi*.

DEUX MINUTES FATALES

10 h 24 — Recherche escadre japonaise désespérément. Le *Lieutenant-Commander* Clarence W. McClusky commence à se demander si, à force de courir après d'insaisissables porte-avions, il ne va pas finir par tomber en panne de carburant. Vérifiant soigneusement sa carte, il a la certitude qu'il aurait déjà dû les apercevoir. Les Japonais ont dû changer de cap ; il n'y a pas d'autre explication. À 9 h 30, essayant de se mettre dans la peau d'un amiral japonais, McClusky décide de virer à droite, vers le nord. Pendant plus de vingt minutes, McClusky joue à cache-cache avec les nuages, mais à chaque éclaircie la mer lui apparaît cruellement vide. Au moment où il finit par douter de ses déductions, à 9 h 55 le destin place sur sa route un superbe poteau indicateur : le destroyer *Arashi*.

À 8 h 25, le sous-marin *Nautilus* a tenté de torpiller sans succès un cuirassé japonais. Nagumo a détaché le destroyer *Arashi* pour s'en occuper au moment où lui-même met le cap au nord. Lorsqu'il est survolé par les SBD, l'*Arashi*, ayant perdu le contact avec le *Nautilus*, fait route à pleine vitesse vers le nord, en direction de l'escadre. McClusky n'a aucun doute. Le commandant du destroyer et lui-même ont bien la même intention de rejoindre Nagumo — mais pas tout à fait pour les mêmes raisons...

Pendant ce temps, Leslie et ses bombardiers en piqué commencent leur approche. Les *Zero* ont déserté la couverture haute. C'est sans opposition que la VB-3 se place en position idéale pour lancer ses bombes de 500 kg. Des nuages masquent leur arrivée jusqu'à environ 3 000 mètres. Lorsque les Japonais les aperçoivent, il est déjà trop tard. Les *Zero* grimpent en surrégime, mais ils ont compris qu'ils n'arriveront pas à temps pour empêcher les Américains de viser les porte-avions.

« L'Escadrille de Bombardement Trois commença son approche en arrivant par le nord avec comme objectif un très gros porte-avions de 25 000 tonnes, probablement l'*Akagi*[13]. Le pont arrière était couvert d'avions. Dès qu'il aperçut nos avions, l'objectif vira à 90° à gauche vers le nord afin de lancer ses avions et les flancs du porte-avions s'embrasèrent du tir de toutes les batteries antiaériennes. Aucune opposition ne fut rencontrée en altitude de la part de chasseurs ennemis. Le signal de l'attaque fut donné et chaque appareil de la VB-3 commença son piqué à intervalle régulier au moment où le premier avion ennemi était lancé. [...] Le porte-avions était un gigantesque brasier et sans nul doute condamné [...] Tous les appareils de l'Escadrille de Bombardement Trois regagnèrent le USS *Yorktown* à 11 h 15 sans avoir subi le moindre dommage. »

10 h 26 — Les 15 SBD (8 SBD-3 et 7 SBD-2) de la VB-6 et les 16 de la VS-6 arrivent par le sud, à 6 000 mètres d'altitude. Ils aperçoivent les porte-avions à une distance de 64 km. Trois font route dans sa direction, tandis que le quatrième, à la hauteur du troisième, est en train de virer vers le nord-est. McClusky réduit son altitude à 4 500 mètres et effectue un large virage pour attaquer le premier porte-avions par bâbord avec la VS-6, tandis que la VB-6 poursuit sa route pour s'en prendre au deuxième[14]. McClusky aperçoit une escadrille de torpillage sous le feu des *Zero* à tribord de sa cible[15].

McClusky retire avec plusieurs coups directs sur les deux porte-avions. Il signale dans son rapport que le quatrième porte-avions a été touché par la VB-3. Dix SBD sont perdus après l'attaque, tous en raison d'une fuite ou d'une panne d'essence (les réservoirs des SBD se montrent vulnérables aux armes de petit calibre). Avec seulement cinq appareils, McClusky met le cap sur l'*Enterprise*. Des *Zero* tentent de s'interposer et poursuivent les SBD pendant une trentaine de kilomètres. Plusieurs appareils américains sont endommagés. Un seul (6-B-16) parviendra à regagner sa base flottante, les quatre autres étant contraints à amerrir avec des réservoirs vides.

IL NE RESTE QU'UN PORTE-AVIONS JAPONAIS

En cent vingt secondes, Nagumo vient de perdre les trois-quarts de sa force offensive ! Fuchida se souvient de ces deux minutes pendant lesquelles s'est joué le sort de la bataille[16] :

« L'officier du pont abaissa un drapeau blanc et le premier Zero prit de la vitesse et s'élança. À cet instant, une vigie cria : "Hell-divers !" Je levai les yeux et aperçus trois avions ennemis tout noirs en train de piquer sur notre navire. Des mitrailleurs parvinrent à lâcher quelques rafales frénétiques, mais il était trop tard. Les silhouettes rondelettes des bombardiers en piqué américains *Dauntless* grossirent rapidement, puis un certain nombre d'objets noirs se mirent à flotter d'une façon inquiétante sous leurs ailes. Des bombes ! Elles venaient droit sur moi ! Je me jetai sans réfléchir à plat ventre sur le pont et rampai à l'abri d'un panneau de protection d'un poste de commandement.

« Le hurlement terrifiant des bombardiers en piqué m'arriva en premier aux oreilles, suivi par le déchirement d'une bombe explosant au but. Il y eut un éclair aveuglant, puis une seconde explosion beaucoup plus forte que la première. Je fus secoué par un terrible souffle de vent chaud. Il y eut encore un autre choc, mais moins sévère, apparemment un coup à côté. Puis un étrange calme revint. Les canons avaient cessé de tirer. Je me relevai et regardai le ciel. Les avions ennemis étaient déjà hors de vue. »

13. Selon T. Tuleja (*op. cit.*), il s'agirait du *Kaga*. Mais le récit du commandant de la VB-3 coïncide avec celui de *Fuchida*, à bord de l'*Akagi*. Action report VB-3 — Archives *US Navy*.

14. Action report VB-6 - Archives *US Navy*.

15. Il s'agit probablement de la VT-3, même si les horaires ne coïncident pas à la minute près.

16. M. Fuchida & M. Okumiya, *op. cit.*

17. Memo du *Captain* Ofstie, *op. cit.*

De son côté, l'*Ensign* George Gay n'a pas manqué un détail de l'affaire[17] :
« Peu de temps après l'atterrissage [des avions revenant de Midway], peut-être 10 à 20 minutes, nos bombardiers en piqué sont arrivés et ont touché les porte-avions "B" et "C". Gay eut l'impression qu'un certain nombre de nos pilotes n'utilisaient pas leurs volets de piqué en raison de leur grande vitesse pendant leur piqué puis au cours de leur ressource à basse altitude. Les porte-avions se mirent à manœuvrer dans tous les sens. Des coups au but sur les navires "B" et "C" déclenchèrent de violents incendies, avec une épaisse fumée montant très haut dans le ciel et des flammes dépassant le sommet des volutes. Périodiquement, de nouveaux nuages de fumée et de nouvelles flammes naissaient, comme provenant d'explosions internes. Après l'attaque, le porte-avions "C" continua à être la proie des flammes, l'incendie s'étendant sur toute la longueur du navire, à l'exception d'un petit espace à l'arrière. […]

« Juste avant la nuit, toujours à proximité des navires l'*Ensign* Gay gonfla son canot pneumatique. […] Le lendemain matin, l'un de nos avions en patrouille aperçut son radeau, lui fit signe et poursuivit sa mission. Il revint un peu plus tard, amerrit et recueillit Gay. »

L'*Akagi* a pris deux bombes dont aucune n'aurait dû entraîner la perte du navire. Cependant, stockées bien négligemment dans le hangar par les armuriers pour réagir plus vite aux ordres et aux contrordres de leur amiral, les torpilles et les bombes ont explosé. Le feu s'est propagé aux avions, massés sur le pont arrière, dont le carburant et les munitions ont également explosé. En quelques minutes, l'*Akagi* n'est plus qu'un brûlot flottant.

Sur le *Kaga* et le *Sōryû*, les mêmes causes ont produit les mêmes effets. Une des quatre bombes américaines à avoir touché le *Kaga* est tombée sur une petite citerne devant le château. La plupart des officiers, y compris le capi-

Le *Yorktown* vient d'être touché par une bombe. Les nuages de fumée noire consécutifs à l'explosion des obus antiaériens jalonnent le passage des bombardiers japonais. (Collection Tallandier)

taine du porte-avions, ont été tués sur le coup par l'explosion de la citerne. Le feu s'est rapidement propagé sur le pont, jusqu'aux œuvres vives du navire. Trois bombes sont tombées sur le *Sôryû*, mettant le feu aux avions prêts à décoller, aux citernes de carburant et aux soutes à munitions. Il est le premier des trois à être évacué sur l'ordre de son capitaine. Le *Sôryû* coulera dans la soirée à peu près en même temps que le *Kaga*.

Vers 11 heures, Nagumo transfère son pavillon sur le destroyer *Nagara*. Son porte-avions sera sabordé par un destroyer vers 4 heures du matin, le lendemain, sur ordre de Yamamoto.

L'INVASION DE MIDWAY EST ANNULÉE

Bien évidemment, la bataille de Midway n'est pas tout à fait terminée. Elle se prolonge jusqu'à 17 h 03, heure précise à laquelle le quatrième et dernier porte-avions japonais, le *Hiryû*, est à son tour atteint par les projectiles de l'aviation embarquée américaine. De son côté, l'aéronavale japonaise endommage le *Yorktown*, qui finira par couler le 6 juin sous les torpilles d'un sous-marin japonais.

Après avoir envisagé un engagement nocturne avec ses destroyers, Nagumo met le cap à l'ouest avec ce qui reste de sa flotte. Il est 21 h 30, la bataille de Midway est bel et bien perdue et Nagumo s'enfonce dans la nuit, abandonnant derrière lui les épaves en feu de l'*Akagi* et du *Hiryû* et ses illusions de victoire. L'épitaphe sera rédigée par Yamamoto le 5 juin, à 2 h 55 et transmise à toute la flotte : *L'INVASION DE MIDWAY EST ANNULÉE*.

Du côté japonais, le bilan est facile à dresser : tous les avions embarqués ont été détruits d'une manière ou d'une autre. Les pilotes de chasse ont revendiqué le total de 223 victoires, réparties comme suit : 79 à l'*Hiryû*, 62 à l'*Akagi*, 44 au *Kaga* et 38 au *Sôryû*. Au palmarès individuel figurent l'enseigne de vaisseau Iyozô Fujita du *Sôryû* avec 10 victoires, dont 7 en participation, le lieutenant de vaisseau Akira Yamamoto du *Kaga* (9 victoires, dont 5 en participation) et l'enseigne de vaisseau Shigataka Ohmori de l'*Akagi* (2 F4F et 6 avions-torpilleurs en participation).

Du côté américain, les pertes dépassent les 100 avions en y incluant ceux trop endommagés pour être réparés, mais elles ne sont pas connues avec exactitude pour toutes les unités (VS-6, notamment).

AUTOPSIE D'UN DÉSASTRE

À l'aube du 4 juin 1942, les Japonais ont tous les atouts en main pour aboutir à une victoire écrasante contre la flotte américaine qui leur ouvrirait la totalité du Pacifique. Le soir même, leur déroute est si complète qu'ils ont potentiellement perdu la guerre. Comment la roue de la fortune a-t-elle pu tourner si vite ?

Avant même le début de la bataille, le plan grandiose de Yamamoto comportait cinq points discutables :

1— complexité du schéma élaboré entraînant un calendrier qui ne tolère aucun dérapage ;

2— non-respect du plus élémentaire principe de la guerre navale moderne qui repose sur la concentration des moyens ;

3— absence totale de renseignements fiables et récents sur l'ennemi, ses forces réelles, ses mouvements, ses intentions ;

4— manque de souplesse du plan basé uniquement sur ce que l'amiral pense que l'ennemi *fera* sans tenir compte de ce qu'il *peut* faire ;

5— confiance excessive de tout l'état-major se traduisant par plusieurs graves négligences : retard dans la modification du code secret et envoi trop tardif du piquet de sous-marins.

La nomination de Nagumo pour commander les deux divisions de porte-avions a été dictée par les mécanismes complexes qui régissent la hiérarchie dans les armées impériales. Yamamoto n'a pas eu le choix. Le jugement porté sur Nagumo par Fuchida est sévère mais reflète assez bien la réalité. De ce qui ressort de ses deux engagements (Pearl Harbor et Midway), le commandant des divisions de porte-avions apparaît comme un homme pusillanime, lent à se décider, ne parvenant pas à sortir du schéma préétabli lorsque les événements ne tournent pas comme prévu. Il manque assurément d'envergure et les initiatives qu'il prend ne sont pas toutes les bienvenues.

LA POSITION DES PORTE-AVIONS JAPONAIS À 10h24

L'attaque de la VT-8

En pointillé, le trajet de l'avion de Gay. La croix indique l'endroit où il a été abattu. À ce moment-là, le porte-avions (CV) « A » brûle déjà (?). BB : cuirassé, CA : croiseur, DD : destroyer.

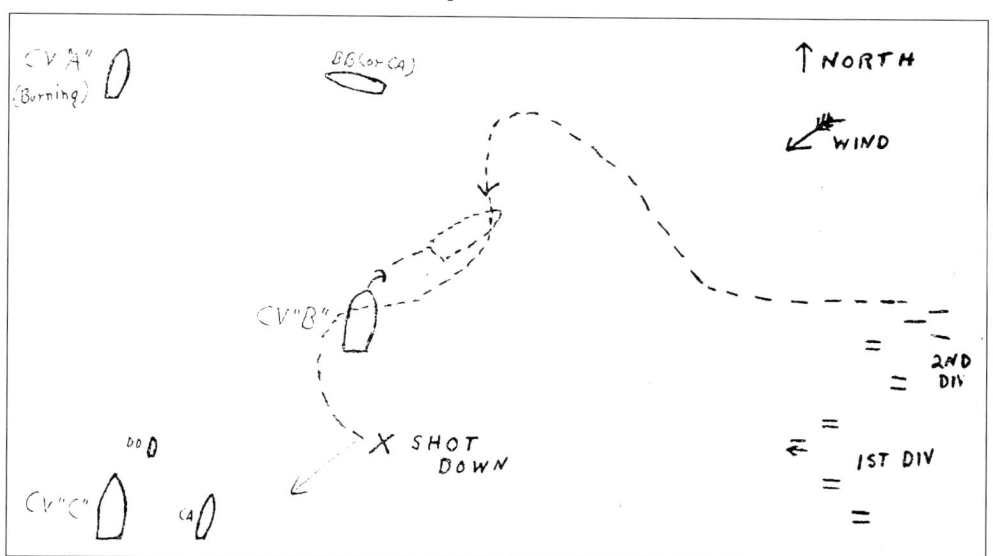

L'attaque des VB-6 et VS-6

1 — Direction de l'approche. 2 — Signal de l'attaque donné à la VB-6 à cet endroit. 3 — VS + GC : VS-6 et *Group Commander* (McClusky). 4 — Vu une escadrille de torpilleurs (VT-3?) à cet endroit attaquée par des chasseurs *Zero*. 5 — Non attaqué (plus petit que les trois autres- *Hiryû*). 6 — Direction de la retraite (vers Midway).

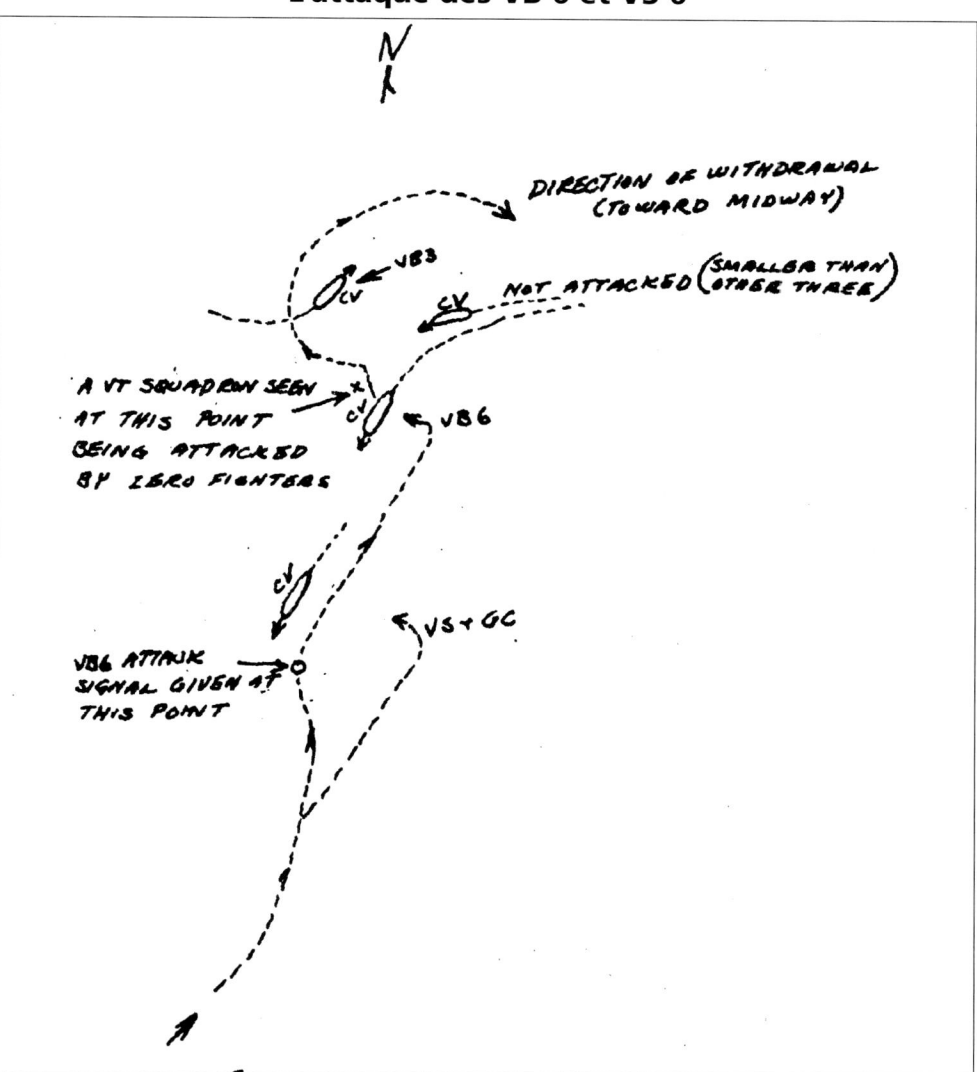

Le grand tournant — 85

TROIS ERREURS FUNESTES

Il est facile d'attribuer à la malchance le fait que la catapulte du *Tone* soit restée en panne une demi-heure et que l'hydravion du *Chikuma* — dont la zone de patrouille l'amenait à survoler l'escadre américaine — ait été en délicatesse avec son moteur. Tout — ou presque — s'est joué à ce moment précis. Par excès de confiance, Nagumo n'a pas su se mettre à l'abri de ces impondérables, d'abord en doublant ses patrouilles de reconnaissance, ensuite en attribuant immédiatement le secteur imparti à l'hydravion du *Tone* à un autre appareil. C'est sa première grave erreur.

La seconde, il la commet lorsqu'il prélève des avions sur chacun des quatre porte-avions pour sa vague d'assaut sur Midway. Il aurait été préférable de consacrer deux porte-avions à la première vague et les deux autres à la seconde. Le temps perdu lors de la récupération des avions aurait été compensé par une moindre vulnérabilité de l'ensemble aux attaques aériennes lors de l'appontage des avions de la première vague. Pendant une demi-heure critique, Nagumo s'est retrouvé « en culotte courte », sans la moindre possibilité de faire décoller ses avions à partir du moment où la première vague a commencé à se poser.

Sa troisième erreur sera fatale, mais Nagumo n'est pas le seul coupable. Le capitaine de corvette Minoru Genda, commandant des opérations aériennes, ne s'est pas montré à la hauteur de sa tâche. Approuver le plan de Nagumo de recueillir d'abord les appareils revenant de Midway pour fournir une escorte (et quelle escorte !) aux bombardiers avant de les lancer contre les porte-avions américains relève davantage d'une stratégie de *kriegspiel*, où la sécurité des aviateurs prime sur les résultats. La victoire ne va pas toujours au plus prudent ni au plus fort, elle va souvent au plus rapide. Les risques que Nagumo et Genda auraient fait courir à leurs avions sans escorte sont sans commune mesure avec ceux qu'ils ont pris et qu'ils ont payés comptant.

La prudence de Spruance aurait pu lui coûter aussi cher, mais fort heureusement pour les Américains, son chef d'état-major a compris le danger et l'a exhorté à lancer ses avions bien avant 9 heures.

Il est facile aussi de critiquer les pilotes de chasse japonais, coupables d'avoir négligé la couverture en altitude. N'avaient-ils pas un commandant des opérations aériennes qui se devait de rectifier cette faute ? La seconde erreur de Genda est d'autant plus inexcusable qu'il aurait dû se souvenir que lors de la bataille de la mer de Corail, ce sont des bombardiers en piqué qui ont endommagé le *Shôkaku* et le *Zuikaku*.

De leur côté les Américains ont pratiquement effectué un sans faute. À une exception : le manque de coordination entre les chasseurs et les avions-torpilleurs lors de la première attaque qui a coûté cher en vies humaines. La VF-3 submergée par la chasse japonaise n'a pu suivre les torpilleurs de Massey. Les survivants de la VT-6 se sont plaints du fait qu'aucun rendez-vous n'avait été prévu avec les chasseurs et qu'ils ne les ont pas aperçus pendant tout le parcours — ce qui semble être toutefois contredit par les archives de la VF-6. En revanche, la VF-8 a fait preuve d'une discrétion absolue.

Sur un plan plus général, les Américains ont su tirer un parti admirable des lacunes et des erreurs de leurs adversaires. La chance leur a souri, comme elle leur sourira souvent pendant toute la guerre du Pacifique. Mais, la chance, ça se force et pour ce faire, les Américains n'ont pas leur pareil.

VIII
LA LUFWAFFE DANS L'ENFER BLANC
Stalingrad, mission impossible

« Sauvez la 6ᵉ armée ! » demande Hitler à Milch. Mais, il est déjà bien tard ; le piège russe s'est refermé sur Stalingrad. Pour ravitailler les 300 000 hommes de Paulus, la *Luftwaffe* n'a pas suffisamment d'avions de transport et elle manque surtout d'une organisation logistique capable de résoudre les autres problèmes qui se posent à elle : le froid, la distance toujours croissante entre les terrains de départ et la poche, l'absence d'équipages expérimentés et la chasse soviétique. La *Luftwaffe* fera ce qu'elle peut, mais pour elle, sauver Stalingrad relève d'une mission impossible.

LE PIÈGE SE REFERME

19 NOVEMBRE 1942, la 6ᵉ armée du *Generaloberst* Paulus a pénétré profondément dans Stalingrad, conquérant rue par rue, maison par maison, usine par usine, le gigantesque complexe industriel et une grande partie des faubourgs. Dans quelques jours, le verrou du sud de l'Oural va céder sous la pression, ouvrant aux Allemands la route de la Caspienne et de la Géorgie et offrant la possibilité de prendre Moscou à revers.

Brusquement, des bourrasques de neige s'abattent sur Stalingrad et en quelques heures, le thermomètre s'effondre à -15°. N'attendant que cette occasion, le maréchal Timochenko se rue à la contre-attaque. Ses troupes percent la ligne de front trop étirée et vulnérable au nord et au sud de la ville, balayant sur leur passage les divisions roumaines et resserrant leur étau autour de la 6ᵉ armée qui se retrouve coincée entre le Don, à l'ouest et la Volga, à l'est.

Le 23 novembre, les Soviétiques referment leur piège sur Stalingrad et se dirigent vers le Tchir, affluent du Don, menaçant à la fois Kalatch, avant-poste de la 6ᵉ armée et Oblivskaïa, d'où partent les avions qui ravitaillent Paulus. L'alternative est tragique pour les Allemands : tenter un percée vers l'ouest, c'est-à-dire abandonner la ville si chèrement conquise et s'exposer sur 50 km de steppe enneigée, ou s'enterrer sur place en attendant des renforts.

▲ Les pires conditions météo se sont abattues sur les unités de transport dédiées au pont aérien de Stalingrad. Au petit matin, avant les premiers décollages, la température descendait en-dessous de moins 20°, rendant la tâche des mécaniciens d'autant plus difficile que la *Luftwaffe* manquait de matériel spécialisé. Ici, un Ju 52/3m du KGr.zbV.9. (ECPA)

LE PONT AÉRIEN S'ORGANISE

Hitler ne veut pas entendre parler d'un repli. Il s'adresse au commandant-en-chef de la *Luftwaffe*, le *Reichsmarschall* Hermann Göring : peut-on ravitailler Stalingrad par la voie des airs ? Celui-ci fait établir les besoins quotidiens de la 6ᵉ armée, qui sont chiffrés à 300 tonnes de carburant, 30 de munitions et 140 de vivres par jour. Le général von Richthofen, commandant la *Luftflotte* 4, estime qu'il sera nécessaire de disposer de 800 avions de transport Junkers Ju 52/3m. Or, le *Generalinspekteur* Milch, bras droit de Göring, l'informe qu'il n'en existe que 750 en tout et pour tout — dont la moitié est employée à plein temps en faveur de l'*Afrika Korps*, menacée depuis un mois sur ses arrières à la suite des débarquements alliés en Afrique du Nord française.

Cependant, Göring a encore en mémoire l'épisode de Demyansk, où la *Luftwaffe* a ravitaillé un corps d'armée fort de 100 000 hommes encerclé au sud du lac Ilmen, au printemps 1942. Il promet 300 tonnes de ravitaillement par jour, un chiffre jugé satisfaisant par Hitler qui ordonne à Paulus de tenir jusqu'à l'arrivée des secours — l'armée du Don sous les ordres du général Hoth qui n'existe pratiquement que sur le papier.

À Kalatch, le 21 novembre, Paulus s'entretient avec le *Generalmajor* Fiebig, commandant le VIII. *Fliegerkorps*, le général Pickert, commandant la 9. *Flakdivision* en compagnie de son chef d'état-major, le *Generalleutnant* Schmidt. Fiebig explique qu'en raison de la faiblesse des moyens et à l'approche de l'hiver, une telle entreprise dépasse les possibilités de la *Luftwaffe*.

Les dés sont déjà jetés. Hitler donne l'ordre de tenir Stalingrad coûte que coûte. La *Luftflotte* 4 du *Generaloberst* Wolfram Freiherr von Richthofen est chargée d'assurer le ravitaillement de Stalingrad. Dans la poche, on s'organise. Tandis que Richthofen rassemble à grand peine tout ce qui peut ressembler de près ou de loin à un avion de transport, à Stalingrad on prépare en hâte le terrain de Pitomnik, où il existe un radiophare qui peut guider les avions sur leur objectif en dépit du mauvais temps.

Pour le départ des avions, la *Luftwaffe* dispose de trois terrains principaux : Oblivskaïa, proche mais *ipso facto* directement menacé par l'avance soviétique, Morozovskaïa, distant de 210 km de la poche et Tatsinkaïa, à près de 250 km. En fait, pour des raisons de sécurité, seuls les deux derniers — que l'on ne tarde pas à appeler *Moro* et *Tatsi* — sont effectivement utilisés. Si quelques unités qui ont suivi la 6e armée se trouvent à pied d'œuvre à Tatsinkaïa, il faut faire venir les autres et ce n'est pas une mince affaire.

La plupart des groupes de transport qui ont appuyé sur le plan logistique l'offensive d'été ont été renvoyés à l'arrière pour être reconstitués. Sur les 300 appareils qu'ils possèdent, une grande majorité subit une révision générale dans les ateliers de Cracovie ou en Allemagne. Pendant plusieurs mois, ils ont suivi le *Heeresgruppe Süd* dans sa progression, parcourant plus de 1 800 km au rythme de 8 à 10 heures de vol journalières. Les équipages sont au bord de l'épuisement et le moral n'est pas au beau fixe.

DES AVIONS DE TRANSPORT IMPROVISÉS

Dans les premiers jours, les Ju 87 opèrent directement depuis Pitomnik, effectuant parfois plus de dix missions dans la journée. Progressivement, le I./St.G.2 se replie sur Oblivskaïa, ne laissant que quelques appareils sous le commandement de l'*Oberleutnant* Heinz Jungclaussen qui resteront jusqu'à la chute de Pitomnik.

L'Armée Rouge aligne en face quelque 300 appareils, appartenant à la 8e *Vozdouchnaia Armiia*, dont la 287e Division de chasse équipée de Lavochkin La-5 sous les ordres du colonel Daniline, de 200 bombardiers Il-4, Pe-2 et Pe-8 de l'*Aviatsiia Dalnaia Dieistviia* et de 50 chasseurs I-16, Yak-1 et LaGG-3 de la 102e Division de chasse[1].

Le 23 novembre, la JG 3 évacue la poche. Le I./JG 3 gagne Morozovskaïa et le III./JG 3 Oblivskaïa. Malheureusement, les 209 mécaniciens n'ont pas le temps de franchir le Don et doivent revenir à Pitomnik, laissant leurs deux groupes sans personnel qualifié pour préparer les missions; un coup dur pour la JG 3. Seuls deux reviendront de captivité après la guerre.

Le 24 novembre arrivent à *Tatsi* les premiers appareils de transport rassemblés par Richthofen. En tout, neuf unités spécialisées vont participer au pont aérien sous la responsabilité de la *Luftflotte* 4 : les KGr. zbV. 1, 2, 4, 9, 50, 400, S-7, S-11 et S-13 et les KGr. zbV. 21 et 22 créés pour la circonstance avec 58 Junkers Ju 86G, qui, comme leurs équipages de fortune, proviennent directement des écoles de bombardement et de navigation.

Sur les ordres de Richthofen, les escadres de bombardement KG 27, KG 55 et I./KG 100 sont transformées en unités de transport. Les He 111 sont désarmés et allégés; leurs râteliers à bombes servent désormais à accrocher des conteneurs. Bien qu'emportant une charge plus faible que le Ju 52, le He 111 se révélera très efficace de par sa fiabilité et son long rayon d'action. Les Heinkel sont regroupés à *Moro*.

▲
Septembre 1942, la bataille fait rage dans la ville de Stalingrad que les valeureux défenseurs soviétiques défendent rue par rue, maison par maison. Des Ju 87 ont pris pour cible ce silo sur les bords de la Volga, au sud de la ville. (ECPA)

1. *Vozdouchnaia Armiia* : force (flotte) aérienne — *Aviatsiia Dalnaia Dieistviia* : aviation à long rayon d'action.

Le *Major* Paul-Werner Hozzel, *Kommodore* de la St.G.2 dans son Ju 87D (T6+AA) s'apprête à lancer ses bombes sur Stalingrad. Malgré l'époque tardive (septembre 1942), l'appareil est encore équipé d'une sirène sur le pantalon gauche du train, qui, mise en route au moment du piqué, est destinée à effrayer les défenseurs au sol. Le *Stuka* n'a pas besoin de ce hurlement supplémentaire pour terroriser les troupe ennemies, tant est si bien qu'un sort peu enviable est généralement réservé aux équipages qui se posent du mauvais côté du front. (ECPA)
▼

Deux autres Ju 87D de la 5./St.G2 en vol aux environs de Stalingrad au début de l'hiver 1942. Au premier plan, le T6+AN du *Hauptmann* Joachim Langbehn. Abattu par la DCA soviétique au-dessus du Don, le 25 novembre 1942, il recevra la *Ritterkreuz* à titre posthume. (ECPA)

2. *Kampfgeschwader 100 « Wiking »* — U. Balke — Motorbuch Verlag, Stuttgart, 1981.

Un Bf 109G du I./JG 3. Ce groupe, commandé par le *Major* Klaus Quaet-Faslem, sera l'une des unités de chasse la plus active au-dessus de Stalingrad. Il fournira un contingent de vingt volontaires pour opérer directement depuis la poche. (ECPA)

DANS L'AILE DROITE, L'ESSENCE POUR LES BLINDÉS

C'est ainsi que le 2 décembre, le *Feldwebel* Hans Annen, appartenant au I./KG 100, fête sa 300e mission de guerre[2] : « Chargés au maximum de ravitaillement et de munitions antichars, nous (l'équipage du Ltn. Kuntz) survolons le Don en direction de Pitomnik. Quelques petits bancs de nuages à moyenne altitude nous protègent de la DCA. Tout à coup apparaissent quatre « Ivan », tournant autour de nous sans vraiment nous attaquer, jusqu'à ce que l'un d'eux s'approche un peu plus, s'offrant au tir de notre radio et mitrailleur arrière. J'ouvre les gaz et m'enfonce dans les nuages. Les chasseurs ne peuvent pas nous suivre. Nous arrivons au-dessus de la zone, nous descendons et nous cherchons Pitomnik dans un paysage couvert de neige et confus.

« Quelques avions sont parqués dans la nature, avec des tentes et des véhicules aux alentours. À la lisière, la croix rouge marquant la piste. Le contrôleur au sol tire une fusée verte. J'effectue mon arrondi et je me pose. Plusieurs appareils sont déjà rangés en bordure du terrain, des Ju 52/3m et des He 111. Dans un autre coin, des chasseurs sont prêts à décoller. Tout le monde met la main à la pâte pour décharger. Le mécanicien de bord siphonne les réservoirs ; dans l'aile gauche le carburant pour les chasseurs, dans l'aile droite l'essence pour les blindés et les véhicules. Le radio vide les caisses de ravitaillement en vrac, parmi lesquelles se trouvent quelques sacs postaux et l'observateur détache les conteneurs de munitions logés dans la soute à bombes. Moi, j'aide tout le monde à droite et à gauche. Les conteneurs vides sont chargés à nouveau. Les blessés arrivent, quatre nous sont attribués. Ils grimpent comme ils peuvent dans l'appareil avec l'aide du radio. Nous pouvons partir, mais bêtement les nuages se sont dissipés et avec les blessés à bord, je dois traverser les zones de combat en chemin.

« Le Don est dissimulé à notre vue par des nuages. Nous volons sans apercevoir le sol. [...] au milieu des nuages ; l'observateur corrige légèrement le cap. Nous descendons plus bas et apercevons le sol ; il fait nuit noire. Nous sommes passés sous les nuages. Droit devant nous, les lumières de notre terrain scintillent. Je prépare mon atterrissage. L'observateur envoie le signal de reconnaissance. Le visage du sous-officier d'infanterie assis derrière moi traduit un certain étonnement :
— Nous sommes arrivés ?
Il regarde les nombreuses lampes vertes, blanches et rouges qui balisent la piste.
— Oui, nous atterrissons, camarade ! [...]
Je pose mon He 111 dans la neige et je roule jusqu'aux installations de l'aérodrome où une ambulance est déjà prête à accueillir les blessés. »

Le grand tournant — 89

DES EXPLOITS INSUFFISANTS

Les 25 et 26 novembre, une accalmie permet aux Ju 52 de décoller et de décharger 66 tonnes de munitions et de carburant à Pitomnik. Le lendemain, les chutes de neige clouent à nouveau les avions au sol. Le 26 novembre, l'assaut soviétique sur Oblivskaïa est repoussé. Ce front précaire tiendra plusieurs semaines. *Moro* et *Tatsi* sont provisoirement sauvés.

Le 27 novembre, malgré un temps exécrable, 12 Junkers 52 s'aventurent au jugé et abandonnent 24 000 litres de carburant à Pitomnik. Le retour est difficile et aucun des douze appareils ne pourra reprendre l'air avant plusieurs semaines. Le 30, la neige cesse, mais la chasse russe fait son apparition. Une faible escorte de chasse du III./JG 3 accompagne 40 He 111 et 50 Ju 52 qui déchargent 100 tonnes à Stalingrad. C'est un exploit, mais c'est nettement insuffisant.

Le lendemain, la 6ᵉ armée n'en reçoit que la moitié et le 2 décembre, un froid polaire s'installe. La température descend à -30°. Malgré la rigueur du précédent hiver qui avait cloué les forces allemandes à une vingtaine de kilomètres de Moscou, la *Luftwaffe* ne s'est pas dotée des moyens indispensables pour faire face à cette situation. À Pitomnik, une vieille carcasse d'autobus sert d'abri aux équipages du pont pendant qu'on décharge leurs avions.

Le 16 décembre, le général Hoth tente une percée au sud-ouest de la poche pour permettre le ravitaillement du « chaudron³ » par voie de terre ou, éventuellement, son évacuation. À Stalingrad, les dernières rations pour quarante-huit heures sont distribuées aux défenseurs. Cette percée, partie de Salsk, bien appuyée par les Ju 87 de Dilley dont certains pilotes réalisent jusqu'à dix-sept sorties dans la journée, échoue à 30 km de la poche, à Abganerovo. Pendant que Hoth se heurte au dispositif russe, une contre-attaque sur la charnière de Bogoduchov, tenue par les Roumains, fait éclater le front. Pour endiguer le flot des blindés soviétiques qui se déverse sans retenue, Hoth doit dégarnir ses propres lignes et la percée destinée à sauver l'armée de Paulus s'arrête net.

UNE ESCADRILLE DANS LA POCHE

« Le 16 décembre, je m'envole de Morozovskaïa avec l'Olt. Lucas en direction de Stalingrad⁴. En chemin, mon chef d'escadrille descend un Pe-2 ; nous servons de protection aux avant-gardes blindées de l'armée Hoth et nous atterrissons dans la poche. Lucas accompagne des appareils de ravitaillement au retour. Je reste pour voir mon frère, chef d'une compagnie de chasseurs de chars dans la poche ; nous ne nous rencontrerons que quelque fois, sur notre terrain ou dans son "terrier", avant qu'il soit mortellement blessé sur le front ouest de Stalingrad. »

Le *Feldwebel* Kurt Ebener⁵ du I./JG 3 fait partie des vingt volontaires de son escadre pour former la *Platzschutzstaffel Pitomnik*⁶ qui va opérer depuis la poche sous les ordres du *Hauptmann* Germeroth. Le 19 décembre, il effectue plusieurs sorties avec son ailier, ne se posant que le temps nécessaire au ravitaillement des appareils. Il revendique cinq victoires dans la journée.

TRAGÉDIE À *TATSI*

Le 22 décembre, les Soviétiques lancent une offensive de grande envergure contre les terrains de départ du pont aérien, dont Staline a exigé la capture dans les délais les plus brefs. La 8ᵉ armée italienne est enfoncée sur le Don et la percée prend des allures de catastrophe pour les Allemands. Le soir même, les premiers blindés russes arrivent à douze kilomètres de *Tatsi*.

Le 23 décembre à l'aube, *Tatsi* est en effervescence. Les forces de l'Axe sont impuissantes à contenir les blindés soviétiques car elles ne possèdent pas d'armes antichars et le brouillard empêche la *Luftwaffe* d'intervenir. Il reste 178 Ju 52/3m à Tatsinkaïa dont à peu près les trois quarts sont en état de prendre l'air. Ils n'attendent que l'ordre de repli. Il ne vient pas ; bien au contraire. Göring interdit formellement d'abandonner Tatsinkaïa ! Situation qui

▲ Un Junkers Ju 52/3m du KGr.zbV.9 qui a participé au pont aérien de Demyansk. Cet exemple, où la Luftwaffe a réalisé des miracles pour sauver 100 000 hommes encerclés près du lac Ilmen au printemps 1942, est présent dans tous les esprits au moment où se pose la question de faisabilité de ravitailler l'armée Paulus par la voie des airs. Mais, à Stalingrad, tout est bien différent... (ECPA)

3. Le terme de « chaudron » que l'on rencontre dans les ouvrages en français traitant de Stalingrad vient sans doute d'une mauvaise traduction du substantif allemand *der Kessel* qui désigne à la fois un ouvrage de chaudronnerie et le résultat d'un encerclement. Même s'il apparaît fort approprié à la situation vécue par la 6ᵉ armée allemande, nous lui avons préféré celui de « poche ».

4. *Jägerblatt*, vol. XXIII n°1 — Gemeinschaft der Jagdflieger e.V., février 1963, Nuremberg.

5. Kurt Ebener, futur récipiendaire de la *Ritterkreuz*, sera grièvement blessé et capturé par les Américains le 23 août 1944, après avoir remporté 57 victoires en plus de 150 missions.

6. Littéralement, escadrille de protection locale.

Les Heinkel He 111 improvisés en avions-cargos évacuent de nombreux blessés au retour. Bien qu'utilisés pour un rôle qui n'a jamais été envisagé par le constructeur, ils se révèlent étonnament fiables et donneront des résultats bien supérieurs à d'autres appareils de plus grande capacité. (ECPA)

Les Focke-Wulf Fw 200C de la KG 40 se retrouvent bien malgré eux dans l'enfer de Stalingrad. Cet appareil, dérivé d'un avion commercial, est principalement utilisé pour la reconnaissance maritime et la lutte aéronavale. Fragile et peu à l'aise dans son rôle d'avion de transport de frêt, il connaît un taux d'accident très élevé. (ECPA)

plonge Richthofen dans un terrible embarras : il a besoin de sa flotte de transport et la seule manière de la conserver et de la replier sur un terrain plus sûr.

Le 24 décembre, à 5h18, les premiers chars russes apparaissent à la lisière du terrain. Ils ouvrent le feu sur les Ju 52 dont trois prennent feu immédiatement. Comme la veille, les avions disponibles attendent, moteurs tournant, l'ordre de départ. Cette fois, passant outre les consignes absurdes de Berlin, le général Fiebig ordonne le repli sur Novotcherkassk. Malgré un épais brouillard qui limite la visibilité à une cinquantaine de mètres, 107 Ju 52/3m et 16 Ju 86 décollent dans tous les sens, dans des conditions qui défient l'imagination. Un tiers des précieux avions de transport doit être abandonné sur place avec tout le matériel technique qui fait déjà défaut. Le pont aérien n'avait pas besoin de ce coup dur.

À Novotcherkassk, les Ju 52 retrouvent les He 111 repliés par l'*Oberst* Kühl, qui a jugé préférable de délaisser Morozovskaïa. Il faut trois jours pour réorganiser la flotte de transport, dont un grand nombre d'appareils se sont éparpillés sur différents terrains de la région, voire posés en pleine nature. Les Ju 52 sont regroupés à Salsk, à 310 km de Pitomnik, les He 111 restent à Novotcherkassk, à 320 km et les Ju 87 rejoindront ultérieurement Chakhty.

Le 25 décembre, une accalmie permet aux Ju 87 d'intervenir et de contenir les blindés soviétiques. *Moro* est sauvé et *Tatsi* est même libéré, mais, pour des raisons de sécurité, on renoncera à l'occuper. Une partie du matériel abandonné sur place peut être néanmoins récupérée. Au cours de la dernière sortie de la *PSS Pitomnik* en ce jour de Noël 1942, le *Leutnant* Schentge est descendu. Il saute en parachute, mais le vent l'entraîne vers les lignes russes.

On ne le reverra jamais.

LES FONDS DE TIROIR

Au cours des deux derniers jours, un seul avion de transport s'est posé dans la poche pour livrer quelques bidons de 20 litres de carburant. Entre le 31 décembre et le 4 janvier 1943, 608 tonnes sont déchargées à Pitomnik.

Le 2 janvier 1943, le brouillard revient. Il offre tout le loisir aux Soviétiques de disposer des batteries antiaériennes le long du trajet qu'empruntent les avions de transport. Ceux-ci doivent désormais effectuer de larges détours qui ne facilitent pas leur tâche.

Le 9 janvier, 18 quadrimoteurs se posent à Stalino. Ce sont des Focke-Wulf Fw 200 appartenant à l'escadre de lutte aéronavale KG 40 qui forment une unité spéciale de transport sous les ordres de l'*Oberleutnant* Schulte-Vogelheim. Stalino (aujourd'hui Donetsk) se trouve à 500 km de Pitomnik. Ces appareils, pas plus que les Heinkel He 111, ne sont adaptés au transport de fret et en plus, ils sont

Le grand tournant — 91

fragiles. Le jour même de leur arrivée, sept appareils déposent 36 tonnes dans la poche et les ennuis commencent. Le 10 janvier, Schulte-Vogelheim rentre à Stalino sur trois moteurs, le *Leutnant* Stoye ne peut repartir de Pitomnik, deux appareils sont endommagés par la DCA légère et l'*Oberfeldwebel* Reck doit se poser sur le ventre au retour.

La *Luftwaffe* racle les fonds de tiroir. Deux énormes quadrimoteurs de transport Junkers Ju 290 et un trimoteur Junkers Ju 252 de la *Lufttransport Staffel* 290 du *Hauptmann* Braun arrivent également à Stalino, suivis par d'autres quadrimoteurs, mais qui eux, ressemblent à des bimoteurs : des Heinkel He 177. Les sept appareils du I./KG 50 menés par le *Major* Scheede constituent l'une des plus lamentables déceptions de ce pont aérien. Non seulement le He 177 n'emporte pas plus de fret que le He 111, de dimensions pourtant plus modestes, mais sa fragilité excessive entraîne la destruction des sept appareils en quelques jours et en seulement treize sorties ! Le commandant du groupe trouve la mort le jour de son arrivée en tentant d'atterrir à Pitomnik.

Le 10 janvier, l'*Unteroffizier* Obst de la *PSS* est abattu et tué en combat aérien au-dessus de la poche. Ce même jour, les Soviétiques lancent une nouvelle offensive, bien décidés à en finir au plus vite.

« SAUVEZ LA 6ᵉ ARMÉE ! »

Le 12 janvier, le *Feldwebel* Ebener et le *Leutnant* Daspelgruber abattent deux chasseurs russes, mais à Pitomnik, il ne reste plus que trois Bf 109 en état de vol. Dans la nuit, le Ju 290V1 s'écrase au décollage de Pitomnik, faisant plus de 80 morts. L'autre Ju 290, un appareil de la présérie A-0, est endommagé par un LaGG-3 au moment où il se présente à l'atterrissage ; il doit faire demi-tour et retourner à sa base.

Le 14 janvier, trois Ju 87 se relaient pour bombarder sans relâche les avant-gardes soviétiques qui progressent vers Pitomnik en arrivant par l'ouest. Deux chasseurs de la *PSS* s'apprêtent à décoller. Le *Feldwebel* Ebener raconte la suite[7] :

« L'Uffz. Eisele doit partir avec moi. Son 109 démarre, mais moi je dois attendre qu'arrive l'unique système de préchauffage. Eisele décolle car s'il attendait sur place son moteur risquerait la surchauffe. Il m'attend à une altitude de 500 mètres au-dessus du terrain. Je vois des points noirs dans le ciel qui s'approchent et je crie dans la radio. Trop tard. Des traits de lumière fondent sur lui. Eisele tombe en flammes comme une pierre à l'extrémité du terrain. »

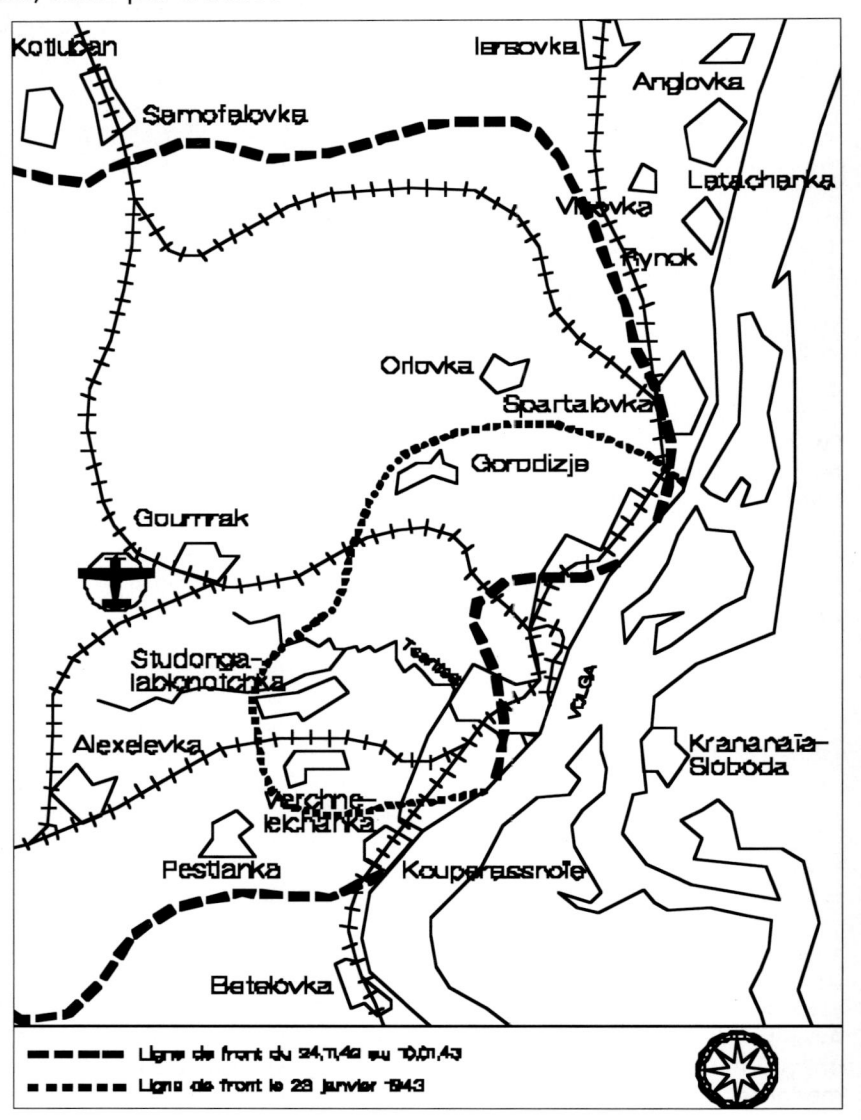

7. *Jägerblatt*, vol. XXIII n°2 — Gemeinschaft der Jagdflieger e.V., avril 1973, Nuremberg.

STALINGRAD

▲ Comme on le décèle sur cette photo, le Fw 200C n'a jamais été étudié pour emporter une cargaison volumineuse. Les opérations de chargement et de déchargement sont donc particulièrement longues et épuisantes pour l'équipage, qui doit faire face entre-temps à un interminable survol des lignes ennemies, très éprouvant physiquement et nerveusement. (ECPA)

Un Junkers Ju 290 de la *Lufttransport Staffel* 290 du *Hauptmann* Braun à Stalino. Avec sa rampe de chargement, le Ju 290 préfigure les avions de transport militaires modernes. Son seul défaut est d'être disponible à dose homéopatique. (ECPA) ▼

STALINGRAD ET LE PONT AÉRIEN

Convoqué le 14 janvier dans la Redoute du Loup, Milch se voit confier les pleins pouvoirs pour organiser le pont aérien. « Sauvez la 6e armée ! » lui lance Hitler. Le secrétaire d'État organise un état-major « spécial » et va chercher au fond d'un bureau du *Reichsluftfahrtministerium* (ministère de l'air du Reich) l'homme qui a sauvé Demyansk, l'*Oberst* Fritz Morzik.

Morzik connaît déjà l'immensité de la tâche qui lui incombe. En tant que *Lufttransportführer* (chef des transports aériens), il a eu l'occasion dès le 26 décembre de rencontrer Richthofen et Fiebig. Avec ce dernier, il a rendu visite aux unités de transport, notamment à Salsk, où il a été épouvanté par les conditions invraisemblables dans lesquelles travaillent les équipages. À son retour, il intervient personnellement auprès de Milch pour lui signifier son désaccord sur l'idée répandue en haut lieu que tous les aviateurs du pont « du commandant de groupe au simple radio sont des incapables ».

Morzik s'installe près de l'état-major de Richthofen à Taganrog-Sud. Il a compris qu'il n'y a pas de temps à perdre, les Russes resserrent leur étau sur Stalingrad et menacent tous les terrains, y compris celui de Pitomnik. Son premier ordre est de faire replier tous les Ju 52 sur Sverevo, ayant jugé Salsk trop exposé.

De son côté, Milch ne reste pas inactif. Il commence par donner l'ordre aux unités techniques connaissant le fonctionnement des groupes de préchauffage de faire route de Rechlin à Sverevo — cette idée n'était venue à personne ! Sur les ordres du secrétaire d'État, l'*Oberst* Petersen, qui appartient à son état-major spécial, visite Sverevo. Son rapport est alarmant. Sur les 106 Ju 52 qui sont à pied d'œuvre, à peine plus d'un tiers peut être utilisé à cause des épouvantables conditions que les équipages et les mécaniciens rencontrent. Le thermomètre oscille entre -20° et -30° et l'aérodrome est balayé par des bourrasques qui atteignent 100 km/h. Il n'existe pas d'installations fermées et chauffées pour l'entretien des avions. Pour les réparations les plus délicates, qui doivent être effectuées à mains nues, on recommande bien aux mécaniciens de ne pas quitter les gants plus de quelques minutes sous peine de voir leur peau adhérer au métal. L'usure des moteurs prend des proportions catastrophiques, aucun ne dépassant 40 heures de vol. Les groupes de préchauffage sont en nombre insuffisant et la plupart sont eux-mêmes grippés par le froid au petit matin. Il faut dégeler l'huile dans les carters au chalumeau ou avec des braseros. La neige limite la charge utile ; au-delà d'une tonne et demie les avions risquent de s'enfoncer sur les pistes où il n'existe aucun matériel pour les en retirer. Le jour de la visite de Petersen, des raids aériens soviétiques endommagent quarante-deux appareils. Seuls huit peuvent décoller — trois ne reviendront jamais.

LA CHUTE DE PITOMNIK

Morzik déplore que le second terrain de la poche, un terrain auxiliaire situé à Goumrak, n'ait pas été remis en état pour accueillir les avions de transport. Cet oubli risque de devenir tragique, car les Soviétiques menacent sérieusement Pitomnik.

Le 15 janvier, dans la soirée, le Leutnant Frielinghaus du II./JG 3 apporte à Pitomnik un ordre signé du général Fiebig : « Si Pitomnik ne peut pas être tenu, tous les aviateurs doivent être repliés. » Le Feldwebel Kurt Ebener quitte la poche dans la nuit à bord d'un Ju 52 en direction de Salsk — sur les quatre trimoteurs qui se sont posés, deux ont été incendiés par les tirs d'artillerie soviétiques. L'ordre arrive bien tard pour les avions et les mécaniciens.

Le grand tournant — 93

Le 16 janvier au petit matin, les Soviétiques donnent l'assaut, comme le narre le *Feldwebel* Hans Grünberg[8] : « Je suis assis dans la bagnole qui ne démarre pas à cause du froid. L'armurier saute sur l'aile et crie : "Dehors, les Russes sont là !" Ils sont camouflés en uniforme allemand et tirent au jugé. Un Fw 200 Condor s'enflamme sur la piste. Et maintenant, à pied jusqu'à Goumrak. Tout le long du chemin, des morts et des hommes épuisés. À Goumrak, un Fieseler Storch oublié. Je filerai avec au crépuscule, mais ses réservoirs sont vides. Vers le matin, un Ju arrive. L'équipage veut bien m'emmener, mais ne veut pas décoller parce qu'il va bientôt faire jour. Je lui explique que l'appareil sera détruit au sol par des avions, alors nous partons. À l'extérieur, des troufions sautent encore sur l'aile et sur l'empennage pour entrer par le poste de tir dans le Ju déjà surchargé. »

Les six derniers Bf 109G de la *PSS Pitomnik* et les six Ju 87D survivants de l'*Oberleutnant* Jungclaussen décollent en catastrophe sous les tirs de mortiers et des armes automatiques. Les Messerschmitt se dirigent vers Goumrak que la 6e armée n'a jamais songé à aménager. La piste n'est pas débarrassée des congères et est recouverte en certains endroits d'une épaisse couche de neige dans laquelle s'enfoncent mollement les Bf 109G qui tentent d'y atterrir. Les cinq premiers appareils capotent et le dernier, piloté par l'*Oberleutnant* Lucas, renonce et met le cap sur Chakhty. Les Ju 87D du I./St.G.2 se dirigent vers Oblivskaïa.

La *Platzschutzstaffel Pitomnik* a revendiqué en tout 130 victoires aériennes, dont 33 attribuées au seul *Feldwebel* Kurt Ebener. De son côté, la JG 3, opérant hors de la poche, a abattu environ 200 avions ennemis au cours de la même période. La 9. *Flakdivision* est créditée de la destruction de 63 appareils soviétiques.

Pitomnik n'est pas la seule base évacuée par la *Luftwaffe*, le 16 janvier. Salsk, à portée des canons russes, est abandonné en faveur de Sverevo, cible nocturne des bombardiers frappés de l'étoile rouge. En deux nuits, ceux-ci y détruisent 12 appareils de transport et en endommagent 40 autres. Le 18 janvier, les Fw 200 quittent Stalino pour Zaporojie.

LA CHUTE DE GOUMRAK

À Goumrak, la situation est précaire : la piste est encombrée par les épaves des cinq Bf 109 qui ne peuvent être enlevées faute de grue ou de matériel. Les pilotes de transport doivent réaliser des prodiges pour les éviter. Les Russes bombardent sans répit cette bande étroite et les soldats allemands, au bord de l'épuisement, n'ont plus la force de boucher les trous d'obus dans un froid persistant. Les appareils sont à portée des armes de petit calibre soviétiques à chaque atterrissage et à chaque décollage. On tente des atterrissages de nuit qui ne peuvent être confiés qu'à des équipages très expérimentés, Goumrak n'étant pas équipé de radiobalise. Or, il n'en reste plus beaucoup, car ceux-ci ont payé un lourd tribut aux opérations sur la Crète et Demyansk et au ravitaillement de l'*Afrika Korps*. Dans la journée, les trimoteurs sont harcelés par des meutes de chasseurs soviétiques. La JG 3 entreprend de pourvoir à leur escorte, mais ses terrains sont désormais à la limite de l'endurance des Bf 109G. Trois missions sont même menées par 6 Bf 109G équipés d'un réservoir supplémentaire depuis Rovenki — à plus de 280 km. C'est l'*Oberleutnant* Lucas, le rescapé de Pitomnik, qui les commande. Elles ne servent qu'à tenter de donner un meilleur moral aux soldats de la 6e armée.

Dernière recrue d'un pont aérien pour lequel la *Luftwaffe* racle les fonds de tiroir, les Heinkel He 177A-1 du I./KG 50. Ce quadrimoteur à deux hélices (les moteurs sont accouplés deux à deux à un arbre commun) constitue l'une des plus grosses faillites de l'industrie aéronautique allemande. Sa propension à s'enflammer spontanément le rend peu populaire parmi les équipages, qui le considèrent plus dangereux pour eux que pour l'ennemi. D'ailleurs, l'échec cuisant du I.KG 50 à Stalingrad les rendra peu enclins à changer d'avis. (ECPA)

8. Jägerblatt, vol. XXIII n°1, *op. cit.*

Quelques rares planeurs lourds Me 321 sont utilisés à Stalingrad. Ils présentent, en effet, l'inconvénient majeur de ne pouvoir effectuer que le trajet aller. La longueur de la piste de Pitomnik est insuffisante pour permettre aux volumineux et lourds Heinkel He 111Z de s'y poser pour les récupérer. (ECPA)

Le He 111Z (Z pour *Zwiling*–jumeaux) est constitué par deux moitiés de Heinkel He 111 réunies par une aile portant un cinquième moteur. L'appareil a été conçu spécifiquement pour remorquer les planeurs lourds. (ECPA)

LE RAVITAILLEMENT AÉRIEN DE STALINGRAD		
Période	Total	Moyenne quotidienne
30.11 — 11.12	1 167	97
12.12 — 21.12	3 177	318
22.12 — 11.01	2 414	115
12.01 — 16.01	300	60
17.01 — 23.01	90	13
24.01 — 02.02	779	78

Dans la nuit du 21 au 22 janvier, 21 He 111 et 4 Ju 52 déchargent leur fret à Goumrak. Ce sera l'ultime mission effectuée par la *Luftwaffe* dans la poche. Le lendemain matin, la piste est envahie par l'Armée Rouge. Après la chute de Goumrak, il ne reste plus que la solution de ravitailler Stalingrad en larguant les conteneurs en vol. C'est un vrai désastre. Les soldats, épuisés par la fatigue et les privations, n'ont plus la force de traîner les conteneurs à l'abri, quand ceux-ci ne tombent pas directement dans les lignes russes.

Les bases de départ du pont aérien reculent de plus en plus, tandis que la poche se rétrécit chaque jour davantage. La fin est proche. Le 2 février, dans la soirée, 24 He 111 larguent les derniers conteneurs sur les ruines. Tout est consommé. Dix-neuf divisions viennent d'être anéanties dans l'enfer blanc de Stalingrad.

UNE OPÉRATION COÛTEUSE

La *Luftwaffe* a payé le prix fort pour une opération vouée à l'échec d'avance comme l'ont pressenti les principaux responsables présents sur place. Entre le 24 novembre 1942 et le 3 février 1943, 43 723 hommes et 1 000 aviateurs ont été tués, faits prisonniers ou portés disparus. Les pertes en matériel de transport s'élèvent à 490 appareils de transport ou assimilés, sans compter les avions de combat et de reconnaissance victimes de la DCA et de l'aviation soviétiques.

Au crédit du pont aérien, 7 927 tonnes déchargées ou parachutées, soit un peu plus de 120 tonnes par jour, une moyenne bien insuffisante en regard des besoins exprimés par la 6e armée.

Ces statistiques sont suffisamment éloquentes pour démontrer que le minimum requis n'a été atteint qu'au cours de la seconde décade par la conjugaison de deux effets : clémence des conditions météorologiques et transformation des Heinkel He 111 en avions de transport. Cependant, les moyennes les plus élevées sont principalement dues à une activité très soutenue au cours de quelques journées seulement.

L'opération de Stalingrad révèle de manière flagrante l'incapacité de la *Luftwaffe* en matière de logistique. La création d'un état-major de crise pour la reprise en main de l'organisation du pont aérien a été réalisée beaucoup trop tardivement. Les opérations sur Pitomnik ont été placées sous la responsabilité du VIII. *Fliegerkorps* dont les chefs, quelles qu'aient été leurs compétences, n'avaient ni l'expérience ni les connaissances suffisantes pour mener à bien une mission d'une telle ampleur. L'absence de matériel spécialisé et la précarité des installations entraînent une chute du rendement du pont aérien, conséquence directe de l'effondrement du taux de disponibilité des avions.

L'INSUFFISANCE DES MOYENS LOGISTIQUES

Arme axée sur l'offensive, l'aviation allemande développe une flotte de transport essentiellement pour les besoins des troupes aéroportées. La campagne-éclair en Pologne met en évidence la nécessité de disposer d'un soutien logistique aérien pour suivre l'avance rapide des troupes au sol. Malgré la reconnaissance de ce besoin, les neuf groupes de transport utilisés en Pologne sont soit dissous, soit reconvertis en unité d'entraînement fin septembre 1939. Reconstituées et

Le grand tournant — 95

renforcées pour l'assaut à l'ouest, en mai 1940, les unités de transport sont à nouveau mises sur la touche au terme de la campagne. La production d'avions neufs est maintenue à un niveau suffisant pour couvrir les pertes jusqu'au coup de main sur la Crète (20 mai 1941), au cours duquel la *Luftwaffe* laisse 271 des 493 Ju 52/3m engagés. Dès lors, les livraisons d'avions neufs ne parviennent plus à combler les vides.

La carence des marines allemande et italienne en tonnage marchand rend l'*Afrika Korps* particulièrement dépendant d'un ravitaillement aérien. Rommel va subir un effet de ciseau funeste. Tandis que les programmes aéronautiques allemands négligent tout ce qui ne porte pas un canon ou une bombe, l'aviation alliée et certaines opérations hasardeuses, comme Demyansk et Stalingrad, font chuter de manière dramatique les effectifs des *Transportgruppen*[9].

Non seulement le pont aérien de Stalingrad prive Rommel d'une grande partie de son appui logistique au beau milieu de la bataille d'El Alamein, mais le déficit croissant en avions de transport diminue la capacité de la *Luftwaffe* à le ravitailler au moment même où les Alliés prennent la *Panzerarmee Afrika* à revers en Tunisie. En 1942, les pertes s'élèvent à 1 006 Ju 52/3m, alors que seulement 504 machines neuves sont livrées à la *Luftwaffe*. La production double en 1943, grâce notamment à l'obligeance du gouvernement de Vichy qui met les usines et le personnel de la société Amiot à la disposition de Junkers pour le montage de 321 appareils.

Mais cette réaction est bien tardive. Stalingrad est tombée et la *Panzerarmee Afrika* n'existe plus. La *Luftwaffe* apprendra à ses dépens que la guerre aérienne ne se gagne pas uniquement avec des avions de combat. En guise de conclusion, nous mettrons en regard des 3 225 Ju 52/3m livrés à la *Luftwaffe* les 10 123 C-47 et dérivés (versions militaires du célèbre DC-3 Dakota) produits aux États-Unis.

9. Jusqu'en mai 1943, date de la réorganisation des unités de transport, celles-ci portent la dénomination officielle de *Kampfgeschwader zur besonderen Verwendung*, que l'on peut traduire par « escadre de combat à emploi spécial ». Si les troupes aéroportées ont constitué une arme secrète au début de la guerre qui peut justifier cet écran du fumée, il semble cependant que cette dénomination ait été choisie pour ne pas dévaloriser le rôle des équipages de transport et ne pas leur laisser à penser qu'on ne leur confiait que des tâches subalternes. Rappelons à cet égard qu'une version du Ju 52/3m avait été optimisée pour le bombardement.

◀ Des Junkers Ju 87D du Stab II./St.G.2 se dirigent vers la colonne de fumée provoquée par de récents bombardements de la raffinerie de Stalingrad, sur les bords de la Volga. La photo a été prise à la fin de l'automne 1942. Les «pantalons des Ju 87 ont été déposés pour éviter que les roues soient bloquées par l'accumulation de boue lors des atterrissages. (ECPA)

IX
L'ÉTOILE D'AFRIQUE
Hans-Joachim Marseille

L'histoire de Hans-Joachim Marseille se confond étroitement avec celle de l'*Afrika Korps*, dont il sera le plus grand as. Cet individualiste forcené, ce marginal, trouve dans le désert des conditions idéales pour mettre en œuvre des théories sur le combat aérien qui n'appartiennent qu'à lui et pour imposer une personnalité qui est loin de faire l'unanimité parmi ses supérieurs hiérarchiques. Force leur sera d'admettre que ce frêle « play-boy » est un pilote de chasse exceptionnellement doué. Sans doute, le meilleur de tous.

UNE DRÔLE DE DÉGAINE

L'INTENDANT du poste de Derna daigne enfin lever la tête. En apercevant la silhouette frêle et longiligne de l'aspirant qui semble manifester une certaine impatience, il sent l'énervement le gagner. Celui-ci lui tend son carnet sous le nez.

— Je voudrais toucher ma solde du mois d'avril, s'il vous plaît.

L'intendant lui arrache le carnet des mains et tourne les pages rapidement pour bien s'assurer que l'aspirant ne l'a pas déjà perçue ailleurs. Il n'a pas confiance. D'abord, ce type-là, il ne l'a jamais vu et puis, il a une drôle de dégaine. Un aviateur de la *Luftwaffe* avec les cheveux longs! Il croyait qu'il n'y avait que chez les « Ritals » que ces planqués se donnaient des allures de bonnes femmes. Rien à dire, le carnet est à jour. Sans un mot, l'intendant sort d'un tiroir une poignée de Reichmark qu'il pose sur la table. Pendant que l'aspirant fait disparaître les billets dans sa poche, l'intendant prend sa plume et s'apprête à inscrire la transaction sur une page du carnet.

— Non. Pas sur cette page, intervient l'aspirant.
— Et pourquoi donc? demande l'intendant, manifestement agacé.
— Parce que c'est la page réservée aux décorations.

En effet, l'intendant remarque sur cette page la mention de la remise de la Croix de Fer de première classe. Il éclate de rire.

— Parce que tu crois que t'auras un jour la Croix de Chevalier?
— Mais, bien sûr! répond le jeune aspirant avec un aplomb qui déconcerte un peu l'intendant.
— C'est quoi ton nom, que j'me souvienne de toi quand tu s'ras un héros? lance-t-il railleur.
— Marseille. Hans-Joachim Marseille.

NAISSANCE DE L'*AFRIKA KORPS*

Le 9 octobre 1940, avec 31 000 hommes, le général Wavell se lance dans la première campagne de Libye. Seulement cinq fois supérieures en nombre et en équipement, les troupes italiennes refluent en masse. Afin d'éviter une déroute à ses amis italiens, mais surtout pour protéger son flanc sud, Hitler se porte à leur secours. Le 30 janvier 1941, les premiers avions arrivent. Le III./ZG 26, équipé en Messerschmitt Bf 110, se pose sur les terrains de Sirte, Arco Philenorum et Castel Benito, bientôt suivi par des Junkers 87 des I./St.G.1 et II./St.G.2 et des Junkers 88 de la LG 1.

En quatre mois de campagne, les Britanniques font 130 000 prisonniers et mettent la main sur un impressionnant butin de guerre. Le 12 février, le général Erwin Rommel débarque à Tripoli pour prendre le commandement d'un corps expéditionnaire qui sera bien vite plus connu sous le nom d'*Afrika Korps*. Le 24 mars, comprenant que ses lignes de communication trop étirées deviennent vulnérables, Wavell effectue un repli stratégique, abandonnant El Agheila. Le 31 mars, Rommel lance une « reconnaissance armée » qui ne s'arrêtera qu'à Sidi Barani deux mois plus tard.

Le 14 avril 1941 arrivent à Gazala les 36 Messerschmitt Bf 109E du I./JG 27, menés par le *Hauptmann* Eduard Neumann. Les trois escadrilles sont respectivement commandées par les *Oberleutnant* Redlich, *Hauptmann* Gerlitz et

▲

Le jeune as à l'époque où son étoile commence à briller au firmament de la *Luftwaffe*. Il porte au cou la *Ritterkreuz* qui lui a été décernée le 22 février 1942. (ECPA)

Le grand tournant — 97

Oberleutnant Homuth. Ce groupe, très expérimenté, compte dans ses rangs quelques pilotes chevronnés, comme l'*Oberleutnant* Ludwig Franzisket (l'as du groupe, avec 14 victoires) et l'*Oberfeldwebel* Förster, premier pilote allemand à avoir remporté une victoire de nuit. Parmi les pilotes de la troisième escadrille se trouve un jeune aspirant, l'*Oberfähnrich* Hans-Joachim Marseille. Son palmarès et sa réputation n'impressionnent personne. Ils auraient même plutôt tendance à indisposer.

ANTIMILITARISTE ET INDISCIPLINÉ

Hans-Joachim Marseille naît le 13 décembre 1919 dans la banlieue de Berlin. Son père, général et héros de la Grande Guerre (descendant de réfugiés huguenots), et sa mère divorcent peu de temps plus tard et il ne fait connaissance de son géniteur que lors de son service militaire. À 18 ans, le jeune Jochen s'engage dans la *Luftwaffe*. Ses cinquante-huit kilos tout habillé et sa longue silhouette dégingandée n'en font pas une recrue de premier choix. Très maigre, très blond, il impose une certaine personnalité par son regard clair et perçant. Il possède d'ailleurs une acuité visuelle supérieure à la moyenne, qui deviendra légendaire parmi ses coéquipiers. Déjà, il se fait remarquer autant par ses capacités de pilotage que par ses frasques. Un jour, pris d'une subite envie, Marseille se pose avec son biplan d'entraînement sur une autoroute, se soulage dans un buisson et repart sous les injures d'une cinquantaine d'automobilistes.

Malgré nombre d'appréciations peu flatteuses sur son sens de la discipline, il rejoint le 6 septembre 1940 le I. (J)/LG 2, puis la 4./JG 52, engagée dans la bataille d'Angleterre. Dès son premier combat, il rentre avec une victoire. Six autres, toutes contre des Spitfire, suivent au rythme d'une par semaine. Déjà, il cherche à se battre en solitaire et cette façon de procéder est assez mal vue, d'autant qu'il coûte aussi cher à la *Luftwaffe* qu'à la RAF, comme il se plaît à le raconter lui-même :

« Pour les sept victoires que j'ai remportées au-dessus de la Manche, j'ai été abattu à trois reprises. Chaque fois, j'ai réussi avec beaucoup de mal à me poser en catastrophe. Et toujours au même endroit près du cap Griz-Nez. Le plus drôle, c'est qu'à chaque fois je suis tombé sur le même chirurgien de l'armée. La troisième fois, je crois qu'il a hésité à m'examiner. Et à chaque occasion, mon avion était farci de trous d'obus et d'éclats, une bonne vingtaine. On aurait certainement pu croire que je le faisais exprès. »

S'il essaie à sa manière de prouver qu'en combat il a indiscutablement sa place dans l'escadrille, au sol son attitude lui procure quelques désagréments. Marseille est une sorte d'antimilitariste haïssant la discipline imposée par ses officiers au style très prussien et ses entorses au règlement sont légion. Il n'aime pas la guerre, mais il adore voler. Il est peu apprécié de ses camarades qui lui reprochent de ne pas boire (plus qu'un handicap, c'est une tare pour un pilote !), de demeurer seul en silence dans son coin et de refuser toutes les distractions en leur compagnie.

Pour lui, l'année 1940 s'achève avec la remise de la Croix de Fer de première classe des mains de Göring ; distinction qu'il doit peut-être autant au fait que son père est général dans la Wehrmacht qu'à la reconnaissance de ses mérites personnels. Par dérision, Marseille se dit être « le plus vieil aspirant de la *Luftwaffe* ».

TOUT EST NOUVEAU, TOUT EST À CRÉER

En janvier 1941, il quitte la 4./JG 52 pour être affecté à la 3./JG 27. L'escadrille est commandée par l'*Oberleutnant* Gerhard Homuth dont la tenue vestimentaire, la mentalité et les idées sont aux antipodes de celles de Marseille. Il va lui mener la vie dure jusqu'à ce qu'un événement déterminant se produise à la fois dans l'existence des deux hommes et dans les destinées de l'escadrille : le groupe est transféré en Libye.

Dans ce théâtre d'opérations où tout est nouveau, tout est à apprendre, tout est à créer, la mentalité va évoluer vers une plus grande tolérance. Les aviateurs se retrouvent abandonnés à des centaines de kilomètres de la civilisation, livrés à eux-mêmes dans une région déshéritée où les conditions de vie restent précaires. Les combats aériens ne ressemblent en rien à ceux qui se déroulent au-dessus de la Manche. Tout est différent : le nombre d'avions, l'altitude très basse et les tactiques. Marseille se voit enfin offrir ce qui lui a toujours été refusé en Europe : la liberté d'action. Sans contrainte, il peut prouver que ses conceptions sont justes. Sa technique en combat, presque parfaite, sa science innée du tir en virage serré — qu'aucun de ses équipiers n'égalera — ajoutées à son acuité visuelle vont faire de lui, en quelques mois, l'as incontesté de la *Luftwaffe* — l'Étoile d'Afrique.

Marchant seul pendant des heures dans le désert, il met soigneusement au point sa technique de combat. Il a acquis une maîtrise absolue de son Bf 109, avec lequel il réussit des virages serrés à une vitesse supérieure à celle de n'importe quel autre pilote, ami ou ennemi. Il travaille surtout sa visée au cours des combats tournoyants. Changeant d'objectif en quelques secondes, il parvient à vider ses chargeurs sur plusieurs avions ennemis en une seule passe. Ses équipiers seront tellement émerveillés par sa technique que, parfois, certains rompront le combat pour l'admirer en action. Beaucoup s'y essaieront, aucun n'y parviendra.

Ses manières ne changent guère. Il se laisse volontiers pousser les cheveux, qu'il ceint parfois d'un bandeau à la mode des pilotes italiens. Ses aventures amoureuses sont aussi nombreuses que ses victoires et il se vante d'une liaison avec une actrice célèbre au bras de laquelle il parade dans les rues de Berlin quand il est en permission.

« VOUS ME DEVEZ 50 VICTOIRES EN ÉCHANGE »

L'arrivée en Afrique ne s'effectue pas sans difficulté. Partie de Münich, où les Bf 109 ont été équipés de filtres spéciaux contre la poussière, la 3./JG 27 se pose à Gela, en Sicile, puis doit rejoindre une base avancée, baptisée « Skorpion », à 40 km au sud d'Arco Philenorum, où les appareils seront ravitaillés avant de se poser sur le terrain d'Aïn el-Gazala. Tout ne se passe pas tout à fait comme prévu, car à « Skorpion » personne n'attend la 3./JG 27 qui découvre quelques tentes vides, mais pas d'essence. Homuth cherche un volontaire pour aller aux nouvelles à Sirte ; et comme par hasard…

Résigné, Marseille s'envole mais à mi-chemin, il est trahi par son moteur. Pour la cinquième fois dans sa courte carrière, il se pose sur le ventre. Par chance, un camion italien passe sur une piste à proximité de l'épave et recueille l'auto-stoppeur. Hans-Joachim revient à « Skorpion » le lendemain dans un camion chargé de vivres et d'eau, suivi par un second qui transporte des fûts d'essence. Loin de le féliciter, Homuth lui dit simplement : « Votre avion est *kaputt*. Dém…-vous pour nous rejoindre au front. »

Marseille regarde les Messerschmitt décoller et se met en route à son tour, mais à pied. Et le voilà de retour au bord de la piste, le pouce levé vers le ciel. Un autre camion italien le charge et le dépose dans la soirée à Arco Philenorum où se trouve un poste de commandement allemand. N'écoutant que son culot, Marseille force la tente d'un général et sans sourciller lui demande de bien vouloir mettre sa voiture à sa disposition, « parce que, explique-t-il avec un certain aplomb, je suis chef d'escadrille et je dois commander demain une mission très importante[2]. » Le général, dont l'histoire

▲ À Martuba, en juin 1942, en combinaison complète de vol, y compris le gilet de sauvetage. (J.V. Crow)

1. *Hans-Joachim Marseille* — M. Lavigne — *Military Journal*, divers numéros, Bennington, 1977.

▶ Deux vues du plus célèbre « 14 jaune » de la
◀ Luftwaffe. Le 17 juin 1942, Marseille a remporté sa 101e victoire et a aussitôt reçu l'ordre de rejoindre Berlin. Le lendemain, à la Chancellerie, il reçoit les *Épées* des mains d'Adolf Hitler. Les photos ont été probablement prises à El Adem, abandonné le 18 juin par les forces britanniques. (ECPA)

2. *Hans-Joachim Marseille, Star of Africa* — H-J. Nowarra — Caler illustrated series, Sun Valley, 1967.

n'aura pas retenu le nom, éclate de rire. Ayant reconnu à son accent que le sous-officier était berlinois, tout comme lui, il le retient à dîner et lui dit :

— La *Luftwaffe* peut bien attendre vingt-quatre heures.

Au cours du repas, le charme du jeune aspirant agit sur le général. À la fin du dîner, il accepte de mettre son Opel à sa disposition le lendemain matin. Mais la patience n'est pas la vertu principale de Hans-Joachim.

— Je préférerais partir maintenant, mon général, répond-il avec un petit sourire.

Le général hoche la tête et lui dit :

— D'accord, mais vous me devez cinquante victoires en échange.

Il n'aura pas affaire à un ingrat.

La route est longue et l'Opel n'arrive à Derna que vers midi, après plus de douze heures de route. Marseille profite de l'arrêt pour toucher sa solde. Il atteint Gazala vers 17 heures, à peine deux heures plus tard que son escadrille. Son arrivée dans une grosse limousine sur laquelle flotte le drapeau d'un général de la Wehrmacht ne passe pas inaperçue. Homuth l'accueille avec une froide indifférence, mais Marseille s'en moque : son escadrille n'a pas encore été engagée en combat, il n'a donc rien perdu.

« IL N'Y A QU'UN HOMME QUI AIT LE DROIT D'ABATTRE UN AVION ENNEMI — MOI ! »

La bataille de Tobrouk bat son plein au moment où la 3./JG 27 arrive à Gazala. Elle culmine le 23 avril avec de lourdes pertes pour la RAF. Marseille décolle à 14 heures pour sa seconde mission de la journée. Les trois appareils de sa section survolent Tobrouk et aperçoivent une dizaine de Hurricane plus bas qu'eux. Les Anglais n'ont pas aperçu les 109. Hans-Joachim observe la manœuvre des Hurricane. Puis, sans prévenir, il bascule son appareil, se met sur le dos et pique pratiquement à la verticale. Il se concentre sur le leader de la formation et à 120 mètres, il appuie sur la détente. Le Hurricane, touché à mort, se détache et part en abattée vers le sol. Les autres se dispersent, mais déjà Marseille s'aligne dans le sillage d'un second. Il crie dans la radio : « Reiner, regarde où tombe le Hurricane. » Attaqué par d'autres Hurricane, il doit rompre le combat. Au retour, son *Kaczmarek* confirmera sa première victoire dans le désert, qui est aussi la première de la 3./JG 27.

Reiner Pöttgen sera l'un des plus fidèles *Kaczmarek* de Marseille, protégeant ses arrières comme une mère poule pendant plus d'un an. Il assistera aux premières loges à une bonne centaine de victoires de son as de leader. Comme la plupart des pilotes relégués au rôle d'ailier, il devra attendre plus de cent missions avant d'obtenir sa première victoire personnelle. Friedrich Körner, alors *Oberleutnant* au I./JG 27 en 1942, donne quelques éclaircissements[3] :

« La raison de l'énorme différence entre le nombre des victoires remportées par la chasse allemande et le nombre de pilotes victorieux vient probablement du fait que certains pilotes de la JG 27 étaient des individualistes forcenés. En raison de leurs succès, ils étaient protégés par leurs chefs et n'avaient aucune peine à devenir de grands as. Les nouveaux devaient surmonter beaucoup de difficultés jusqu'à ce qu'ils puissent prouver leur valeur, malgré l'opposition des "vieux loups". Une escadrille de chasse était un sujet intéressant pour une étude sociologique ; on y rencontrait des chefs d'escadrille dont la devise était : "Il n'y a qu'un homme qui ait le droit d'abattre des avions ennemis — moi !" »

Rudolf Sinner, à cette époque officier technique du II./JG 27, demeure plus nuancé : « La guerre aérienne en Afrique favorisait les as au plus haut degré. Les ailiers, les *Kaczmarek* ou les n° 2, n'avaient que peu de chances d'obtenir des victoires. La majorité des victoires remportées par la chasse allemande était le résultat d'attaques-surprises, au cours desquelles, dans la plupart des cas, seul le chef du dispositif se trouvait en position favorable pour ouvrir le feu. Ces attaques, comparables à la manière dont chasse le faucon, débouchaient rarement sur un combat tournoyant dans la mesure où la maniabilité et le sur-

▲
Avec force gestes, Jochen raconte son dernier combat à son ailier, le *Leutnant* Kugelbauer. Foulard de soie et gants noirs sont des accessoires indispensables pour Marseille. Ces attributs, plus ou moins virils, ne sont pas toujours bien vus par des supérieurs à la mentalité prussienne. (ECPA)

3. Fighters over the desert — C.F. Shores et H. Ring — Neville Spearman, Londres, 1969.

Ces quatre pilotes (de gauche à droite : *Oberfeldwebel* Erwin Sawallisch, *Oberleutnant* Ferdinand Vögl, *Oberfeldwebel* Karl-Heinz Bendert et *Oberfeldwebel* Franz Stiegler), de la 4/JG 27, reviennent de mission le 16 août 1942 en revendiquant la destruction de douze avions britanniques. Malheureusement pour eux, un autre pilote les a vus en train de vider leurs chargeurs sur… des dunes ! Déstabilisée par ce grave incident, la hiérachie ne sait pas trop comment traiter cette affaire. L'offensive de Rommel suspend les lourdes sanctions envisagées. Le dossier est enterré et l'un d'entre eux (Bendert) obtiendra même la *Ritterkreuz* avant la fin de l'année. Il faut toutefois se garder de tirer de cet épisode des conclusions hâtives qui tendraient à jeter le discrédit sur le palmarès des as allemands. Il s'agit d'un incident isolé et, à la lecture des archives allemandes et alliées, quasiment unique. (ECPA)

nombre des chasseurs britanniques les rendaient dangereux. »

La première victime de Marseille n'a pas pu être identifiée avec certitude. Il se peut, toutefois, qu'il s'agisse du *Squadron-Leader* R.E. Weld, commandant le n° 6 *Squadron*, porté disparu au cours d'une mission de reconnaissance au-dessus de Tobrouk.

Cependant, sa troisième mission de la journée lui réserve une plus mauvaise surprise. La JG 27 escorte des *Stuka* au-dessus de Tobrouk. En face, le n° 73 *Squadron* envoie une quinzaine de Hurricane à la rencontre des avions allemands. L'un d'entre eux est piloté par un Français libre, le sous-lieutenant James Denis. Marseille aperçoit son *Kaczmarek* en difficulté, avec un Hurricane accroché à ses basques. Il plonge pour venir à sa rescousse, mais Denis se colle dans la queue de Marseille. Une rafale bien ajustée traverse l'habitacle du 109. Instinctivement, Marseille rentre la tête dans les épaules ; quatre obus l'encadrent et lui passent à quelques centimètres des oreilles. Le moteur encaisse une trentaine d'obus, contraignant le jeune as allemand à se poser sur le ventre dans le *no man's land* où il est recueilli quelques minutes plus tard.

« VOS TACTIQUES ? QUELLES TACTIQUES ? »

Le 30 avril, les troupes germano-italiennes passent à l'offensive contre Tobrouk, mais elles sont contenues puis finalement repoussées. La contre-offensive britannique commence le 15 mai avec l'opération « Brevity », qui ne pouvait être mieux nommée puisqu'elle s'achève deux jours plus tard sur un échec. Le 14 juin, les Britanniques lancent une seconde offensive, « Battleaxe », qui les conduit à Capuzzo, mais dès le 17, Rommel contre-attaque. La RAF ne parvient pas à s'assurer de la maîtrise de l'air et au sol les combats tournent à la confusion des Britanniques. Les temps sont décidément durs pour la RAF, dominée en Grèce et en Crète et sévèrement contrée en Cyrénaïque. L'*Air Marshall* Tedder commandant le RAF *Middle East Command*, explique cet échec par l'infériorité qualitative de son matériel et de ses aviateurs, dont peu ont l'expérience des pilotes allemands. Tirant les leçons de son revers, la RAF s'emploie désormais à rétablir l'équilibre, tant sur plan numérique que sur le plan technique et cherche à asphyxier Rommel en harcelant ses lignes de communications entre la Sicile et la Libye.

Marseille obtient sa 11e victoire, mais son palmarès s'accroît de quelques épaves de Bf 109 supplémentaires ! Au cours d'une mission, il ramène un avion si endommagé que l'huile s'est répandue sur le pare-brise ; son fidèle ailier doit le guider par radio sur 50 km jusqu'au terrain où Hans-Joachim effectue un atterrissage de fortune sous les yeux de son *Kommandeur*. L'accueil est frais. « Les Tommies ne vont pas tarder à vous envoyer une médaille ! » lance-t-il à son jeune pilote. Homuth convoque Marseille pour lui signifier qu'il est interdit de vol pendant trois jours et que le commandant du groupe l'attend dans sa tente — et certainement pas pour le féliciter[1].

— Donnez-moi une chance d'essayer mes tactiques, se défend Marseille. Je sais que je peux...

— Vos tactiques ? Quelles tactiques ? éclate Neumann sur un ton ironique. Vous n'avez pas de tactique. Juste une vague notion. Au lieu de patienter pour épingler les avions d'une escadrille ennemie un par un, vous voulez plonger au beau milieu et les disperser sous le collimateur de vos camarades. Mais, vous n'y arriverez pas. Avant que vous puissiez maîtriser cette technique, vous y serez passé depuis longtemps. Vous avez eu de la chance jusqu'ici. Ça ne durera pas. Si vous voulez devenir un bon pilote de chasse, alors faites marcher votre jugeote au lieu de jouer sur l'audace et la chance. Vous pouvez devenir un grand pilote de chasse, Marseille, mais il vous faudra du temps...

Après le départ de Marseille, son chef d'escadrille reste quelques instants avec Neumann. Celui-ci lui dit : « Je pense que ça ira maintenant. Il semble avoir le don d'anticiper, de sentir le moment décisif. Vous devrez comprendre qu'il n'a pas de limite. Il est sérieux et veut que nous croyions en lui et que nous respections ses ambitions. Restez ferme avec lui, mais prenez-le au sérieux. »

En septembre 1941, les deux camps se renforcent. La RAF introduit le nouveau Tomahawk IIB. Décevant en Europe, l'appareil démontre une excellente aptitude dans le désert où les combats se déroulent à faible altitude et se fait apprécier de ses pilotes par sa robustesse et sa maniabilité en combat tournoyant. Les Allemands engagent les premiers Bf 109F-2/Trop, appartenant au II./JG 27 du *Hauptmann* Wolfgang Lippert qui s'installe à Gazala. Le I./JG 27 rentre en Allemagne pour être rééquipé en Bf 109F et revient au front entre novembre et décembre.

C'est à cette époque que Marseille apprend sa nomination au grade de sous-lieutenant. Enfin, il n'est plus le « plus vieil aspirant de la *Luftwaffe* », mais le chemin de la réussite est encore long. Cependant le 24 septembre, il accomplit un exploit retentissant. Surgissant, à sa manière, au milieu d'un cercle défensif de Hurricane, il abat coup sur coup 4 appareils sur les 6 revendiqués par son escadrille. Le lendemain, un communiqué de l'OKW fait mention d'un *jeune lieutenant* qui a abattu quatre adversaires en un seul combat. Il en est à 21 victoires confirmées ; l'Étoile d'Afrique monte lentement dans le ciel.

Préparant l'offensive « Crusader » fixée à la mi-novembre, le général Auchinleck obtient quelques renforts aériens. Pendant le mois qui précède, les forces aériennes du Commonwealth cherchent à obtenir la supériorité aérienne, mais elles s'aperçoivent que les Bf 109F constituent des adversaires redoutables pour les Hurricane II et les Tomahawk. Cent quatre-vingt-dix avions allemands et deux cent quarante italiens attendent les Britanniques de pied ferme.

LA *LUFTWAFFE* EN PANNE D'ESSENCE

Le succès de « Crusader » est immédiat. Rommel, qui préparait sa propre offensive, est pris par surprise. Il doit se replier et abandonner le siège de Tobrouk, le 7 décembre. La situation de la *Luftwaffe* se détériore rapidement, en raison d'une part des pertes et d'autre part de la pénurie de carburant. Malte, invaincue et renforcée, sert de base avancée pour couper le cordon ombilical maritime qui relie l'*Afrika Korps* à l'Italie.

Dans le ciel, la *Luftwaffe* connaît quelques moments difficiles. Le 22 novembre, la JG 27 remporte 21 victoires, mais 6 Bf 109 sont abattus. Les pilotes allemands reçoivent l'ordre de ne plus engager les chasseurs britanniques en combat tournoyant, mais d'employer au mieux leur pointe de vitesse par des séries de piqués et de chandelles.

Le 18 décembre, la JG 27 est contrainte d'éva-

Trois vieux pneus et quelques bidons et ne se croirait-on pas à Berlin ? Marseille consulte les nouvelles du jour sur l'équivalent allemand d'une colonne Morris fabriquée avec les moyens du bord. (ECPA)

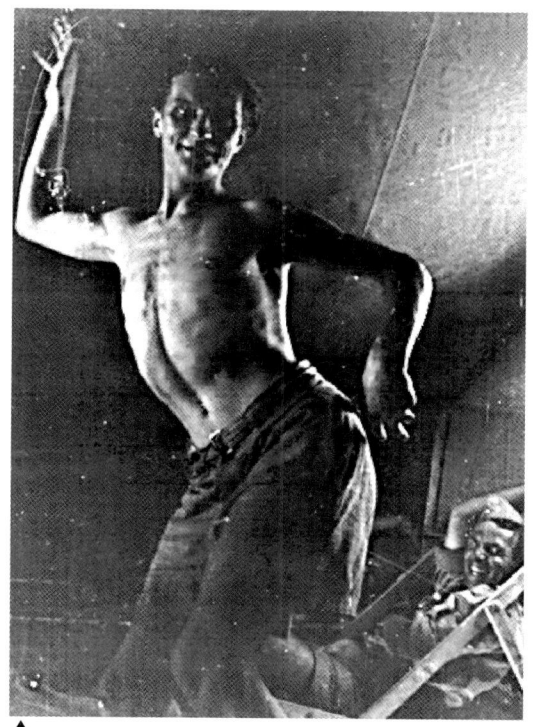

Jochen en danseuse arabe. Pourtant, Marseille n'a rien d'un bout-en-train, il est même considéré par ses camarades comme plutôt taciturne. Il participe rarement aux beuveries organisées régulièrement pour rompre l'ennui dû à l'isolement et à l'éloignement de toute civilisation. (ECPA)

cuer Derna, menacé par l'avance britannique. Le *Feldwebel* Pöttgen écrit au crayon sur la porte de la salle de contrôle : « Nous reviendrons ! Joyeux Noël [3] ! ». Bien que disposant de nombreux appareils, les Allemands sont limités dans leur emploi par un ravitaillement en carburant déficient. La *Luftwaffe* abandonne 458 appareils dans sa retraite, faute d'essence pour les mettre à l'abri. Le 22 décembre, éclatée sur divers terrains, la JG 27 perd six appareils mitraillés au sol.

La situation s'aggrave pour le I./JG 27, car les avant-gardes britanniques ne se trouvent qu'à 50 km de Magrun et la quarantaine de Bf 109 dont il dispose sont cloués au sol... À 10 heures, treize Tomahawk des n° 112 et 250 *Squadrons* mitraillent la piste. Le I./JG 27 ne peut faire décoller qu'un seul avion, celui du *Leutnant* Sinner, qui s'en prend à l'escorte composée de douze autres Tomahawk des n° 2 et 4 SAAF *Squadrons*, sans résultat. Les chasseurs britanniques ont à peine quitté les lieux qu'arrivent seize Ju 52/3m transportant les précieux barils d'essence. À quelques minutes près, tout partait en fumée, les trimoteurs et le carburant ! Le I./JG 27 peut ainsi se replier sur Sirte et Arco Philenorum.

Le 6 janvier 1942, Rommel est repoussé sur ses bases de départ d'El Agheila. Si l'objectif de « Crusader » a été atteint, les forces du Commonwealth laissent sur le terrain quelque 300 avions. La *Luftwaffe* en a perdu 232, entre le 18 novembre et le 20 janvier et la Regia Aeronautica, plus d'une centaine. Toutefois, cette grande offensive s'achève surtout par une conquête de terrain ; l'*Afrika Korps* est loin d'être vaincu et prêt à contre-attaquer, comme il le prouvera bientôt.

MARSEILLE EN TÊTE DU PALMARÈS

Contre toute attente, le 21 janvier 1942, Rommel passe à l'offensive, reprenant Benghazi et avançant irrésistiblement jusqu'à une ligne Gazala-Bir Hakeim que les Britanniques tiendront jusqu'en mai. Le *Fliegerführer Afrika* dispose de 657 avions de combat, dont 178 Bf 109F-4 et la *Regia Aeronautica* de 396 autres, dont désormais cinq *Gruppi* de Macchi MC.202. Le *Middle East Command* fait face avec 893 appareils, dont 536 chasseurs. Le nouveau Curtiss Kittyhawk IA (l'équivalent du P-40E américain) a fait son apparition, mais l'*Air Vice-Marshall* Coningham, qui a succédé à Tedder, réclame à cor et à cri des livraisons de Spitfire, le seul appareil qui puisse réellement rivaliser avec le Messerschmitt 109. Cependant, les quelque 1 200 exemplaires en service sont maintenus en Angleterre dans la crainte d'un nouveau *Blitz* et l'entrée en guerre du Japon entraîne une nouvelle répartition des fournitures en matériel au détriment du Moyen-Orient.

La période s'étendant de février à avril 1942, marquée par un ralentissement de l'activité au sol, se caractérise par les plus violents affrontements aériens depuis l'arrivée de l'*Afrika Korps*. Hans-Joachim Marseille se trouve, bien sûr, en plein cœur de la bagarre. Et son heure de gloire ne tarde pas à sonner.

Le 8 février, avec quatre victoires dans la journée, il atteint le total de 40 et prend la tête du palmarès de la chasse allemande en Afrique — avec une victoire de plus que Homuth. Le 21 février, il remporte sa 50e victoire :

« À midi, le 21, six Bf 109 du I./JG 27 décollent pour patrouiller aux environs d'Acroma. Les trois *Rotte* sont conduites par le Hpt. Homuth, avec le Lt. Stahlschmidt et le Lt. Marseille comme chefs de section. Stahlschmidt n'est pas dans un état d'esprit propice au combat ; en effet, il a été pris en photo par des soldats avant son départ en mission — ce qui est considéré comme portant la poisse. Au-dessus d'Acroma, ils aperçoivent onze Kittyhawk du n° 112 *Squadron* et aussitôt commencent à monter pour bénéficier de l'avantage de l'altitude. Stahlschmidt vole dans l'avion le plus lent ; il est si occupé à observer les avions anglais qu'il oublie d'ouvrir les gaz et se retrouve à la traîne des cinq autres. Tout à coup, l'un des Kittyhawk (probablement piloté par le *Sqn. Ldr.* Caldwell) grimpe en chandelle, tire et le touche. En vrille inversée, des flammes jaillissent de son appareil, il entend dans ses écouteurs la voix de Homuth qui demande en colère : "Quel est l'idiot qui s'est fait descendre ?" Il réussit à rétablir et à atterrir en catastrophe dans le *no man's land*, où il est recueilli par une patrouille qui le ramène à Martuba dans la soirée. Les cinq autres Messerschmitt plongent sur les Kittyhawk, abattant deux pilotes polonais, les Sgt Derma et FO Jander et endommageant l'appareil du Sgt Elliott qui s'écrase sur la piste d'El Adem avec son pilote mortellement blessé. Deux de

Le grand tournant — 103

Marseille (au centre) en compagnie du *Leutnant* Karl von Lieres. La photo a été prise au printemps 1942, à l'époque où le jeune as n'arbore que la Croix de Chevalier autour du cou. Il est au début de son ascension fulgurante. (ECPA)

ces victoires sont revendiquées par Marseille et la troisième par Homuth. Homuth et Marseille sont très impressionnés par la précision du tir vertical à longue distance qui a eu raison de Stahlschmidt. »

Le lendemain, un communiqué de l'OKW indique que le *Leutnant* Hans-Joachim Marseille est récipiendaire de la *Ritterkreuz*. L'intendant de Derna s'est-il rappelé son nom ?

« ET MAINTENANT LE CENTIÈME, JOCHEN ! »

Pendant ce temps, la *Luftflotte 2* et la *Regia Aeronautica* se lancent dans une série de raids sur Malte. Mais, la RAF a enfin compris : le 7 mars, 16 Spitfire Mk. Vb quittent le pont du porte-avions *Eagle* et se posent à Takali — les premiers *Spit* à opérer en-dehors du Royaume-Uni. Le 21 avril, le haut état-major allemand met sur pied l'opération « Herkules » qui prévoit l'invasion de Malte par des forces aéroportées et un débarquement italien. Cependant, peu chaud à l'idée de s'engager dans une opération d'une telle envergure avec ses « alliés » italiens, Hitler n'est que trop heureux des succès de Rommel, dont l'entrée en Égypte n'est qu'une question de semaines et repousse le déclenchement de « Herkules » en septembre. Le 30 juin, la progression de

La JG 27 n'est pas la seule escadre représentée en Cyrénaïque. La JG 53, à l'insigne de l'as de pique, y a fait de fréquents et parfois longs séjours. On voit ici le Bf 109F du *Hauptmann* Erich Gerlitz, *Kommandeur* du III./JG 53, un as aux quelque 20 victoires. (ECPA)

l'*Afrika Korps* est définitivement arrêtée devant le petit village d'El Alamein, à moins de 200 km du Caire. « Herkules » est ajourné *sine die*.

Le 3 juin, Jochen abat six Tomahawk du n° 5 SAAF *Squadron* en onze minutes au-dessus de Bir Hakeim. Si l'on considère le fait que son canon s'est enrayé au dixième obus et qu'il a descendu au moins quatre de ses adversaires avec seulement ses deux mitrailleuses de capot, ce n'est pas un mince exploit qu'il accomplit ce jour-là. Le 6 juin, promu *Oberleutnant*, il se voit attribuer les Feuilles de chêne à sa Croix de Chevalier. Il est alors titulaire de 75 victoires. L'Étoile est au zénith.

Le 8 juin, le *Hauptmann* Gerhard Homuth devient *Kommandeur* du I./JG 27, laissant son poste de *Staffelkapitän* au nouveau lieutenant Marseille. Malgré son talent, Jochen n'est pas un meneur d'hommes. Individualiste forcené, il ne doit sa promotion et ses décorations qu'à ses seuls mérites personnels et au fait qu'il est impensable qu'un as de sa trempe puisse demeurer longtemps sous-officier ou ne soit pas au moins promu chef d'escadrille. À aucun moment de sa carrière, Marseille ne se conduira comme un véritable chef. Il est et restera un « loup solitaire », se battant selon son instinct, sans vraiment se préoccuper du sort de ses équipiers. Certes, il les protège en combat, comme ils le font pour lui, mais il s'intéresse davantage à améliorer sa technique personnelle qu'à promouvoir une tactique collective ou un travail d'équipe.

Le 17 juin, il en est à 95. Au cours du premier engagement, il plonge sur des Kittyhawk du n° 250 *Squadron* et des Hurricane du n° 73 *Squadron*. Marseille revendique deux « Curtiss » et deux Hurricane entre 13 h 02 et 13 h 09 — il s'agit en fait des quatre Hurricane des *Squadron-Leader* Ward, *Pilot Officers* Woolley et Stone et *Sergeant* Goodwin du n° 73 *Squadron*. Il abat deux adversaires au cours de sa première passe — le second en esquivant un chasseur dans son sillage — puis deux autres sur quatre qui forment un cercle défensif. Très tendu nerveusement, Marseille aurait envie de rompre le combat, mais ses camarades l'exhortent par radio :

Und nun der Hunderste, Jochen! Il aperçoit un Hurricane isolé filant vers Gambut et l'envoie en flammes percuter une batterie de DCA. Le centième ! Le dispositif allemand se reforme et rentre au terrain. Cependant, sur le chemin du retour, il aperçoit au-dessus de lui deux Spitfire. Grimpant pleins gaz, il en abat un en virage serré (probablement le *Sergeant* Drew du n° 112 *Squadron* qui revenait à sa base).

Avec 101 victoires, il quitte son escadrille pour Berlin où l'attend Adolf Hitler pour lui remettre les Épées à sa Croix de Chevalier avec Feuilles de chêne. Lui, l'indiscipliné, le marginal, il est le douzième pilote de la *Luftwaffe* à connaître cet honneur. Sa passion est intacte et son regard toujours aussi perçant, mais les durs combats qu'il livre sans répit ont laissé des traces. C'est une

Le grand tournant — 105

sorte de « zombie » qui descend de son désormais célèbre « 14 » jaune à chaque combat ; les traits tirés, le visage creusé par la fatigue accumulée, Marseille a perdu près de dix kilos en quelques mois.

DIX-SEPT VICTOIRES EN UNE JOURNÉE

Le 1er septembre, Marseille accomplit l'un des plus grands exploits de la Seconde Guerre mondiale en abattant 17 avions ennemis en une journée. Entre 8h45 et 9 heures, 15 Bf 109 du I./JG 27 et 10 du III./JG 27 escortent des Ju 87 au-dessus du front, à nouveau en éruption. Jochen attaque une formation de Hurricane, abattant les deux derniers du dispositif (*Lieutenant* Bailey et *Major* Metelerkamp du n°1 SAAF *Squadron*), puis un troisième (*Flying Officer* Matthews du n°238 *Squadron*) qui menace un Ju 87. Il est ensuite pris en chasse par six Spitfire. Le premier, emporté par son élan, le dépasse et est instantanément descendu (*Pilot Officer* Bradley-Smith du n°92 *Squadron*). Ces quatre victoires ont été remportées avec 80 obus de canon et 240 de mitrailleuses — une belle moyenne.

Vers 11h20, 12 Bf 109 du I./JG 27 effectuent une mission similaire et se heurtent à deux formations de bombardiers puissamment escortées. Les « Curtiss » se mettent en cercle défensif. Cette méthode de protection est particulièrement redoutable pour n'importe quel assaillant — n'importe lequel, mais pas Marseille. Il plonge au milieu de la « noria » et descend deux appareils. Les autres rompent le cercle et s'éparpillent. Marseille choisit le dernier et lui fait subir le même sort. Puis, il abat un quatrième, un cinquième — qui explose en vol — et un sixième, en virage serré sur la gauche. Et même un septième, qui explose aussi, au moment où la formation de Marseille s'apprête à rentrer au terrain. Son ailier vise un adversaire et le manque, mais Jochen se place dans son sillage en virant sur l'aile et le descend à moins de cent mètres de distance. Les unités alliées impliquées dans ce combat n'ont pas été identifiées avec certitude, mais les comptes rendus mentionnent la perte de six chasseurs au cours d'une mission de protection de bombardiers. À son retour, Marseille est accueilli et chaudement félicité par le *Generalfeldmarschall* Kesselring en tournée d'inspection.

Vers 18h45, le I./JG 27 est intercepté par une dizaine de Hurricane, vraisemblablement du n°213 *Squadron*. Marseille en revendique cinq entre 18h47 et 18h53, qui viennent s'ajouter à trois autres revendiqués par ses camarades. Le n°213 *Squadron* perd cinq avions.

L'ÉTOILE S'ÉTEINT

Le 15 septembre, Hans-Joachim Marseille est le troisième pilote allemand à atteindre le nombre de 150 victoires — à une grande différence près : il les a toutes remportées contre des Britanniques. Ce jour-là, il descend sept Kittyhawk en onze minutes, tous au-dessus des lignes allemandes. Les n°3 RAAF, 112 et 250 *Squadrons* perdent six avions abattus et deux fortement endommagés ; la JG 27 a revendiqué en tout onze victoires. Le lendemain, Marseille est promu au grade de *Hauptmann* : le plus vieil aspirant de la *Luftwaffe* en est devenu son plus jeune capitaine.

Le 26 septembre, Jochen remporte quatre victoires, portant son palmarès à 158. Ce seront ses dernières. Quatre jours plus tard, la brillante carrière du jeune as s'arrête brutalement.

Le 30 septembre 1942, Marseille rentre de mission à bord d'un Bf 109G-2 (Wk. Nr. 14256) flambant neuf, sans avoir engagé l'ennemi. Il a l'impression que l'appareil prend feu en plein vol. Une épaisse fumée blanche emplit son habitacle, l'empêchant de maintenir sa ligne de vol. Il se décide à sauter, mais il ne se rend pas compte, en passant sur le dos pour évacuer l'appareil, que celui-ci s'est mis en léger piqué. Marseille heurte la dérive de la poitrine et, assommé par le choc, il ne peut ouvrir son parachute. Vers 11h40, son corps inanimé percute le sol à 7 km au sud de la mosquée de Sidi Abd-el-Rahman.

L'Étoile d'Afrique s'est éteinte.

X
LE TEMPS DU CONDOR
La bataille de l'Atlantique

S'étendant, grosso modo, de l'été 1940 à mai 1943, la bataille de l'Atlantique recouvre un enjeu stratégique majeur. En évoquant le péril sous-marin, Churchill dira qu'il fut « la seule chose qui m'ait vraiment effrayé pendant la guerre ». Que l'on ne s'y trompe pas, si les U-Boote parviennent à interrompre de manière significative le trafic maritime dans l'Atlantique, c'est toute la guerre en Europe qui bascule. Car, les forces armées britanniques et américaines en Europe et en Afrique du Nord sont totalement dépendantes du ravitaillement et des renforts qui leur parviennent des États-Unis. L'aviation est appelée à jouer un rôle déterminant dans cette longue guerre d'usure et, du côté allemand, la menace venue du ciel porte un nom : le Condor.

LA TERREUR DE L'ATLANTIQUE

LE DESTIN du Focke-Wulf Fw 200 Condor est assez curieux. Quadrimoteur civil utilisé par la Luft Hansa et comme avion personnel par Hitler, il est modifié en appareil de reconnaissance maritime à la demande de la marine impériale japonaise qui se plaint de ne pas disposer d'un appareil d'une autonomie suffisante pour ce rôle. Avec la déclaration de la guerre en Europe, la transformation d'un prototype pour les Japonais est abandonnée, mais pas l'idée. En attendant la mise en service du Heinkel He 177, le *Reichsluftfahrtministerium* demande la reprise de la conversion du Fw 200 pour la *Luftwaffe*.

Le Fw 200C-0 de présérie possède une autonomie importante, de l'ordre de 3 500 km, mais il cache difficilement ses origines civiles. Sa structure légère s'accommode mal des contraintes des vols de guerre et de la surcharge imposée par les équipements, l'armement et les réservoirs que nécessitent sa nouvelle tâche. De ce fait, les accidents sont fréquents ; le Condor a les reins fragiles et se casse facilement à la hauteur du fuselage arrière. Son train d'atterrissage est délicat et le blindage réduit au strict minimum, pour ne pas encore alourdir l'appareil, le rend vulnérable aux armes de petit calibre.

Malgré ces inconvénients, les Condor sont transformés dans la plus grande hâte et les premiers des dix appareils de présérie commandés sortent en

Un des premiers Condor de la *Luftwaffe*, un Fw 200B-2 dépourvu d'armement et sans la gondole ventrale qui sera ajoutée sur la série militaire. L'appareil est équipé de quatre moteurs BMW 132H de 830 ch entraînant une hélice bipale. Le poids en charge de l'avion est de l'ordre de 17 tonnes. Photographié fin 1940 sur une base norvégienne, l'appareil porte l'insigne de la KG 40, *die Welt im Ring* et le code F8 + HH. Il est essentiellement utilisé pour les besoins personnels du commandant de l'unité, le *Major* Edgar Petersen. (ECPA)

Le grand tournant — 107

janvier 1940, alors que Focke-Wulf s'est déjà tourné vers la première version de série C-1 livrée à la *Luftwaffe* à partir d'avril 1940.

En quelques mois, cette brillante improvisation « commercialo-militaire » va devenir pour les Britanniques « la terreur de l'Atlantique ». Toutefois, en matière d'improvisation, les Britanniques font encore plus fort !

UN PISTOLET D'ALARME ET DEUX PIGEONS VOYAGEURS

La lutte aéronavale relève du *Coastal Command*, une arme équipée et entraînée par la RAF, mais placée intelligemment sous le commandement tactique de l'Amirauté. À la déclaration de la guerre, les effectifs du *Coastal Command* s'élèvent à quelque 450 appareils, comprenant essentiellement des Hudson d'origine américaine, des hydravions Sunderland et des Anson. En ces temps héroïques, pour parer à la menace sous-marine, la RAF doit faire flèche de tout bois.

Des Avro Anson et des de Havilland Tiger Moth sont utilisés comme « épouvantails[1] ». Les premiers portent une bombe de 40 kg dont l'efficacité est mise en relief lors d'une rencontre fortuite entre un Anson du n° 500 *Squadron* et le sous-marin britannique *Snapper*. S'étant mépris sur la nationalité de ce dernier, l'équipage lui balance sa bombe qui explose sur la base du kiosque, cassant... quatre ampoules électriques[2] ! Quant au Tiger Moth, biplan biplace d'entraînement, il est « armé » d'un pistolet d'alarme Very. Les communications sont assurées par... deux pigeons voyageurs embarqués dans une cage posée sur le siège vide (l'appareil est utilisé en monoplace pour ces missions... de guerre) et en cas d'amerrissage forcé, le pilote peut compter sur une chambre à air d'automobile pour surnager !

LE BON TEMPS

Fin juin 1940, le nouveau I./KG 40 dispose de six Fw 200. Un mois plus tard, après quelques sorties de bombardement au-dessus de l'Angleterre, le groupe quitte la Norvège pour s'établir à Bordeaux-Mérignac où il est rattaché au IV. *Fliegerkorps*. Un état-major (*Stab*) est créé pour le groupe, mais il ne comprend qu'un seul avion, celui du *Major* Edgar Petersen. À cette époque, fin septembre 1940, le I./KG 40 aligne environ 15 Fw 200.

Partant de Bordeaux, les Condor effectuent un large arc de cercle, passant au-dessus des côtes atlantiques de l'Irlande et se posent à Trondheim ou à Stavanger, en Norvège, après avoir attaqué tout ce qui se trouve sur leur route. Cela ne se passe pas toujours facilement. Ainsi, le 13 juillet, un Fw 200 est abattu au-dessus de la Manche et le 20 août, un second appareil s'abîme en mer d'Irlande. Entre août et septembre, les Condor revendiquent l'envoi par le fond de 90 000 tonneaux.

Leur succès le plus spectaculaire est la découverte et le bombardement du paquebot canadien *Empress of Britain*, jaugeant 42 000 tonneaux. Le 26 octobre, l'*Oberleutnant* Bernhard Jope endommage le paquebot au large de la baie de Donegal en Irlande. Il sera achevé par un *U-Boot* quelques jours plus tard après qu'il ait été pris en remorque. L'*Empress of Britain* sera le plus gros navire marchand coulé pendant la guerre.

En octobre 1940, une seconde escadrille, la 2./KG 40, renforce le groupe, suivie en mars 1941 d'une 3./KG 40. C'est la grande période des sous-marins allemands, *die glückliche Zeit* : plus de 2,8 millions de tonneaux envoyés par le fond fin 1940. C'est aussi le « bon temps » pour les Condor. Entre le 1er août 1940 et le 9 février 1941, le I./KG 40 revendique la destruction de 85 navires pour un total de 363 000 tonneaux.

UNE COOPÉRATION DIFFICILE

Toutefois, la coopération entre les sous-marins et la *Luftwaffe* laisse à désirer. Si les excellentes relations entre le *Großadmiral* Dönitz et le *Major* Petersen autorisent une certaine collaboration entre les Fw 200 et les meutes de *U-Boote*, au plus haut échelon de la hiérarchie, elles sont empreintes d'une vive rivalité. En effet, Göring a toujours voulu s'accaparer tout ce qui, de près ou de loin, peut voler et s'est longtemps opposé à une subordination, même tactique, de la KG 40 au *Befehlshaber der U-Boote*. En janvier 1941, Hitler

▲
Un Fw 200C-3 dans les neiges du grand Nord. Cette version se distingue par une structure nettement renforcée et par quatre moteurs BMW-Bramo 323R de 1 200 ch. L'armement défensif se compose d'un canon de 20 mm à l'avant de la gondole ventrale et de quatre mitrailleuses de 7,9 mm. Le poids en charge atteint près de 21 tonnes. (ECPA)

1. Le *Coastal Command* baptise ces missions, « Scarecrow patrols », littéralement patrouilles-épouvantails.

2. *La RAF pendant la guerre* — R. Baker — Time-Life, Amsterdam, 1982.

Malgré le renforcement de la structure, le Fw 200C reste un avion fragile des reins. De nombreux accidents semblables à celui-ci surviennent à l'atterrissage. On distingue le râtelier sous l'aile permettant l'emport d'une bombe de 250 kg. (ECPA)

3. Le Liberator Mk.I n'a pas d'équivalent au sein de l'USAAF. Les 120 premiers exemplaires, équipés aux standards britanniques, sont payés « cash » d'avance, la loi « Prêt-et-bail » n'ayant pas encore été votée.

tranche en faveur de Dönitz. En mars 1941, la création du poste de *Fliegerführer Atlantik* améliore sérieusement la situation en instaurant un intermédiaire entre le *Befehlshaber der U-Boote* et la *Luftflotte* 3 pour exercer la tutelle sur la KG 40. À cette époque, la dotation réelle de l'escadre devient — enfin — conforme à sa dotation théorique de 21 appareils.

Avec leur autonomie de l'ordre de 4 000 km, les Condor peuvent opérer jusqu'au 25e parallèle ouest. Ils se cantonnent en général dans une zone comprise entre le 19e ouest et le 45e nord (au large du Portugal). Volant par paire jusqu'au 11e ouest, ils se séparent afin de couvrir chacun une zone dans laquelle ils procèdent selon le schéma suivant : 50 km vers l'ouest, puis 50 km vers le sud, 50 km vers l'est et à nouveau 50 km vers le sud, et ainsi de suite jusqu'à la couverture complète du secteur imparti. Quand il repère un objectif, le Condor prévient le *Befehlshaber der U-Boote* s'il estime que l'intervention des sous-marins s'avère nécessaire. Dans ce cas, il maintient le contact visuel et sert de guide à la « meute ». Dans le cas contraire, il demande des renforts ou procède lui-même à l'attaque.

SEPT NAVIRES COULÉS EN UNE JOURNÉE

Pour boucher le « trou de l'Atlantique », la première parade du *Coastal Command* consiste à déplacer le centre de gravité de ses opérations vers l'ouest, en installant trois escadrilles en Islande au printemps 1941. En juin 1941, le n°120 *Squadron*, basé près de Belfast, reçoit ses premiers Liberator I[3] qui, avec leur autonomie de 3 850 km doublent pratiquement le rayon d'action du *Coastal Command*. Mais, c'est encore insuffisant.

L'activité de la KG 40 ne se ressent guère des efforts britanniques. Les Condor coulent 14 bâtiments pour le seul mois de janvier 1941. Le 9 février 1941, le U-37 repère le convoi HG 53 parti la veille de Gibraltar à destination de l'Angleterre. De Bordeaux, cinq Fw 200C de la 2./KG 40 décollent sous les ordres du *Hauptmann* Friedrich Fliegel. Ils aperçoivent les navires six heures plus tard, alors qu'ils se trouvent à 400 milles au large de Lisbonne. La coordination des attaques est exemplaire. Les Condor coulent trois bâtiments et le U-37 en envoie trois autres par le fond, sans la moindre opposition.

C'en est trop pour les Anglais, qui décident d'employer les grands moyens. La *Royal Navy* dispose de plusieurs porte-avions, mais trop peu nombreux pour escorter tous les convois, ils sont le plus souvent eux-mêmes utilisés comme cargos.

En 1941, les Britanniques reconditionnent un cargo jaugeant 5 600 tonneaux capturé aux Allemands pour en faire le HMS *Audacity*, un petit porte-avions d'escorte embarquant huit Martlet II du n°802 *Squadron*. Au cours de la première mission d'escorte, le 20 septembre 1941 au large des côtes espagnoles,

Une patrouille de Fw 200C-3 de la 3./KG 40. (ECPA)

Le grand tournant — 109

◄ Un Fw 200C-3/U1 de la 1./KG 40 à Bordeaux-Mérignac. Cette variante possède une nouvelle tourelle hydraulique armée d'un canon de 15 mm. Le Condor est également utilisé pour des raids « stratégiques » nocturnes sur les îles britanniques. Celui-ci en a accompli deux, ainsi que l'attestent les deux minuscules barres blanches suivant l'inscription « England » sur la dérive. (ECPA)

les *Sub-Lieutenants* Patterson et Fletcher abattent un Fw 200C-3 de la 3./KG 40. Mais, sa carrière sera brève. Le 17 décembre, lors de l'escorte du convoi HG 76 à destination de Gibraltar, les Martlet détruisent deux nouveaux Condor, mais quatre jours plus tard, l'*Audacity* est torpillé par un sous-marin. Le convoi HG 76 aurait pu marquer un tournant dans la bataille de l'Atlantique, car il est le premier à bénéficier d'un parapluie aérien de bout en bout. La perte de leur unique porte-avions d'escorte empêche les Britanniques de renouveler cette performance.

L'idée de transformer certains *Liberty-ships* en porte-avions légers d'escorte fait son chemin, mais le temps presse. Alors, on en revient à la bonne vieille technique des « épouvantails ».

DES CHASSEURS « À JETER »

En octobre 1940, le *Coastal Command* met sur pied une nouvelle unité, la *Mershant Ship Fighter Unit*. Confiée au *Wing Commander* Kirk, à Speke, cette formation possède une particularité unique : ses chasseurs sont du genre « consommable ». En effet, deux types de bâtiments, les *Fighter Catapult Ships* et les *Catapult Aircraft Merchant Ships* (en abrégé *CAM-ships*) commencent à recevoir sur leur pont une catapulte permettant de lancer un avion de chasse pour un voyage sans retour. Après avoir accompli son unique mission, le pilote est censé sauter en parachute ou amerrir près du navire pour y être recueilli. Il faut souligner la dose de courage des pilotes affectés à cette unité, pour lesquels la perspective d'un bain forcé au milieu de l'océan — surtout l'océan Arctique — ne présente sans doute pas un caractère motivant.

En tout, cinq *FCS* et trente-cinq *CAM-ships* sont équipés d'une catapulte. Les pilotes affectés aux *FCS* proviennent de la *Fleet Air Arm* de la Royal Navy, ceux affectés aux *CAM-ships* appartiennent à la RAF. Cette distinction se retrouve dans le type d'appareils utilisés par la *MSFU* : Fulmar Mk. I et II pour les premiers et Sea Hurricane Mk. IA pour les seconds. Cinquante de ces derniers sont spécialement équipés et renforcés pour résister à la terrible accélération : de 0 à 100 km/h en 25 mètres !

Entre le 7 juin 1941 et le 28 juillet 1943, 18 chasseurs sont catapultés (dont trois dans l'océan l'Arctique). Ils réussissent à abattre sept avions ennemis, en endommageant ou repoussant les attaques de dix autres. Le plus étonnant reste que deux pilotes seulement seront tués (l'un en percutant une falaise en Irlande en tentant de regagner la terre ferme, l'autre, le *Flying Officer* J.B. Kendall, noyé à l'amerrissage au terme d'un combat l'ayant mis aux prises avec un Ju 88 et un BV 138, le 25 mai 1942).

Ce Fw 200C affiche un impressionnant palmarès : 13 missions au-dessus de l'Angleterre et 10 cargos coulés entre le 10 décembre 1940 et le 4 mars 1941. Il est vraisemblable que ces missions ne sont pas attribuables à un seul équipage, mais à ceux qui se sont succédé aux commandes de cet appareil. (DR)
▼

WINSTON CHURCHILL ABATTU PAR DES Ju 88

À cette époque, les Beaufighter et les Mosquito, mis en service par le *Coastal Command*, mènent la vie dure aux sous-marins quittant ou regagnant leurs ports en surface, à tel point que le III./KG 40 se voit attribuer six Ju 88C-6 (version de chasse diurne) pour les protéger. Ils forment le noyau du futur V./KG 40. En novembre 1942, sous les ordres du *Major* Alfred Hemm, ce groupe prend ses quartiers à Cognac et à Lorient, d'où il patrouille le golfe par meutes pouvant atteindre jusqu'à quatorze Ju 88C, sur une zone ne dépassant pas 45° de latitude nord, mais pouvant s'étendre jusqu'au 15e parallèle ouest.

Le 1er juin 1943, un DC-3 civil (G-AGBB, « Ibis ») de la KLM, affrété par la BOAC, déjà endommagé deux fois par des chasseurs allemands en novembre 1942 et avril 1943, est intercepté et abattu par un groupe de Ju 88C-6 du V./KG 40 emmené par le *Leutnant* Bellstedt, alors qu'il effectue une liaison Lisbonne-Londres. Les services de renseignements allemands ont cru apercevoir Winston Churchill monter à bord de l'appareil! S'il se trouve bien alors en tournée en Tunisie, le grand homme ne fait pas partie des treize passagers, parmi lesquels se trouve en revanche l'acteur américain Leslie Howard. Il n'y a pas de survivant.

Tout n'est pourtant pas toujours rose pour les Ju 88. Le 10 mars 1943, le Français libre Max Guedj, alias Maurice pour la RAF, pilote un Beaufighter du n° 248 *Squadron* dans le golfe de Gascogne quand il est attaqué par une formation de chasseurs allemands. Au terme d'un combat tournoyant de 40 minutes, « Maurice » dégoûte ses adversaires en en envoyant deux « au bain ». Il parvient à rentrer à sa base de Talbanny dans un appareil en piteux état. Il recevra la DSO pour cet exploit. Devenu *Wing Commander*, il sera tué lors d'un raid particulièrement périlleux en janvier 1945[4].

4. La fin de Max Guedj a été admirablement racontée par Pierre Clostermann dans *Feux du ciel* (diverses éditions).

LA FIN DE LA KG 40

En 1941, la KG 40 s'enrichit d'un deuxième groupe sur Do 217E-4 et d'un troisième sur Fw 200C et He 111H-2, entraînant une certaine réorganisation au sein de l'escadre. Tandis que les Fw 200 du I./KG 40 se spécialisent dans les reconnaissances maritimes lointaines pour le compte des sous-marins, les missions offensives sont confiées en majorité aux autres appareils. Début 1942, trois *Staffeln* sont mutées à Trondheim-Vaernes pour le repérage des convois alliés ravitaillant Mourmansk. Elles jouent un rôle important dans l'attaque de l'infortuné convoi PQ 17, décimé par la *Luftwaffe* début juillet 1942.

Tandis que le III./KG 40 est intégralement transformé sur Fw 200 au cours du premier semestre 1942, le I./KG 40 débute sa conversion sur He 177A. La KG 40 laisse quelques plumes dans l'affaire de Stalingrad, diminuant sensiblement les effectifs engagés sur l'Atlantique nord. Malgré le rapatriement à Bordeaux-Mérignac et en Hollande de la plupart des escadrilles en mars 1943, la situation se dégrade lentement, jusqu'à la libération de la France et la transformation de la dernière escadrille (8./KG 40) en unité de transport, en octobre 1944.

Un Avro Anson I en vol. Ce vénérable bimoteur guère plus utilisé que pour l'entraînement connaît une seconde jeunesse en effectuant les premières patrouilles anti-sous-marines de la RAF. Le jeu consiste surtout à faire peur aux submersibles allemands en leur faisant croire qu'ils sont sous la menace directe de l'aviation. (Collection SHAA).

Le 15 octobre 1943, l'aérodrome de Mont-de-Marsan accueille une nouvelle unité, la 1./FAGr.5, équipée en Junkers Ju 290A-2. Ces énormes quadrimoteurs, aux origines également commerciales, possèdent une autonomie phénoménale de l'ordre de 6 200 km, qui leur permet d'étendre leur zone de recherche de Gibraltar aux Hébrides, en passant par les côtes nord-ouest de l'Afrique, les Açores, le 30e parallèle ouest, le 55e degré de latitude nord et la Manche ! Leur radar FuG 200 Hohentwiel, petite merveille de la technique, repère les navires de surface jusqu'à 100 km de distance à une altitude de 1 000 mètres. Cette escadrille est rejointe par une seconde le mois suivant et le tout est placé sous les ordres du *Hauptmann* Braun, qui s'est illustré à Stalingrad avec la LTS 290.

Avec l'introduction du Liberator, le *Coastal Command* dispose d'un véritable chasseur de sous-marins à long rayon d'action. On voit ici un GR VI (dérivé du B-24H) appartenant au n° 547 *Squadron*. Sur cette version, la tourelle inférieure a été remplacée par un radar escamotable. Mais, s'ils ont conservé la tourelle Emerson dans le nez et la tourelle Martin en position dorsale, les Britanniques ont installé une tourelle Boulton Paul avec quatre mitrailleuses de 7,7 mm dans la queue ! (Collection SHAA)

◀ Plus sérieux, et surtout plus dangereux pour les sous-marins, le Lockheed Hudson constitue l'épine dorsale du *Coastal Command* entre 1939 et 1941. La RAF a eu la bonne idée d'en commander 350 exemplaires avant le début des hostilités. Deux appareils du n° 269 *Squadron* survolent les eaux de l'Atlantique nord. (Collection Tallandier)

LE TOURNANT DE LA BATAILLE DE L'ATLANTIQUE

Alors que le rythme de livraison de submersibles neufs atteint cinq unités par semaine, en mai 1943, le *Befehlshaber der U-Boote* va connaître un terrible revers de fortune dont il ne se relèvera jamais. Pas moins de 41 sous-marins sont perdus dans le mois, dont six la même nuit — un quart des effectifs opérationnels. Inévitablement, les succès décroissent dans des proportions identiques.

Que s'est-il donc passé ?

Fin 1942, les services de renseignements britanniques ont totalement percé à jour le code utilisé par la machine *Enigma* pour chiffrer les messages émis et reçus par les sous-marins allemands. Toutefois, le manque de moyens n'a pas permis d'exploiter cette réussite. Enfin, en mai 1943, les Alliés peuvent passer d'une attitude strictement défensive à une démarche résolument offensive : la chasse au *U-Boot* est ouverte !

En juin 1940, les Allemands ont mis la main sur une invention française, le Metox, un détecteur passif réglé sur une bande décimétrique, celle précisément utilisée par les radars aéroportés de la RAF du type ASV Mk. II. Bricolé, ce détecteur de radar a été installé dans les sous-marins à l'été 1942. Repérant l'émission d'un radar à plus de 60 km, il donne tout le temps nécessaire à l'équipage pour plonger. En février 1943, les Alliés introduisent de nouveaux radars (ASV Mk. III et Mk. IV anglais et SCR-517 américain), opérant sur une bande centimétrique, que ne peut détecter le Metox. Le U-519 est ainsi surpris en surface, le 10 février 1943, par un B-24D du 1st *Antisubmarine Group* américain, basé à St Eval. La parade allemande viendra avec le FuG 350 Naxos, mais plus de six mois auront été perdus à cause des spécialistes du ministère de l'Air allemand qui avaient estimé que les Alliés ne disposaient pas d'une technologie suffisante pour construire un radar centimétrique[5].

La meilleure nouvelle qui filtre de la conférence de Washington, réunie début 1943, touche au transfert de cinq porte-avions américains et leur escorte du Pacifique à l'Atlantique. Cinq *Liberty C-3* transformés en porte-avions entrent en service à partir du printemps 1943, équipés en Martlet et en Swordfish. Ces porte-avions remportent leurs premiers succès au mois de mai, le *HMS Biter* participant à la destruction de deux sous-marins et le USS *Bogue* obligeant le U-569 à se rendre. *(Suite page 129)*

5. Ces spécialistes n'avaient pas entièrement tort. En effet, le magnétron, qui a permis la fabrication de radars centimétriques, a été construit d'une manière totalement empirique et ce ne sera que vers la fin de la guerre que les scientifiques alliés comprendront enfin son principe de fonctionnement.

LA CHASSE FRANÇAISE
(1939 - 1942)

❶ Curtiss H-75A-1 n°57
Sergent-chef René Trémolet
GC II/5 3ème escadrille
Toul-Croix de Metz (54), 6 novembre 1939.

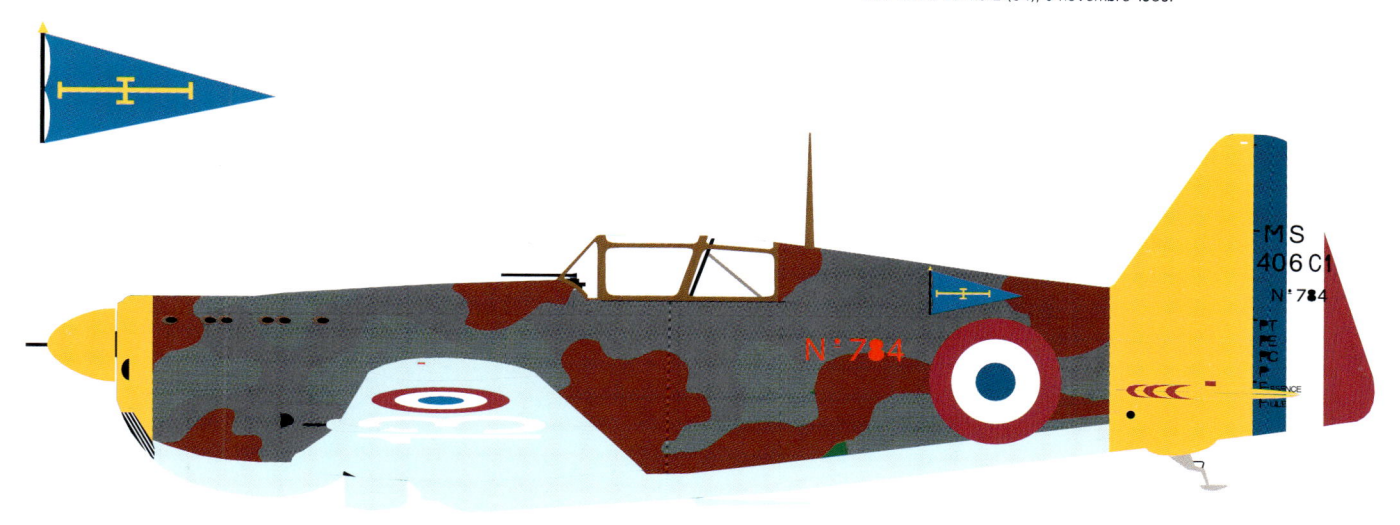

❷ Morane-Saulnier MS.406 n°784 (L-613)
Adjudant-chef Georges Amarger
GC I/7
Alep-Nerab (Syrie), 7 juillet 1941.

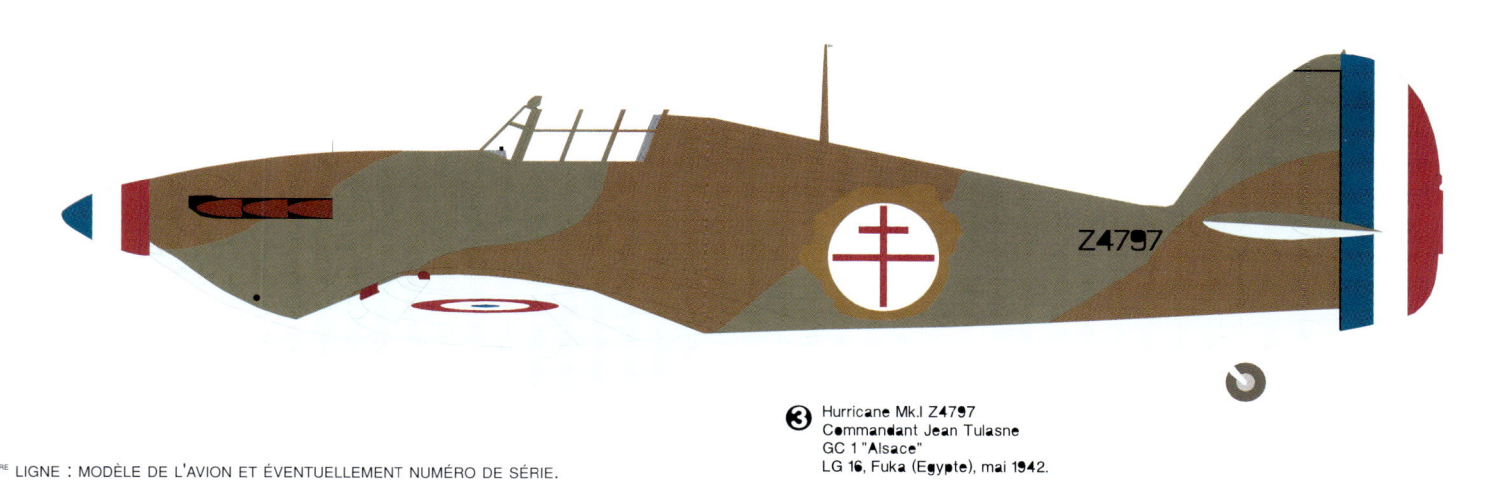

❸ Hurricane Mk.I Z4797
Commandant Jean Tulasne
GC 1 "Alsace"
LG 16, Fuka (Egypte), mai 1942.

1ᴱᴿᴱ LIGNE : MODÈLE DE L'AVION ET ÉVENTUELLEMENT NUMÉRO DE SÉRIE.
2ᴱᴹᴱ LIGNE : NOM DU PILOTE.
3ᴱᴹᴱ LIGNE : UNITÉ ET ÉVENTUELLEMENT FONCTION DU PILOTE.
4ᴱᴹᴱ LIGNE : DATE ET LIEU DE L'ÉTAT DANS LEQUEL
　　　　　　　L'APPAREIL EST REPRÉSENTÉ SUR LA PLANCHE.

La Guerre aérienne 1939-1945 — 113

LA CHASSE FRANÇAISE
(1943 - 1945)

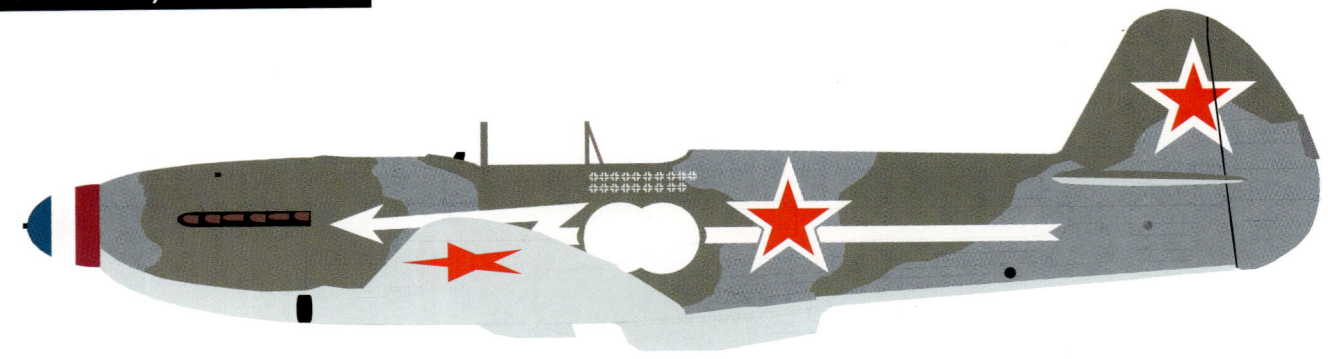

① Yakovlev Yak-3
Lieutenant-colonel Louis Delfino
Commandant du régiment "Normandie-Niémen"
Powanden (Prusse Orientale), 5 février 1945.

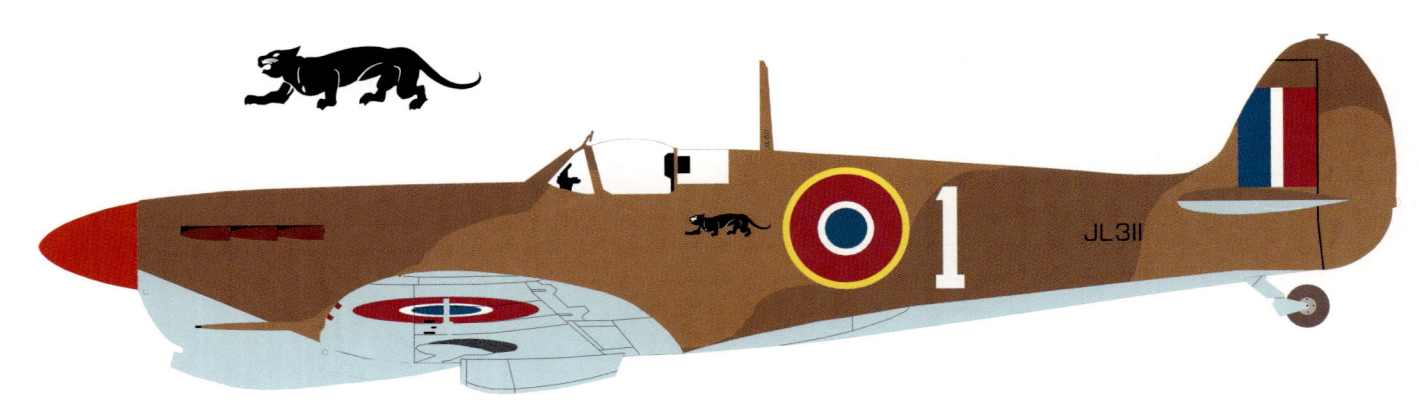

② Spitfire Mk.Vc JL311
Capitaine Georges Valentin
Commandant la 1ère escadrille du GC II/7 "Nice"
Ajaccio (20), juillet 1944.

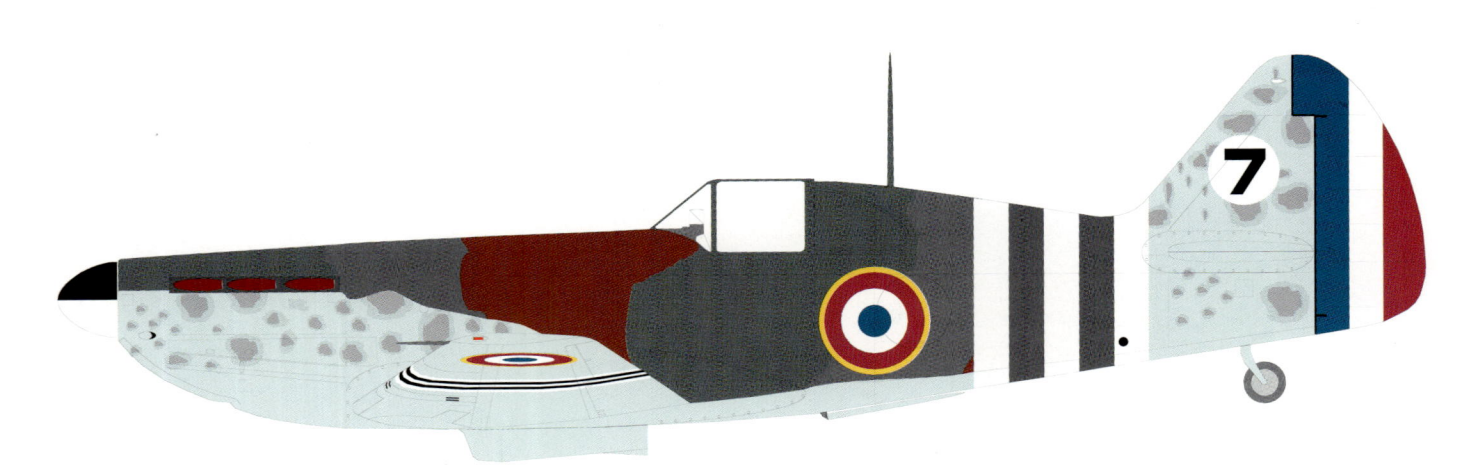

③ Dewoitine D.520 n°629
Adjudant de Grandpré
Groupe de Chasse FFI "Doret"
Toulouse-Blagnac (31), 10 septembre 1944.

LA BATAILLE D'ANGLETERRE (LA RAF)

❶ Hurricane Mk.I L1696
Squadron-Leader Ludwik Paszkiewicz
N°303 (Polish) Squadron, Northolt, 27.09.40.

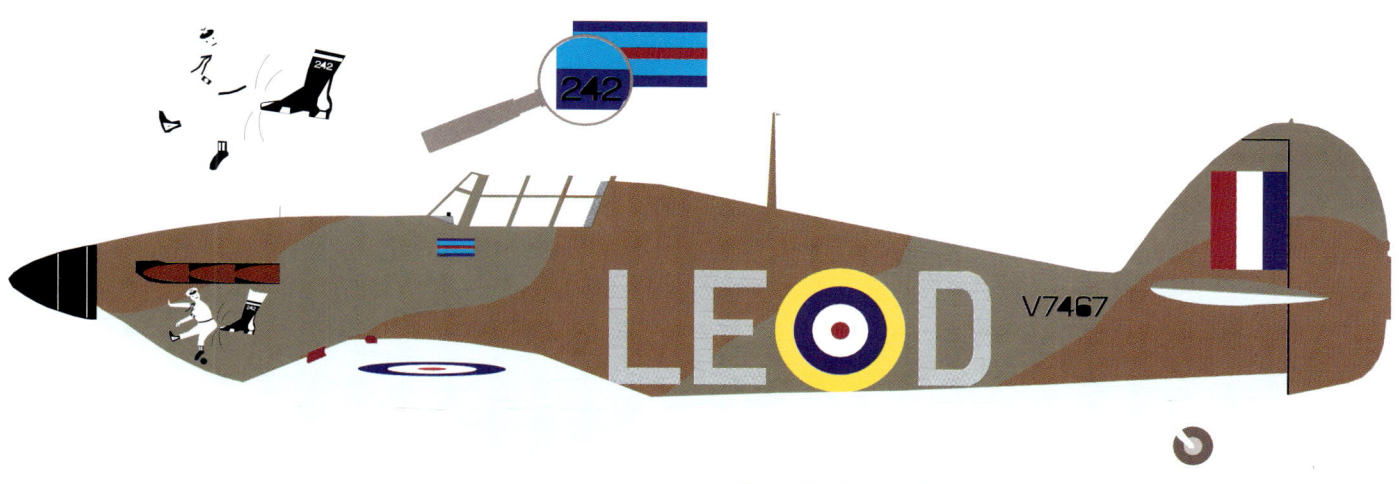

❷ Hurricane Mk.I V7467
Squadron-Leader Douglas R.S. Bader
N°242 Squadron, Coltishall, 15.09.40.

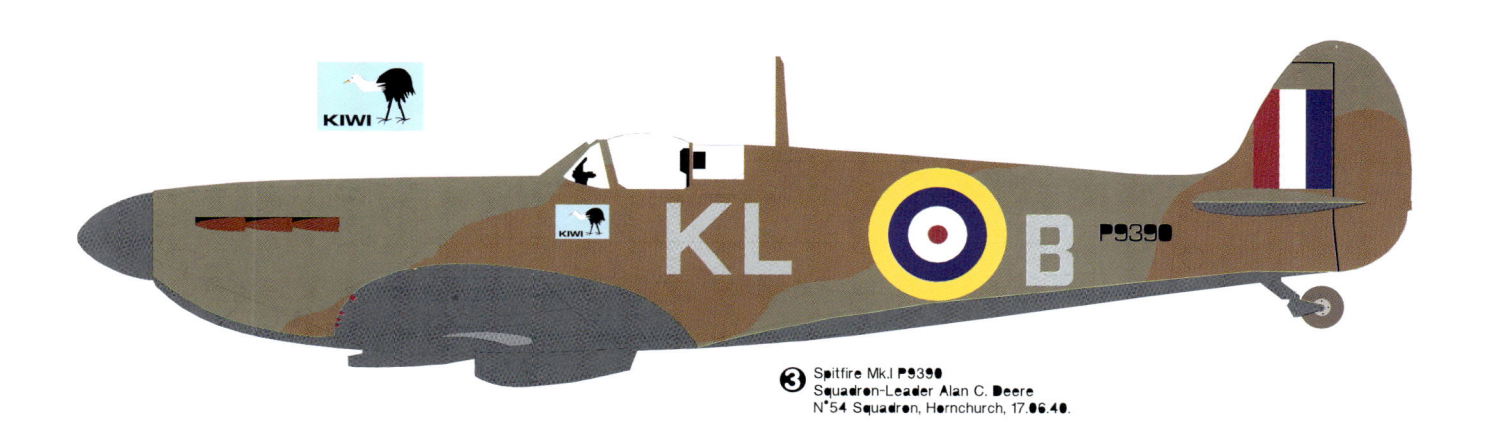

❸ Spitfire Mk.I P9390
Squadron-Leader Alan C. Deere
N°54 Squadron, Hornchurch, 17.06.40.

La Guerre aérienne 1939-1945 — 115

LA BATAILLE D'ANGLETERRE (LA LUFTWAFFE)

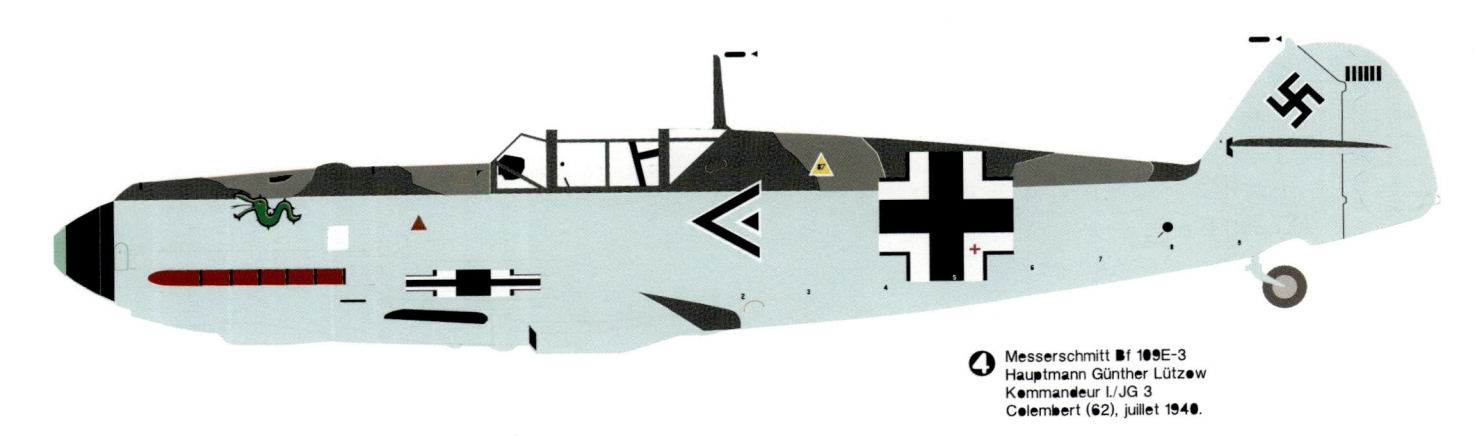

④ Messerschmitt Bf 109E-3
Hauptmann Günther Lützow
Kommandeur I./JG 3
Colembert (62), juillet 1940.

⑤ Messerschmitt Bf 109E-3
Oberfeldwebel Werner Machold
Kapitän 7./JG 2
Le Havre (76), 30.09.1940.

⑥ Messerschmitt Bf 109E-3
Oberleutnant Helmut Wick
Kapitän 3./JG 2
Mardyck (59), 27.08.40.

116 — La Guerre aérienne 1939-1945

LA GUERRE À L'EST

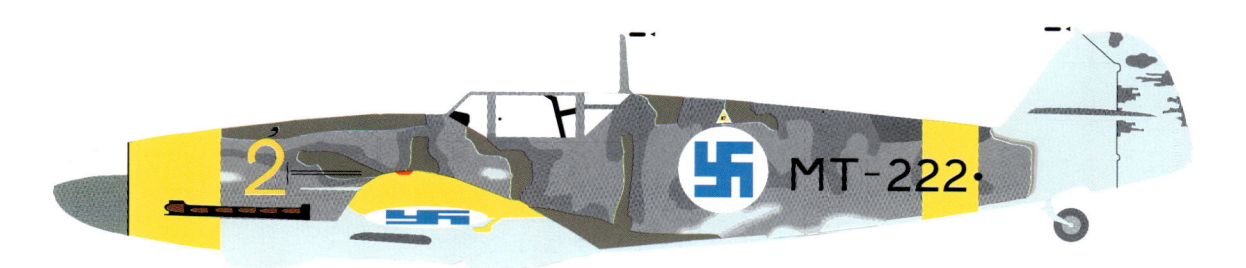

❶ Messerschmitt Bf 109G-2 MT-222 (Wk.Nr. 13568)
Sergent-chef Ilmari Juutilainen
1/LeLv 34
Suulajärvi (Finlande), fin 1943.

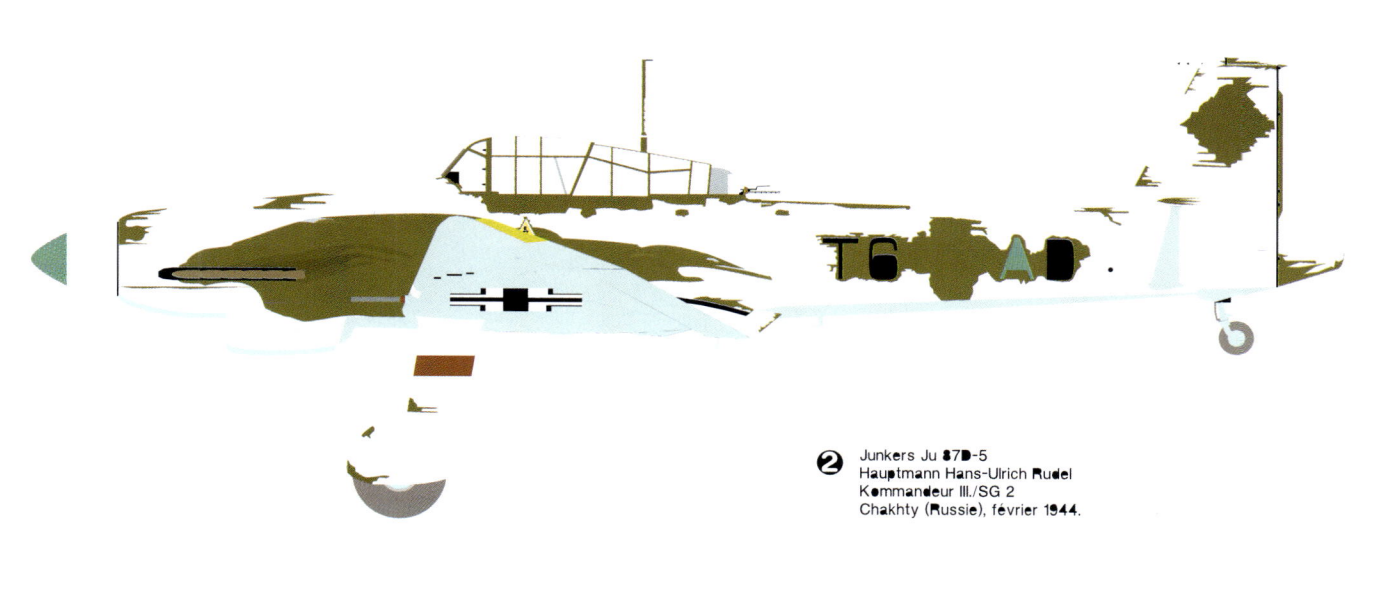

❷ Junkers Ju 87D-5
Hauptmann Hans-Ulrich Rudel
Kommandeur III./SG 2
Chakhty (Russie), février 1944.

❸ Bell P-39N
255ème régiment de chasse, Flotte aérienne de la Baltique
Lavansaari (golfe de Finlande), juillet 1944.

La Guerre aérienne 1939-1945 — 117

LA GUERRE À L'EST

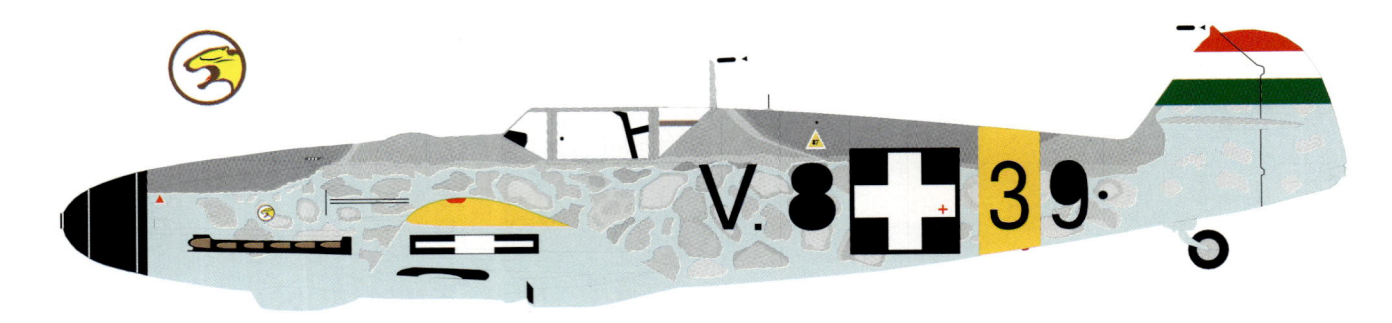

④ Messerschmitt Bf 109G-6
Lieutenant-colonel Aladar Heppes
Commandant le 101/I Vadasz Osztaly (Groupe "Pumas")
(forces aériennes hongroises)
Veszprem (Hongrie), juillet 1944.

⑤ Focke-Wulf Fw 190A-4, Wk.Nr.470004
Hauptmann Walter Nowotny
Kommandeur I./JG 54
Orel-Bielgorod (Russie), octobre 1943.

⑥ Lavochkin La-5FN
Lieutenant Ladislas Veloušek
1er Régiment de chasse tchécoslovaque
Tri Duby (Zolna, Slovaquie), septembre 1944.

LES AS DU DÉSERT

❶ Messerschmitt Bf 109F-4Z/Trop, Wk.Nr.10137
Oberleutnant Hans-Joachim Marseille
Kapitän 3./JG 27
Gazala (Libye), 17 juin 1942.

❷ Messerschmitt Bf 109F-4Z/Trop
Oberfeldwebel Albert Espenlaub
1./JG 27
Derna (Libye), 13 décembre 1941.

❸ Messerschmitt Bf 109F-4Z/Trop
Leutnant Hans-Arnold Stahlschmidt
Kapitän 2./JG 77
Quotaifiya (Libye), 20 août 1942.

La Guerre aérienne 1939-1945 — 119

LA GUERRE DU PACIFIQUE
(1941 - 1942)

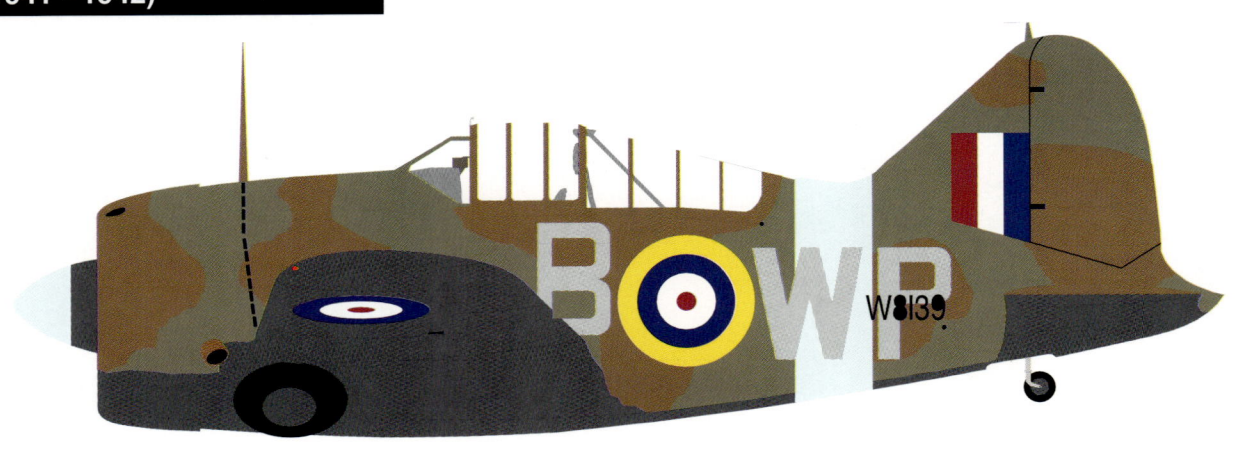

❶ Brewster Buffalo W8139
Flight-Lieutenant Mowbray Garden
RAF N°243 Squadron
Sembawang (Singapour), 12 janvier 1942.

❷ Douglas TBD-1 Devastator
Lieutenant-Commander Lance E. Massey
Commandant l'escadrille VT-3
Porte-avions Yorktown, Midway, 4 juin 1942.

❸ Douglas SBD-3 Dauntless
Ensign Benjamin R. Cooner
Escadrille VB-3
Porte-avions Yorktown, Midway, 4 juin 1942

120 — La Guerre aérienne 1939-1945

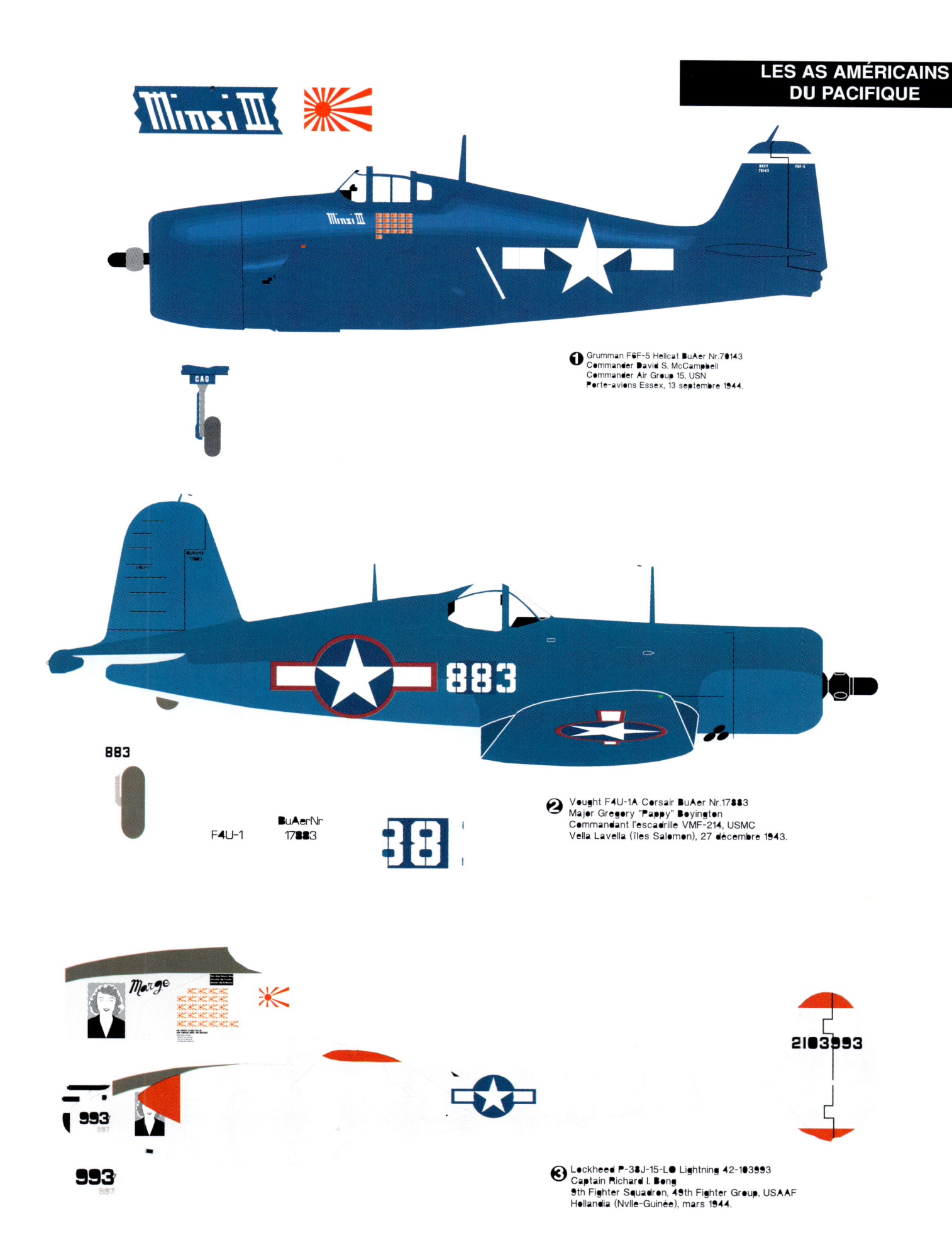

LES AS AMÉRICAINS DU PACIFIQUE

① Grumman F6F-5 Hellcat BuAer Nr.70143
Commander David S. McCampbell
Commander Air Group 15, USN
Porte-avions Essex, 13 septembre 1944.

② Vought F4U-1A Corsair BuAer Nr.17883
Major Gregory "Pappy" Boyington
Commandant l'escadrille VMF-214, USMC
Vella Lavella (îles Salomon), 27 décembre 1943.

③ Lockheed P-38J-15-LO Lightning 42-103993
Captain Richard I. Bong
9th Fighter Squadron, 49th Fighter Group, USAAF
Hollandia (Nvlle-Guinée), mars 1944.

La Guerre aérienne 1939-1945 — 121

LES AS AMÉRICAINS DU PACIFIQUE

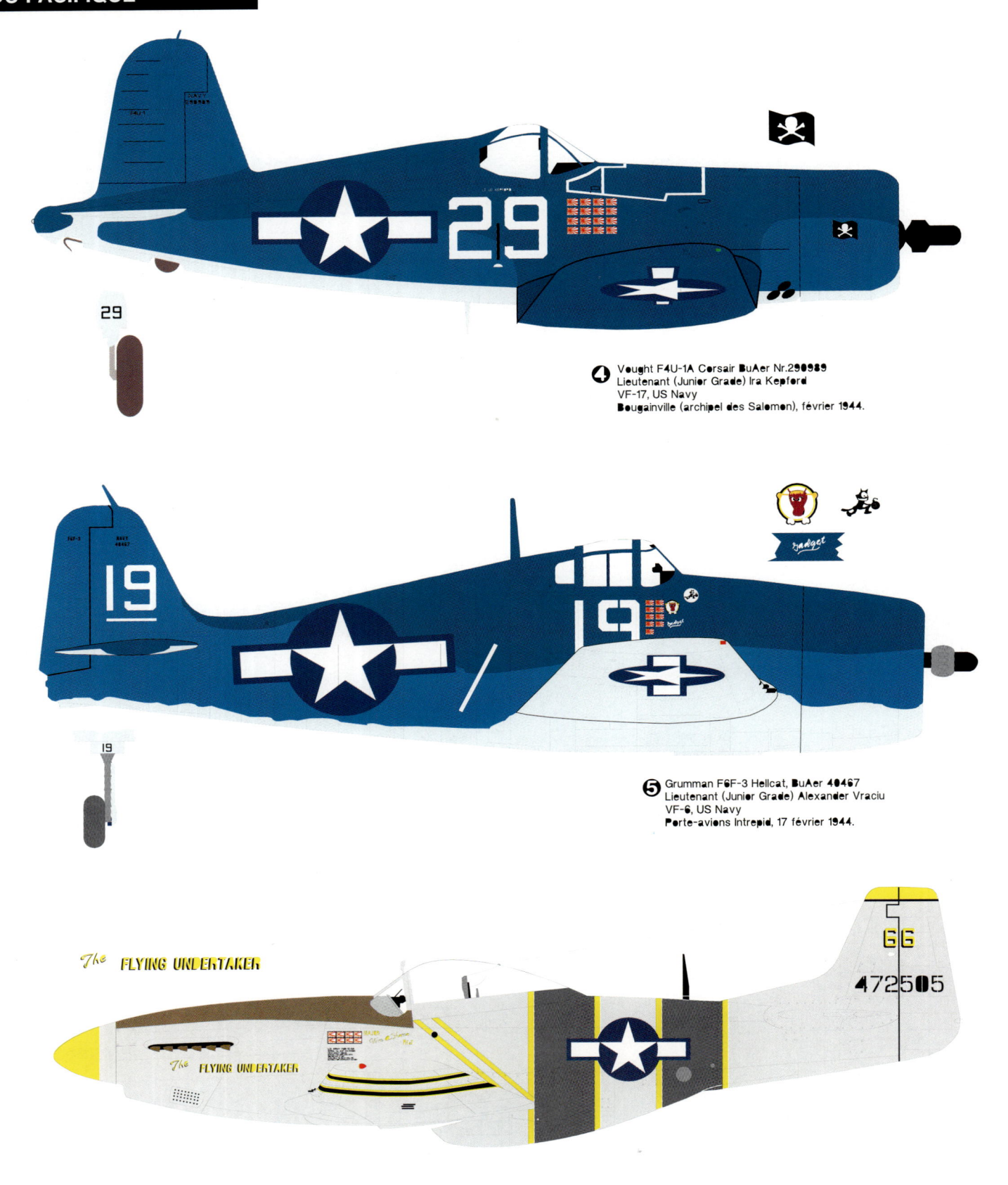

④ Vought F4U-1A Corsair BuAer Nr.290989
Lieutenant (Junior Grade) Ira Kepford
VF-17, US Navy
Bougainville (archipel des Salomon), février 1944.

⑤ Grumman F6F-3 Hellcat, BuAer 40467
Lieutenant (Junior Grade) Alexander Vraciu
VF-6, US Navy
Porte-avions Intrepid, 17 février 1944.

⑥ North American F-6D-15-NA, serial 44-72505
Major William A. Shomo
Commandant le 82nd Reconnaissance Squadron,
72nd Reconnaissance Group, USAAF
San Jose (Mindoro, Philippines), 12 janvier 1945.

122 — La Guerre aérienne 1939-1945

LE ZÉRO À L'INFINI

❷ Mitsubishi A6M2 "Zéro"
Second-maître Saburo Sakai
Tainan Kōkūtai
Denpasaro (Bali), février 1942.

❶ Mitsubishi A6M2 "Zéro"
Capitaine de corvette Shigeru Itaya
Porte-avions Akagi, 7 décembre 1941.

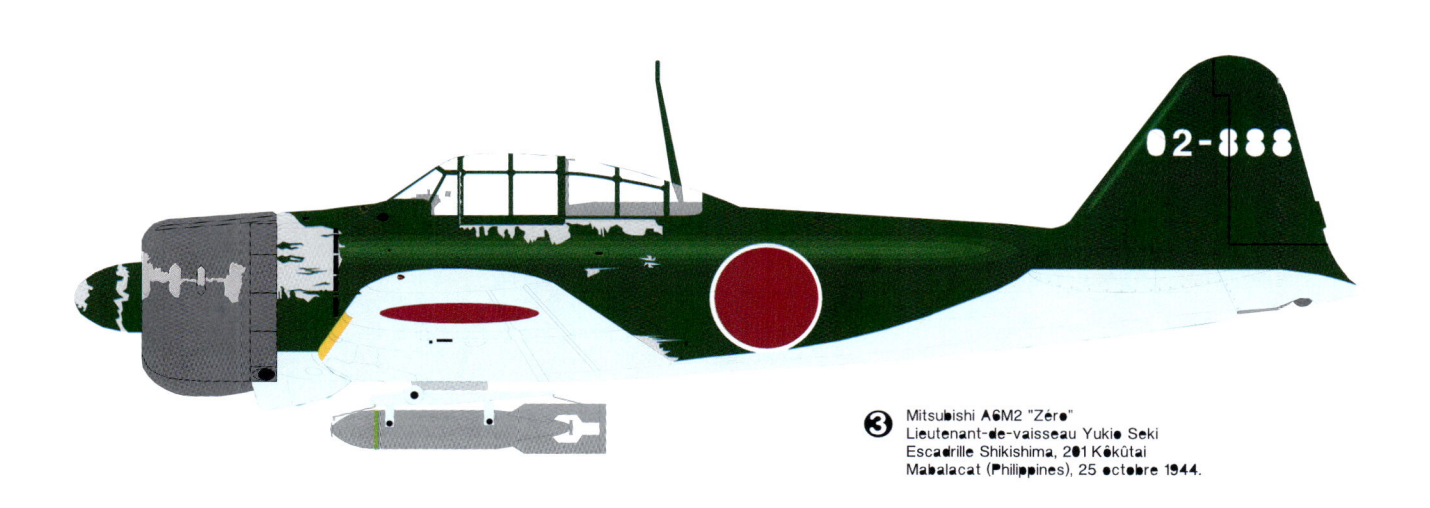

❸ Mitsubishi A6M2 "Zéro"
Lieutenant-de-vaisseau Yukio Seki
Escadrille Shikishima, 201 Kōkūtai
Mabalacat (Philippines), 25 octobre 1944.

La Guerre aérienne 1939-1945 — 123

LA GUERRE STRATÉGIQUE EN EUROPE

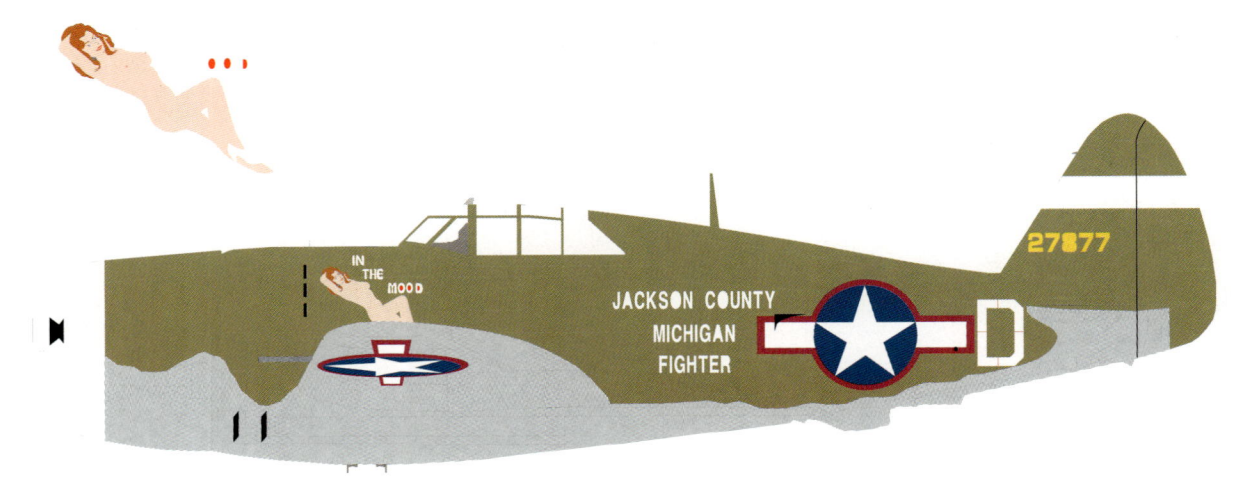

❶ Republic P-47D-5 Thunderbolt, serial 42-7877
Captain Gerald W. Johnson
Commandant du 63rd Fighter Squadron, 56th Fighter Group
8th Air Force, USAAF
Halesworth (Angleterre), août 1943.

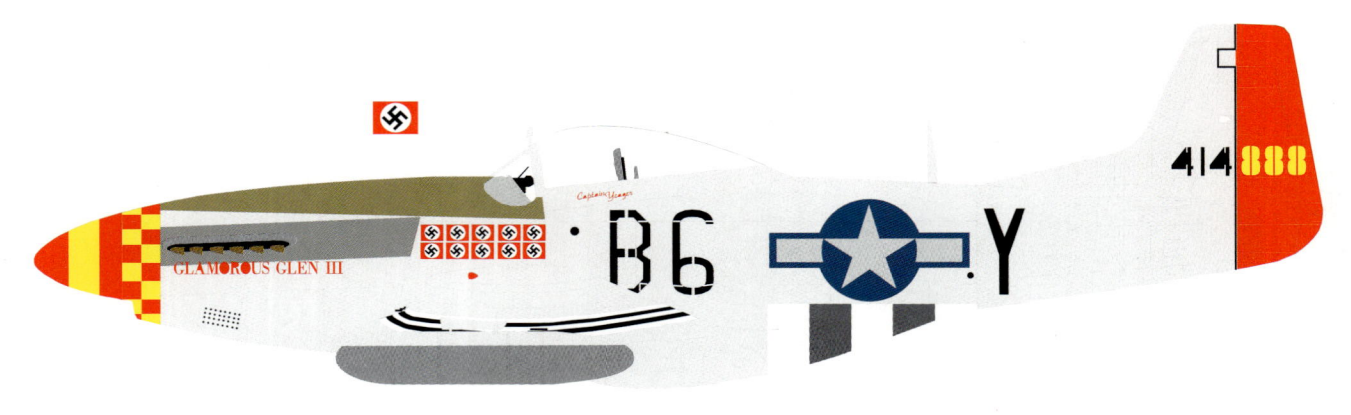

❷ North American P-51D-15-NA, serial 44-14888
Captain Charles "Chuck" Yeager
363rd Fighter Squadron, 357th Fighter Group, USAAF
Leiston (Angleterre), septembre 1944.

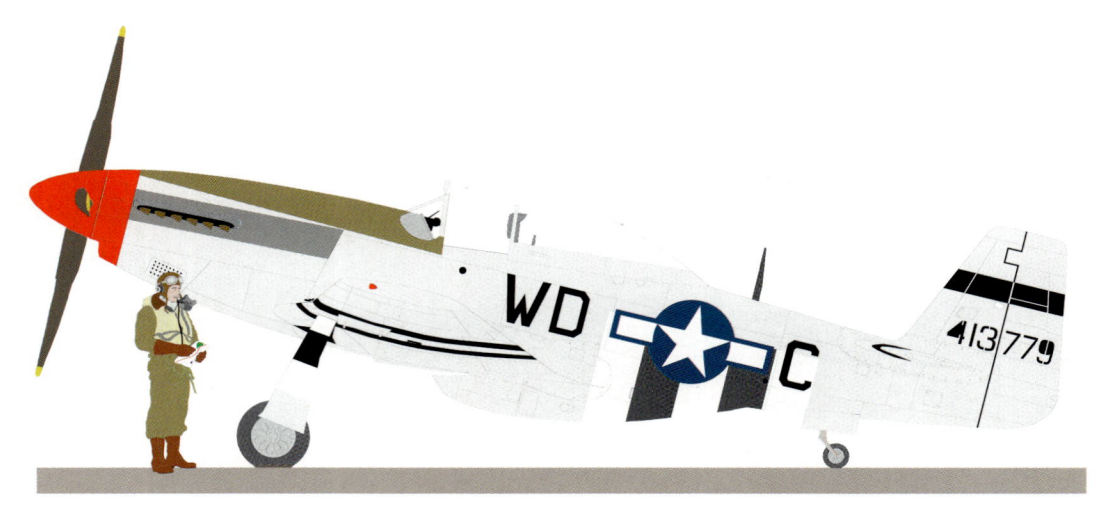

❸ North American P-51D-15-NA, serial 44-13779
Colonel Donald J.M. Blakeslee
Commandant le 4th Fighter Group, USAAF
Steeple Morden, août 1944.

124 — La Guerre aérienne 1939-1945

LA DÉFENSE DU REICH

❶ Messerschmitt Bf 109G-6/R2 Wk.Nr.15919
Major Hermann Graf
Kommandeur JGr.50
Wiesbaden-Erbenheim, août 1943.

❷ Focke-Wulf Fw 190A-8
Oberleutnant Josef Zwernemann
Kapitän 1./JG 11
Rotenburg (Allemagne), mars 1944.

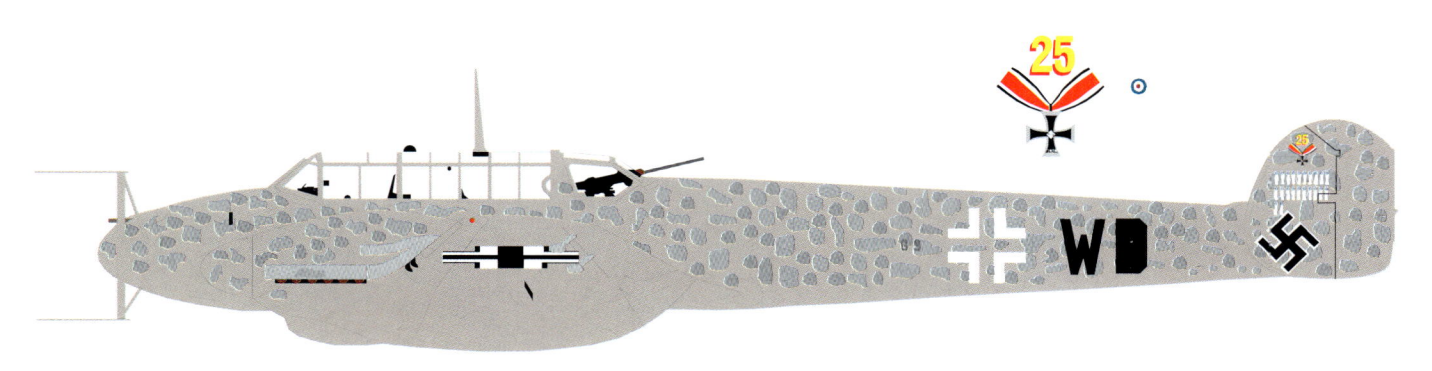

❸ Messerschmitt Bf 110G-4
Hauptmann Martin Drewes
Kommandeur III./NJG 1
Leeuwarden (Hollande), juillet 1944.

La Guerre aérienne 1939-1945 — 125

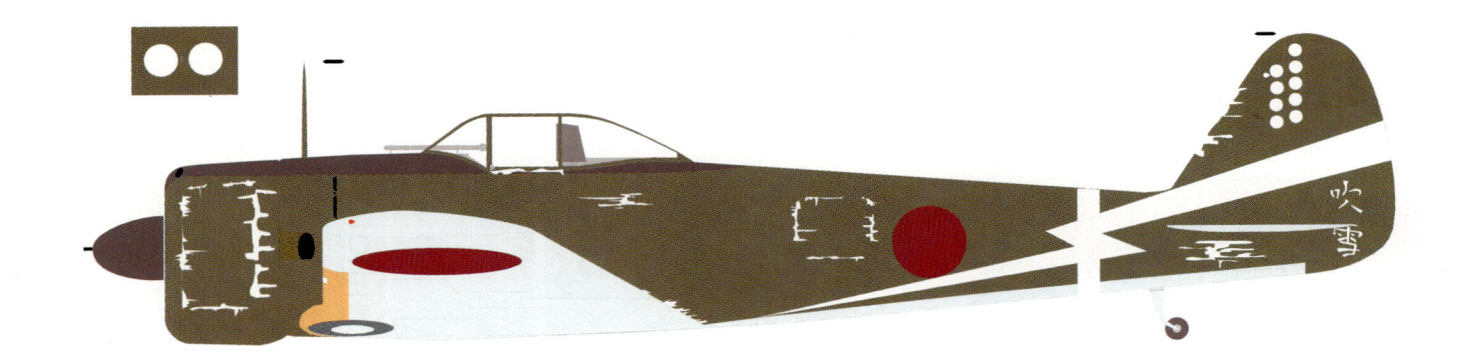

LES AUTRES FRONTS

❶ Nakajima Ki.43-I "Oscar"
Sergent Satochi Anabuki
3ème Chutai du 50 Sentai
Toungoo (Birmanie), 16 janvier 1943.

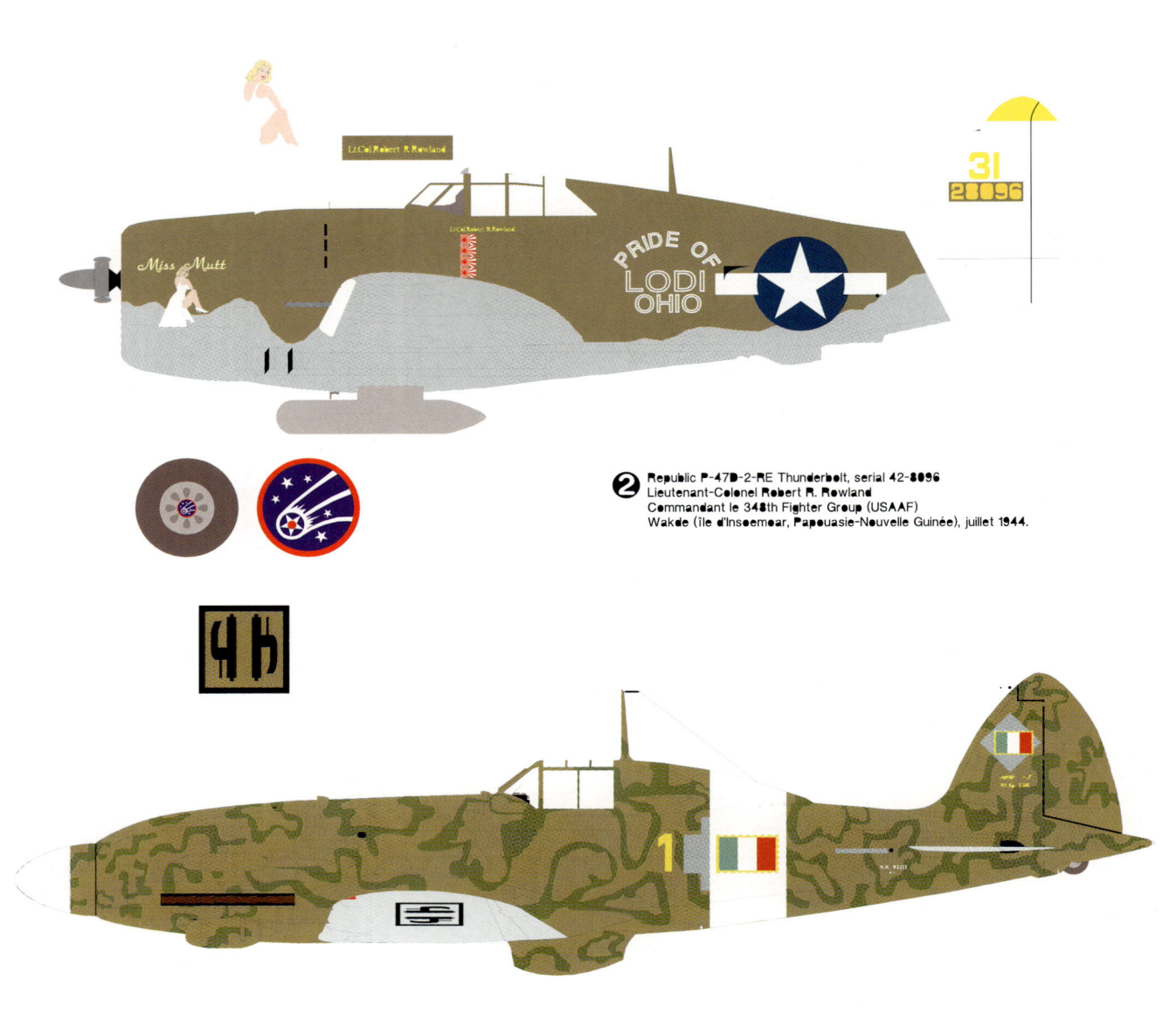

❷ Republic P-47D-2-RE Thunderbolt, serial 42-8096
Lieutenant-Colonel Robert R. Rowland
Commandant le 348th Fighter Group (USAAF)
Wakde (île d'Insoemoar, Papouasie-Nouvelle Guinée), juillet 1944.

❸ Macchi MC.205V série III, MM 92212
Capitano Marco Marinone
I° Gruppo Caccia, Aeronautica Nazionale Repubblicana
Lagnasco (Italie), décembre 1943.

126 — La Guerre aérienne 1939-1945

LES AUTRES FRONTS

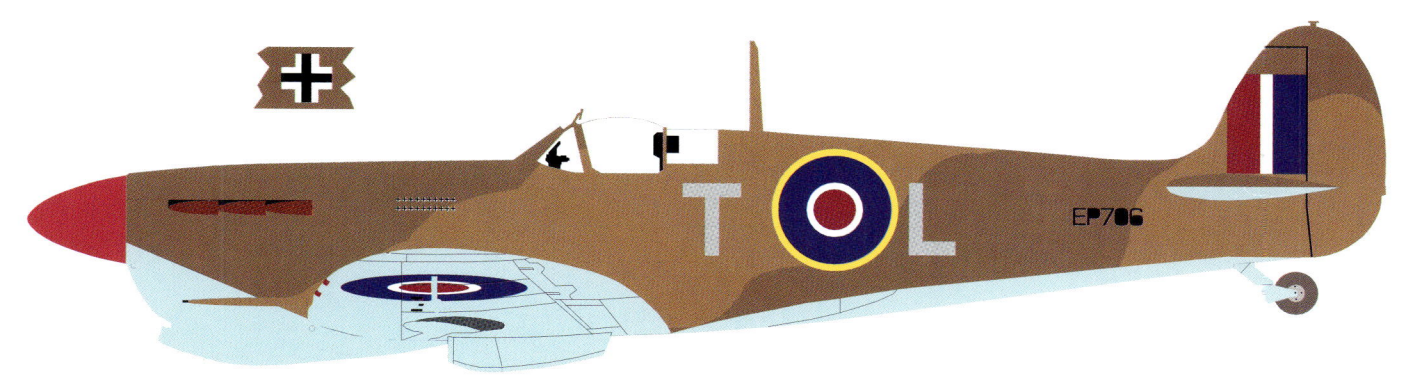

④ Spitfire Mk.Vc EP706
Pilot Officer George Beurling
RAF 249 Squadron
Takali (Malte), 25 septembre 1942.

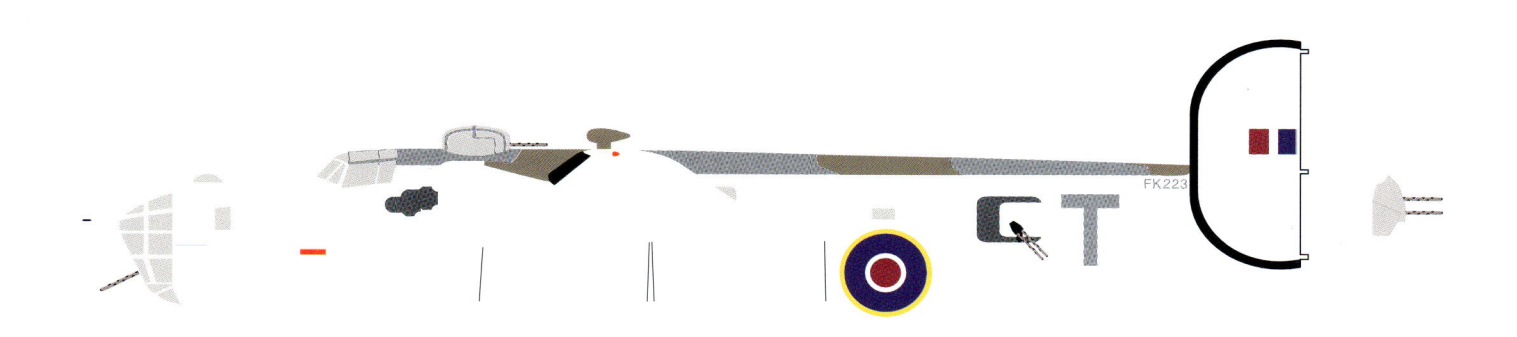

⑥ Consolidated Liberator Mk.III FK223
Flying Officer Dennis Webber
N°120 Squadron, RAF Coastal Command
Meeks Field, Keflavik (Islande), 8 octobre 1943.

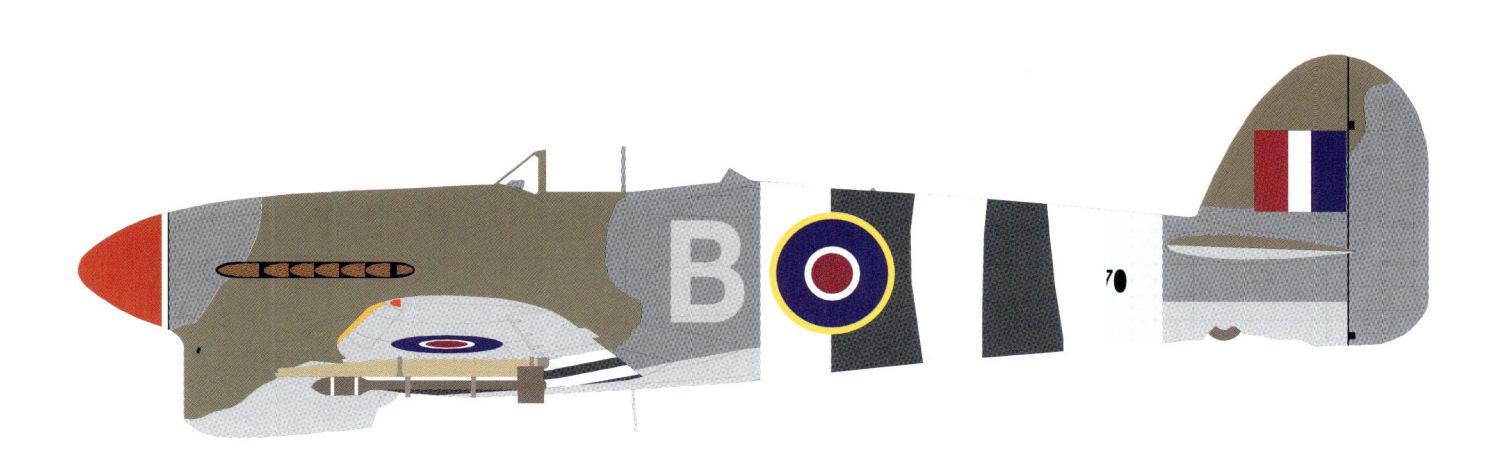

⑦ Hawker Typhoon Mk.IB MN570
Wing-Commander R.E.P. Brooker
Commandant le 123 Wing
Thorney Island (Angleterre), 6 juin 1944.

La Guerre aérienne 1939-1945 — 127

LES AUTRES FRONTS

Curtiss P-40B
Major Charles H. Older
American Volunteer Group, 3rd Squadron (Hell's Angels)
Kunming (Chine), janvier 1942.

Boeing F-13A-5-BN, 42-25877
Captain Thomas C. Kendall
3rd Photo Reconnaissance Squadron
Guam (archipel des Mariannes), janvier 1945.

128 — La Guerre aérienne 1939-1945

Début mai 1943, alors que quatre sous-marins ont été coulés par l'aviation alliée dans le golfe de Gascogne en moins de deux semaines, Dönitz donne un ordre surprenant : il demande aux équipages attaqués par un avion de ne pas plonger, mais de riposter avec leurs armes antiaériennes. Il est vrai que traverser le golfe de Gascogne en plongée est une épreuve psychologique et physique difficile pour les sous-mariniers. Car, les *U-Boote* de l'époque ne sont pas de vrais sous-marins, mais plus exactement des submersibles. Si en surface leur vitesse ne dépasse pas celle d'un coureur de 100 mètres, en plongée, ils ne vont pas plus vite qu'un marcheur. Mal ventilés, ils atteignent une température intérieure de plus de 30° et dégagent une odeur de pourriture difficilement supportable. Cependant, cette tactique, destinée à remonter le moral des sous-mariniers, va s'avérer coûteuse.

ON SERT LE THÉ À CINQ HEURES SUR LE SUNDERLAND

Le *Flight Lieutenant* Dudley Marrows pilote un Sunderland depuis quatorze mois[3]. Comme l'immense majorité des équipages du *Coastal Command*, il n'a jamais aperçu le moindre sous-marin. Et pourtant, il en a accompli quelques-unes, de ces longues patrouilles monotones qui durent souvent plus de douze heures… Malgré tout, il n'échangerait pas sa place pour un empire, fut-il britannique. Marrows aime la vie à bord de ce gigantesque hydravion, qui n'est pas sans rappeler celle qui existe à bord des navires. L'équipage dispose de carrés pour son repos et d'un « mess », où il prend ses repas. Australien, donc britannique, Marrows s'y rend vers 5 heures pour le thé, généralement servi avec des œufs sur le plat et des toasts. Et puis, comme à bord d'un navire, il est le seul maître à bord après Dieu. Cette espèce d'indépendance mêlée à une promiscuité beaucoup plus supportable que dans un bombardier crée un véritable esprit d'équipe à bord.

Le 30 juillet 1943, Marrows décolle depuis Pembroke Dock à bord du Sunderland Mk. III « U » du n° 461 RAAF *Squadron*. La patrouille amène l'appareil au-dessus des eaux territoriales espagnoles. Il a déjà fait demi-tour lorsque le contrôleur des opérations lui donne l'ordre de rejoindre un Liberator qui a repéré une meute de sous-marins à environ 320 km de sa position. Peu convaincu qu'il arrivera à temps, Marrows obéit et se réjouit, pour sa jauge à essence, qu'il ne doive que légèrement infléchir sa course.

Deux heures plus tard, l'un des membres de l'équipage hurle : « Trois destroyers par tribord avant, 15 miles. » Les yeux rivés à ses jumelles son copilote corrige aussitôt : « C'est pas des destroyers, c'est des *U-Boote* ! » Excité à la perspective d'apercevoir enfin un sous-marin, Marrows lance les gaz à fond — et tant pis pour la consommation. Le Sunderland tombe sur trois sous-marins (deux *Type* XIV, les U-461 et U-462 et un *Type* VII, le U-504) qui obéissent aux ordres de Dönitz de rester en surface pour repousser les attaques aériennes.

LE *U-BOOT* SE BRISE EN DEUX

Marrows n'est pas seul dans le ciel. Tournant déjà autour des sous-marins, il y a un Catalina, deux Halifax, un Liberator (de la RAF) et un B-24 (américain), qui ont déjà sérieusement avarié l'un des sous-marins. Récemment équipés de nouvelles armes antiaériennes, les deux autres se défendent âprement. Marrows hésite sur la meilleure tactique à suivre au milieu d'un tel déluge. Voyant les deux B-24 attaquer ensemble, il décide de se glisser dans leur sillage pour passer inaperçu. Il n'est découvert qu'à mille mètres de la cible, mais des obus frappent l'aile droite et le fuselage du Sunderland. Plongeant jusqu'à toucher l'eau, Marrows maintient son cap. Le mitrailleur, dans la tourelle de nez, ouvre le feu et balaie les servants de DCA dans la mer. Au moment où le flotteur rase le kiosque du sous-marin, Marrows lâche sept charges de profondeur puis grimpe aussi vite que le lent hydravion le permet.

Derrière lui, une immense explosion fait disparaître sa proie et le *U-Boot* se brise en deux comme une coquille de noix. En virant, Marrows aperçoit une

La lutte aéronavale ne se circonscrit pas, bien évidemment, à l'Atlantique. Dans l'Arctique, en mer Noire, dans la mer Égée et en Méditerranée, avions et navires mènent une lutte sans merci. La dérive de ce Ju 88A de la 7./KG 30 (code 4D + MR) montre un impressionnant tableau de chasse. Il est vraisemblable qu'il s'agisse de l'appareil du *Hauptmann* Hajo Herrmann, qui s'illustrera à nouveau plus tard dans un domaine tout à fait différent, puisqu'il sera le père de la « Truie sauvage ».
(Collection H. Obert)
▼

L'hydravion reste un genre encore très répandu et ce, en dépit de ses superstructures qui défient les lois de l'aérodynamique. La nécessité de se poser sur l'eau, ne serait-ce que pour des missions de secours en mer, assure la pérennité de ce type d'appareil. Ici, un Blohm-und-Voß BV 138C-1 de la 2./Kü. Fl. Gr.406, dans un fjord norvégien, quelque part entre Stavanger et Tromsø. (ECPA)

mare d'huile brillante, des débris épars et une trentaine de sous-mariniers cherchant désespérément à s'accrocher à tout ce qui flotte. Survolant la scène, il largue un canot pneumatique, puis reprend de l'altitude pour vérifier les dommages subis par le Sunderland. Le Catalina est en train de régler son sort au troisième. Soulagé, Marrows signale à son équipage : « Prochain arrêt, la maison ». Seul le mécanicien ne partage pas l'enthousiasme général : « Nous n'avons pas assez d'essence pour rentrer, skipper. »

Marrows met le cap sur les îles Scilly. Au moins, il pourra s'échouer près d'un pays civilisé. Une heure ou deux plus tard, alors que le mécanicien ne lâche pas des yeux la jauge et que Marrows devise joyeusement avec les autres membres de l'équipage, le mitrailleur avant crie : « *U-Boot* par tribord avant ! » Marrows sursaute sur son fauteuil. Plus de mille heures de vol au-dessus d'une mer éperdument vide et quatre sous-marins le même jour ! Il tente une attaque avec sa dernière charge de profondeur, mais ayant enclenché le pilote automatique accidentellement, il rate sa passe.

UN SOUS-MARIN SUR DEUX EST COULÉ PAR L'AVIATION

Marrows réussira à atteindre l'entrée du port de St Mary's, aux Scilly. La confirmation de sa victoire arrivera quelques jours plus tard. Par une étrange coïncidence, dont le hasard a le secret, le Sunderland « U » du n° 461 *Squadron* a coulé le... U-461 du *Kapitänleutnant* Stiebler !

Le U-461 est l'un des 288 *U-Boote* détruits par l'aviation alliée pendant la guerre, auxquels s'ajoutent 47 autres en collaboration avec des navires de surface, soit 46 % du total général des 727 sous-marins allemands perdus du fait de l'ennemi. Le *Coastal Command* en revendique 211 (dont 19 en collaboration), pour la perte de 741 appareils.

Le 24 mai 1943, le *Befehlshaber der U-Boote* ordonne à ses équipages de rentrer à leur port ou de chercher refuge dans des eaux plus calmes. La bataille de l'Atlantique n'est pas encore définitivement gagnée pour les Alliés, mais son issue ne fait désormais plus de doute.

XI
ET SAUTE LA FOUINE !
Le jugement des Salomon

Après avoir subi, puis contenu, l'avance japonaise, les Américains passent à l'offensive le 7 août 1942. Ils débarquent à Guadalcanal, petite île des Salomon orientales, prélude à une terrible bataille terrestre, navale et aéronavale qui va durer plus de dix-huit mois. Les forces japonaises, minimisant le danger, se réveillent engluées dans une guerre d'usure qu'elles n'ont pas les moyens de soutenir et encore moins de gagner. La disparition de l'amiral Yamamoto consacre la lente désagrégation de la puissance militaire nippone dont l'aviation trouve en Rabaul un véritable tonneau des Danaïdes.

— Où se trouve Guadalcanal? me demande le second maître Hatori, pilote du second chasseur de ma section.
— Je n'en sais absolument rien, dis-je. Quelqu'un ici connaît-il l'emplacement de Guadalcanal? lançai-je à la cantonade.
Personne ne répond. Seulement des hochements de tête.
— Personne ne le sait, reprit Hatori. Ce ne doit donc pas être très important.

Saburo Sakai, l'un des grands as de l'aviation embarquée japonaise, ne va pas tarder à avoir une réponse à sa question[1]. Guadalcanal, un nom qu'il ne sera pas prêt d'oublier, ni lui, ni des centaines de ses camarades, dont beaucoup laisseront leur vie dans cet enfer.

HENDERSON FIELD : UN TERRAIN PAS COMME LES AUTRES

Le 7 août 1942, la 1re division de Marines prend pied sur Guadalcanal et Tulagi. Les Américains sont passés à l'offensive pour la première fois depuis très exactement huit mois. Les Marines rencontrent une vive résistance à Guadalcanal où leur objectif — et l'une des raisons essentielles du débarquement — est l'aérodrome que les Japonais y ont construit. Le site de Lunga Point, au nord de l'île, constitue un emplacement idéal pour installer une grande base aérienne, menaçant directement les lignes de communications qui relient Nouméa à l'Australie et offrant un superbe tremplin pour le prochain bond vers les Nouvelles-Hébrides ou la Nouvelle-Calédonie.

La flotte japonaise, qui sort en force, se satisfait d'une furtive victoire au sud de Savo et laisse échapper la chance de rejeter les Américains à la mer, ratant ainsi l'occasion de briser dans l'œuf, non seulement le débarquement, mais aussi toute la campagne des Salomon orientales.

Le 20 août, le nouveau terrain, baptisé Henderson Field, accueille les premiers arrivants. Il ne ressemble à aucun autre terrain du Pacifique[2] :

« Il n'existait pas de quartiers confortables à une distance raisonnable du front ou comme sur un porte-avions où l'on peut se reposer à loisir. On était en première ligne et on ne pouvait remplacer personne ; hommes et machines devaient voler jusqu'à ce que l'un ou l'autre ou même les deux finissent par craquer. Il n'y avait absolument rien pour entretenir les avions quand ils sont arrivés et le personnel a dû se débrouiller avec les moyens du bord. On faisait la cuisine sur des braseros, on faisait sa toilette et on lavait son linge dans la rivière Lunga. Presque tout le monde gardait ses habits en permanence et les seuls abris contre le mauvais temps étaient des tentes montées à même la terre battue et sans protection contre les moustiques porteurs de malaria. Le personnel technique travaillait dur avec un outillage rudimentaire pour maintenir les appareils en état de vol ; ils n'avaient pas de temps libre à consacrer à l'amélioration de leurs conditions de vie — quatorze heures de travail par jour était une moyenne normale et seize heures n'avaient rien d'exceptionnel.[3] »

---

1. M. Okumiya, J. Horkoshi & M. Caidin, *op. cit.*

2. Cf note 6 page 77 du chapitre sur la bataille de Midway.

Un Mitsubishi A6M2 modèle 11 du Tainian *Kôkûtai*, ainsi que l'atteste le code V-103 peint sur l'empennage vertical. En 1943, le redoutable *Zero* fait encore passer de sales quarts d'heure aux pilotes de chasse américains. (Collection C.-J. Ehrengardt)

3. Déclaration du *Lieutenant* W.W. Evans, médecin-chef de l'US Marine Corps au *Bureau of Medecine and Surgenry.* Archives USMC.

LES ÎLES SALOMON ET L'ARCHIPEL DES BISMARCK

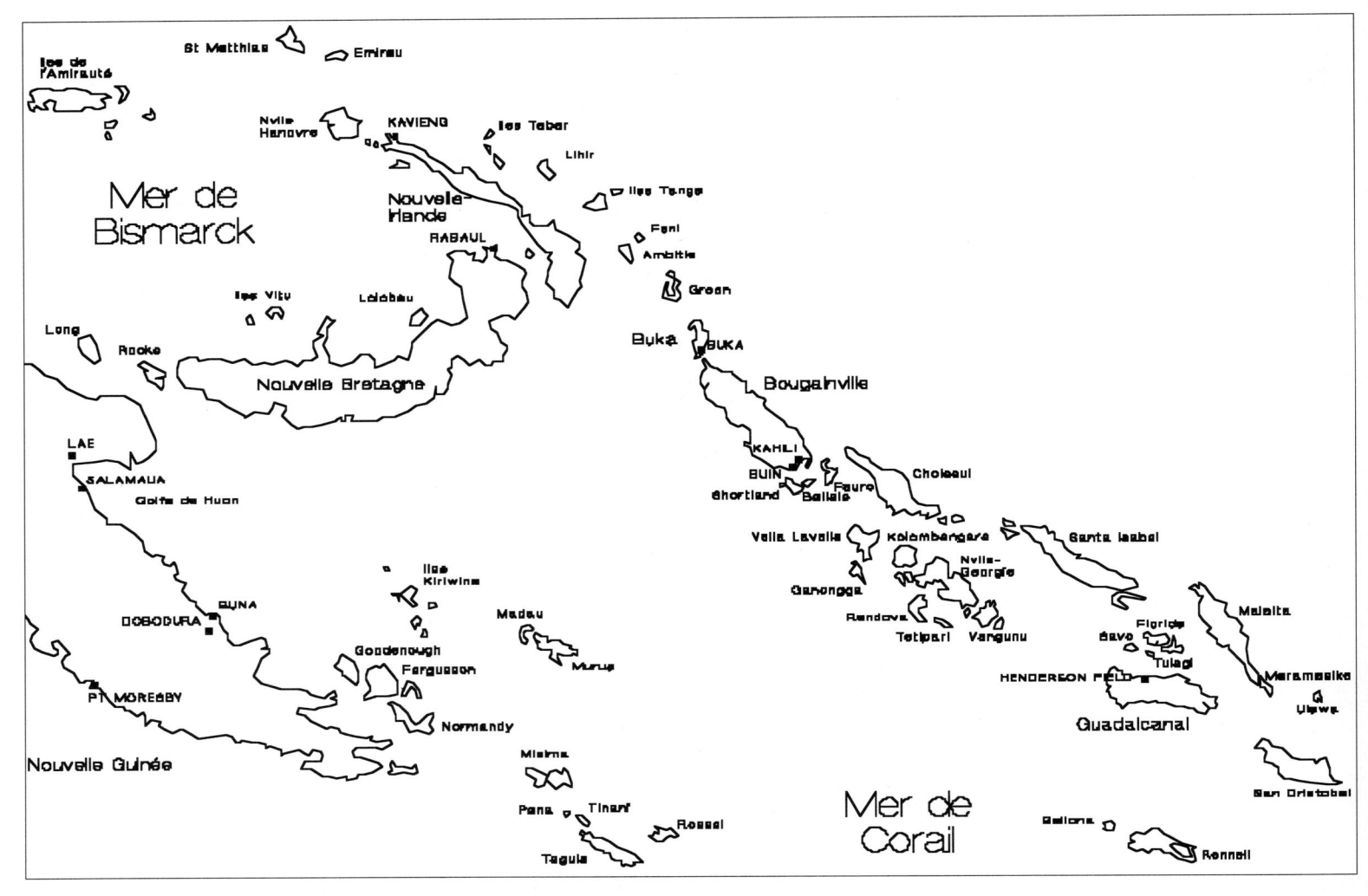

Les Japonais manquent de l'investir en plusieurs occasions, mais toutes leurs tentatives sont noyées dans des bains de sang. Les charges suicidaires qui déferlent au cri de *Banzaï* consument leurs effectifs bien avant qu'elles n'épuisent les réserves en munitions des Marines. Toutes les nuits, un convoi solidement encadré par des destroyers débarque des renforts à l'extrémité ouest de l'île. Ces convois sont bien vite surnommés « Tokyo Night Express » par les Américains.

DE LA COUR MARTIALE À LA *NAVY CROSS*

Le 13 septembre 1942, les Japonais lancent une violente contre-attaque terrestre, appuyée par la puissante flotte combinée. Henderson Field, écrasé sous les obus de marine, doit être fermé une dizaine de jours. Le 16 octobre, confiants dans le fait que Henderson Field n'est plus que ruines et avant l'ultime percée décisive, les Japonais débarquent un « express de Tokyo » en plein jour à 12 km du terrain. Les chasseurs américains bombardent et mitraillent les transports de troupe, mais les pilotes de l'USAAF vont bénéficier d'un soutien inattendu.

Le commandant en chef de la « Cactus Air Force » («Cactus » est le nom de code de Guadalcanal), le *Major General* Roy S. Geiger, dispose d'un PBY-5A personnel, baptisé « Blue Goose ». Équipé par son pilote, le *Major* Cram — dit « Mad Jack » (Jack-le-fou) — de deux torpilles, il fond sur les navires japonais et malgré une vive riposte de la part des *Zero*, il coule un transport de troupes[4]. Les chasseurs japonais le prennent alors pour cible et criblent le Catalina d'obus et de balles. Cram est sauvé par l'apparition opportune du *Lieute-*

Le *Buntaishi* (aspirant) Saburo Sakai, photographié à Hankow (Chine), en 1938. C'est en Chine qu'il remporte sa première victoire. Sérieusement blessé au-dessus de Guadalcanal, il ne revient au front qu'en juin 1944. Il remporte un grand nombre de victoires dans le secteur d'Iwo Jima et termine la guerre au grade d'enseigne de vaisseau avec un palmarès estimé à 64 victoires (dont 28 avant août 1942) en plus de 200 missions. (Collection Y. Izawa) ▼

132 — La Guerre aérienne 1939-1945

Bienvenue aux Marines ! Quelques jours après leur arrivée à Henderson Field, le 20 août 1942, les F4F-4 de la VMF-223 sont pris sous le tir des mortiers japonais.
(Collection Tallandier)

4. La légende veut que Cram ait arraché de l'état-major d'Espiritu Santo la permission de monter ses torpilles sur un système bricolé par les armuriers des Marines. En fait, le PBY-5A est équipé d'origine d'un mécanisme permettant de loger une torpille sous chaque aile.

Des F4F-3 de la VMF-223 photographiés à la lisière de la piste poussiéreuse d'Henderson Field le 15 novembre 1943. Les Japonais ont quitté l'île depuis bien longtemps, mais les conditions de vie ne se sont guère améliorées pour les aviateurs américains. (Collection Tallandier) ▼

nant Roger Haberman de la VMF-121 qui abat le dernier « Zeke » collé à la queue de l'hydravion. La légende qui entoure cette aventure veut que Geiger ait menacé son pilote de la cour martiale en voyant l'état de son Catalina, puis que, enthousiasmé par le récit de l'attaque de Cram, il l'ait proposé pour la *Navy Cross* !

La flotte japonaise obtient quelques succès dans plusieurs batailles navales et aéronavales (Salomon orientales, Santa Cruz). Pourtant, elle ne parvient pas davantage à déloger les Américains. Les Japonais ont laissé passer leur chance. Pour avoir mésestimé l'importance des forces américaines et leur combativité, ils ont réagi trop tardivement et trop timidement. Désormais, les forces impériales se trouvent engluées dans une guerre d'usure qu'elles n'ont ni les moyens matériels ni les moyens humains de remporter.

Début janvier 1943, les « express de Tokyo » continuent à se glisser toutes les nuits. Désormais, ils arrivent à vide et repartent à plein. Lentement et en secret, les Japonais quittent Guadalcanal. Leur position est devenue intenable et de lourdes menaces pèsent sur d'autres secteurs du Pacifique. Le 9 février, les Américains constatent qu'ils sont les seuls occupants de l'île.

L'OPÉRATION « I-GÔ »

En mars 1943, le grand quartier général impérial prend deux décisions désastreuses. La première est la résolution de s'accrocher aux Aléoutiennes. La seconde est de rejeter la demande de la marine de concentrer ses forces dans les Salomon pour protéger Rabaul au profit d'une intervention massive de l'armée en Nouvelle-Guinée.

Yamamoto se voit confier la mission de reconquérir la maîtrise du ciel avant que la marine ne puisse envoyer des renforts à Lae et Salamaua. En conséquence, le commandant en chef de la flotte combinée met sur pied le plan « I-GÔ », prévoyant une série de raids sur les bases américaines aux Salomon et en Papouasie.

L'opération « I-GÔ » ne serait jamais passée à la postérité si l'un de ses aspects marginaux n'avait pas eu autant de conséquences sur la conduite de la guerre.

YAMAMOTO, L'HOMME QUI FAIT PEUR

« Des nouvelles de votre vieil ami Yamamoto ! » s'exclame le *Commander* Edwin Layton en déposant sur le bureau de l'amiral Nimitz la copie d'un message que ses services viennent de déchiffrer. Et quelles nouvelles !

LE 18 AVRIL LE COMMANDANT EN CHEF DE LA FLOTTE COMBINÉE VISITERA RXZ X ET RXP SELON HORAIRE SUIVANT :

Le grand tournant — 133

1 — DÉPART DE RR À 0600 DANS BOMBARDIER ESCORTE PAR CHASSEURS STOP ARRIVÉE À RXZ A 0800 STOP PARTIRA POUR X À BORD DRAGUEUR DE MINES STOP ARRIVÉE A 0840 STOP

2 — À CHAQUE BASE MENTIONNÉE CI DESSUS LE COMMANDANT EN CHEF FERA UNE TOURNÉE D'INSPECTION ET À X IL RENDRA VISITE AUX MALADES ET AUX BLESSÉS MAIS LES OPÉRATIONS EN COURS DEVRONT SE POURSUIVRE STOP

Nimitz se lève et consulte la grande carte qui tient tout un pan de mur de son bureau. Layton suit du doigt le trajet que doit suivre Yamamoto. Partant de Buka, au nord de Bougainville, il se rendra à Ballale, au sud, puis à la grande base aéronavale de Buin. Entre Ballale et Buin, Yamamoto se trouvera à portée des avions de chasse américains à long rayon d'action. Une chance unique... Nimitz demeure pensif. Il se tourne vers Layton :

— Vous pensez qu'on doit essayer de l'avoir ?

— Vous savez, amiral, c'est un peu comme s'ils vous descendaient. Il n'y a personne pour vous remplacer.

Nimitz semble convaincu. Yamamoto est le seul homme en dehors de l'empereur lui-même dont la disparition est susceptible de raccourcir la guerre. Il est indéniable que Yamamoto inspire autant de respect que de crainte aux Américains. Ses qualités le différencient des autres amiraux de la marine impériale qui n'ont pas sa capacité à s'adapter rapidement à une situation changeante. Ses réactions sont finalement plus proches de celles d'un Américain que de celles de ses compatriotes. Est-ce cette aptitude qui le rend si dangereux à leurs yeux ?

DES DÉBUTS ENCOURAGEANTS

Yamamoto arrive le 3 avril à Rabaul, la veille du déclenchement de l'opération « I-GÔ » qu'il souhaite faire coïncider avec son 59e anniversaire. En fait, le mauvais temps retarde de trois jours l'envol des raids aériens.

Ses pilotes rentrent à Rabaul dans un état de surexcitation. Leurs comptes rendus enthousiastes surévaluent dans une très forte proportion les dégâts infligés aux Américains. Le service de renseignements, toujours aussi inefficace, annonce la destruction d'un croiseur, deux destroyers, 25 cargos et au moins 134 avions. La réalité est bien différente. L'*US Navy* ne perd aucun navire et seuls 7 avions sont abattus.

▲ Le 39th *Fighter Squadron* est la première unité à utiliser le Lockheed P-38 Lightning dans le Pacifique. Ce P-38F, surpris par l'objectif à Port Moresby (Nouvelle-Guinée) en octobre 1942, est l'avion du *Lieutenant* Richard E. Smith, qui remportera 7 victoires sur ce type d'appareil. Sur le côté gauche du nez apparaît l'inscription « Japanese Sandman ». (Collection C-J. Ehrengardt)

◀ Le Lockheed P-38 Lightning connaîtra davantage de succès dans le Pacifique qu'en Europe ou au Moyen-Orient. Son long rayon d'action le rend particulièrement bien adapté à ce théâtre d'opérations et la puissance de ses moteurs compressés lui permet d'engager ou de rompre le combat à volonté contre les chasseurs japonais. (Collection C.-J. Ehrengardt)

En fait, les Japonais ont perdu 49 appareils dans ce premier raid, mais Yamamoto est satisfait. L'opération « I-GÔ » a débuté sous les meilleurs auspices. Souhaitant soutenir le moral de ses aviateurs après ces débuts encourageants, Yamamoto décide le 14 avril d'effectuer une « tournée des popotes ». Ce sera une erreur fatale.

CHRONIQUE D'UNE MORT ANNONCÉE

L'information recueillie par les services de renseignements remonte jusqu'à Washington. « Est-ce bien moral ? » se demande le président Roosevelt. Les autorités religieuses interrogées dissipent les derniers scrupules. L'arrêt de mort de l'amiral japonais est signé le 15 avril par Nimitz qui demande à Halsey d'intervenir s'il en a les moyens. L'opération reçoit le nom de code de « Vengeance ».

Seule l'USAAF possède un avion susceptible d'accomplir cette délicate mission : le P-38 Lightning. Halsey se tourne donc vers le COMAIRSOLS (commandant des forces aériennes aux Salomon). Une unité, le 347th *Fighter Group*, composée des 12th, 70th et 339th *Fighter Squadrons* est basée à Henderson Field, mais elle n'a été déclarée opérationnelle sur ce type d'appareil que le 18 mars.

Il est 17 heures, le 17 avril, lorsqu'une jeep quitte Henderson Field et s'engage sur la route poussiéreuse qui mène à Tassafaronga. À son bord, le *Major* John W. Mitchell, commandant le 339th *Fighter Squadron*, le *Captain* Thomas O. Lanphier, commandant provisoire du 70th *Fighter Squadron* et le *Lieutenant* Besby Holmes, équipier de Mitchell. Les trois pilotes sont accueillis par le COMAIRSOLS en personne, le *Rear-Admiral* Mason. Celui-ci tend à Mitchell un télégramme signé par Frank Knox, secrétaire d'État à la Marine. Après l'avoir lu, Mitchell le repose sur le bureau et ne peut réprimer un sifflement. Pour une sacrée mission, c'est une sacrée mission !

— Eh ! mais, amiral, c'est un voyage de près de 1 300 km... sans compter le combat ! C'est le double de l'allonge du P-38. Il nous faut des réservoirs supplémentaires.

L'amiral Isorokû Yamamoto est incontestablement le plus grand stratège naval japonais. Il n'en commettra pas moins quelques erreurs qui compromettront les chances de succès de ses opérations de grande envergure. Il est curieux de constater que cet expert dans le domaine aéronaval finit, lui aussi, par succomber au mythe de l'invincibilité du cuirassé. (Collection Tallandier)

PAUL, JACK, BETTY ET LES AUTRES...

La méconnaissance totale des types d'avions utilisés par les Japonais au début de la guerre entraîne une confusion complète dans les rapports dressés par les équipages américains après les combats. Ceux-ci ne semblent disposer que de quelques mots dans leur dictionnaire aéronautique : *Zero, Mitsubishi, Nagoya* ou *Nakajima* !

Comment s'y retrouver ? Une telle situation ne peut évidemment se prolonger et le colonel Frank McCoy, qui dirige l'*Air Technical Intelligence Unit* du Sud-Ouest Pacifique, reçoit la mission de remettre bon ordre dans toute cette pagaille.

L'idée qui se dégage de ses travaux est d'une simplicité enfantine. Encore fallait-il l'avoir ! Conscient qu'il faut adopter un système mnémotechnique simple, McCoy décide d'attribuer un prénom à chaque type d'avion japonais. Pour plus de précision, les chasseurs et les hydravions à flotteurs reçoivent un prénom masculin, les bombardiers, avions de reconnaissance et hydravions à coque un prénom féminin, les avions de transport, un prénom commençant par l'initiale T et par la suite, il attribuera un nom d'arbre aux avions d'entraînement et un nom d'oiseau aux planeurs (à quelques exceptions près : « Tojo » et « Tony » sont des chasseurs, « June » un hydravion à flotteurs).

En juillet 1942, la première liste, qui comporte une cinquantaine de noms, est distribuée aux unités du front du Sud-Ouest Pacifique. Dans cette liste apparaissent des avions qui n'ont jamais existé ou des doublons. Même le Messerschmitt Bf 110 et le Heinkel He 111, qui « pouvaient éventuellement entrer en service », ont été baptisés. Mais, de telles erreurs demeurent inévitables. Cette méthode semble cependant si efficace, qu'en décembre 1942, le code est officialisé sur tous les théâtres d'opérations par Washington. Les Britanniques y adhèrent peu de temps plus tard.

Au fil des mois, la liste s'allonge et se peaufine. Par exemple, le Mitsubishi J2M est baptisé « Jack » avant même son arrivée en première ligne. Un seul avion de combat passera à travers les mailles du filet, il s'agit du Ki.100, version à moteur en étoile du Ki.61 « Tony », qui fait son apparition dans les dernières semaines de la guerre.

Les noms ne sont pas toujours attribués au hasard. Le Kawasaki Ki.61 reçoit le prénom de « Tony » (diminutif d'Antonio) en raison de sa silhouette « italienne ». Le Nakajima Ki.84 est baptisé « Frank » en l'honneur de McCoy et « June » est le prénom de sa fille.

Le fameux Mitsubishi A6M devient officiellement « Zeke » parce qu'il lui fallait un prénom commençant par Z — comme *Zero*. Cependant, même vers la fin de la guerre, certains comptes rendus parlent encore de *Zero*. Cette dénomination lui colle tellement à la peau... Dans sa version A6M3 à ailes rognées, le « Zeke » devient « Hap », qui est le diminutif du prénom du général Arnold, commandant en chef de l'USAAF. Toutefois, entendant un jour dans les couloirs du Pentagone des officiers hilares commenter que de nombreux « Hap » ont été descendus en flammes, celui-ci intervient auprès de McCoy pour que ce nom soit transformé en « Hamp ».

L'idée géniale de McCoy sera reprise quelques années plus tard par l'OTAN, lorsqu'il sera question de mieux s'y retrouver dans l'arsenal aérien soviétique.

— Rassurez-vous, Major, ils sont déjà en route pour Henderson.

À peine l'opération « Vengeance » est-elle décidée qu'un ordre arrive à Milne Bay, le grand dépôt de l'USAAF en Australie, d'expédier 18 réservoirs largables de 165 gallons (environ 625 litres) et autant de 310 gallons (1 170 litres) dans quatre quadrimoteurs qui s'envolent à peine quelques heures plus tard.

— Mais, poursuit Mitchell, faudra faire sérieusement gaffe à ne pas gaspiller la moindre goutte. On ne sait pas de quoi l'escorte se composera et on devra sûrement se frayer un chemin à travers les *Zero* pour arriver jusqu'à Yamamoto. Dix-huit paires de réservoirs, ça ne fait que dix-huit zincs. Pourvu que les Japs ne soient pas cinquante !

Pendant toute la soirée, l'état-major de Mason et les trois pilotes peaufinent leur plan. Au terme d'une longue discussion, ils prévoient d'intercepter la formation japonaise près de Buin, à 9h35 précises. Yamamoto est réputé pour sa ponctualité. Un écart d'une minute risque de compromettre toute l'opération. Or, sur un trajet de 700 km, sous ces latitudes tropicales où les conditions météo changent rapidement, une seule minute d'erreur serait déjà un exploit. Les trois pilotes rentrent tard dans la nuit sous un terrible orage. Leur sommeil est de courte durée ; Mitchell a fixé l'heure du décollage à 7h20 et les pilotes ont rendez-vous au briefing à 6 heures.

Mitchell ne s'est pratiquement pas couché. Il a préféré superviser le travail des mécaniciens qui, dès leur arrivée, se sont emparés des réservoirs pour les monter sous les ailes, tâche d'autant plus ardue que la version du P-38 utilisée par le groupe n'a pas été prévue pour emporter des nourrices aussi volumineuses.

TOUS VOLONTAIRES

C'est hirsute, mal rasé et les yeux cernés que Mitchell accueille la bande de joyeux braillards qui arrive au briefing. En quelques mots, il brosse le tableau de la mission du jour. L'auditoire est à la fois médusé par son audace et ravi par son importance. Car, chacun en est persuadé, la disparition de Yamamoto

Un Mitsubishi G4M1 « Betty ». Bien sûr, il ne s'agit pas de l'épave de l'avion de Yamamoto (ce serait trop beau !), mais on peut penser qu'elle devait ressembler à quelque chose d'approchant.
(Collection C.-J. Ehrengardt)

Un B-25H du 499th *Bombardment Squadron* —« The Bats outa'Hell »— (345th *Bombardment Group*) en Nouvelle Guinée. À la lumière de l'expérience menée avec les B-25C, North American a développé une version spécifique armée de rien moins qu'un canon de 75 mm et huit mitrailleuses fixes de 12,7 mm tirant vers l'avant. Cependant, en raison de sa fiabilité incertaine et du petit nombre d'objectifs dignes de son calibre, le canon est fréquemment remplacé par un arme plus légère.
(Collection C.-J. Ehrengardt)

assènera un sérieux coup au moral des « Japs ». Mais chacun se pose une seule et unique question : « en serai-je ? ».

— La formation sera scindée en trois groupes. Le premier, composé de 6 P-38 sous les ordres du *Captain* Lanphier, est chargé de l'interception du bombardier de Yamamoto. Les deux autres, l'un sous mes ordres, l'autre sous les ordres du *Lieutenant* Canning, sont chargés de protéger le premier groupe contre les *Zero* de l'escorte ou ceux qui pourraient décoller de Buin ou Kahili. Malheureusement, le nombre d'avions pour cette mission est limité à 18. Je n'emmènerai que des volontaires.

Comme il s'y attendait, Mitchell voit toutes les mains se lever en même temps. Il n'y a pas un pilote dans l'assistance qui veuille rester au sol. Et pourtant, plus d'un aurait des raisons de ne pas lever la main… Mille quatre cents kilomètres, un véritable calvaire pour ces hommes affaiblis par la dysenterie, épuisés par la malaria, qui devront rester coincés plus de cinq heures dans l'étroit habitacle sans confort de leur P-38.

— Tommy, fait Mitchell à Lanphier, tu choisis tes hommes. Les autres, nous les tirerons au sort.

Lanphier choisit les *Lieutenants* Rex Barber, Besby Holmes, Raymond Hine, Joe Moore et James McLanahan. Les autres, déçus, mais encore pleins d'espoir de faire partie des patrouilles de protection, écrivent leur nom sur un papier. Mitchell en tire dix au sort. À l'appel de leur nom, les heureux élus lancent leur casque en l'air en hurlant de joie. Les autres, dépités, les félicitent et s'apprêtent, le cœur lourd, à regarder leurs camarades s'envoler sans eux. Mitchell, Lanphier et le sort ont désigné huit pilotes de chacun des 12th et 339th *Fighter Squadrons* et deux du 70th.

Le *Captain* Thomas O. Lanphier, alors commandant provisoire du 70th *Fighter Squadron*, reçoit la *Distinguished Flying Cross* et la *Silver Star* pour son exploit du 18 avril 1943. (Collection Tallandier)

UNE MISSION SECRÈTE

— Cette mission devra rester secrète, reprend Mitchell. Je vous rappelle que le frère de Tommy est prisonnier des Japonais. Si jamais ils apprenaient par une indiscrétion que Tommy a pris part à cette mission, vous imaginez ce que pourrait être son sort. Vous devrez donc tous prêter serment de n'en rien révéler jusqu'à la fin des hostilités.

Il est 7 h 20 lorsque les trente-six moteurs Allison démarrent les uns après les autres, lâchant sur Henderson Field une épaisse fumée noire. En tête, Mitchell commence à rouler sur les fameuses plaques perforées Marston. Au moment où il s'élance, l'avion de McLanahan crève un pneu, part en embardée et quitte la piste. Le pilote sort de la carlingue et de rage jette son casque sur le sol. À peine a-t-il décollé que Moore fait des grands signes à Lanphier. Panne d'alimentation. La mort dans l'âme, Moore regagne Henderson.

Peu soucieuse d'engager ses forces aux côtés de la marine, l'armée fait porter son effort principal en Nouvelle-Guinée, en Chine et en Birmanie. Le Nakajima Ki.43 (« Oscar ») est à l'armée ce que le *Zero* est à la marine. Il est basé sur les mêmes concepts où la maniabilité et l'endurance priment sur les performances pures et la protection du pilote. Il n'en constitue pas moins un adversaire redoutable. On voit ici le Ki.43-IIa du capitaine Hiroshi Kusano, commandant le 1er *Chutai* du 25e *Sentai* à Nanking. (Collection Y. Izawa)

« La mort sifflante », tel est le surnom que donnent les Japonais au Chance-Vought F4U Corsair. Cet appareil, conçu pour opérer à bord des porte-avions, commence en fait sa carrière à terre. Il est le premier chasseur américain à pouvoir contrer efficacement la menace des *Zero* et autres « Oscar ». Ici, un alignement de F4U-1 de l'escadrille des Marines VMF 212 du *Lieutenant-Colonel* Harold Bauer à Vella Lavella. (Collection Tallandier)

Le grand tournant — 137

◀ Le 2 novembre 1943, la 5th *Air Force* frappe un grand coup à Rabaul. Quelque 80 B-25, dont ceux des quatre escadrilles du 345th *Bombardment Group*, escortés par autant de P-38, attaquent sept destroyers et vingt et un cargos dans la rade de Simpson Harbor. En raison de la fumée, les résultats sont difficiles à estimer, mais le raid s'avère coûteux pour les Américains qui perdent huit bombardiers et neuf chasseurs, pour un total de 45 aviateurs tués ou portés disparus.
— Un B-25 du 499th BS vient de lancer sa bombe contre un cargo auxiliaire de la classe *Hayasaki* (1 500 tonneaux), qui sera endommagé. (Collection Tallandier)

◀ — Le sort du cargo de 4 100 tonneaux au premier plan est scellé, comme l'est déjà celui du *Haruna Maru* (1 550 tonneaux) à droite. Derrière le premier, le *Lyons Maru* (7 000 tonneaux), endommagé, et tout au fond, un cargo de la classe *Gosei Maru* (1 950 tonneaux), qui sera détruit. (Collection Tallandier)

— Quelle poisse ! murmure Lanphier en croisant les doigts. Si ça commence comme ça...

Mitchell est inquiet, lui aussi. Il ne reste plus que quatre P-38 pour s'occuper de Yamamoto... si seulement ils arrivent à l'heure au rendez-vous !

LES MEILLEURS PILOTES DE RABAUL

L'aube n'est pas encore levée sur le terrain de Buka lorsque, vêtu d'un somptueux uniforme vert foncé, son sabre d'apparat au côté, Isorokû Yamamoto monte à bord d'un bombardier Type 1 («Betty»). Son chef d'état-major, l'amiral Ugaki et d'autres membres de son proche entourage prennent place à bord d'un second bombardier, également transformé en avion de transport de VIP. Un peu avant 6 heures, le pilote du premier bombardier lance ses moteurs et fait un signe de la tête au chef du dispositif d'escorte, l'enseigne de vaisseau Takeshi Morisaki. L'escorte a été soigneusement triée sur le volet, car c'est un honneur que d'escorter le puissant commandant en chef de la flotte combinée. Morisaki et ses cinq équipiers appartiennent au 204 *Kôkûtai* basé à Rabaul, une unité qui s'est distinguée à Midway et dans les récents

En 1943, Rabaul demeure un nid de frelons dans lequel il ne fait pas bon s'aventurer. Ce port constitue la plaque tournante des forces japonaises dans le secteur des Salomon et des Bismarck et les *Zero* du 251 *Kôkûtai* (ex-Tainian *Kôkûtai*) y montent une garde féroce. (Collection C.-J. Ehrengardt) ▼

138 — La Guerre aérienne 1939-1945

▲ Des B-25D du 501st *Bombardment Squadron* —« *The Black Panthers* »— (345th *Bombardment Group*), en route pour attaquer des installations japonaises à Kawieng. Cette escadrille aligne des bombardiers classiques au nez vitré, comme ici, aux côtés des modèles optimisés pour l'appui tactique. (Collection C.-J. Ehrengardt)

▲ Fin 1942, le 90th *Bombardment Squadron* touche une douzaine de North American B-25C modifiés. Sur ces appareils, dont la tourelle inférieure a été déposée, pas moins de huit mitrailleuses de 12,7 mm ont été montées dans un nez remodelé. Ils transportent en soute 60 bombes à fragmentation de petit calibre et 6 bombes de 50 kg. Avec cette puissance de feu hors du commun, ces appareils sont engagés avec un succès considérable dans la lutte aéronavale, notamment grâce à l'emploi de tactiques savamment mises au point à Port Moresby. (Collection C.-J. Ehrengardt)

combats au-dessus des Salomon, où elle a revendiqué vingt victoires en trois missions.

Morisaki répond par un hochement de tête et lance les gaz à fond. Son chasseur *Zero* vibre sous la puissance déchaînée du moteur tournant à plein régime. Il lâche les freins et le monomoteur roule sur la piste poussiéreuse. Ses cinq équipiers le suivent de près, puis c'est au tour des deux lourds bimoteurs de s'élancer. Les huit appareils se mettent en formation, grimpent à 3 500 mètres et disparaissent en direction du sud, vers leur tragique destin.

Le long trajet commence pour les P-38 ; deux heures et quinze minutes à moins de dix mètres au-dessus des vagues. Gare au moindre raté d'un moteur ou dans la sélection des réservoirs ! À cette altitude, une erreur ne pardonne pas. Mitchell a choisi une route sinueuse, passant au large des différentes îles qui jalonnent son itinéraire jusqu'à Kahili. Elle rallonge la distance de près de 200 km, mais elle évite à sa formation d'être repérée par les guetteurs japonais embusqués dans les arbres. Cent trente-cinq minutes à être habité par une forte tension nerveuse (les pilotes de l'armée n'apprécient que modérément de voler au-dessus de la mer), à souffrir de crampes, de fourmis dans les jambes, du mal de reins et des escarres aux fesses sur un siège dont le confort n'est pas la qualité majeure, mais aussi à supporter les inconvénients des maladies tropicales qui affectent tous les pilotes de Guadalcanal. Et puis, il y a également le sifflement continuel et éprouvant des compresseurs et le ballant donné par l'essence se promenant sans contrainte dans des réservoirs supplémentaires dépourvus de cloison et qui se transmettent à l'avion. Avec une régularité épuisante, celui-ci pique brusquement du nez, offrant au pilote la sensation peu réjouissante qu'il va percuter l'eau.

« AVIONS ENNEMIS À DIX HEURES ! »

Yamamoto a délaissé ses papiers et regarde par le hublot. Il aperçoit deux *Zero* qui maintiennent une formation impeccable. Mille cinq cents mètres plus bas, il distingue la côte de l'île de Bougainville. Une mince bande jaune sépare le bleu continu de l'océan du vert foncé de la jungle. Un membre de l'équipage entre dans la cabine, salue et tend un papier que l'amiral saisit de sa main gantée de blanc : « Arriverons à Kahili à 8 h 45 précises. »

Plus le temps passe et moins Lanphier croit au succès de sa mission. « Ce serait trop beau, pense-t-il, il n'y a qu'à Hollywood que des trucs comme ça

Le grand tournant — 139

◀ Le 14 mai 1943, un raid japonais prend pour cible le terrain de Dobodura (péninsule de la Papouasie). La chasse américaine monte à l'interception et revendique seize assaillants pour la perte d'un P-38. Le *Lieutenant* John Griffith du 49th *Fighter Group* a posé son Curtiss P-40D sur le ventre après sa rencontre avec des *Zero*. (USAF)

arrivent... » Il est 9h30 et l'île de Bougainville se profile à l'horizon. Seize paires d'yeux scrutent avec anxiété un ciel dégagé et limpide, mais désespérément vide. Tout à coup, un cri retentit dans les écouteurs :

— Avions ennemis, à dix heures haut.

Tous les regards convergent vers un point situé plus haut, légèrement sur la gauche. Ça y est, c'est lui ! Cela fait très exactement deux heures et neuf minutes que les P-38 ont quitté Henderson. Les Américains distinguent nettement à cinq kilomètres de distance deux bombardiers volant à 1300 mètres et six *Zero* environ 500 mètres plus haut qui se dirigent vers Kahili en longeant la côte.

« M..., pense Mitchell. Il y a deux bombardiers. Lequel est le bon ? »

Les P-38 n'ont pas été repérés et Mitchell fait grimper tout son monde pleins gaz. Les pilotes larguent leurs réservoirs supplémentaires, équipement encombrant en combat, et tirent sur le manche pour cabrer leur appareil. Tandis que les 14 appareils de l'escorte poursuivent jusqu'à 5000 mètres d'altitude, les quatre P-38 de la section d'attaque conduits par Lanphier rétablissent à la hauteur des bombardiers et se dirigent droit dessus, négligeant les chasseurs de l'escorte qui ne les repèrent qu'à moins de deux kilomètres de leurs cibles.

Yamamoto, absorbé par la contemplation du magnifique paysage qui s'étale sous son avion, a son attention brutalement attirée par l'étrange comportement d'un chasseur de l'escorte qui bat des ailes et part aussitôt en piqué sur sa droite. Le premier bombardier, sans doute prévenu par l'escorte, plonge du nez et entreprend un large virage. Le second manœuvre avec brutalité pour se rapprocher de la côte.

◀ Tout naturellement, les Australiens prennent une part active aux combats en Nouvelle-Guinée-Papouasie. Sur cette photo un Spitfire Mk. VIII (A58-606) du n° 457 RAAF *Squadron*, surnommé *The Grey Nurse* (d'après une race de requins), basé à Darwin en décembre 1944. (Collection C.-J. Ehrengardt)

140 — La Guerre aérienne 1939-1945

▲ Le Kawasaki Ki.100, un dérivé du Ki.61 équipé d'un moteur en étoile, est l'un des rares avions à n'avoir reçu aucun nom de code, bien qu'il soit entré en service en mars 1945. (Collection W. Green)

▲ Dans le premier guide édité par McCoy, se trouve ce chasseur type TK.4, aussitôt baptisé « Frank ». Lorsqu'il s'apercevra qu'il a donné son prénom à un dessin d'enfant participant à un concours organisé par un magazine de maquettistes, McCoy sera prompt à réagir. Il rebaptisera ce bimoteur imaginaire « Harry » pour passer à la postérité avec le Nakajima Ki.84, un chasseur tout ce qu'il y a de plus réel celui-là.

Morisaki a aperçu les P-38 avec un retard qu'il ne se pardonnera jamais. Par expérience, il avait appris à se méfier d'assaillants venant de plus haute altitude et pendant tout le trajet, il a surtout scruté le ciel au-dessus de lui. La tactique des Américains l'a dérouté. Suivi comme son ombre par son ailier, le premier maître Okamoto, il largue son réservoir ventral et fait face aux P-38 qui foncent sur le bombardier. Lanphier comprend qu'il ne pourra pas rejoindre les bimoteurs avant d'être intercepté par les chasseurs. Il décide de s'occuper d'eux d'abord. le premier *Zero* s'encadre dans son viseur. Il ouvre le feu et le chasseur japonais explose. Les autres défilent devant le nez de son avion et Lanphier tire au jugé. Il se retrouve à 1800 mètres d'altitude et doit piquer légèrement pour rattraper « son » bombardier. Il le prend par plein travers et tire plusieurs rafales qui arrachent une aile et envoient le bombardier tourbillonnant en flammes percuter dans la jungle.

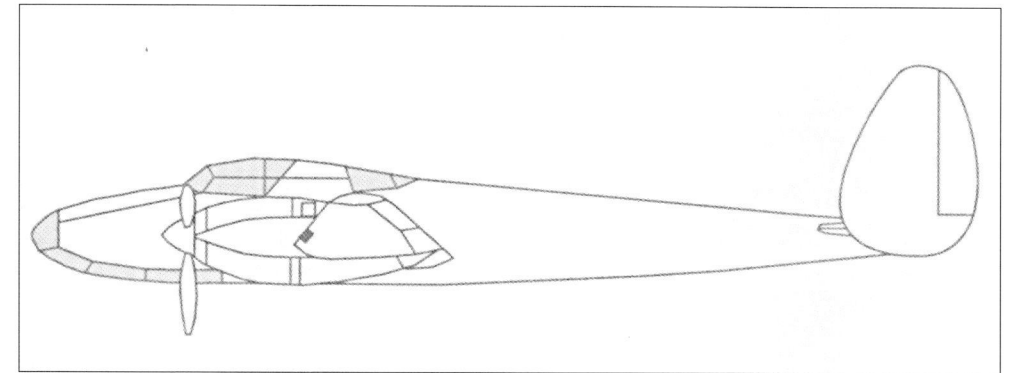

HINE DISPARAÎT

Morisaki a été cueilli par la rafale de Lanphier. Il parvient à sauter en parachute et assistera à toute la bagarre depuis la surface de l'eau. Barber, qui a suivi son leader, s'est rapproché du second bimoteur, mais celui-ci manœuvre habilement et oblige l'Américain à le dépasser sans pouvoir tirer. Poursuivi par des *Zero*, Barber revient dans la queue du bombardier et appuie sur la détente de ses armes. Les obus sectionnent l'empennage. L'appareil passe sur le dos et plonge vers le sol.

Holmes, qui a perdu du temps à se débarrasser d'un réservoir récalcitrant, collé par Hine, se dirige vers les *Zero* qui menacent Barber. Il s'ensuit un combat tournoyant au cours duquel les antagonistes échangent des rafales au jugé. Holmes et Hine se laissent entraîner hors de la zone du combat qui s'est déroulé entre Kahili et Ballale. À ce moment, Holmes aperçoit un bombardier solitaire du type « Betty » volant à basse altitude au large de Moila Point. Toujours suivi par Hine, il plonge sur l'intrus et enflamme son moteur gauche. Hine

Le grand tournant — 141

l'ajuste à son tour et Barber surgit pour lui asséner le coup de grâce. Touché au fuselage, le bombardier explose devant le nez de Barber.

Cependant, les *Zero* ne lâchent pas prise aussi facilement et s'en prennent à Barber au moment où celui-ci vient d'achever le troisième bimoteur. Holmes effectue un retournement brutal et abat l'un des assaillants en flammes. Barber s'offre un autre chasseur japonais, mais il aperçoit Hine en difficulté, le moteur gauche lâchant une épaisse fumée noire, partant en piqué vers l'île Shortland. Il sera le dernier à l'avoir vu. Un autre *Zero* est aperçu en train de percuter l'eau, probablement victime des canons de Hine.

Les pilotes du 204 *Kôkûtai* confirment à leur retour la perte de trois chasseurs, mais aussi la destruction des trois bombardiers. En revanche, ils revendiquent quatre victoires sûres et deux probables.

Mitchell, qui ne s'attendait à voir qu'un seul bombardier, se demande sur tout le chemin du retour lequel transportait Yamamoto. À vrai dire, cela ne fait aucune différence dans la mesure où ils ont été descendus tous les trois. Les autorités compétentes, après étude des comptes rendus, attribueront l'avion de Yamamoto à Lanphier.

ET SAUTE LA FOUINE !

Le retour s'effectue sans encombre. Holmes, victime d'une panne d'essence, se pose sur un terrain de Russell. Barber, dont le système de refroidissement a été endommagé par une balle, reste à la traîne, mais regagne Henderson. Plusieurs autres appareils ont été plus ou moins endommagés. Les Américains revendiquent trois bombardiers et trois chasseurs. Barber et Holmes, vainqueurs chacun d'un bombardier et d'un chasseur, obtiennent leur statut d'as à part entière.

À peine les 15 P-38 se sont-ils posés que le commandant de la base de Guadalcanal envoie le message convenu : *Pop goes the weasel !* (Et saute la fouine !), signalant que l'opération « Vengeance » s'achève sur un succès. Le message est transmis à l'amiral Halsey, alors en pleine conférence avec l'amiral Turner, commandant des forces amphibies du Pacifique Sud. À son annonce, Turner pousse un cri de joie et applaudit, déclenchant aussi sec la colère de l'impétueux Halsey :

— Vous trouvez ça bien, vous ? J'espérais faire descendre la Pennsylvania Avenue à cette canaille enchaînée, avec vous tous en train de le botter là où je pense !

Mitchell et Lanphier reçoivent la *Navy Cross* accompagnée d'une lettre personnelle de Roosevelt.

Il faut souligner le « timing » exceptionnel de cette mission qui a été la clef de son succès. Le compte rendu officiel de la mission précise que « l'ennemi fut repéré comme si la rencontre avait été arrangée par un consentement mutuel des deux parties[5] ». L'autre raison de cette réussite doit être recherchée dans la conférence tenue avant le décollage, au cours de laquelle Mitchell a non seulement exposé de façon méticuleuse le travail de chaque pilote, mais s'est surtout assuré que chacun avait compris ce que les autres avaient à faire.

L'amiral Ugaki parvient à nager jusqu'à la côte ; il est l'un des rares survivants de la tragédie. Une équipe de secours atteint le lendemain l'épave d'un bombardier au milieu de la jungle. Les soldats ont la surprise de trouver le corps d'un amiral intact, toujours sanglé à son siège. Il semble calme, détendu et l'on pourrait croire qu'il dort si ce n'était la présence de deux trous marron dans la tête. Un obus a pénétré par la mâchoire et est ressorti par la tempe. Les soldats comprennent, en ramassant les recueils de poèmes et en voyant le gant à trois doigts de la main gauche encore crispé sur le pommeau du sabre d'apparat, que ce corps inanimé est celui d'Isorokû Yamamoto.

La mort du commandant en chef de la flotte combinée ne sera révélée publiquement qu'un mois plus tard, lorsque ses cendres seront ramenées à Tokyo. Un jour de deuil national sera décrété et sans nul doute, sa disparition a causé une vive émotion au sein de la population et des forces armées. Son successeur, l'amiral Mineichi Koga, pourtant l'un des poulains de Yamamoto, manifestera rapidement tous les travers des stratèges japonais de l'époque, absence de faculté d'adaptation, conservatisme excessif et manque singulier d'imagination. Il est vrai qu'un tel génie militaire, quelles qu'aient été les erreurs qu'il a pu commettre, ne se remplace pas du jour au lendemain — qu'il soit japonais ou de n'importe quelle autre nationalité.

5. *History of 339th Fighter Squadron* — Office of the historical Officer — Archives USAAF.

XII
LES DÉSILLUSIONS DE LA *LUFTWAFFE*
La bataille d'Orel

Si juillet 1943 voit la grande offensive d'été de la Wehrmacht, ce mois est surtout marqué par le début de la vaste contre-offensive soviétique. L'opération « Zitadelle » voit le dernier engagement massif de la *Luftwaffe*. À partir de cette date, ses actions ne revêtiront plus qu'un caractère ponctuel visant essentiellement à soulager les troupes allemandes de la pression de plus en plus forte exercée par l'Armée Rouge. La *Luftwaffe* abandonne l'initiative aux Soviétiques et se transforme en arme défensive.

1915 AVIONS ALLEMANDS CONTRE 7 500 SOVIÉTIQUES

LE MOIS DE JUIN 1943 s'écoule lentement tandis que Hitler donne ses derniers ordres pour une opération de grande envergure, baptisée « Unternehmen Zitadelle ». Le front présente deux saillants : l'un au nord, autour d'Orel, pointe profondément à l'intérieur des lignes soviétiques, l'autre au sud, autour de Koursk, s'enfonce dans les lignes allemandes. La tactique des états-majors allemand et soviétique est des plus simples : prendre en tenailles la poche ennemie de manière à l'isoler d'abord et à la réduire ensuite. Le terrain favorisant une attitude attentiste, les deux camps s'observent longtemps dans l'espoir que l'adversaire attaquera le premier. C'est finalement Hitler, impatient d'en finir, qui prendra les devants, le 5 juillet.

Une fois encore, les Allemands ont profondément sous-estimé les forces qui leur font face. Les Soviétiques ont profité d'une accalmie relative au terme de la dernière offensive d'hiver pour renforcer leurs défenses en profondeur. Pour contenir les 47 divisions et les 2 000 chars allemands, ils ont massé 109 divisions, 3 600 blindés et plus de 20 000 pièces d'artillerie. La disparité entre les forces aériennes est encore plus manifeste. La *Luftflotte* 4 (*Generaloberst* Dessloch) dispose de 1 185 avions et la *Luftflotte* 6 (*Generaloberst* Ritter von Greim), renforcée par des éléments hongrois, aligne 730 appareils. Plus de 7 500 avions les attendent, répartis entre les 2e et 16e *Vozdouchnaia Armiia* dans le secteur Orel-Bielgorod-Starii Oskol (1 880 appareils), les 5e et 17e VA en seconde ligne sur les fronts de la Steppe et du Sud-Ouest (2 900 appareils) et les 1re et 15e VA maintenues en réserve (2 750 appareils).

Cependant, le plus gros handicap dont va souffrir la *Luftwaffe* concerne la pénurie de carburant. L'état-major de la *Luftflotte* 6 a établi ses besoins à 1 097 tonnes de carburant C-3 à haute teneur en octane (destiné aux Fw 190) pour la durée de l'offensive... dix jours. Ses unités n'en percevront pas la moitié.

UNE BATAILLE DE TITANS

Dans le choc qui s'annonce — et qui sera, avec celle du Sinaï en octobre 1973, la plus titanesque bataille de chars de tous les temps — deux types d'avions sont appelés à jouer les premiers rôles : les chasseurs et les appareils de lutte antichars, les premiers devant conquérir la supériorité dans les cieux, les seconds sur terre.

Du côté allemand, huit groupes de chasse ont été désignés pour couvrir les opérations sur le saillant d'Orel. Les chasseurs de chars allemands s'appuient sur deux types d'avions principaux, le Henschel Hs 129B et le Junkers Ju 87G-1. Ces derniers, armés de deux canons de 37 mm sous les ailes, se trouvent au nombre de 10 éparpillés au sein de différentes *Stukageschwadern*. Soixante Hs 129B équipent quatre escadrilles — les 4. et 8. (Pz)/Sch.G.1 et 4. et 8. (Pz)/Sch.G.2 [1] — placées sous le commandement unifié du *Hauptmann* Bruno Meyer.

Le 5 juillet, vers 2 h 30, quelque 1 700 bombardiers, avions d'assaut et chas-

▲
Les Junkers Ju 87G-1, armés de deux canons BK 3,7 de 37 mm, sont peu à peu regroupés au sein d'unités spécialisées dans la lutte antichars. Bien placé, un seul obus peut mettre un char T-34 ou KV-1 hors d'état de nuire. On voit, sur la gauche, un armurier installer un chargeur de 18 obus. (Collection H. Obert)

---
1. La cinquième escadrille de Hs 129, la Pz. Jäg./51, a été détachée sur la tête de pont du Kouban.

Le grand tournant — 143

◀ Le Henschel Hs 129B est un appareil conçu spécifiquement pour l'appui tactique. La cellule est construite autour d'une cuve constituée de panneaux d'acier pouvant atteindre 12 mm d'épaisseur. La verrière est constituée de vitres blindées de 75 mm. La place restante à l'intérieur de l'habitacle est si réduite qu'un certain nombre d'instruments doivent être montés sur la face interne du capot des moteurs ! L'*Oberleutnant* Rudolf-Heinz Ruffer, un as de la chasse au char (cinquième en partant de la droite), pose au milieu de ses hommes devant son Hs 129B (Wk. Nr. 0364, « J » rouge) de la 8. (Pz)/SG 1 au cours des opérations sur la tête de pont du Kouban, en mai 1943. Ruffer sera abattu et tué par la DCA soviétique en juillet 1944, un mois après avoir reçu la *Ritterkreuz*. (ECPA)

seurs frappés de la croix gammée se tiennent prêts à décoller. L'opération « Zitadelle » vient de recevoir le feu vert de Hitler. Les services d'écoute se rendent compte qu'une animation inhabituelle règne sur les terrains soviétiques. Le doute n'est pas permis : les Soviétiques ont éventé le plan allemand. Non seulement ils connaissent le jour et le lieu de l'attaque, mais ils en savent l'horaire. L'alerte est aussitôt donnée. Des centaines de bombardiers et d'Ilioutchine Il-2 sont en train de décoller pour piéger la *Luftwaffe* sur ses bases.

Bousculant l'ordre de départ, les chasseurs allemands se faufilent parmi les rangées de bombardiers et de *Stuka*. Le sort de « Citadelle » est en train de se jouer à la minute près. Plus de quatre cents appareils se rencontrent au-dessus du front pour la plus furieuse bataille aérienne de toute la guerre à l'est. Plusieurs vagues soviétiques sont refoulées. À 9 h 30, la V-VS se retire. La *Luftwaffe* proclame la destruction de 120 avions russes pour la perte de 26 chasseurs. Mais, la journée ne fait que commencer.

DES PERTES À LA HAUTEUR DES VICTOIRES

Elle s'achève au nord sur une percée d'une profondeur d'une dizaine de kilomètres seulement sur une largeur de vingt kilomètres au prix de 25 000 tués. Au sud, la IV. *Panzerarmee* ne progresse pas plus de 40 kilomètres sur une largeur de 50, mais elle abandonne 10 000 morts derrière elle. En revanche, la *Luftwaffe* triomphe : 432 victoires ! Mais elle laisse 260 appareils dans l'aventure. La V-VS admet la perte de seulement 175 avions. Le lendemain, 6 juillet, la *Luftwaffe* homologue 205 nouvelles victoires, pour la majorité attribuées à la JG 51 qui opère au nord du saillant.

Pour la *Luftwaffe*, les pertes commencent à s'accumuler au même rythme que les victoires. Entre le 5 et le 8 juillet, ce sont 854 appareils qui sont rayés de son inventaire. Les Soviétiques admettent la perte de 566 avions pendant la même période. De 88 le premier jour, le nombre d'avions disponibles à la JG 51 tombe à 37 le 11 juillet. De 3 000 le 5 juillet, le total des sorties quotidiennes s'effondre à 1 000 le 10. Les pertes, mais aussi le manque de carburant, se font cruellement sentir.

Au sol, les combats se poursuivent avec acharnement. Les Soviétiques affirment avoir détruit 1323 chars allemands depuis le début de l'offensive. Le 11 juillet, Hoth parvient à percer à Prokhorovka, mais il ne réussit pas à opérer sa jonction avec les éléments venus du nord. Les généraux von Manstein et von Kluge interviennent auprès de Hitler pour qu'il abandonne l'opération « Zitadelle », manifestement vouée à l'échec et de plus en plus coûteuse. Ils n'obtiennent qu'un refus obstiné. Le flanc droit du *Heeresgruppe Süd* se dégarnit et… ce qui devait arriver arrive : le 11 juillet, le général Joukhov passe à la contre-attaque.

À l'été 1943, la qualité du matériel et des équipages mis en œuvre par l'aviation soviétique s'est considérablement améliorée. La *Luftwaffe* conserve une certaine maîtrise tactique, mais plus pour très longtemps. Parmi les premiers as à émerger au sein de la V-VS, Ivan Kojedub arrive au front dans une unité équipée en Lavochkin La-5 et stationnée près de Kharkov, au printemps 1943. Triple « Héros de l'Union soviétique », Kojedub sera, avec 62 victoires, le plus grand as russe. (APN) ▼

144 — La Guerre aérienne 1939-1945

En novembre 1942, arrive en URSS le premier contingent du groupe *Normandie*. Au cours de l'hiver, les pilotes français se font la main sur des Yakovlev Yak-1M sur le terrain enneigé d'Ivanovo. (J. Tulasne)

Le second appareil de la rangée a été offert à la V-VS par une souscription d'un kolkhoze, ainsi qu'en atteste l'inscription sur le fuselage. Il est fréquemment piloté par l'aspirant Yves Bizien, l'un des premiers tués du groupe, abattu en combat le 13 avril 1943 dans la région de Spas-Demensk. (J. Tulasne)

2. *Pilote de Stukas* — H-U. Rudel — Corréa, Paris, 1951.

Emmenant avec lui cinq autres Hs 129 *Panzerjäger*, le *Hauptmann* Bruno Meyer survole la région boisée de Bielgorod d'où peut surgir à tout moment le danger pour les troupes allemandes. Tout à coup, les pilotes aperçoivent une cinquantaine de chars soviétiques, entourés de plusieurs centaines de bataillons d'infanterie, progressant vers l'ouest, à plus de trente kilomètres à l'intérieur des lignes allemandes. Pas question de perdre son temps à avertir la base, Meyer plonge. Les Henschel abandonnent six carcasses fumantes. Ils reviennent en compagnie de Ju 87 pour finir le travail.

Le *Hauptmann* Hans-Ulrich Rudel, Kapitän de la 1./St.G.2. bénit la bonne idée qu'il a eue d'apporter à Charkow le Ju 87G-1 qu'il a lui-même expérimenté dans le Kouban[2] :

« Je m'envole donc avec mon *Kanonenvogel*, escorté par tous les appareils de la 1re escadrille. Mon succès dépasse mes espoirs les plus extravagants. Dès ma première passe, quatre chars russes sautent sous les obus bien ajustés de mes canons. Le soir, je puis en inscrire douze à mon tableau de chasse. [...] Dans l'escadrille, l'escadre et jusqu'au QG de la *Luftwaffe*, une confiance totale succède au doute, pour ne pas dire l'appréhension des derniers mois. Les différents éléments du *Versuchskommando*, cispersés un peu partout, reçoivent l'ordre de m'envoyer immédiatement tous les *Stuka-Kanonen*[3] en état de vol. Ainsi naît, en l'espace de quelques jours, l'escadrille antichar dont le chef sera placé sous mes ordres. »

Mais si dans ce secteur, la *Luftwaffe* a réussi à endiguer une percée, dans les autres, le front craque de partout. La bataille de Koursk s'est transformée en bataille d'Orel. Hitler a donné son accord pour suspendre « Zitadelle » à la condition que la Wehrmacht tienne ses positions. Le 19 juillet, un nouveau Stalingrad se dessine à Orel où les II. et IX. *Panzerarmee* sont menacées d'encerclement par une percée soviétique qui vise Karatchev. La *Luftwaffe* intervient pour permettre la manœuvre de dégagement, dite « mouvement Hagen », qui soustrait 300 000 hommes à l'avance soviétique par la boucle du Don. Le 21 juillet, la brèche est colmatée et le repli allemand réussi avec des pertes réduites.

Les femmes joueront un rôle généralement secondaire dans toutes les aviations belligérantes. Mais dans l'aviation soviétique, elles auront celui de femmes fatales. Ces « drôles de dames » sont, de gauche à droite : Galina Bourdina (2 victoires au moins), Tamara Panatnykh (2 victoires), Valeria Khomiatova (1 victoire?) et Valentina Lisitsyna. (ECPA)

Le grand tournant — 145

TULASNE NE RENTRE PAS

Le général De Gaulle, prévoyant l'évolution des rapports de force après la fin des hostilités, cherche ardemment à voir la France libre représentée sur tous les fronts majeurs. Après avoir eu satisfaction en Libye et en Grande-Bretagne, il tourne son attention vers le front russe. Le 1er septembre 1942, il signe le décret de création du troisième groupe français libre qui reçoit le nom de *Normandie*. En novembre, 14 pilotes, sans arme mais avec leurs bagages — et leurs mécaniciens — débarquent à Ivanovo. Parmi ces pilotes, quelques-uns, comme Albert Littolff ou comme le commandant tactique du groupe, le commandant Jean Tulasne, se sont illustrés en Cyrénaïque. Là, les Russes leur laissent le choix de leur matériel : américain, britannique ou russe. Tulasne s'arrête sur le Yak-1, d'abord pour ses qualités manœuvrières qui s'accordent parfaitement au tempérament des pilotes français, ensuite pour ses vertus « politiques ». Il est évident que l'intégration des Français n'en a été que meilleure. Ce choix, ils n'auront jamais à le regretter.

Le 22 mars 1943, le groupe gagne le terrain de Polotniani-Zavod où il est intégré à la 303e Division de chasse du général Zakharov. Le 5 avril, le lieutenant Albert Préziosi remporte la première victoire. Elle sera suivie par 272 autres en deux ans. Mais, le 13, *Normandie* déplore sa première perte, lorsque le lieutenant Raymond Derville est porté disparu dans le secteur de Spas-Demensk. Il est malheureusement le premier d'une liste de 47 noms de pilotes tués, disparus ou faits prisonniers.

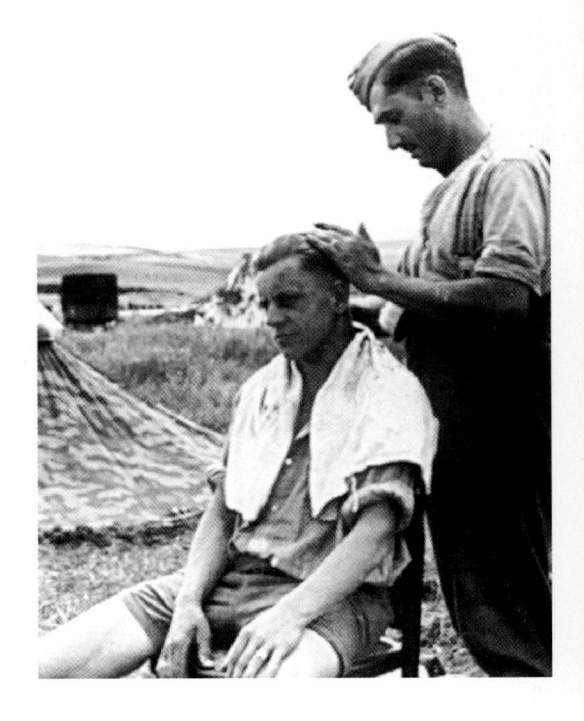

◀ Une hirondelle ne fait pas le printemps. Malgré le nombre impressionnant de victoires que totalisent ces quatre pilotes de la 9./JG 52, à partir de la fin de l'année 1943, la *Luftwaffe* commence à subir la bataille aérienne plus qu'à la contrôler. De gauche à droite : l'*Oberfeldwebel* Karl Steffen (disparu le 8 août 1943, 59 victoires), l'*Oberfeldwebel* Hans Dammers (décédé le 17 mars 1944, 113 victoires), l'*Oberleutnant* Hermann Graf (212 victoires) et le *Leutnant* Alfred Grislawski (133 victoires). (ECPA)

LA CHASSE AU CHAR
Mode d'emploi

Le grand as de la chasse au char, l'*Oberst* Hans-Ulrich Rudel, met au point une tactique qui lui permettra de détruire « officiellement » 519 tanks en 2 530 missions de guerre :
« Sans répit, nous piquons sur les monstres d'acier, parfois de côté, mais autant que possible par derrière. L'angle de piqué est relativement aigu ; de cette façon, nous pouvons descendre jusqu'à quelques mètres du sol sans risquer de voir l'appareil s'abattre brusquement au moment de redresser. Une chute même légère suffirait à nous faire toucher la terre, ce qui signifierait la destruction de l'avion et probablement la mort de l'équipage. Nous nous efforçons toujours d'atteindre les chars aux points vulnérables. Sous ce rapport, les divers types de tanks se ressemblent : l'endroit le plus fortement blindé est l'avant — c'est pourquoi un char essaiera quel que soit son adversaire, de faire face. Le blindage des flancs est nettement plus faible, mais le véritable « talon d'Achille » est l'arrière. Là, se trouve le moteur qui, pour faciliter le refroidissement, n'est protégé que par une plaque assez mince. De plus, cette plaque est, pour la même raison, percée de plusieurs trous. Un obus pénétrant par l'arrière provoquera infailliblement une explosion, car, près du moteur, il y a forcément de l'essence. De même, les flancs constituent des cibles « intéressantes », quoique mieux protégées, car c'est là que se trouvent en général, les réserves de munitions et de carburant. Il n'y a donc que l'attaque frontale qui risque de ne pas donner de résultat. »

Les pilotes d'Il-2 soviétiques mettent au point une tactique appelée « cercle de la mort ». Ils arrivent à moyenne altitude face à une colonne de *Panzer* et la contournent par le côté droit en piquant légèrement. Ils virent sur leur gauche, toujours en léger piqué, de manière à ouvrir le feu (avec leurs canons ou leurs roquettes RS-132) par l'arrière en vol horizontal à très basse altitude. Ils dégagent en prenant de la hauteur, en virant sur leur gauche et effectuent une seconde passe de la même manière que la première. Au terme de plusieurs spirales ascendantes et descendantes, ils sont à même d'attaquer sous l'angle le plus favorable tous les chars de la colonne — s'il leur reste des munitions.

Le 5 juillet, *Normandie* échange ses Yak-1 contre des Yak-9. Entre le 13 et le 17 juillet, le groupe réalise 110 sorties, totalisant 18 victoires, mais perdant 6 pilotes tués ou disparus et un grièvement blessé. Parmi les pilotes qui ne sont pas rentrés, on compte le capitaine Albert Littolff abattu en combat contre des Fw 190 de la 3./JG 51 près de Krasnikovo le 16 et surtout le commandant Tulasne, porté disparu le lendemain, après une rencontre avec des Fw 190 du IV./JG 54.

Avec Tulasne disparaît une figure emblématique de la France libre. Le commandant Pouyade, qui lui succède, est probablement le dernier à l'avoir vu : « Quelques secondes après qu'il eut signalé la présence de nombreux Fw 190 au-dessus de nous dans un ciel d'été presque pur, le petit nuage blanc qui passa entre nous deux quand il grimpa dans le soleil me le cacha pour toujours. »

Cette disparition affecte considérablement le moral des pilotes, d'autant que leur nombre s'est brutalement réduit à neuf. Le général Zakharov convoque Pouyade pour lui faire part de ses inquiétudes, mais aussi pour lui faire « des recommandations amicales ». Ces termes diplomatiques masquent à peine les fortes critiques que les Soviétiques portent à l'encontre des pilotes français qu'ils jugent trop individualistes, indisciplinés et téméraires à l'excès.

Le 3 août arrivent six pilotes en renfort et quelques jours plus tard 15 Yak-9 flambant neufs. Avec un moral qui s'améliore, *Normandie* remonte au front le 18 août, à Gorodichina. Après six victoires remportées depuis le 20, le GC 3 connaît son jour de gloire le 31 août. En 39 sorties, 3 Fw 190, 4 Ju 87 et 1 He 111 sont homologués aux Français. Malheureusement, ils perdent deux pilotes disparus et un blessé. Jusqu'à la fin septembre, le groupe se déplace au rythme de l'avance de l'Armée Rouge sur des terrains jamais distants de plus de 30 km du front : Spas-Demensk, Michkovo, Barsouki, Filatki. Les mois de septembre et d'octobre sont marqués par de difficiles combats dans la région de Smolensk. Le 22 octobre, *Normandie* termine sa première campagne, dont il sort très éprouvé. Il a obtenu 77 victoires confirmées et 9 probables, mais il a perdu 25 pilotes (dont 4 blessés). Avec seulement douze pilotes — parmi lesquels il ne reste que quatre survivants de la première heure — il prend ses quartiers d'hiver à Toula, le 6 novembre.

UNE FILLE PLUTÔT JOLIE

Le 1er août 1943, dix Bf 109G du III./JG 52 emmenés par le *Hauptmann* Günther Rall assaillent par surprise six Yak-9. Le combat tourne rapidement à l'avantage des Allemands. Ils abattent le leader de la formation, qui se trouve être le colonel de la Garde Golyshev. Trois 109 se collent alors dans la queue d'un « Ivan » qui tente par des manœuvres désespérées de les décrocher. Une rafale incendie le moteur du Russe. Le pilote abandonne son appareil mais se tue en arrivant au sol. Ce pilote était… une femme.

Lidia Litvyak, lieutenant au 586e Régiment de chasse, était surnommée le « Lys blanc ». À la date de sa mort, elle comptait 12 victoires (bien que son palmarès controversé oscille entre 8 et 13, selon les sources). Elle est loin d'être une exception. En effet, son unité compte plusieurs escadrilles exclusivement féminines et 32 femmes sont recensées parmi les pilotes ayant obtenu au moins une victoire. Le Régiment est commandé par le (la ?) colonel Tamara Kazarinova. Yekatarina Budanova est créditée de 11 victoires et viendrait donc en second au palmarès derrière Litvyak. D'autres femmes pilotent des bombardiers et une escadrille de Pe-2 est constituée uniquement d'aviatrices.

Dans ses mémoires, le *Feldwebel* « Emmes » Schmidt du I./JG 51 rapporte dans ces termes sa rencontre avec une femme pilote soviétique :

« Je peux apercevoir le pilote dans son habitacle en train de me regarder. […] Mon gars, tes cheveux sont longs, pensai-je. […] Finalement, je me place en bonne position. […] Les traçantes terminent leur course dans son moteur, mais j'épuise mes munitions. Zut ! De la fumée noire sort de son avion, je reste donc derrière. Dans quelques minutes, son moteur va serrer. Nous virons et nous virons encore et je me trouve très près derrière lui. La fumée cesse. Tout paraît normal. À environ cinq kilomètres, j'aperçois le terrain d'aviation russe. Je sais que je devrais faire demi-tour, mais le diable me pousse. Je me rapproche du Russe et celui-ci comprend que je ne représente plus aucun danger pour lui et cesse ses évolutions serrées. Avec la plus grande des

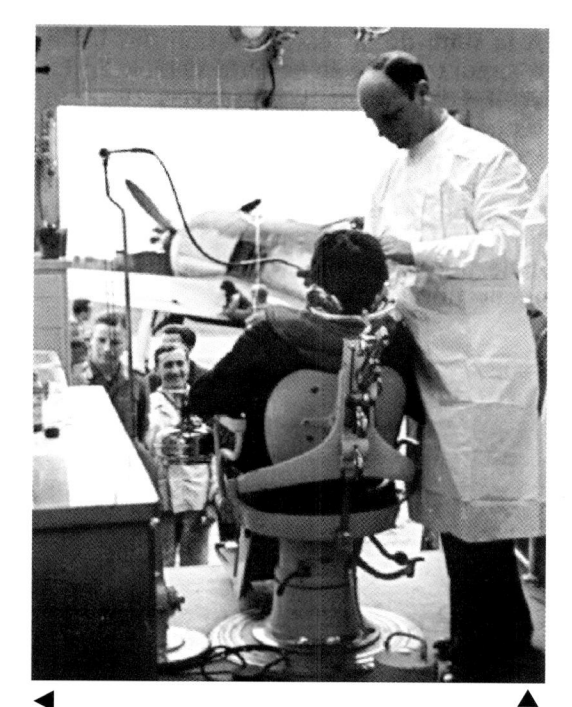

◄ ▲
Scènes de la vie quotidienne au front : le coiffeur et le dentiste. (ECPA)

▲
La majorité des 519 chars officiellement crédités à l'*Oberst* Hans-Ülrich Rudel seront revendiqués à bord d'un *Kanonenvogel*, mais le *Kommodore* de la SG2 ne dédaigne pas pour autant mener ses pilotes au combat en pilotant un Fw 190F. Son appareil porte les traditionnels chevrons du commandant d'escadre. (ECPA)

◀ À la suite de la réorganisation des unités d'appui tactique en octobre 1943, le Focke-Wulf Fw 190, dans sa version chasseur-bombardier, supplante peu à peu le Ju 87. Le Fw 190F-8 (ici, des appareils de la SG 2) constitue un adversaire si redoutable pour la chasse soviétique qu'un certain nombre de ses pilotes se constitueront une belle collection de victoires aériennes. (Collection H. Obert)

◀ Le 4 septembre 1942, l'*Oberleutnant* Hermann Graf est le second pilote à atteindre les 150 victoires. Une fameuse réception l'attend à sa descente d'avion. (ECPA)

surprises, je me rends compte que cet « Ivan » se trouve être une fille plutôt jolie. Je la salue et elle hoche la tête. Son visage est pâle. Je comprends aisément pourquoi. Je lui montre le terrain. Elle ne comprend pas et secoue la tête, haussant les épaules en signe d'interrogation. Je sors mon train et lui montre qu'elle peut en faire autant et je lui désigne à nouveau le terrain. Maintenant, elle comprend qu'elle peut atterrir, mais elle me regarde dubitativement. Je lui montre les canons et je croise les bras. Elle comprend ce signe international qui signifie que je n'ai plus de munitions. Nous nous saluons et je dégage en chandelle tandis qu'elle se prépare à atterrir. »

L'ARBRE QUI CACHE LA FORÊT

Le 4 août 1943, les Allemands sont chassés d'Orel et tout le front se met à bouger, sauf au nord où les opérations ne reprennent que début 1944. La manœuvre classique de l'Armée Rouge consiste à prendre en tenailles des groupes d'armées par le nord et à les encercler en les chassant vers la mer Noire. Le 23 août, Kharkov est reconquis et le Dniepr atteint à la fin du mois. Kiev tombe le 6 novembre.

Les opérations aériennes ne faiblissent pas tout au long du second semestre. Si le palmarès des grands as allemands ne cesse de croître, les pertes de la *Luftwaffe* s'amplifient à un rythme insoutenable. Au 31 août, le palmarès des as allemands s'établit comme suit :

Pilote	Unité	Palmarès 31.08	final
Major Hans Philipp	Kdore JG 1	205	206
Major Hermann Graf	Kdr JGr.50	202	212
Hauptmann Günther Rall	Kdr III./JG 52	201	275
Major Heinz Bär	Kdr II./JG 1	189	202
Hauptmann Max Stotz († 19.08)	Kap 5./JG 54	189	189
Hauptmann Joachim Kirschner	Kdr IV./JG 27	174	188
Oberleutnant Walter Nowotny	Kdr I./JG 54	173	258
Hauptmann Johannes Steinhoff	Kdore JG 77	171	176
Hauptmann Heinz Schmidt	Kap 6./JG 52	170	173
Hauptmann Gerhard Barkhorn	Kdr II./JG 52	163	301

Le palmarès des unités monte avec une grande régularité. La JG 51 remporte sa 7 000e victoire le 15 septembre, le III./JG 51 atteignant alors le chiffre de 1 700. Le 9 décembre, la JG 52 fête sa 8 000e. Walter Nowotny est le premier à atteindre les 250 victoires (14 octobre), suivi par Günther Rall (28 novembre) et Gerhard Barkhorn (13 février 1944).

La réussite spectaculaire d'une poignée d'hommes ne doit pas masquer la réalité. Sur cet immense front qui s'étend, fin 1943, de Cronstadt à la mer Noire, la *Luftwaffe* ne dispose que de... 430 chasseurs.

Le *Major* Dr. jur. Ernst Kupfer, ici à sa descente d'avion après sa 400e mission à l'été 1942 (il est alors *Kommandeur* du II./St.-G.2), est nommé *General der Schlachtflieger*, le 1er septembre 1943. Il entreprend une importante réorganisation des unités d'appui tactique, qu'il n'aura pas le loisir de mener à son terme, puisqu'il périra dans un accident d'avion deux mois plus tard. (ECPA)

L'*Oberleutnant* Karl Janke, *Staffelkapitän* de la 7./St.G.2 fête sa 300e mission, entre août et septembre 1942. Il terminera la guerre au grade de commandant en état-major, récipiendaire de la *Ritterkreuz*, après environ 500 missions de guerre. (ECPA)

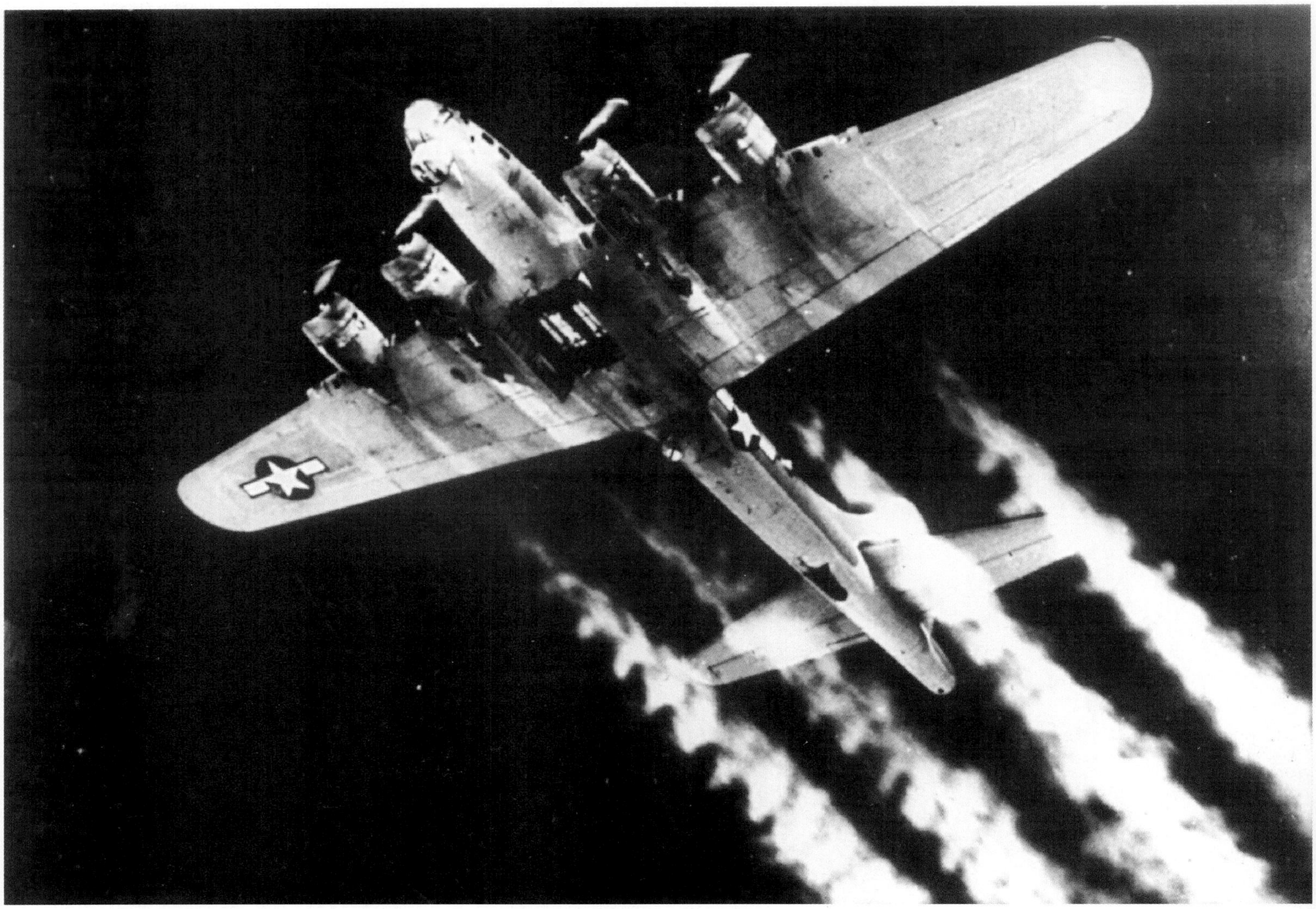

XIII
L'ÉTÉ MEURTRIER
Objectifs Schweinfurt et Ratisbonne

Le 1ᵉʳ juillet 1942, un Boeing B-17 se pose sur un terrain quelque part en Angleterre. Cet appareil est le premier affecté au nouveau VIII *Bomber Command* de l'USAAF — noyau de la fameuse 8th *Air Force*. Les Américains sont fin prêts à traduire dans les faits leur doctrine du bombardement stratégique diurne. Ils n'ont oublié qu'un détail : la *Luftwaffe*. Alors que s'effondre sous les obus des chasseurs allemands le mythe de l'invulnérabilité des grandes formations de bombardiers lourds, les Américains découvrent avec horreur qu'ils ne possèdent pas de chasseur capable d'escorter les bombardiers jusqu'au-dessus de leurs objectifs. Cette triste et sanglante expérience de l'été 1943 est restée dans les mémoires des aviateurs américains comme « l'été meurtrier ».

« NOUS AVONS DES PLANS MAIS PAS D'AVIONS »

A U COURS de la conférence Arcadia tenue à Washington fin décembre 1941, le président Roosevelt et le Premier ministre Churchill, considérant que les théâtres d'opérations en Europe et dans l'Atlantique sont prioritaires sur tous les autres, décident des actions à long terme à entreprendre contre les puissances de l'Axe et, en particulier, « une offensive aérienne soutenue contre la puissance militaire allemande ». Rainbow 5, nom de code d'un plan de guerre élaboré par la *War Plan Division*, a posé dès mai 1941 les éléments stratégiques de l'état-major général américain que la conférence Arcadia ne fait que confirmer. Son annexe, rédigée en août par l'*Air War Plan Division*, connue sous le nom de AWPD/1, est bâtie sur le principe de « l'emploi de la puissance aérienne pour briser la structure industrielle et économique de l'Allemagne ». Les centrales électriques, le réseau de transport et l'industrie pétrolière sont considérés comme les objectifs prioritaires à long terme et les bases aériennes, les usines de construction aéronautique et les usines sidérurgiques produisant les métaux légers comme les objectifs « intermédiaires ».

Le succès du programme dépend de la capacité des bombardiers américains à mener des missions en plein jour au-dessus de l'Europe. Malgré les expériences négatives des Allemands et des Britanniques dans ce domaine, les stratèges américains expriment leur confiance, mais modèrent leur enthousiasme en recommandant de développer un chasseur lourd d'escorte

◀ Se préparant à lancer ses bombes, ce B-17G laisse derrière lui de longues traînées de condensation. En dépit de sa taille, le B-17 n'emporte que 2 500 kg de bombes pour des raids à long rayon d'action au-dessus de l'Allemagne. (Collection SHAA)

Les premiers P-47B sont affectés au 56th ▶ *Fighter Group*. Au premier plan, celui du légendaire *Colonel* Hubert A. Zemke (17,75 victoires), photographié au-dessus de Long Island Sound, en octobre 1942.
(Collection SHAA)

Le grand tournant — 151

à long rayon d'action. Le général « Hap » Arnold, commandant-en-chef de l'USAAF reste, quant à lui, très pragmatique : « Nous avons des plans mais pas d'avions », commente-t-il.

Le tout premier raid de l'USAAF en Europe se déroule — on s'en serait douté — le 4 juillet 1942. Il est symbolique à tous points de vue. Faute de moyens, les six équipages américains doivent emprunter leurs avions aux Anglais, mais ces avions, des Douglas Boston, sont *made in USA* — l'honneur est sauf ! L'objectif retenu est certes peu en rapport avec les ambitions affichées par le commandant du nouveau VIII *Bomber Command*[1] le *Brigadier General* Ira C. Eaker — il s'agit de l'aérodrome de De Kooy aux Pays-Bas — et les résultats ne permettent pas de marquer d'une pierre blanche la commémoration du 166e anniversaire de l'indépendance, mais, il faut un début à tout.

UNE MISSION LOURDE DE CONSÉQUENCES

Le 17 août 1942, le VIII *Bomber Command* effectue sa première sortie avec ses bombardiers lourds. Douze B-17E du 97th *Bombardment Group*, dont un transporte Eaker soi-même, bombardent la gare de triage de Sotteville-lès-Rouen. La formation est menée par un certain *Major* Paul Tibbetts qui s'illustrera trois ans plus tard par une autre grande première.

« Quand la petite formation de B-17 s'envola le 17 août 1942, elle emportait avec elle un peu plus qu'une simple charge de bombes destinée à l'ennemi. Elle emportait un lourd passé de querelles et de controverses. Et elle commençait son expérience dans le domaine du bombardement stratégique, destinée à apporter des réponses aux multiples questions susceptibles de changer le cours de la guerre en Europe. [...] En fait, il fallut attendre la conférence de Casablanca en janvier 1943 pour que l'offensive aérienne de grande envergure envisagée par les stratèges américains et britanniques trouvât une place indiscutable dans la stratégie alliée. En attendant, il appartenait aux unités de bombardement de la 8th *Air Force* de faire la démonstration qu'elles pouvaient bombarder l'ennemi en plein jour avec une force et une précision suffisantes, mais aussi avec un taux de pertes modéré, pour que les projets américains — le bombardement diurne d'objectifs sélectionnés — deviennent réalité[2]. »

En janvier 1943, les dirigeants des puissances alliées se retrouvent à Casablanca. S'ils s'accordent à penser que le succès d'un débarquement sur le continent européen tient à la conquête de la supériorité aérienne, la manière d'y parvenir donne lieu à de vives discussions. Les Américains sont persuadés que seul le bombardement diurne offre une précision suffisante pour la destruction des objectifs, préalable au débarquement. Les Britanniques préconisent une approche indirecte au moyen de bombardements nocturnes, telle que la met en pratique l'*Air Marshall* Sir Arthur Harris, commandant le *Bomber Command* de la RAF.

Finalement, les états-majors alliés sont séduits par l'idée d'une offensive aérienne « round the clock » et les Britanniques laissent carte blanche aux Américains en pensant, avec un petit sourire en coin, que si eux n'ont pas su les convaincre, les Allemands s'en chargeraient bien !

▲ Des P-47D du 361st *Fighter Squadron* (356th *Fighter Group*) sur leur base de Martlesham. Tous ces appareils portent les bandes d'identification de nationalité (blanches pour les avions camouflés, noires pour ceux au fini métallique) autour du capot, des plans et de l'empennage arrière. On imagine pourtant mal que, même dans la chaleur d'un combat acharné, un pilote puisse confondre la silhouette fuselée d'un Messerschmitt 109 avec la masse rondouillarde du P-47.
(Collection C.-J. Ehrengardt)

1. Le VIII *Bomber Command* (Eaker) et le VIII *Fighter Command* (*Brigadier General* Frank Hunter) constituent une partie des échelons avancés de la 8th *Air Force*, placée sous le commandement du *Major General* Carl Spaatz. Ce dernier, nommé commandant des forces aériennes dans le cadre de l'opération « Torch » en novembre 1942, laisse son poste à Eaker, qui est lui-même remplacé par le *Brigadier General* Frederick L. Anderson à la tête du VIII *Bomber Command*.
2. The Army Air Forces in WWII — Volume One : Plans and early operations, January 1939 to August 1942 — Office of Air Force History, Washington, nouvelle édition 1975.

◀ Lorsqu'il entre en service dans la RAF sous le nom de Mustang, le nouveau monomoteur de chasse conçu par North American a tout du pur-sang sauf... le moteur. Plusieurs exemplaires sont équipés à titre expérimental d'un moteur Rolls-Royce Merlin. Le AM208, représenté sur cette photo, reçoit un Merlin 65 et une hélice quadripale. Les résultats sont si spectaculaires que Packard acquiert la licence pour produire le Merlin. De ce croisement naîtra le meilleur chasseur conventionnel à moteur à pistons de la guerre.
(Collection SHAA)

Le 27 janvier 1943, les Américains frappent pour la première fois en plein cœur de l'Allemagne. Une cinquantaine de B-17 et de B-24 prennent pour cibles les chantiers de *U-Boote* à Wilhelmshaven. Le raid du 13 juin sur Brême et Kiel entrepris par 160 appareils entraîne la destruction de 26 quadrimoteurs (16 % des effectifs), alors que seulement 16 bombardiers trouvent la cible. Les neuf dernières missions ont coûté 94 appareils et près de la moitié des effectifs en termes d'équipages ! Le moral du VIII *Bomber Command* est au plus bas.

LES CHASSEURS ATTENDENT LEURS BOTTES DE SEPT LIEUES

À cette époque, l'USAAF réserve en priorité ses avions de chasse au théâtre africain. Les premiers P-47C, arrivés en caisse en Angleterre le 20 décembre 1942, sont affectés aux 4th, 56th et 78th *Fighter Groups*. Ils sont remplacés en avril par des P-47D. Le 15 avril, le Thunderbolt remporte ses premières victoires lorsque 12 appareils du 4th *Fighter Group* emmenés par le *Major* Donald Blakeslee abattent trois Fw 190 aux environs d'Ostende. Blakeslee en revendique deux et le *Lieutenant-Colonel* C. Peterson le troisième. Mais un P-47 subit un sort identique et deux autres sont perdus à la suite d'ennuis de moteur.

Fin juillet, tout est prêt pour lancer la grande offensive tant attendue. Le beau temps est au rendez-vous — enfin ! — et Eaker dispose maintenant de seize groupes de bombardiers lourds et six de chasse.

Ces derniers, sans exception, volent sur P-47D. En dépit de sa taille impressionnante, il pêche par une autonomie insuffisante pour escorter les bombardiers. À ses débuts, son rayon d'action est limité à 280 km, ce qui l'amène à la verticale de Bruxelles ou de Rouen[3]. À partir de juillet, la livraison de réservoirs supplémentaires de plus en plus volumineux permet d'augmenter l'allonge des chasseurs, comme l'illustre la carte VII.

L'ORDRE OFFICIEL DE GÖRING

Le 24 juillet 1943, le VIII *Bomber Command* se jette dans la bataille qui culminera avec la double mission sur Schweinfurt et Ratisbonne, le 19 août. Au cours des six premières opérations du mois de juillet, représentant plus de 1 100 sorties, les pertes s'élèvent à 100 appareils et plus de 1 000 hommes d'équipage tués ou portés disparus. Son capital de confiance à peine entamé, Eaker renoue avec l'offensive le 12 août. Sur 330 bombardiers qui partent pour la Ruhr, 25 ne reviennent pas. La *flak* et surtout la chasse allemande ont prélevé leur tribut.

Entre août 1942 et juillet 1943, le VIII *Bomber Command* perd 421 bombardiers, ce qui représente un taux d'attrition de 5,4 % par rapport aux effectifs engagés.

Depuis plusieurs mois, le *Luftwaffe-Befehlshaber Mitte*, responsable de la défense du Reich, s'est considérablement renforcé. De 120 appareils en jan-

3. Ce sont, bien entendu, des limites théoriques qui ne tiennent pas compte de certains éléments, comme le vent. En revanche, elles tiennent compte de la consommation en vol de formation (les chasseurs brûlent une grande quantité de carburant à zigzaguer au-dessus des bombardiers dont la vitesse de croisière est inférieure à la leur), pendant les combats (livrés souvent en surrégime) et d'une marge de sécurité (généralement 10 %) nécessaire à rasséréner les pilotes lors de leur retour de mission.

Un P-51B-1-NA et un Spitfire d'une escadrille américaine non identifiée. Compte tenu du fait que le Spitfire qui l'accompagne est un appareil de reconnaissance photo du type PR. XI, il est vraisemblable que le Mustang soit en fait l'un des 71 P-51B modifiés en F-6C par l'implantation de deux caméras dans le fuselage arrière. On note que cet appareil est équipé de la verrière bombée Malcolm, palliatif avant la mise en œuvre de la verrière panoramique. (Collection C.-J. Ehrengardt)

vier 1943, ses effectifs passent à 556 monomoteurs et 110 bimoteurs fin août, suite au retrait de quelques groupes du front Est et à la création de nouvelles escadres de chasse lourde. Il ne faut pourtant pas voir dans cette augmentation substantielle une quelconque prise de conscience du haut-commandement de la nécessité de réviser sa stratégie « offensive ». Le *Generalleutnant* Adolf Galland, *General der Jagdflieger* et le *Feldmarschall* Erhard Milch, commissaire général au matériel aérien depuis le suicide de Udet, sont les seuls membres du haut état-major à avoir une vision claire des événements à venir.

L'incident que relate dans ses mémoires[4] Albert Speer, ministre de l'armement, montre sans ambiguïté l'écart qui se creuse entre la réalité et le monde de chimères dans lequel se réfugient Hitler et Göring. Galland a informé Hitler que des chasseurs d'escorte ont été abattus près d'Aix-la-Chapelle. Göring, qui s'apprête à monter dans son train spécial pour aller chasser dans la forêt de Goldap interpelle Galland :

« La casquette de guingois et un long cigare coincé entre les dents, Galland affichait une attitude résolument désinvolte :
— Des chasseurs américains ont été abattus près d'Aix-la-Chapelle. Il n'y a aucun doute là-dessus.
Göring s'entêtait :
— Ce n'est pas vrai, Galland. C'est impossible !
Galland rétorqua avec une pointe d'ironie :
— Vous pouvez toujours faire vérifier si des carcasses de chasseurs américains ne se trouvent pas du côté d'Aix-la-Chapelle.
Göring chercha à calmer le jeu [...] :
— Il n'y a qu'une possibilité, c'est qu'ils aient été abattus plus à l'ouest. Je veux dire que, s'ils ont été touchés à très haute altitude, ils ont pu poursuivre très loin en vol plané.
Galland demeura impassible :
— Vers l'est, Monsieur le maréchal du Reich ? Moi, si j'étais abattu...
— C'est bon, Monsieur Galland, coupa Göring pour clore le débat, je vous donne l'ordre officiel qu'aucun chasseur américain n'est parvenu jusqu'à Aix-la-Chapelle.
Le général fit une dernière tentative :
— Et pourtant, Monsieur le maréchal du Reich, ils y étaient !
Göring perdit toute contenance :
— Je vous donne l'ordre officiel qu'ils n'étaient pas là ! Vous avez compris ? Les chasseurs américains n'étaient pas là ! Compris ? C'est ce que je dirai au Führer.
Göring planta le général Galland, monta à bord de son train et se retourna une dernière fois :
— C'est un ordre officiel.
Avec un sourire inoubliable, Galland répondit :
— À vos ordres, Monsieur le maréchal du Reich ! »

LE BROUILLARD : UN ENNEMI DE PLUS

17 août 1943
1 h 30 du matin, High Wycomb.
Depuis son réveil, le *Brigadier General* Frederick L. Anderson fait la moue. Pourtant, depuis un an, il a appris que son VIII *Bomber Command* doit compter avec un ennemi supplémentaire : le temps, mais il ne parvient pas à s'y faire. Il ne compte plus le nombre de missions qui ont dû être retardées, voire annulées, par la faute du climat si typiquement britannique. Ce matin-là, surprenant les météorologistes, un épais brouillard a envahi tout le sud

Un P-51B-5-NA du 355th *Fighter Squadron* (354th *Fighter Group*) à Lashenden, début 1944. Ce modèle est l'un des premiers Mustang à moteur Packard Merlin. Le seul reproche que lui font ses pilotes est d'avoir un champ de vision limité vers l'arrière — le secteur de tous les dangers. Ce défaut sera corrigé sur la version P-51D à verrière panoramique. (Collection C.-J. Ehrengardt)

4. *Erinnerungen* — A. Speer — Ullstein, Francfort, 1969.

5. L'heure zéro (Zero Hour), à partir de laquelle sont étalonnées les différentes phases de la mission, est le moment où tous les avions ont décollé et ont été assemblés selon une formation préétablie.

de l'Angleterre. Aucune amélioration n'est envisagée avant de longues heures et « l'heure zéro[5] » a été fixée à 8 h 30.

Les télétypes crépitent déjà depuis plusieurs heures dans toutes les salles d'opérations des unités concernées par la mission n° 84. Des dizaines de pages détaillent les différents horaires (décollage, assemblage, changements de cap, bombardement...), les objectifs impartis, primaires et secondaires, les fréquences et les indicatifs radio et toutes les instructions particulières, comme la composition des *Combat Wings*, c'est-à-dire la position respective de tous les groupes de bombardement dans le dispositif général.

UNE MISSION QUI DOIT ÉCOURTER LA GUERRE

2 h 00 du matin, Thorpe Abbots.

Les équipages du 100th *Bombardment Group* ont été réunis pour le briefing. La mission n° 84 leur est dévoilée dans le détail. Elle ne ressemble en rien aux précédentes. D'abord elle se présente sous la forme d'un double raid. La 3e division, avec trois *Combat Wings* totalisant 160 bombardiers B-17F, doit attaquer les usines Messerschmitt à Ratisbonne. La 1re division, avec 230 appareils en quatre *Combat Wings*, prendra comme cibles les usines de roulements à billes de Schweinfurt. Ensuite, s'il est prévu que la 1re division revienne se poser en Angleterre, la 3e division poursuivra jusqu'en Afrique du Nord pour atterrir à Telergma — une grande première.

Six raids de diversion exécutés par des bombardiers moyens doivent attirer la chasse allemande sur de fausses pistes, tandis que d'importantes forces de chasse de la RAF et de l'USAAF se relaieront pour protéger les B-17 jusqu'à la limite de leur propre autonomie : Eupen. Ce sont donc en tout quelque 980 appareils qui vont être mêlés de près ou de loin à la mission n° 84 du côté allié et plus de 300 du côté allemand.

Ces deux objectifs montrent l'importance que les stratèges américains accordent d'une part à la neutralisation de la *Luftwaffe* et d'autre part à la destruction des « industries-clefs » allemandes. Schweinfurt concentre près de la moitié de la production des roulements à billes, éléments aussi indispensables à la construction des avions qu'à celle des chars, des canons, des sous-marins et, en fait, de tous les matériels militaires. La destruction de ces « goulets d'étranglement » est susceptible d'écourter sensiblement la durée de la guerre. En présentant la mission, certains officiers de renseignements affichent un bel optimisme en déclarant que les « soldats américains pourraient être de retour dans leurs foyers à la Noël ».

Le brouillard — et la *Luftwaffe* — vont en décider autrement.

Le Lockheed P-38 est réservé en priorité aux théâtres méditerranéen et pacifique. Ce bimoteur aux performances presque égales à celles d'un monomoteur se révèle pourtant mal à l'aise face aux Bf 109 et Fw 190 au-dessus de l'Europe occidentale. Ce P-38F appartient au 71st *Fighter Squadron* (1st *Fighter Group*) qui opère depuis Goxhill à partir de juin 1942 jusqu'à son transfert en Afrique du Nord en novembre. (Collection SHAA)

Un Boeing B-17F-115-BO du 305th *Bombardment Group* sur la base de Chelveston. Avec ce modèle, on peut déjà parler de « Forteresse volante », même si le défaut de la cuirasse se situe dans le secteur avant, peu protégé. En 1943, les B 17 sont encore revêtus d'un camouflage, une précaution qui sera jugée inutile un an plus tard. (Collection SHAA)

Le grand tournant — 155

LES « AVORTEMENTS LÉGAUX »

3 h 30, Snetterton Heath.
Depuis son PC de la 3e division, le *Colonel* Curtiss LeMay confère avec Anderson. L'heure zéro est repoussée d'une heure et demie.

5 h 30, Snetterton Heath.
Depuis plus d'une heure et demie, les équipages du 96th *Bombardment Group*, chargé de conduire la mission sur Ratisbonne, font le pied de grue sur les aires de parking. Engoncés dans leurs chauds habits de vol, indispensables en haute altitude, prisonniers de leur « Mae West », ce gilet de sauvetage qui leur confère la gironde silhouette de la célèbre actrice américaine, les aviateurs sont soumis à une intense tension nerveuse. Certains espèrent secrètement que le brouillard contraindra l'état-major à annuler l'opération, d'autres rongent leur frein, inquiets d'avoir à décoller dans cette épaisse purée de pois.

5 h 50, Snetterton Heath.
LeMay a donné le feu vert. Il a lui-même pris place à bord d'un B-17 du 96th *Bombardment Group*. Les moteurs qui démarrent éveillent la base à la vie. En file indienne, les B-17 empruntent l'aire de roulage jusqu'à la piste. Tous phares allumés, ils s'immobilisent quelques instants en attendant l'autorisation de la tour de contrôle. Un léger vent de travers souffle. Volets à zéro, moteurs poussés à 1 500 t/mn, chaque avion s'élance à son tour. Dès que le badin affiche 180 km/h, le pilote tire lentement sur le manche. Le nez se lève et l'appareil s'enfonce dans un épais brouillard dont il n'émerge que vers 4 500 mètres. Au grand étonnement de tous, le décollage et l'assemblage se déroulent sans incident majeur.

Peu à peu, certains pilotes signalent qu'ils sont victimes d'ennuis divers : panne de moteur, pression d'huile insuffisante, fuite de l'alimentation en oxygène, tourelle défectueuse... Rien qui ne sorte de l'ordinaire. Un certain nombre d'avions en réserve ont également décollé. Les équipages les surnomment les *legal aborts*, les avortements légaux. Ils sont chargés de prendre la place des avions qui font demi-tour, de manière à ne pas perturber l'agencement du dispositif. Les appareils qui sont contraints à se poser à nouveau sont l'objet d'une attention particulière de la part d'une commission qui déterminera les causes de « l'avortement » : raison mécanique réelle ou panique du pilote.

Les 146 appareils de la 3e division s'assemblent comme prévu jusqu'à 9 h 30, puis se dirigent vers la côte britannique qu'ils franchissent à 9 h 35 à la verticale de Lowestoft. Chacun occupe une place bien déterminée à l'intérieur de son propre *Combat Wing*. La survie des B-17 — qui ne peuvent être escortés jusqu'à leur objectif par la chasse alliée — dépend d'une protection mutuelle qu'offrent les huit mitrailleuses de 12,7 mm et deux de 7,7 mm de chaque appareil. Les B-17 sont regroupés par unités de trois appareils (*combat box*) volant à moins d'une quinzaine de mètres les uns des autres. À l'intérieur d'un *Combat Wing*, les différents *boxes* sont étagés sur près de 1 000 mètres d'altitude.

LES B-17 SONT ABANDONNÉS À LEUR SORT

9 h 52, Schipol.
Malgré les raids de diversion, les Américains n'ont pas réussi à tromper les Allemands. Ils s'entêteront longtemps à accompagner leurs raids principaux de manœuvres dilatoires, mais jamais ils ne parviendront réellement à prendre les défenses allemandes à contre-pied. Les services d'écoute et les stations de radar ont repéré quelque chose de bien plus gros.

Quatre formations de Fw 190A du I./JG 26, sous les ordres du *Hauptmann* Karl Borris ont décollé de Schipol vers 9 h 52 et attendent patiemment que les « Fliegende Festungen » franchissent les côtes hollandaises, à la verticale de Haamstede. Les « Forteresses volantes » sont rejointes par 32 P-47 du 353rd *Fighter Group* du *Major* Loren G. McCollom.

10 h 16, Anvers.
Les Fw 190 attaquent les premiers, surprenant les P-47 qui, volant trop haut, ne les voient que tardivement. À la verticale de Diest, les P-47 du 56th *Fighter Group* du légendaire *Colonel* Hubert Zemke prennent le relais, jusqu'à la limite extrême de leur endurance : Eupen. Les Américains tentent d'engager les chasseurs allemands, mais ceux-ci, prudents, évitent le combat dans la

LE RAID SUR RATISBONNE

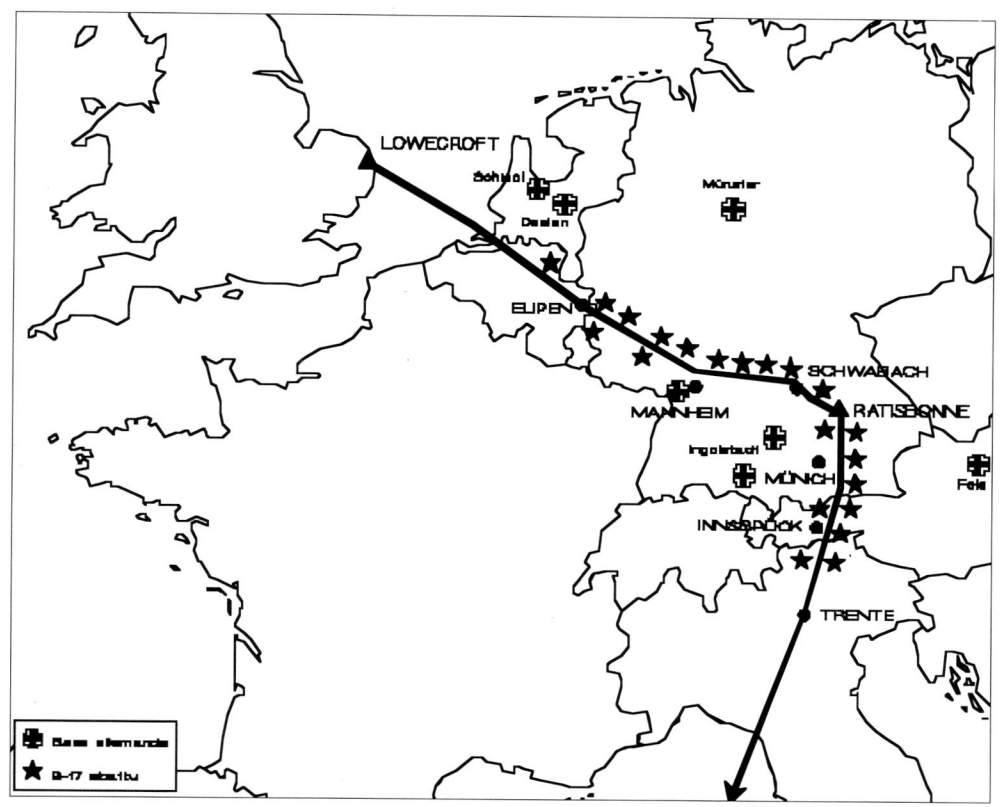

6. Headquarters VIII Bomber Command, APO 634, rapport de la mission du 17 août 1943 signé par le général Anderson — US National Archives.

mesure du possible. Pourtant, à 10h25, près de Diest, un premier B-17 explose en plein vol. Un second plonge vers Maastricht cinq minutes plus tard, laissant derrière lui un sillage de corolles blanches. À la verticale d'Eupen, les P-47 de Zemke abandonnent les B-17 à leur sort et... à la *Luftwaffe*.

Commencé à 10h16 à la verticale d'Anvers, le combat dure jusqu'à environ 14h30 au moment où la 3e division survole les Alpes. Les rapports américains dénombrent 174 attaques aériennes, dont l'intensité faiblit près de l'objectif, puis reprend, quoique moins vigoureusement, jusqu'à Innsbruck. Quant aux tactiques employées, le rapport du VIII *Bomber Command*[6] ne laisse planer aucune équivoque : « Les attaques se firent sous tous les angles, sous toutes les directions, selon toutes les tactiques connues et furent exécutées à la perfection. »

DOUZE ÉPAVES JONCHENT LA ROUTE JUSQU'À RATISBONNE

Rameutés de tous les horizons, plus de 200 appareils allemands se ruent sur les quadrimoteurs. Ils appartiennent aux JG 1, JG 2, JG 3, JG 11, JG 26, mais aussi aux III./JG 54 (Nordhorz), II./JG 27 (St Dizier), JGr.25 (Gardelegen), JGr.50 (Ansbach) et même aux I./JG 27 venu de Fels-am-Wagram et II./JG 51 basé à Neubiberg. Les groupes de bimoteurs de la ZG 26 (Wunstorf, Quackenbrück, Hildesheim) et de l'escadre-école de chasse de nuit, NJG 101 (Ingolstadt), sont également lancés dans la bataille.

La 3e division a mis la main dans un nid de guêpes et les piqûres arrivent de tous les côtés. Douze épaves de B-17 jonchent la route jusqu'à Ratisbonne où les premiers chasseurs, venus pour la plupart du nord et de France, à court de carburant et de munitions, se retirent.

11h43, Ratisbonne.

Le B-17 qui mène le 96th BG a commencé son approche sur l'objectif. Dans le nez de l'appareil, le bombardier a pris le relais du pilote. Il n'est plus question d'entreprendre la moindre manœuvre pour éviter les chasseurs ennemis ou la *flak*. Pendant qu'il maintient l'avion sur une trajectoire rectiligne à une altitude de 5565 mètres, le bombardier calcule les différents paramètres qui peuvent affecter son lancer : altitude, conditions atmosphériques, vitesse relative, taille et forme des bombes... À 11h43, il donne le signal et les dix-huit B-17 qui le suivent lancent leurs bombes au même instant. Il est 12h07 lorsque tombent les dernières des 971 bombes de 250 kg et des 448 bombes incendiaires de 125 kg sur les usines Messerschmitt de Ratisbonne. La précision du bombardement sera jugée « excellente » par le *Colonel* LeMay : « L'un des plus beaux exemples de bombardement de précision à haute altitude jamais réussis par la 3e division. »

VINGT-QUATRE B-17 MANQUENT À L'APPEL

Il ne reste plus qu'à gagner les côtes nord-africaines. Trois B-17 tombent en flammes peu après le bombardement. Les équipages aperçoivent des bimoteurs allemands « peints en blanc »; apparemment des chasseurs de nuit de la NJG 101. Pendant encore une heure, la 3e division subit les assauts de la *Luftwaffe*, selon toute vraisemblance de la part des monomoteurs basés à Fels-am-Wagram et à Neubiberg. Six autres B-17 tombent avant que la formation ne se mette à l'abri, de l'autre côté des Alpes, deux se posent en Suisse et un dernier amerrira en Méditerranée.

Les survivants arrivent en Algérie pour découvrir qu'ils n'y sont pas vraiment attendus. La guerre s'est déplacée vers le nord et avec, le carburant et les pièces nécessaires aux avions, la nourriture et les couvertures indispensables aux équipages.

Il faudra plusieurs jours à LeMay pour dresser le bilan de l'opérations en raison de la dispersion de ses avions sur différents terrains. Pas moins de 24 sont portés disparus, mais 37 autres sont classés de « fortement endommagés » à « irréparables ». À raison de dix membres d'équipage par avion, ce sont 200 hommes qui sont portés disparus, en tenant compte des deux équipages internés en Suisse et des deux autres récupérés indemnes. À bord des avions qui ont atteint l'Algérie, on dénombre quatre morts et neuf blessés.

LA FEINTE SE RETOURNE CONTRE LES AMÉRICAINS

L'histoire du raid sur Ratisbonne de la 3ᵉ division connaîtra son épilogue le 24 août, mais la grande bagarre du 17 est loin d'être terminée, car, après avoir fait eux aussi le pied de grue, les équipages de la 1ʳᵉ division se préparent à décoller.

Ce n'est pas une heure et demie, mais cinq heures que les aviateurs patientent avant de prendre l'air en direction de Schweinfurt. Dans l'un des avions de tête a pris place le *Brigadier General* Robert B. Williams, commandant la division. Celle-ci est divisée en deux *Air Task Forces*, elles-mêmes divisées en *Combat Wings*. L'ordre de bataille présente un aspect quelque peu touffu en raison de l'éclatement de certains groupes, notamment le 306th, dont les divers éléments ont servi à « boucher les trous » de la division.

Pour la 1ʳᵉ division, « l'heure zéro » est fixée à 13 h 30. Et, à l'heure dite, les 230 B-17 quittent les côtes anglaises en survolant Clacton et Orfordness. Toutefois, la feinte des Américains qui consistait à ne pas faire revenir la 3ᵉ division en Angleterre va se retourner contre la 1ʳᵉ division. En effet, les chasseurs allemands ont eu tout le temps nécessaire pour se poser, ravitailler et se tenir prêts à intercepter les B-17 à leur retour de Ratisbonne. Quand il devient manifeste que les bombardiers maintiennent le cap au sud, les services de détection allemands sont alertés par un regain d'activité au-dessus de l'Anglia. Les chasseurs venus de bases très septentrionales, comme Jever ou Nordholz, ont été regroupés beaucoup plus près du trajet de retour présumé des Américains, notamment dans le secteur de Mönchengladbach et d'Amsterdam.

▲
Le B-17G se différencie par un armement renforcé dans le secteur avant, notamment grâce à la présence d'une tourelle sous le nez. Les premiers exemplaires entrent en service au sein de la 8th *Air Force* à la fin de l'année 1943. Sur la photo, un appareil du 836th *Bombardment Squadron* (487th BG). (ECPA)

UN GRAND ÉCLAIR JAILLIT DES AVIONS ENNEMIS

13 h 39, Schipol.

Les premiers chasseurs allemands arrivent au contact de la 1ʳᵉ division. Ils ne prennent pas de risque et évitent de se mesurer à la puissante escorte. Dès le départ des derniers P-47, les chasseurs allemands se ruent à l'attaque sans retenue. Et les premiers qui se présentent réservent une surprise aux aviateurs américains. L'un des membres du 92nd BG raconte son expérience[7] :

« À une distance de 750 mètres, un grand éclair a jailli de chaque avion ennemi, le cachant à notre vue. Les avions ennemis ont alors piqué sous la formation. Une seconde ou deux après l'éclair, plusieurs gros éclatements noirs, environ une fois et demie plus gros que les éclatements habituels d'obus de *flak*, ont explosé au milieu de la formation. Les projectiles lancés par les avions ennemis après le grand éclair pouvaient être suivis à l'œil nu et semblaient avoir un diamètre de sept à huit centimètres. Les projectiles ont explosé librement et non à l'impact. Cette attaque a endommagé deux avions que de nouvelles attaques ont achevés. »

7. *Double Strike* — E. Jablonski — Doubleday, New York, 1974.

Pendus sous les ailes des Bf 109G-6/R2 de la 5./JG 11, se trouvent deux espèces de tuyaux. Ceux-ci contiennent chacun une roquette de 21 cm, l'un des tout premiers missiles air-air, connue sous la dénomination officielle de W. Gr.21 (*Werfer-Granate* ou lance-grenades). La 5./JG 11, commandée par l'*Oberleutnant* Heinz Knoke, n'en est pas à sa première expérimentation en matière d'armes anti-bombardiers, puisque le 28 juillet, elle a largué des bombes de 250 kg sur une formation américaine, non sans succès d'ailleurs, puisque l'*Oberfeldwebel* Fest a réussi à détruire trois B-17 avec son unique bombe.

8. *La grande chasse* — H. Knoke — J'ai lu, Paris, 1964.

Le 17 août, Heinz Knoke se trouve à la tête de son escadrille[8] :

« Juste avant Aix-la-Chapelle, les Spitfire font demi-tour et rentrent à tire-d'aile. Maintenant, nous pouvons attaquer. Je ne suis pas encore à bonne portée quand un obus traverse mon plan gauche et décroche le tube de lancement. Crispé aux commandes, je dois lutter de toutes mes forces pour maintenir mon zinc en équilibre. Du coin de l'œil, j'examine le trou respectable dans l'aile. Hum ! Le longeron principal a probablement pris un coup. Au moindre effort brusque, l'aile risque de se détacher. Ce qui signifie qu'il faudra renoncer aux virages serrés.

« Je pourrais tout de même essayer d'expédier ma seconde grenade dans le box ennemi. Presque tous mes pilotes ont déjà lancé les leurs. Deux projectiles ont fait mouche et je vois les bombardiers atteints éclater comme des bulles de savon. Les autres grenades, par contre, ont manqué leur but. Je lâche la mienne qui s'enfonce de biais dans la formation pour ressortir de l'autre côté sans avoir explosé. Pour l'instant, je ne puis rien faire de plus. Laissant mes camarades poursuivre l'attaque avec leurs armes de bord, je file jusqu'au terrain de Bonn-Hangelar. »

UN CALVAIRE DE PRÈS DE TROIS HEURES

Alors commence pour les Américains un long calvaire qui ne s'achèvera qu'à 16 h 35, en vue des côtes anglaises — deux heures et cinq minutes après la première attaque des Messerschmitt.

Lorsque la division se présente en approche de Schweinfurt, 29 B-17 manquent à l'appel. Les premiers bombardements se déroulent à 14 h 59, les derniers à 15 h 11. Entre-temps, ce sont 235 bombes de 500 kg, 719 de 250 kg et 1 017 de 125 kg qui tombent sur les usines VKF, Kugelfischer et Fichtel + Sachs.

Il ne reste plus qu'à rentrer. Si le gros de la division serre les rangs en rebroussant chemin à un peu moins de 250 km/h, certains doivent se « débrouiller » seuls. Sept nouveaux B-17 tombent entre Schweinfurt et la Manche. Enfin, à 16 h 16, les P-47 du 56th *Fighter Squadron* se présentent à leur rencontre.

En tout, 36 B-17 sont portés disparus, mais 27 autres sont classés dans la catégorie « avaries majeures ». Les pertes en vie humaine sont évaluées à 352 disparus, 12 tués et 3 blessés.

On passera rapidement sur les 148 victoires revendiquées par les mitrailleurs américains, qui, ajoutées à celles de la 3ᵉ division, dépassent le total des chasseurs engagés par la *Luftwaffe* ce jour-là. Galland estime les pertes allemandes à 25 appareils, dont une bonne moitié à l'escorte alliée.

Le 24 août, LeMay quitte les côtes nord-africaines avec ce qui lui reste de sa 3ᵉ division, c'est-à-dire 85 appareils en état de vol. Il est prévu que les B-17 regagnent l'Angleterre après avoir bombardé la base de la KG 40 à Bordeaux-Mérignac. Cependant, seuls 58 parviennent jusqu'à l'objectif, les autres, victimes des séquelles de la grande bagarre de la semaine passée, font demi-tour ou cherchent refuge ailleurs, notamment en Espagne.

Parti le matin du 17 août avec 146 B-17, LeMay rentre le 24 au soir avec 55 appareils. Si l'on tient compte des avions rentrés, mais bons à ferrailler, la mission n° 84 a coûté plus de 100 appareils à la 8th *Air Force*.

Lors du « debriefing », le *Brigadier General* Anderson interroge les commandants de groupe afin de recueillir leur opinion sur la mission. Aucun ne veut parler. Surpris et irrité, Anderson se tourne vers LeMay et lui ordonne de rendre compte. LeMay se lève et dit simplement : « Mon général, l'officier de renseignements nous avait informés que les Allemands avaient 1 127 chasseurs opérationnels à portée de notre trajet. Ils n'ont eu aucun "avortement légal" ce jour-là », et il se rassoit[9].

9. L. Lucas, *op. cit.*

UN DÉCALAGE HORAIRE INEXPLIQUÉ

Le jeu en a-t-il valu la chandelle ? L'état-major de la 8th *Air Force* présente une réponse positive à cette interrogation. En raison des risques pris et de la nature complexe de la double mission, les résultats sont jugés « excellents ». Il convient d'examiner la situation d'une manière plus nuancée.

La production de roulements à billes chute brutalement de 38 % à Schweinfurt. Cependant, les destructions ne sont pas assez importantes pour permettre une relocalisation des usines dans des zones moins exposées. Speer estime qu'une telle opération aurait entraîné une rupture de charge de l'ordre de trois à quatre mois. Les usines détruites ou endommagées seront reconstruites sur place, ce qui, ultérieurement, aura des conséquences funestes pour cette industrie.

Harris a prévu de faire suivre le raid diurne par une attaque de la RAF la nuit suivante. Toutefois, troublé par la promesse d'une nuit de pleine lune, Harris annule l'opération. Ce prétexte, fort mal apprécié par les équipages américains qui ont risqué leur vie en plein soleil d'été, en cache un autre ; en fait, Harris n'a aucune intention de suivre les Américains sur la voie du bombardement de précision. Cet abandon de la RAF, couplé aux terribles pertes et à la décision stupide d'annuler les permissions, entraîne un brusque effondrement du moral dans les *Bombardment Groups.*

Alors qu'initialement, il avait été prévu de faire décoller simultanément les deux divisions, on s'aperçoit que l'ajournement du départ a subi un double décalage : une heure et demie pour Ratisbonne, mais cinq heures pour Schweinfurt. Personne n'a jamais expliqué les raisons de cet écart de trois heures et demie qui ne figurait pas dans l'ordre initial — et personne ne semble s'y être intéressé. Il constitue pourtant la seconde cause majeure du taux de pertes subi par la 8th *Air Force*. En effet, ces trois heures et demie supplémentaires ont offert tout le temps nécessaire aux chasseurs allemands pour être ravitaillés et aux contrôleurs pour disposer au mieux leurs forces entre les deux vagues.

Cependant, la première cause majeure repose sur la dispersion des forces des deux divisions. Certes, les usines Messerschmitt de Ratisbonne représentent une cible aussi prioritaire pour les Alliés que les usines de roulements à billes de Schweinfurt. Toutefois, on peut penser que si les 376 appareils avaient été envoyés sur ces dernières, il est possible que les Américains n'auraient pas eu à y revenir en octobre. Or, la mission n° 115 du 14 octobre 1943 sera encore plus sanglante que la précédente : sur les 320 B-17 envoyés à nouveau sur Schweinfurt, 60 seront portés disparus. Jamais une mission sur l'Europe occidentale ne connaîtra un taux de pertes aussi élevé : 19 %.

Pour la 8th *Air Force,* le mois d'octobre 1943 constitue le point culminant des pertes, avec un taux de 9,2 %. Avec l'introduction des chasseurs à long rayon d'action et une plus grande mesure dans le choix des objectifs entre-temps, ce taux baissera sensiblement dès le mois suivant (3,9 %). Il se stabilisera à 1,9 % au cours de l'année 1944 et à 1,3 % au cours des quatre premiers mois de 1945.

De leur côté, les Allemands célèbrent leur victoire. Il est évident qu'à ce rythme, même les États-Unis ne tiendront pas le choc longtemps. L'avenir s'annonce rose dans les cercles supérieurs de la *Luftwaffe*. Seuls quelques « défaitistes avachis », selon l'expression de Göring, continuent à crier dans le désert ; parmi eux, Albert Speer et Adolf Galland. Ils ont conscience que cette victoire restera sans lendemain si la *Luftwaffe* n'est pas capable de prévoir avec lucidité les enseignements que les Américains tireront de cet engagement. Il est évident que leur premier souci sera d'allonger le rayon d'action de leurs chasseurs. Hitler ne voudra même pas en entendre parler.

UNE DOCTRINE BOITEUSE

Le double raid du 17 août 1943 marque en fait un tournant important dans la guerre aérienne. Les Américains comprennent brutalement que jusqu'ici ils ont tenté d'adapter la guerre à leur conception de la stratégie aérienne et que maintenant ils vont plutôt devoir faire le contraire. Sans être totalement remise en cause, leur conception doit être en partie révisée en tirant les enseignements du désastre.

LE RAID SUR SCHWEINFURT

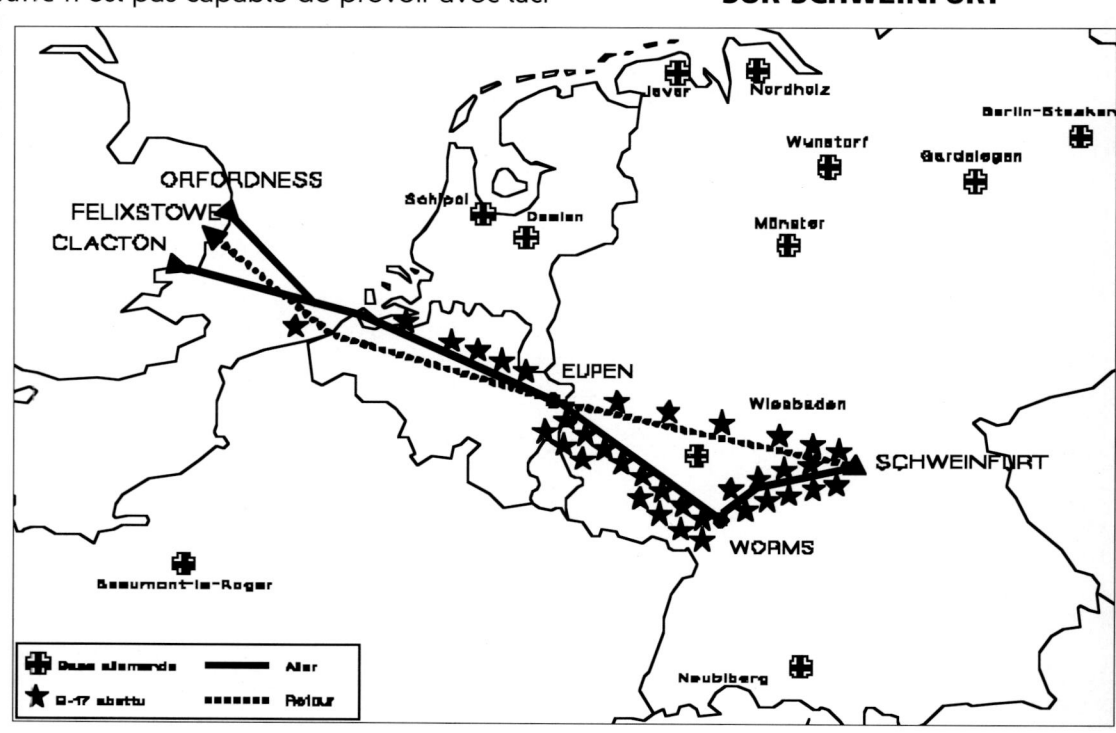

Un B-24J du 446th *Bombardment Group* à Flixton. Considérant que le B-24 est mal armé défensivement, pas assez blindé et trop vulnérable à l'artillerie légère antiaérienne, le *Lieutenant General* Doolittle, commandant la 8th *Air Force*, donnera sa préférence au B-17 pour poursuivre l'offensive contre l'Allemagne nazie.
(Collection SHAA)

10 avril 1945, 12h01, Lugo (Italie). Ce B-24J du 779th *Bombardment Squadron* (464th BG) vient de recevoir un coup direct de la *Flak* au moteur 1. L'appareil passe instantanément sur le dos et part en vrille, coinçant par l'effet de la force centrifuge tous les membres de l'équipage dans la carlingue. Le *Lieutenant* Edward F. Walsh, éjecté par miracle lors du choc, sera le seul survivant. Cet appareil, un « mickey Ship » entièrement peint en gris clair, avait à son bord un radar de bombardement expérimental.
(Collection Tallandier)

La doctrine sur laquelle se sont accordés les théoriciens de l'USAAF à la fin des années trente est basée sur le postulat qu'une importante formation de bombardiers, soigneusement ordonnée et bien commandée, peut survivre à une pénétration profonde en territoire hostile sans escorte de chasse, à haute altitude. Une fois au-dessus de l'objectif, grâce à l'emploi d'un matériel de haute technologie (le fameux viseur Norden), les bombes peuvent frapper la cible avec une précision suffisante pour en assurer la destruction quasi complète. L'objectif visé représente un segment significatif du tissu économique ennemi. La répétition de ces raids sur d'autres objectifs prioritaires entraînera immanquablement la désorganisation de l'économie de guerre et une chute du moral chez l'ennemi pouvant annihiler sa volonté de se battre.

Schweinfurt et Ratisbonne démontrent clairement que la doctrine tout entière est boiteuse. Les bombardiers ne peuvent pas survivre dans un environnement hostile sans escorte de chasse. La précision du bombardement laisse encore grandement à désirer : il sera nécessaire de revenir pour un raid, qui s'avérera encore plus meurtrier. Quant à la désorganisation de l'économie de guerre et à la répercussion des bombardements sur le moral de l'ennemi, on est encore bien loin du compte.

Le grand tournant — 161

Toutefois, les Américains en déduisent que seuls les mots « sans escorte de chasse » sont à biffer. Deux arguments tiennent une place prépondérante dans ce raisonnement : persuadées d'avoir raison, les têtes pensantes de l'USAAF n'ont aucune raison de tout remettre en cause; les Américains ont investi trop d'argent et trop d'énergie dans leur programme stratégique pour faire marche arrière. La cause est entendue. Il ne reste plus à Eaker qu'à faire le gros dos en attendant des jours meilleurs et surtout des chasseurs d'escorte à long rayon d'action.

Le 13 décembre 1943, des P-51B Mustang du 354th *Fighter Group* en compagnie de quelques P-38 escortent un raid de B-17 jusqu'à leur objectif à Kiel. Aller et retour. En attendant mieux…

▲
Un Consolidated B-24 Liberator du 392nd *Bombardment Group* au-dessus de son objectif. Les marques distinctives utilisées sur cet appareil montrent que la photo a été prise avant septembre 1943. Bien qu'éclipsé par la « Forteresse Volante », le B-24 n'en a pas moins été l'avion militaire le plus construit aux États-Unis pendant la guerre. Il a été utilisé, avec le même bonheur, dans une large variété de rôles aussi divers que la lutte anti-sous-marine et le transport de VIP. (Collection Tallandier)

XIV
LA LOI DE MURPHY
Raz de marée sur Ploesti

All that can go wrong, will go wrong ! **Tout ce qui est susceptible de dérailler, déraillera. Ainsi s'énonce la loi de Murphy et le moins que l'on puisse dire, c'est qu'elle s'est appliquée dans le moindre détail à la terrible mission du 1ᵉʳ août 1943 sur les pétroles de Ploesti. À partir du moment où les avions américains ont quitté le sol africain, tout a commencé à dérailler. Le résultat sera meurtrier : un tiers des appareils sera abattu, 446 aviateurs seront tués ou portés disparus. Rarement l'USAAF ne connaîtra un taux de pertes aussi élevé en une seule mission.**

UNE MISSION DÉMENTIELLE

« PLOESTI ou Ploeshti : ville de Roumanie, au pied des Alpes de Transylvanie. 90 000 habitants. Centre de l'industrie pétrolière roumaine. » À cette définition très sommaire extraite du Petit Larousse de 1940, on peut ajouter un chiffre plus significatif : 48,5 millions de barils de brut produits par an avant la guerre, ce qui représente le quart de la production russe. Lorsque le 7 octobre 1940, Hitler entre en Roumanie, c'est ce chiffre qu'il a en tête. Et lorsque le comité combiné des chefs d'état-major demande au général Hap Arnold d'envoyer des bombardiers sur Ploesti dès juin 1942, c'est encore ce chiffre qui obsède les têtes pensantes de Washington. Il y a de quoi...

En 1941, comblant une absence quasi totale d'informations, les Américains s'attellent à l'immense tâche de se créer une bibliothèque précise des centres industriels et économiques vitaux en Allemagne. Les centrales électriques leur sont bien connues, car, pour la plupart, elles ont été financées par des banques américaines dans les années vingt. La RAF, lorsqu'elle opte pour le bombardement des zones urbaines, transfère à l'USAAF ses dossiers sur l'industrie aéronautique et les transports. En ce qui concerne l'industrie pétrolière, la *War Plans Division* recrute un expert ayant travaillé en Allemagne et en Roumanie[1]. Ce n'est pas autrement que Ploesti arrive au premier plan des préoccupations de la WPD.

Le fait que le complexe pétrolier roumain ait été choisi comme cible pour la toute première mission de bombardement stratégique de l'USAAF en Europe situe l'importance que revêt sa destruction pour les Alliés. Cette mission est exécutée presque par hasard, par une formation hétéroclite, baptisée *Halpro*, du nom de son commandant, le *Colonel* Harry Halverson, dit « Hurry-up » («Grouille-toi»). Lorsque le 25 mai 1942, 23 bombardiers Consolidated B-24D, flambant neufs et chargés jusqu'à la gueule de vivres et de matériel, quittent le terrain de San Diego, Californie, c'est pour exécuter un ordre qui

1. R.J. Overy, *op. cit.*

▶ Conçus et produits à 436 exemplaires par la firme roumaine IAR à Brasov, l'IAR 80 et ses dérivés sont équipés d'un moteur français Gnôme-Rhône 14K construit sous licence. On voit ici des chasseurs-bombardiers IAR 81 de l'escadrille indépendante 52 à Mamaia. (ECPA)

ressortit davantage à la psychiatrie qu'à la stratégie raisonnée. En effet, ils doivent — en toute simplicité — aller bombarder Tokyo.

Il est vrai que tout paraît démentiel dans cette expédition. *Halpro* a été formé à la hâte dans le seul but de renouveler l'exploit de Doolittle. Le B-24 est encore un appareil nouveau qui n'a pas fait ses preuves en combat et ses équipages n'ont, bien entendu, jamais exécuté la moindre mission de bombardement à son bord. Les terrains des bases chinoises, d'où doivent décoller les B-24 pour accomplir leur mission, n'ont été stabilisés qu'en vue d'accueillir des bombardiers moyens et en aucun cas des quadrimoteurs flirtant avec les 30 tonnes à pleine charge.

Partis de la côte ouest des États-Unis, les B-24 gagnent le Brésil puis le Ghana, où ils font escale avant de se lancer dans la traversée de l'Afrique — sans cartes détaillées — jusqu'au Soudan. Ils parcourent plus de 13 000 kilomètres comme aux temps héroïques de l'aviation... Là, les équipages apprennent que les Japonais ont capturé les bases avancées qui leur sont destinées. Tokyo devient hors de portée de *Halpro*. De nouveaux ordres arrivent alors des plus hautes instances. Le nouvel objectif a pour nom Ploesti. Les B-24 quittent Khartoum pour Fayid, près du Caire. Il faut faire vite, car Rommel pousse furieusement vers l'est.

Le 11 juin 1942 à 22 heures, 13 B-24D s'élancent et entament un périple de 4 200 kilomètres, au cours duquel ils survolent deux fois la Turquie neutre, l'Union soviétique ayant accepté trop tard d'ouvrir ses bases pour accueillir les rescapés. Douze atteignent l'objectif et reviennent, sains et saufs, se posant soit en Irak, soit en Syrie ou encore en Turquie, où leurs équipages sont internés. Les dégâts causés à la raffinerie de l'Astra Romana, la seule visée, sont négligeables. Cependant, cette attaque, sans doute prématurée, aura des conséquences non négligeables sur le sort de la mission suivante, un an plus tard.

RIEN N'EST SIMPLE

En mai 1943, Ploesti revient au premier plan des conversations de l'état-major combiné allié. En onze mois, bien des choses ont changé. Les forces de l'Axe ont été chassées d'Afrique. La 9th *Air Force* a été constituée autour du noyau de *Halpro*, mais l'improvisation insouciante a fait place à une stratégie concertée.

Si Churchill a dû céder, lors de la conférence de Casablanca, sur une invasion des Balkans, il a particulièrement insisté sur la nécessité d'une intervention contre les champs pétrolifères roumains. La responsabilité du coup de main est confiée à la 9th *Air Force* et le *Colonel* Smart, l'un des proches collaborateurs du général Arnold, est chargé de l'étude d'un raid de grande envergure, qui reçoit le nom de code de « Tidal Wave » (raz de marée).

Dans cette mission, rien ne semble simple. Le choix des objectifs présente une première difficulté. Ploesti constitue une cible très diluée. Douze raffineries d'importance ceinturent la ville de manière anarchique. Les deux extrêmes sur le plan géographique se trouvent, l'une (Steaua Romana) à 25 kilomètres au nord-ouest et l'autre (Creditul Minier) à 10 kilomètres au sud. Chaque complexe s'étend sur une superficie sans commune mesure avec les complexes industriels habituels. Les raffineries les plus importantes s'étalent sur plus de six kilomètres carrés et leurs installations, très espacées, sont naturellement protégées des risques d'incendie et d'explosion que la nature même de leur activité peut engendrer. Rien n'assure qu'un bombardement réussi à l'intérieur du périmètre soit susceptible de produire des dégâts suffisants pour ne serait-ce que ralentir la production.

Smart choisit avec soin ses objectifs qu'il retient en fonction de divers paramètres. En tête de liste arrive l'Astra Romana qui, avec ses 146 000 tonnes men-

◄ Ploesti vue du nord. Métropole de près de 100 000 habitants, Ploesti est entièrement ceinturée par les raffineries de pétrole. Les deux routes qui partent vers l'horizon mènent à Constantsa (au milieu) et à Bucarest (à droite). (ECPA)

◄ Quatre Messerschmitt Bf 109E roumains survolent la *Romana Americana*. Cette raffinerie constitue un objectif prioritaire sur le plan diplomatique et psychologique, dans la mesure où les intérêts financiers américains y sont majoritaires. (ECPA)

◄ Cette autre vue de la *Romana Americana* montre l'étendue et la dispersion des objectifs qui attendent « Tidal Wave ». Ces complexes industriels sont, de par la nature même de leur activité, particulièrement protégés contre les risques d'incendie et d'explosion. Même si les bombes tombent à l'intérieur du périmètre, rien n'assure qu'elles causeront des dégâts suffisants pour en ralentir le rendement. Au fond, un affluent de la Prahova. (ECPA)

Bien que lent, avec un faible taux de montée, l'IAR 80/81 possède une maniabilité au-dessus de la moyenne qui s'accorde pleinement au tempérament des pilotes roumains. Avec l'arrivée du Bf 109G en première ligne, l'IAR 80/81 est relégué à la protection des points sensibles du territoire roumain. (ECPA) ▶

suelles, représente à elle seule le quart de la production globale de Ploesti. Vient ensuite la Romana Americana, où les intérêts financiers américains sont majoritaires. Dans la mesure où toutes les nations occidentales possèdent des participations dans le pétrole roumain, les Américains peuvent difficilement se permettre d'épargner leurs propres intérêts. Il est donc politiquement indispensable que la Romana Americana soit sinon détruite tout au moins fortement endommagée.

DES SUPPOSITIONS ERRONÉES

Smart demeure intimement persuadé que pour venir à bout d'un objectif aussi inhabituel, il convient d'employer des méthodes inhabituelles. Aussi préconise-t-il d'oublier la tactique traditionnelle en vigueur au profit d'une attaque à très basse altitude qui non seulement permet une meilleure précision, mais peut aussi perturber la DCA et les chasseurs ennemis. Comme en haut lieu personne ne se soucie de l'altitude à laquelle arriveront les bombardiers, Smart décide d'employer les semaines qui restent avant la date de l'attaque à entraîner les équipages au vol à très basse altitude.

La 9th *Air Force* compte à cette époque trois groupes de bombardement lourd, vétérans des campagnes d'Afrique et équipés en B-24. Pour l'opération « Tidal Wave », elle se voit adjoindre deux groupes supplémentaires, les 93rd et 389th *Bombardment Groups*, en provenance de Grande-Bretagne.

Il y a cependant un point important à propos duquel Smart en est réduit à des suppositions. Il concerne l'organisation de la défense antiaérienne autour de Ploesti. Il est en effet hors de question d'envoyer un avion de reconnaissance qui ne manquerait pas de donner l'éveil aux défenseurs. Selon les derniers rapports dont dispose Smart, qui datent déjà de quelques mois, les Allemands ne maintiendraient qu'une défense assez faible dans un secteur qu'ils considèrent comme hors d'atteinte des Soviétiques et des Britanniques et tout juste à la portée des Américains qui viendraient d'Afrique. Comme à leur habitude, les Allemands ont dû confier les batteries de DCA aux indigènes et les soldats roumains sont jugés moins disciplinés et moins résistants sous le feu adverse que les soldats allemands. En outre, comme la menace potentielle ne peut provenir que de l'est et du sud, il est logique de supposer que les défenses antiaériennes ont été principalement massées sur ces deux routes d'approche.

À la lumière de ces informations, il ne reste plus à Smart qu'à déterminer la route que prendront ses bombardiers. Il prépare un plan de vol qui amènera les avions sur Ploesti par le nord-ouest, secteur estimé totalement dégarni. « Tidal Wave » abordera le continent à la verticale de Corfou, laissera Sofia sur sa droite pour se repérer sur Pitesti. De là, l'expédition infléchira sa course pour survoler Targoviste et Floresti qui, à 20 kilomètres au nord-ouest de Ploesti, servira d'IP (*Initial Point* : point de repère marquant le début de l'approche).

« TIDAL WAVE » DANS LA GUEULE DU LOUP

Malheureusement pour les Américains, toutes ces supputations, pour logiques qu'elles apparaissent, s'avèrent erronées. Ils sont loin de se douter que « Tidal Wave » va se jeter dans la gueule du loup.

Le raid des hommes d'Halverson-le-Pressé a permis au *Generalmajor* Gerstenberg, responsable de la défense du complexe pétrolier, de négocier auprès de son ancien camarade d'escadrille, Hermann Göring, le renforcement de ses effectifs.

La défense de Ploesti repose essentiellement sur la présence de 237 canons de *flak* de tous calibres, du simple affût de 20 mm au redoutable canon de 88, auxquels s'ajoutent quelques unités mobiles montées sur des trains spéciaux banalisés. Quatre-vingts pour cent du personnel de la *flak* sont allemands et Gerstenberg a pris ses dispositions pour ceinturer complètement Ploesti, y compris dans le secteur nord-ouest.

L'armée de l'air roumaine partage ses maigres forces entre le front russe et la protection de la mère patrie. À Pepira, dans la périphérie de Bucarest, stationnent 34 IAR 80/81. Partagées entre Mizil et le terrain de campagne de Tirgsor, se trouvent deux escadrilles : l'*Escadrilà* 62 équipée en chasseurs indigènes sous les ordres du lieutenant Mihai Mara et l'*Escadrilà* 51 équipée en Bf 109G-2 sous les ordres du capitaine Toma Lucian. Enfin, sur les bords de la mer Noire, à Mamaia, près de Constantsa, l'*Escadrilà* 52 peut aisément faire intervenir ses 30 IAR au-dessus de Ploesti.

Gerstenberg n'accorde qu'une valeur modérée à la chasse roumaine. Ses IAR 80/81 sont nettement inférieurs en qualité et en fiabilité au Bf 109. Quant aux pilotes, que les Allemands, moitié xénophobes moitié réalistes, surnomment péjorativement « romanichels », ils sont considérés comme meilleurs acrobates que pilotes militaires. Il est vrai que leur amour du sport et leur goût du risque coûtent cher en avions... Alors, Gerstenberg fait surtout confiance à la *Luftwaffe*.

PARÉ À TOUTE ÉVENTUALITÉ

À Mizil, principal terrain d'aviation, situé à une trentaine de kilomètres à l'est de Ploesti, stationnent les 52 Bf 109G du I./JG 4 sous les ordres du *Hauptmann* Hans Hahn, dit « Gockel » (coq de combat ; jeu de mots avec son nom, qui signifie coq en allemand). Hahn est un pilote chevronné, titulaire alors de 16 victoires, remportées pour la plupart sur le front russe avec le IV./JG 51. Il sera abattu et tué au-dessus de Rome, en février 1944, avec un palmarès de 20 à 30 victoires confirmées.

Ses commandants d'escadrille possèdent eux aussi une solide expérience. Particulièrement l'*Oberleutnant* Wilhelm Steinmann, dit « Unkle Willie », qui avec ses 31 ans fait figure d'ancêtre. Il a rejoint la *Luftwaffe* en 1936 comme pilote de bombardier. Muté à la chasse en octobre 1942, il remporte sa première victoire le 18 mai 1943 avec le I./JG 27. En juin, il prend le commandement de la 1./JG 4. Steinmann finira la guerre avec 44 victoires et sera l'un des derniers récipiendaires de la *Ritterkreuz* qui lui sera décernée en mars 1945.

Gerstenberg a paré à toute éventualité. Dix-sept Bf 110C du IV./NJG 6, commandé par le *Major* Herbert Lütje et basé à Silistea (à 90 km à l'est de Ploesti), se tiennent prêts à intervenir dès la nuit tombée. Cette unité, arrivée en Roumanie en juin, demeurera plus d'un an sans se mettre la moindre interception sous la dent.

LA LOI DE MURPHY SE MET EN MARCHE

Ignorant ce qui les attend, les Américains poursuivent leurs préparatifs avec l'efficacité qui les caractérise. Smart a fait édifier en plein désert un petit Ploesti sur lequel il lance ses groupes de bombardement pour des passes à toucher les dunes. De nombreuses conférences apprennent aux équipages à reconnaître les objectifs qui leur sont assignés. Des films tournés à l'aide de maquettes leur sont projetés pour les familiariser avec la topographie sous l'angle d'attaque qui a été retenu.

Le jour J est fixé au dimanche 1er août 1943.

Il est 4 heures du matin lorsque les 712 moteurs sont mis en route les uns après les autres. Quelques minutes plus tard, les lourds quadrimoteurs, pesamment chargés, s'arrachent des pistes du désert libyen.

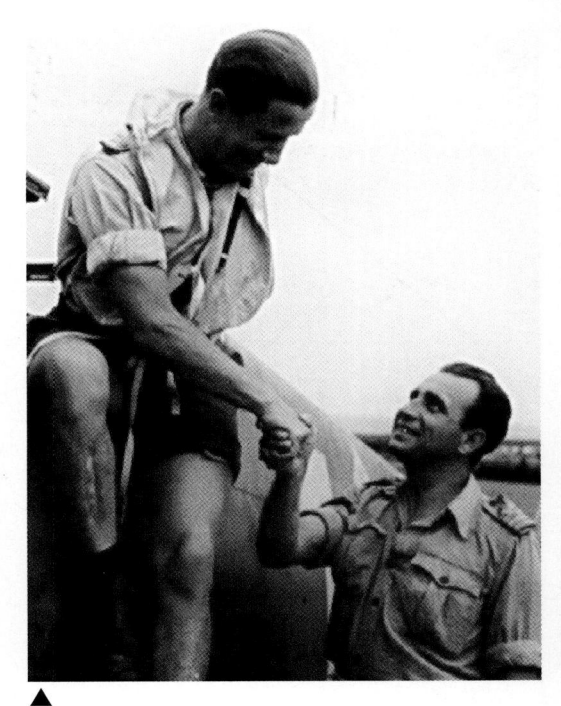

▲
Des pilotes allemands et roumains en grande discussion sur le terrain de Mizil. Au second plan, un Bf 109G-6 du I./JG 4. (ECPA)

Unité Surnom	Commandant Base de départ, nombre	Objectifs
44th *Bomb. Group* *Eight Balls*	Col. L. Johnson Benina : 37 B-24D	Columbia Aquila Creditul Minier
93rd *Bomb. Group* *Ted's Travelling Circus*	Col. A. Baker Terria : 39 B-24D	Concordia Vega Standard Petrol Unirea Sperantza
98th *Bomb. Group* *Pyramiders*	Col. « Killer » Kane Lete : 47 B-24D	Astra Romana Phoenix
376th *Bomb. Group* *Sky Scorpions*	Col. K.K. Campton Berka II : 29 B-24D	Romana Americana
389th *Bomb. Group* *Sky Scorpions*	Col. J. Wood Berka IV : 26 B-24D	Steaua Romana

L'armada met le cap sur Corfou et l'inexorable loi de Murphy se met en marche.

Pour diverses raisons, treize appareils quittent la formation. Parmi ceux-ci se trouve le B-24 *Wongo-Wongo* du *Lieutenant* Brian Flavelle du 376th *BG* : « *Wongo-Wongo* se mit à chanceler; il piquait du nez et se redressait dans un mouvement de plus en plus rapide, jusqu'à ce que son nez se cabrât presque à la verticale, raconta un témoin[2]. La section s'éparpilla pour se mettre à l'écart de ces girations désordonnées. Quand *Wongo-Wongo* se tint verticalement sur la queue, il se retourna sur le dos et, sa vitesse s'accélérant, piqua tout droit et violemment dans la mer. J'ai assisté à cet épisode et j'en croyais à peine mes yeux. En trente secondes, Flavelle avait disparu. »

Et avec lui l'officier responsable de la navigation de l'expédition. C'est un premier coup dur pour « Tidal Wave » et cette disparition aura des conséquences incalculables sur la suite de la mission.

Avec en tout 165 B-24D, la formation poursuit sa route, dépassant Corfou pour survoler la Macédoine. Vraisemblablement grâce à des stations

2. Norman Appold se trouve à bord d'un B-24 qui vole dans le box immédiatement derrière celui de Flavelle. *Opération « raz-de-marée » sur les pétroles de Ploesti* — J. Dugan & C. Stewart — J'ai lu, Paris, 1964.

PLOESTI. Mission « Tidal Wave » du 1er août 1943

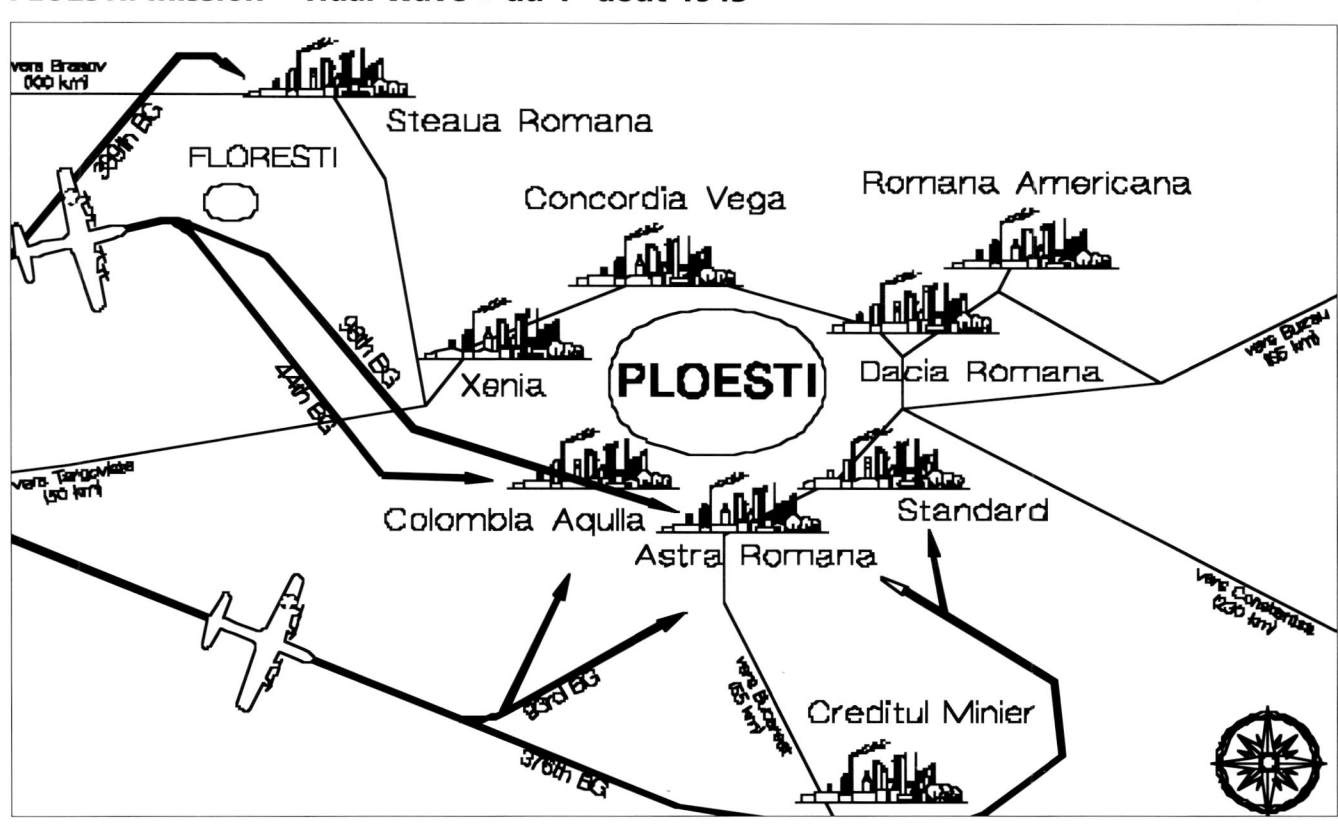

d'écoute clandestines en Afrique, les Allemands sont avertis dès le départ de Benghazi et suivent, minute par minute, la progression de « Tidal Wave », spéculant sur la direction choisie et le but final de l'expédition.

Les Américains survolent la Yougoslavie, la Serbie et pénètrent dans l'espace aérien bulgare. Les Allemands sont soulagés : les Américains ne se dirigent pas vers l'Allemagne. Alertée sans délai, la chasse bulgare entre en lice. Ou tout au moins, la vingtaine d'Avia B.534, reliques de l'entre-deux guerres achetées aux Tchèques, tente-t-elle en vain de rattraper les Liberator. Voyant que les Américains n'en veulent pas à leur capitale, les Bulgares, qui n'en demandent finalement pas plus, retournent se poser à Vrajdebna et Bozhuriste. Ils se promettent d'attendre ces insolents si d'aventure ils commettent l'impudence de repasser par la Bulgarie.

LA FORMATION S'EST DISLOQUÉE

Dans son PC, Gerstenberg se fait de moins en moins d'illusions. Les B-24 sont repérés au-dessus des chaînes de la Stara Planina occidentale, puis ils survolent le Danube avant de déboucher sur la grande plaine de Valachie qui constitue un couloir naturel vers Bucarest, dans lequel ils s'enfoncent. Il donne l'ordre à la chasse allemande et roumaine de décoller.

Les B-24 arrivent à Pitesti, premier point de repère à 11 h 30 GMT. Les Américains se rendent compte alors que leur superbe formation de départ s'est totalement disloquée. Volant à une altitude supérieure, les deux groupes de tête ont bénéficié d'un vent arrière favorable qui ne souffle pas plus bas. Les trois autres groupes sont distancés de plusieurs kilomètres sans possibilité de recoller au peloton de tête. C'est en ordre dispersé que « Tidal Wave » va entrer en scène.

À Ploesti, l'effet de surprise est plutôt manqué. En quelques minutes, IAR 80 et Bf 109 ont adopté une position avantageuse sur la trajectoire probable des bombardiers. Dérangés au milieu de leur repas, les servants de *flak* astiquent une dernière fois leurs canons.

L'ERREUR DE TARGOVISTE

Debout dans le B-24 de tête, le *Colonel* K.K. Campton est aux prises avec un problème délicat. Comment s'y reconnaître au milieu de toutes ces vallées, toutes orientées de la même manière et qui se ressemblent dramatiquement ? Lorsque son avion survole Tragoviste, second point de repère avant Floresti, il donne l'ordre malencontreux de virer à droite. Les *Liberandos*, suivant leur chef, virent comme un seul homme, trente-deux kilomètres trop tôt… Rompant le silence radio, quelques pilotes qui se sont rendus comptes de l'erreur, hurlent : « Nous virons trop tôt ! Pas ici ! Ce n'est pas là !… Erreur… » Mais, il ne peut être question de disloquer encore un peu plus la formation, sans compter les risques de collisions que comporterait un nouveau changement de cap. Et, tous, la mort dans l'âme, emboîtent le pas à Campton. Tous sauf un, le *Lieutenant* John Palm, à bord de *Brewery Wagon*, qui poursuit sa route jusqu'à Targoviste.

Tandis que les *Liberandos* se dirigent droit vers Bucarest, par la route d'approche la mieux défendue, le *Colonel* Addison Baker, commandant le « Cirque ambulant » fourvoyé sur la mauvaise route en compagnie du groupe de tête, ordonne rapidement un 90° à gauche pour remettre le 93rd sur la trajectoire de Ploesti.

Les grandes manœuvres du désert, les répétitions inlassables sur la maquette de Smart, les conférences, les films ne serviront à rien. La grande attaque frontale exécutée simultanément par quatre groupes se trouve réduite, par la force des choses, au seul bombardement du 93rd *BG*. Et encore ce bombardement va-t-il se dérou-

Poignée de main entre « Unkel Willie », l'*Oberleutnant* Wilhelm Steinmann, à gauche et le *capitaine* Iliescu, de l'escadrille 52, à Mamaia, été 1943. (ECPA)

ler sous un angle d'approche imprévu, avec tout ce que cela comporte de risques d'erreur d'identification. Baker s'enfonce dans l'inconnu.

Le chef-mécanicien de l'*Escadrilà* 62, Ghiorgiu Hulubescu, a la peur de sa vie. Assis sur le siège avant d'un Fleet 10G piloté par son chef d'escadrille, le *Locotenent* Mara, il effectue un vol de liaison entre Bucarest et Tirgsor. Au détour d'une masse nuageuse, le Fleet se retrouve nez à nez avec une importante formation d'avions inconnus. Le pilote a juste le temps de tirer sur le manche pour dégager par un long virage en chandelle sur sa gauche. Les avions défilent à moins de 20 mètres d'altitude sous le biplan. C'est alors que Hulubescu se rend compte qu'ils sont américains. Avec une bonne dose d'étonnement et d'admiration, Mara regarde l'un d'entre eux, entièrement peint en rose, effectuer un virage sur l'aile autour du clocher de l'église de Ploesti, à moins de 50 mètres de hauteur ! Ce ne sera que trente ans plus tard que la plupart des pilotes roumains connaîtront tous les détails concernant la mission « Tidal Wave »[3].

LE MASSACRE DU *CIRCUS*

Avant même de parvenir au-dessus des raffineries, le B-24 de Baker est frappé à mort. L'avion poursuit sa course folle au-dessus des tours de cracking, comme si son pilote refusait de s'abattre avant d'avoir conduit son groupe au-dessus de sa cible, puis s'écrase en entraînant dans la mort tout son équipage.

Un seul avion de la première vague échappe au massacre et parvient à se délester de ses bombes au jugé. Mais il a attaqué l'un des objectifs assignés aux *Eight Balls*, encore loin derrière et ignorant tout de la tragédie qui est en train de se nouer.

La majeure partie du *Circus* attaque la Colombia Aquila, tandis que la dernière vague déverse ses bombes sur l'Astra Romana, impartie aux *Pyramiders*.

Un chasseur roumain parvient à abattre un B-24 au terme d'une longue poursuite. Le bombardier, encore chargé de ses bombes, s'abat en plein milieu de la ville de Ploesti, causant la mort de dizaines de civils, parmi lesquels des occupants de la prison centrale qui n'ont pu être délivrés à temps.

Hahn pique à la tête de ses 109 sur les survivants du *Circus* pour se rendre compte que ses armes se sont enrayées. Le jeune *Feldwebel* Werner Gerhartz, pour qui cette journée marque son premier vrai combat aérien, dépasse son chef et se rue sur un B-24, accompagné par le troisième pilote du *Stab* I./JG 4, le *Leutnant* Hans Eder[2] :

« Je suis arrivé de haut sur la queue de mon Liberator et je l'ai arrosé. Je ne sais pas s'ils m'ont tiré dessus. Cela s'est passé trop vite. Eder et moi, nous sommes revenus sur eux, peut-être deux minutes après. Les Liberator se dispersaient. L'un des moteurs du mien fumait : peut-être était-ce le résultat de la première attaque. Quand j'ai piqué, j'ai vu Eder qui achevait sa deuxième attaque. Je me suis rapproché et j'ai déchiré l'échine de mon bombardier. À ce moment-là, les deux Liberator volaient très bas, pleins gaz, presque au ras du sol. Quand je suis revenu, j'ai vu Eder exécuter sa troisième passe sur le sien. Mais il n'y avait plus d'avion devant moi. Le B-24 était derrière, écrasé sur son ventre. Le bombardier d'Eder brûlait au sol, à trois kilomètres de là. »

L'AVION PORTE-GUIGNE

La première attaque a débuté dans la confusion la plus totale, elle s'achève par une véritable boucherie. Le 93rd *BG* laisse 19 de ses 39 appareils dans l'enfer de Ploesti.

Pendant ce temps, John Palm, qui a faussé compagnie au reste de son groupe avant

---

3. En 1952, les autorités roumaines confisquent tous les carnets de vol des anciens pilotes ayant opéré sur le front est ou ayant combattu contre les avions américains. Ceux qui sont encore en activité sont immédiatement mis en disponibilité et rendus à la vie civile. Le livre de Dugan et Stewart sera interdit à la vente en Roumanie pendant de longues années.

Contrairement à ce que croient les Américains, Ploesti est ceinturée d'une formidable défense antiaérienne. « Manigotstürmer », ce canon Flak 18 de 88 mm, sans nul doute l'arme antiaérienne la plus redoutable de la Seconde Guerre mondiale, s'apprête à résister aux déferlantes de « Raz de marée ». (ECPA)

Targoviste, s'est enfoncé dans une pluie noire et opaque. Après avoir évité une colline d'extrême justesse, il débouche sur les derricks de la Colombia Aquila. Malheureusement, il pilote ce jour-là *Brewery Wagon*, l'avion porte-guigne du groupe, qui ne va pas tarder à justifier sa réputation. À peine a-t-il abordé la raffinerie qu'un obus de 88 lui explose au nez, tuant sur le coup le bombardier et le navigateur et incendiant trois moteurs. Palm est grièvement blessé à la jambe droite. Mais il n'est pas au bout de ses peines.

Patrouillant haut dans le ciel à la recherche des isolés, « Unkle Willie » a aperçu *Brewery Wagon* traînant derrière lui un long panache de fumée noire. Une passe lui suffit à stopper la course du B-24 qui s'écrase dans un champ près de Teleajen. L'équipage est fait prisonnier par les Roumains. À l'hôpital, Palm aura la surprise de recevoir la visite du général Antonescu et de la reine mère. Réparé dans les ateliers IAR à Brasov, *Brewery Wagon* effectuera à nouveau quelques vols sous les couleurs roumaines. Il sera détruit définitivement lors d'un raid de chasseurs-bombardiers allemands le 26 août 1944.

UNE PAGAILLE MONSTRE

Enfin, Campton comprend qu'il a entraîné son groupe sur une mauvaise route. Il fait virer sa formation vers le nord. Il n'est plus question de chercher la Romana Americana que les *Liberandos* ne parviendraient sans doute pas à identifier. Les B-24 se délesteront sur des objectifs d'opportunité. Quelques sections des *Liberandos* croisent celles du *Circus* au-dessus de l'Astra Romana. D'autres défilent à quelques centaines de mètres de leur objectif initial sans s'en rendre compte et le délaissent. Enfin, quelques appareils bombardent la Concordia Vega, évitant de justesse une collision avec la dernière vague du *Circus* quittant Ploesti et les *Pyramiders* de Kane qui commencent leur approche.

À ce moment, trois vagues de B-24, allant dans des directions opposées, se croisent à trois niveaux différents au-dessus de Ploesti ! Ce que les Allemands et les Roumains regardent avec une admiration teintée de peur n'est en fait qu'une pagaille monstre.

À moins de dix mètres du sol, les B-24 survolent dans tous les sens les dépôts enflammés, au milieu d'un déluge de fer et de feu, traversant d'épais nuages de fumée noire, entrant parfois en collision avec des obstacles que les pilotes ont aperçu trop tard. Un mitrailleur, éjecté par l'explosion en plein vol de son appareil, tombe sur un autre qui passe en-dessous et brise l'extrémité de son aile gauche. Déséquilibré, le B-24 bascule brutalement et percute le sol ; il n'y a pas de survivant.

LES LIBERATOR EN ENFER

Les pesants quadrimoteurs tombent comme des mouches, victimes de l'implacable *flak*. Les canons chauffés à blanc crachent sans répit des obus meurtriers qui explosent dans les carlingues, enflamment les réservoirs, font sauter des moteurs, lacèrent les ailes et les dérives. Touchés à mort, les B-24 s'abattent sur les tours, les centrales et les citernes, ajoutant l'explosion de leurs bombes aux incendies des installations. Rares sont ceux qui sortent indemnes de cet enfer. Nombreux sont ceux qui s'échappent sur trois moteurs, voire deux seulement, suintant l'huile, dégoulinant d'essence, vomissant de la fumée, les stigmates des shrapnells bien visibles sur leurs plans ou leurs dérives déchirés.

Tandis que les survivants des *Liberandos* fuient cet enfer aussi vite qu'ils le peuvent encore, ils croisent les *Scorpions* dont la stupéfaction est grande de voir leur route coupée à angle droit par une autre unité.

Pendant ce temps, les *Eight Balls* et les *Pyramiders* se présentent normalement au-dessus de Ploesti. Ces deux groupes se retrouvent parallèlement, de chaque côté d'une voie ferrée sur laquelle roule un train de *flak*, dont les servants ne ratent pas une si belle aubaine de faire un « carton ». Pas moins de 10 B-24 (5 de chaque groupe) sont abattus avant même d'avoir atteint l'objectif.

Les *Eight Balls* touchent sévèrement la Colombia Aquila. Situé à Brazi, à dix kilomètres au sud de la ville, le complexe du Creditul Minier subit de lourds dégâts du fait des 21 B-24 du 44th BG. Seuls deux appareils sont perdus. Kane et les survivants des *Pyramiders*, soit 34 des 41 appareils engagés, bombardent l'Astra Romana.

Enfin, le groupe d'arrière-garde, les *Scorpions,* se dirige sur Campina où se trouve le site de la Steaua Romana. L'attaque, rondement menée, se déroule

La Colombia Aquila sous le feu des B-24. Sévèrement touchée, la raffinerie mettra plus d'un an à retrouver son rendement normal. (Collection Tallandier)

conformément aux plans établis à Benghazi. Le résultat sera à la hauteur de la qualité du bombardement. Le 389th *BG* ne laisse que 6 de ses 29 appareils dans l'opération.

Le *Locotenent* Carol Anastasescu de l'*Escadrilà* 62 patrouille à bord de son IAR 80. Après avoir épuisé toutes ses munitions sur un B-24, il le percute volontairement en plein vol. Les deux carcasses enchevêtrées tombent dans un champ. Anastasescu est retrouvé vivant, mais en piteux état, la colonne brisée en plusieurs endroits et plongé dans un profond coma provoqué par un grave traumatisme crânien. Deux autres pilotes roumains sont crédités d'une victoire, le *Locotenent* Ion Maga et l'*Adjudant* Encioiu, qui pilotent tous deux un Bf 109G de l'*Escadrilà* 51.

LE CAUCHEMAR DU RETOUR

Les rescapés entreprennent alors de rentrer à Benghazi. Inutile de préciser que plus d'un ne pourra pas accomplir le retour dans les mêmes conditions qu'à l'aller. Bien des équipages doivent se résoudre à revenir seuls, faute d'avoir pu trouver des compagnons ou maintenir une vitesse suffisante pour voler en formation. Les éclopés tentent de se regrouper pour s'assurer une protection mutuelle en cas de mauvaise rencontre. La plupart des isolés proviennent des deux premiers groupes démembrés lors de l'attaque initiale. Le retour sera pour eux un second cauchemar.

Comme ils se le sont promis, les Bulgares attendent les Américains à proximité de Sofia. Les Avia B.534 appartiennent au VI *Orliak* (6ᵉ régiment) du colonel Vulkov, comprenant les *Eskadry* 612 (lieutenant Petrov, à Vrajdebna) et 622 (lieutenant Rusev, à Bozhuriste); en tout, 60 appareils. Mais, à leur grand dam, les Bulgares découvrent que même endommagés, les B-24 volent encore trop vite pour leurs biplans d'un autre âge. Ils ne peuvent effectuer qu'une seule passe en piqué, manquant de vitesse pour revenir se replacer en position. Ils parviennent à endommager quatre B-24 qui volent en formation serrée.

Basée à Karlovo, l'*Eskadry* 613 du lieutenant Stoyanov est équipée de Bf 109E-4, dont la Bulgarie a reçu 19 exemplaires en 1942. Avec ce matériel un peu plus performant et surtout mieux armé, les Bulgares réussissent à abattre — ou tout au moins, c'est ce qu'ils prétendent — deux bombardiers au-dessus des monts d'Osagovska.

Les quatre B-24 attaqués par les B.534 tombent entre les griffes de 10 Bf 109G du IV./JG 27, basé à Kalamaki, en Grèce, commandés par l'*Oberleutnant* Burk. Ce n'est plus la même histoire. Malgré la perte de deux des leurs, les Allemands abattent successivement les quatre appareils.

La route qui mène à Benghazi est longue. Trop longue pour certains bombardiers endommagés, à court de carburant ou ayant à bord des blessés réclamant des soins immédiats. Vingt-trois se posent à Chypre, à Malte et en Sicile. Huit atterrissent en Turquie, où l'un inaugurera avec brio une piste pourtant trop courte et achevée... la veille.

32 % DE PERTES

Sur les 164 B-24 qui ont effectivement atteint Ploesti, 53 ne sont pas revenus (y compris ceux internés en Turquie), soit un taux de pertes de 32 % ! Sur les 88 qui ont rallié Benghazi, 55 sont plus ou moins fortement avariés. Pas moins de 466 aviateurs ont été tués ou sont portés disparus, 79 sont retenus en Turquie et on dénombre 54 blessés parmi les équipages qui sont rentrés.

Sans avoir véritablement le sourire, le *Brigadier General* Brereton, commandant la 9th *Air Force*, respire. Il avait prédit 50 % de pertes. L'importance de l'objectif est telle qu'il était d'ailleurs prêt à assumer un taux de 100 %. Les dégâts causés aux raffineries varient considérablement d'un site à l'autre. La Romana Americana, objectif politiquement prioritaire, n'a pas reçu la moindre bombe. Lorsque les Américains reviendront à Ploesti en 1944, les habitants des environs auront pris l'habitude de s'y réfugier, pensant que les Américains prennent soin d'épargner leurs propres intérêts. Quand cette raffinerie sera rayée de la carte, il y aura de nombreux tués parmi les civils et le personnel.

L'Astra Romana, fortement endommagée, tournera de nouveau à plein régime six mois plus tard. Il faudra plus d'un an pour retrouver le rendement normal à la Colombia Aquila. Cependant, les destructions les plus complètes frappent les deux complexes excentrés qui ont pu être bombardés selon le schéma initial. Plus aucune goutte de raffiné ne sortira de la Steaua Romana et du Creditul Minier jusqu'à la fin des hostilités.

« Tidal Wave » fera l'objet d'une vive controverse. Sans doute ce raid a-t-il été aussi prématuré que celui d'Halverson. À cette époque, les Américains commencent seulement à entreprendre leurs raids de grande envergure sur l'Allemagne et leur maîtrise des opérations aériennes est loin d'être parfaite. Toutefois, plus que n'importe quelle raison objective ou subjective, la principale responsabilité de cette terrible hécatombe incombe à la « faute à pas de chance » — la loi de Murphy.

La 9th *Air Force* sera contrainte de retourner souvent à Ploesti, puis sur les dépôts de wagons-citernes à Brasov et Bucarest et les ports abritant les péniches à Constantsa et Giurgiu. Les bombardements s'effectueront à haute altitude et souvent avec une puissante escorte de chasse. Ce n'est pas pour autant que les équipages américains seront conviés à un *milk run*[4].

Deux photos de *Brewery Wagon*, avant et après sa remise en état par les ateliers d'IAR à Brasov. La dérive porte encore les stigmates de sa rencontre avec le Bf 109G-6 piloté par « Unkel Willie ».
(Collection C.-J. Ehrengardt)

4. Littéralement, livraison de lait. Cette expression désigne dans le langage des aviateurs de bombardement américains une mission sans risque, une promenade de santé, dirions-nous.

XV
OPÉRATION « GOMORRHE »
Les disciples de la religion cathodique

Un jour de l'été 1940, Hermann Göring, qui n'a jamais été à une ineptie près, déclare : « Si des bombardiers ennemis survolent le Reich, je veux bien m'appeler Meier. » Personne ne s'est jamais permis de rappeler cette promesse, mais trois ans plus tard, les appareils du RAF *Bomber Command* offrent chaque nuit au *Reichsmarschall* une opportunité supplémentaire de changer d'état civil. La guerre aérienne nocturne tourne rapidement à une affaire de spécialistes. Mesures et contremesures de détection électromagnétique se succèdent à un rythme échevelé. Cette bataille du radar culmine avec l'opération « Gomorrhe » au cours de laquelle la RAF marque un net avantage. Cette terrible attaque sur la cité hanséatique provoquera de violents remous tant au sein de la population allemande qu'au cœur de la *Luftwaffe*.

LES COMBATS NOCTURNES ont rarement inspiré les militaires pour la lumineuse raison que la nuit, on y voit moins bien que le jour et que, faute de matériel adéquat, il est fort difficile de repérer l'ennemi. A fortiori dans un avion contraint de quitter et de regagner le sol dans le noir. Depuis longtemps tous les états-majors sont conscients de l'intérêt de disposer de bombardiers et de chasseurs pouvant opérer sous le couvert de l'obscurité, mais, faute de matériel adéquat, les risques potentiels sont souvent plus importants que les avantages. Jusqu'au jour où les premiers écrans cathodiques font leur apparition dans les avions.

LA LIGNE KAMMHUBER

Lorsqu'il rentre de captivité[1], l'*Oberst* Josef Kammhuber se voit confier la tâche de mettre sur pied une chasse de nuit digne de ce nom. Promu *General der Nachtjagd* et commandant de la XII. *Fliegerdivision*, cet homme va accomplir des miracles *ex nihilo*. Le 22 juin 1940, il crée la première escadre spécialisée, la *Nachtjagdgeschwader* 1 (NJG 1). L'échec cuisant des Bf 110 dans leur rôle de chasseurs lourds diurnes met à sa disposition un nombre important de

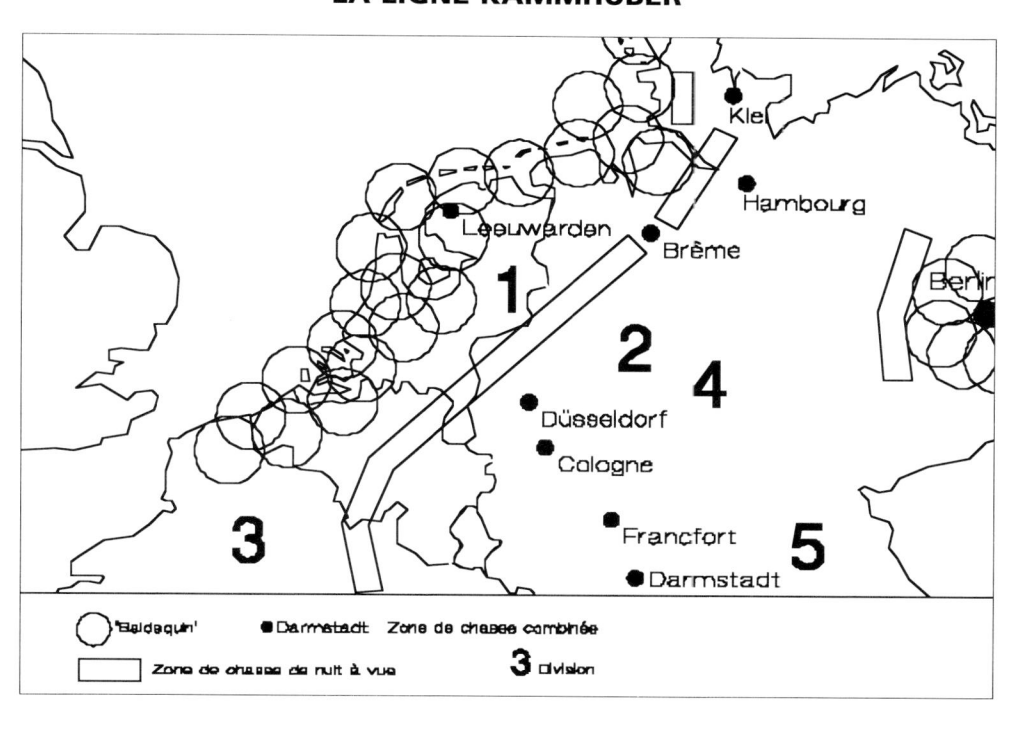

1. Kammhuber, alors *Kommodore* de la KG 51, est abattu le 1ᵉʳ juin 1940 par la chasse française aux environs de Meaux et fait prisonnier.

LA LIGNE KAMMHUBER

Le grand tournant — 173

ces bimoteurs qui vont vite se révéler admirablement adaptés à cette nouvelle situation. Le 9 juillet, à 2 h 50, le *Feldwebel* Förster du I./NJG 1 abat un Whitley britannique en baie d'Heligoland et remporte ainsi la première victoire officielle de la chasse de nuit allemande. Cependant, les premiers succès masquent mal l'inorganisation des unités.

Encore balbutiante, la chasse de nuit doit ses succès à la chance et aux conditions météorologiques. Sans aucun moyen propre de détection, le pilote s'en remet au hasard, aux caprices de la lune, à la compétence des techniciens des stations de radar et à sa nyctalopie. L'introduction du système *Spanner-Anlage*, reposant sur la détection aux infrarouges, apporte une certaine amélioration, même si l'écran de contrôle reste muet sur la nationalité de l'avion repéré.

Kammhuber élabore de savantes tactiques. Un réseau de projecteurs de 35 kilomètres de large est installé de Kiel à la frontière suisse, suivant un croissant passant par les côtes de la Manche et la ligne de démarcation en France. Au cours de l'été 1941, il crée ses fameux *Himmelbett* — ou baldaquins, zones de patrouille soigneusement délimitées dans l'espace, attribuées à chaque pilote en propre. Afin de ne pas dépendre du temps, des stations de radar sont implantées tout au long de cette « ligne Kammhuber », avec chacune un radar Freya pour la détection lointaine et deux radars Würzburg, l'un pour le contrôle des chasseurs, l'autre pour guider les batteries de projecteurs.

Cette association fait merveille à ses débuts et se révèle nettement plus efficace que l'association précédente entre les chasseurs et les batteries de projecteurs (qui aveuglent souvent plus les pilotes qu'elles ne les aident). La RAF trouve la parade en envoyant un nombre croissant de bombardiers à travers un ou deux « baldaquins ». Cette technique de saturation permet sans doute aux Allemands d'abattre davantage de bombardiers en nombre absolu. Toutefois le pourcentage des bombardiers qui parviennent à passer entre les mailles du filet croît proportionnellement au nombre engagé.

PREMIÈRE VICTOIRE REMPORTÉE AVEC UN RADAR

Le 18 juin 1940, un Blenheim Mk. IF du n° 604 *Squadron*, piloté par le *Flight Lieutenant* Ashfield, survole la Manche. À bord de l'appareil, le *Sergeant* Leyland a repéré un écho suspect sur son écran de radar. Ashfield se dirige sur l'intrus et l'identifie comme étant un Heinkel He 115. L'hydravion ne se doute de rien et Ashfield l'envoie percuter les flots de deux rafales bien senties. C'est la première victoire remportée par un avion équipé d'un radar.

Les Allemands effectuent les premiers essais d'un radar aéroporté, le Telefunken FuG 202 Lichtenstein, sur un Bf 110, début 1941. Ce radar se caractérise par la présence de quatre énormes antennes dipôles qui gênent la visibilité du pilote vers l'avant, déportent le centre de gravité et diminuent sa vitesse de près de 50 km/h. Le 9 août 1941 — plus d'un an après la RAF — l'*Oberleutnant* Ludwig Becker de la 4./NJG 1 pilotant un Do 215B-5 (code G9+OM) remporte la première victoire à bord d'un avion équipé d'un FuG 202. Toutefois, ce radar est loin d'être au point et il s'écoulera encore une année avant que le Lichtenstein ne soit à l'origine d'une seconde victoire. Au cours de l'année 1941, la *Nachtjagd* revendique 421 victoires en un peu plus de 27 000 sorties. Fin décembre, son grand as est le *Hauptmann* Werner Streib (*Kommandeur* du I./NJG 1) avec 22 succès confirmés.

LE *BOMBER COMMAND* EST MENACÉ DE L'INTÉRIEUR

À cette époque, le *Bomber Command* de la RAF est agité par de violentes querelles. Lord Beaverbrook, ministre de l'Industrie, estime pour sa part que les bombardiers seraient plus utiles ailleurs, notamment au Moyen-Orient. Plus que les résultats insignifiants de ce service, c'est sa stratégie elle-même qui est visée par ses détracteurs.

Il faut dire que le *Bomber Command* a été particulièrement malmené. Entre le 15 août et le 30 septembre 1941, le taux des pertes franchit allègrement la barre des 12 % : 313 appareils sont considérés comme détruits ou inutilisables. Employés sans philosophie particulière, ses maigres moyens sont dispersés au gré des besoins immédiats. Il dispose d'outils soit surannés (Wellington, Hampden, Whitley), soit décevants (Stirling et Halifax des premières séries et Manchester).

La faillite du concept du *Zerstörer* met un grand nombre de Messerschmitt Bf 110 à la disposition du nouveau *General der Nachtjagd*. Toutefois, à cette époque, seul le camouflage (et encore, pas toujours !) permet de distinguer un chasseur de nuit d'un chasseur diurne. Deux Bf 110C-4 dans le ciel de Düsseldorf, peu après la formation du premier groupe de chasse de nuit de la *Luftwaffe*, le I./NJG 1, à partir du I. (Z)/LG 1, dont les appareils portent encore le code sur le fuselage. (ECPA) ▶

Un Messerschmitt Bf 110F-4 équipé du radar Telefunken FuG 202 Lichtenstein BC. Avec ce moyen de détection, testé au front en août 1941, les choses deviennent plus sérieuses. Sa portée s'étend jusqu'à 3,5 km et son angle de détection est de l'ordre de 70°. Toutefois, les volumineuses antennes dipôles externes « mangent » quelque 40 km/h. (ECPA) ▶

Un Dornier Do 215B-2 de la 5./NJG 2. L'appareil est puissamment armé (4 mitrailleuses de 7,9 mm et 4 canons de 20 mm), mais il est jugé lourd et trop peu puissant par ses pilotes. C'est à bord d'un appareil identique que l'*Oberleutnant* Ludwig Becker remporte pour la *Luftwaffe* la première victoire assistée par radar, le 9 août 1941. (ECPA) ▶

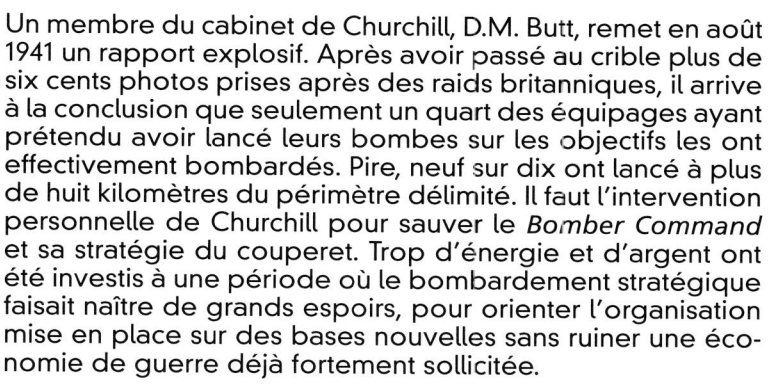

Un membre du cabinet de Churchill, D.M. Butt, remet en août 1941 un rapport explosif. Après avoir passé au crible plus de six cents photos prises après des raids britanniques, il arrive à la conclusion que seulement un quart des équipages ayant prétendu avoir lancé leurs bombes sur les objectifs les ont effectivement bombardés. Pire, neuf sur dix ont lancé à plus de huit kilomètres du périmètre délimité. Il faut l'intervention personnelle de Churchill pour sauver le *Bomber Command* et sa stratégie du couperet. Trop d'énergie et d'argent ont été investis à une période où le bombardement stratégique faisait naître de grands espoirs, pour orienter l'organisation mise en place sur des bases nouvelles sans ruiner une économie de guerre déjà fortement sollicitée.

LE POINT VULNÉRABLE DE L'ALLEMAGNE EN GUERRE

Au début de l'année 1942, le *Bomber Command* de la RAF est au bord de la crise, mais deux événements, intimement liés, qui se déroulent à une semaine d'intervalle vont profondément modifier le paysage.

Le 12 février 1942, les croiseurs de bataille *Scharnhorst*, *Gneisenau* et *Prinz Eugen* s'échappent de Brest au nez et à la barbe des Britanniques pour se réfugier au fond des ports du nord de l'Allemagne. Si cette évasion spectaculaire soulage le *Bomber Command* d'un sérieux fardeau et libère la totalité de ses avions pour ses missions de bombardement stratégique, elle blesse profondément l'orgueil des Britanniques. L'*Air Chief Marshall* Peirse, chef du *Bomber Command*, est prié d'aller exercer ses talents en Extrême-Orient. Le 20 février, l'*Air Vice-Marshall* Arthur T. Harris arrive à la tête du *Bomber Command*. Cet homme à poigne, dont la force de caractère ne lui vaut pas que des amis, prend son commandement avec une idée très précise sur la manière dont il compte s'organiser. Farouchement opposé au bombardement de précision, il n'a qu'un mot d'ordre : frapper dur. Alors que les Américains considèrent qu'il convient d'abord de neutraliser la *Luftwaffe* avant de se lancer dans une vaste offensive aérienne — la conquête de la supériorité aérienne constituant un préalable pour en garantir le succès — les Britanniques concluent que cette neutralisation sera la conséquence indirecte de leurs raids aériens sur les zones urbaines.

UN CONSTAT D'ÉCHEC ?

Harris inscrit en priorité sur sa liste d'objectifs les zones d'habitat ouvrier. Peu importe que les bombes ne tombent pas sur les usines. Si elles tuent les ouvriers et si les incendies des sites urbains entraînent une désorganisation de la vie civile et des moyens de transport, le résultat sera identique. Peut-on cependant aller jusqu'à écrire que ces thèses reflètent un constat d'échec ? Échec des moyens matériels : l'absence d'un chasseur d'escorte à long rayon d'action confinant la RAF au bombardement de nuit ; insuffisance des moyens techniques, mis en lumière par le rapport Butt, qui contraint la RAF à renoncer au bombardement de précision — même de nuit ; échec de la politique de formation des pilotes de bombardement, que Harris doit combattre en supprimant les copilotes ; échec des constructeurs aéronautiques, incapables de donner une relève rapide aux Wellington et Hampden qui subissent de lourdes pertes face à la chasse de nuit allemande (le taux d'attrition passant de 2,33 % en janvier 1941 à 4,9 % à la fin de l'année).

Si cette politique avait été abandonnée alors que toutes ces questions avaient fini par être résolues (apparition du Mosquito et des radars de bombardement du type H2S, arrivée des Lancaster et des Halifax de la seconde génération), la réponse n'aurait pas fait le moindre doute. Cependant, sans jamais tenir compte des reproches et des polémiques que sa doctrine engendrera, Harris ne dérogera jamais de la ligne de conduite qu'il s'est fixée en février 1942. Lorsqu'il arrive à la tête du *Bomber Command*, il est vraisemblablement déjà trop tard pour infléchir cette politique. Mais Harris s'accroche aussi et surtout à ses propres convictions, pour le triomphe desquelles il ne ménagera ni son temps ni sa peine.

DES RAIDS « À GRAND SPECTACLE »

En février, le *Bomber Command* aligne un total de 378 appareils répartis en 44 *Squadrons*, dont 38 opérationnels. Toutefois, trente sont encore équipés en Wellington, Hampden et Whitley. L'arrivée de Harris coïncide avec l'entrée en service du système d'aide à la navigation Gee[2], destiné à pallier les carences relevées dans le rapport Butt. Malgré le fiasco des premiers raids, le Gee prouve son utilité sur des objectifs à la fois étendus et proches, comme Kiel, ravagé quatre nuits plus tard.

Harris réussit à redorer le blason de son service en organisant les premiers raids entrepris par mille avions à la fin du printemps 1942. Baptisée « Millenium », cette opération débute par Cologne (1046 appareils dont 367 pilotés par des élèves et des instructeurs d'OTU) dans la nuit du 30 au 31 mai, puis se poursuit avec Essen (956 appareils, dont 347 appartenant aux écoles), le 1er juin et s'achève avec Brême (1006 appareils), le 25. Les dégâts causés varient considérablement d'un objectif à l'autre : 250 ha incendiés à Cologne, insignifiants à Essen, faibles à Brême.

En dépit des 4 % de pertes, ces raids « à grand spectacle » mettent en lumière les talents d'organisation — et d'improvisation — de Harris. Leur impact psychologique s'avère plus important que celui des bombes. Si « Millenium » n'a pas anéanti l'Allemagne, il a sauvé le *Bomber Command* de la dissolution et c'est bien là l'essentiel pour Harris. Le reste viendra plus tard.

LA *NACHTJAGD* BRIDÉE DANS SON DÉVELOPPEMENT

La chasse de nuit allemande n'est pas restée inactive. Loin de là. En juin 1942, elle revendique 147 victoires, soit pratiquement autant qu'au cours des cinq premiers mois de l'année (167), mais ses effectifs stagnent lamentablement.

Plus que l'incapacité dont a fait preuve Udet lors de son mandat de chef de la production aéronautique, la raison en incombe à l'obsession maladive d'Hitler de disposer d'une *Luftwaffe* résolument offensive. En 1942, sur 3 094 Junkers Ju 88 livrés, seuls 257 concernent les versions de chasse (Ju 88C) dont, d'ailleurs, une bonne partie rejoint les groupes de *Zerstörer*, de lutte aéronavale et de chasse aux trains (*Eisenbahn-Staffeln*). Arrêtées entre octobre 1941 et février 1942, les chaînes de Bf 110 doivent être relancées dès lors que le fiasco de son successeur, le Me 210, devient patent. Pour pallier ces insuffisances, Dornier lance une version de chasse de nuit de son Do 217, le Do 217J, qui se distingue par une vitesse inférieure de... 90 km/h à celle de la version de bombardement. Courant 1942, deux prototypes prometteurs apparaissent : le Focke-Wulf Ta 154 et le Heinkel He 219. Le premier, entièrement en bois — comme le Mosquito anglais auquel il emprunte même son nom (mais avec un « k ») — pâtit de l'utilisation d'une colle trop acide qui ronge le bois ! Le second, considéré comme le meilleur avion de chasse de nuit allemand, se retrouvera plongé au milieu de considérations politico-économiques qui ralentiront son développement et brideront sa construction en série.

En juin 1943, la *Nachtjagd* aligne 665 appareils répartis en six escadres opérationnelles et une escadre d'entraînement.

LES FAIBLESSES DE LA CHASSE DE NUIT

La force même de la ligne de défense dressée par le *General der Nachtjagd*, Joseph Kammhuber, constitue aussi son point faible. Les « baldaquins », zones de patrouille délimitées, sont transformés en passoires par la tactique de saturation adoptée par la RAF. À raison de 20 chasseurs de nuit par « baldaquin », le taux de réussite de la *Nachjagd* est inversement proportionnel au nombre de bombardiers qui le traversent. Certes, les pertes britanniques sont importantes (4,1 %, soit 552 avions, pour 26 grandes missions entre mars et juin 1943), mais elles ne sont pas à la hauteur des espérances du haut-commandement allemand ni à la mesure des efforts consentis.

▲
Josef Kammhuber, premier *General der Nachtjagd*. Il développe un système ingénieux et économique en moyens humains et matériels pour contrer l'offensive du *Bomber Command* de la RAF. On lui reprochera toutefois son absence de souplesse et l'impossibilité de l'adapter à la tactique de saturation bien vite adoptée par les Britanniques. Débordée de tous les côtés, la *Luftwaffe* aura alors recours à des moyens guère plus efficaces mais terriblement plus coûteux. (ECPA)

2. Gee : « G » en phonétique, initiale du mot *gird* signifiant carroyage, quadrillage.

Le Junkers Ju 88C se révèle une excellente plate-forme de tir pour la chasse de nuit. Moins répandu que le Bf 110, il permettra néanmoins à un certain nombre d'as d'étoffer leur palmarès. Au centre, le *Hauptmann* Heinrich Prinz zu Sayn-Wittgenstein, *Kommandeur* du I./NJG 100, dont la dérive du Ju 88C-6b arbore fièrement le souvenir de 29 avions ennemis abattus entre le 2 mai 1942 et le 3 mai 1943. (Bundesarchiv-Coblence)

Les Britanniques frappent un grand coup dans la nuit du 16 au 17 mai 1943, lorsque 19 Lancaster Mk. III spécialement modifiés, appartenant au n° 617 *Squadron*, décollent avec chacun une bombe cylindrique rotative mise au point par le Pr. Barnes Wallis — « l'engin le plus insensé qu'il m'ait été donné de connaître jusque-là », en dira Harris. Sous les ordres du *Wing Commander* Guy Gibson (qui recevra la *Victoria Cross*), les Lancaster détruisent les barrages sur la Möhne et l'Eder.

LA TRUIE POINTE SA TRUFFE

Toutes ces opérations qui témoignent de la puissance du *Bomber Command* soulèvent une profonde émotion au sein même de la *Luftwaffe*. Kammhuber est l'objet de virulentes critiques et certains officiers supérieurs lui reprochent d'avoir enfermé la *Nachtjagd* dans un carcan trop serré. L'un des innovateurs les plus écoutés est un certain *Major* Hajo Hermann, ancien chef de groupe de bombardement, qui préconise l'utilisation de chasseurs monomoteurs, agissant de manière autonome, en chasse à vue. Comme ces avions doivent charger en solitaires, il baptise sa méthode *Wilde Sau* (Truie sauvage).

Deux points importants restent à régler : la *flak* et l'illumination des bombardiers. Hermann propose d'engager les chasseurs au-dessus de 6 000 mètres, altitude à laquelle la *flak* devra se cantonner et qui est en général l'altitude à laquelle convergent les faisceaux des projecteurs. Puisque les chasseurs ne peuvent être équipés de radar aéroporté, une unité spéciale sera chargée d'éclairer les bombardiers. Il reçoit le feu vert en mars 1943 pour procéder à une expérimentation avec une escadrille composée de 10 Fw 190A-4 et Bf 109G-6 opérant depuis Bonn-Hangelar, Rheine et Oldenburg, où des accords sont conclus avec les commandants régionaux de DCA.

Ce n'est pas une mince entreprise. Entièrement dépendants du sol et de la coopération des unités de *flak*, les pilotes de la « Truie sauvage » peuvent errer jusqu'à l'épuisement de leur carburant sans avoir aperçu l'ennemi, dont les formations multiplient les contre-pieds et les changements de cap jusqu'à l'objectif. Cependant, le 3 juillet, lors d'un raid sur Cologne, le *Kommando* Hermann remporte 12 victoires pour la perte d'un seul monomoteur. Ce coup d'éclat amène Göring à autoriser la création d'une escadre, la JG 300, dont il confie le commandement à Hermann. Signe des temps, Göring « oublie » d'en informer Kammhuber.

Un autre ancien pilote de bombardier, l'*Oberst* von Loßberg, propose une alternative, qu'il baptise *Zahme Sau* (Truie apprivoisée) et qui consiste à glisser un avion équipé d'un émetteur (*Y-Gerät*) dans le flot des bombardiers et de le suivre pour attirer, comme un aimant, les chasseurs de nuit classiques.

Le grand tournant — 177

Von Loßberg expérimente sa formule fin août avec la 2./NJG 3.

LA PETITE MUSIQUE DE NUIT

Ludwig Becker, l'un des grands théoriciens de la chasse de nuit, a mis au point une tactique universellement adoptée par ses pairs. Le chasseur se place sous le ventre de sa proie, légèrement en arrière, puis grimpe à la verticale pour ouvrir le feu à une cinquantaine de mètres de distance, attaquant le bombardier dans ses œuvres vives dans un secteur qui n'est protégé par aucune tourelle. Plusieurs pilotes imaginent alors de monter un armement fixe dans le but d'éviter la chandelle. Cette idée voit le jour simultanément dans diverses unités, à tel point qu'il est bien difficile d'en connaître l'inventeur, même si la paternité en est souvent attribuée à l'*Oberleutnant* Rudolf Schönert. Celui-ci aurait proposé à Kammhuber, dès juillet 1942, de monter en série cet armement, qui reçoit le nom de *schräge Musik* (jeu de mots sur schräge, oblique et *schräge Musik* désignant le jazz américain; musique de « dingues » comme disait ma grand-mère). Schönert, alors *Kommandeur* du I./NJG 5, aurait remporté la toute première victoire de la *schräge Musik* en mai 1943[3]. Les Bf 110 reçoivent deux canons de 20 mm dans l'habitacle arrière, tandis que les Ju 88C et Do 217J sont équipés de deux à quatre canons sur le dessus du fuselage. Orientés vers le haut à un angle de 70°, ces canons sont pointés grâce à un collimateur ordinaire installé sur le plafond du poste de pilotage. Ainsi, les chasseurs n'ont plus qu'à se glisser tranquillement sous le ventre des bombardiers, viser posément et tirer sans risque.

LA *LUFTWAFFE* PERD LA VUE

L'année 1943 est marquée par une véritable course à l'électronique entre les Alliés et les Allemands. Les bombardiers anglais reçoivent un radar de poursuite, le Monica, capable de détecter les intrus sur leurs talons. De leur côté, les Allemands lancent en juin le Telefunken FuG 212 Lichtenstein C-1 en remplacement du FuG 202 Lichtenstein BC[4].

Cependant, le 9 mai 1943, les Britanniques marquent un point important. Dans la nuit, à la suite d'une erreur de navigation, un Ju 88R-1 du IV./NJG 3 se pose tranquillement sur ce qu'il croit être sa base, mais qui se trouve être le terrain de Dyce, près d'Aberdeen, en Écosse. Un exemplaire du radar FuG 202 tombe intact entre les mains des Britanniques. Deux mois et demi plus tard, la RAF va faire un excellent usage des précieuses données recueillies lors de son étude approfondie.

Le 24 juillet 1943, à 23 heures, les radars terrestres allemands Freya et Würzburg restituent sur leurs écrans de contrôle des centaines d'échos représentant une intense activité au-dessus du sud-est de l'Angleterre. Un nouveau raid d'envergure se prépare. Après s'être assemblée, la formation anglaise se dirige vers le nord-est jusqu'à la baie d'Allemagne. La 3. *Jagddvision*, responsable de la zone, fait décoller la NJG 3 de ses terrains de Westerland, Schleswig, Vechta, Wittmundhaven et Stade et les appareils prennent leur zone de patrouille régulière dans leurs « baldaquins ». Les bombardiers longent la

3. *Geschichte der deutschen Nachtjagd, 1917-1945* — G. Aders — Motorbuch, Stuttgart, 1977.

4. FuG, abréviation de *Funkmeßgerät*, radar.

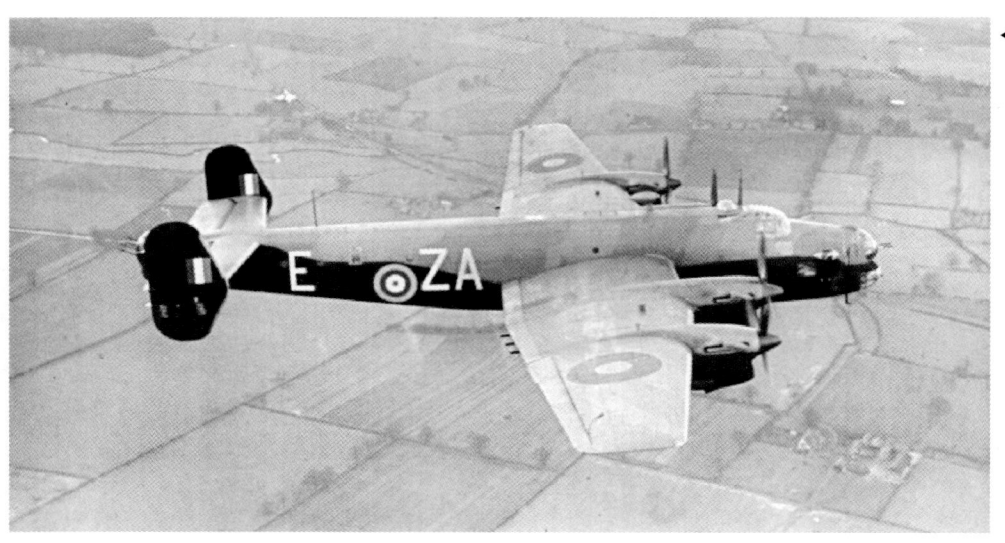

◀ Le Handley-Page Halifax est à la RAF ce que le B-24 Liberator est à l'USAAF, un quadrimoteur qui se révèle fort bien adapté à d'autres rôles que celui du bombardement stratégique. Pendant sa durée de vie, il subit de nombreuses transformations tendant à améliorer ses qualités de vol et son armement défensif. Le Halifax effectue sa première mission de guerre le 10 mars 1941. Sur la photo, un Halifax Mk. I du n° 10 *Squadron*. (Collection Tallandier)

côte sans que les Allemands puissent encore déduire leur objectif : Kiel, Lübeck, Hambourg ou même Berlin.

Puis, coup de théâtre, les échos s'immobilisent net sur les écrans ! C'est l'affolement général au PC de la 3. *Jagddivision* à Stade. Bientôt, une seule explication s'impose : les radars sont brouillés. La *Luftwaffe* vient de perdre la vue.

Au même moment, dans le ciel de la baie d'Allemagne, des millions de petites feuilles d'aluminium descendent tranquillement vers la terre, au gré des vents. Soigneusement calibrées, les 92 millions de feuilles de papier d'étain larguées par la RAF renvoient autant d'échos sur les écrans des radars allemands, noyant dans la masse les véritables échos des avions qui, eux, infléchissent leur route et poursuivent en toute tranquillité jusqu'à Hambourg.

GÖRING EXIGE QUE LE DOSSIER SOIT BRÛLÉ

Les radars Würzburg, servant aussi bien à diriger la chasse qu'à régler le tir des batteries de *flak* et les Lichtenstein aéroportés, opérant sur une longueur d'ondes centimétrique, se trouvent brutalement hors d'usage. Bien qu'en partie brouillés, les Freya, opérant sur 2,40 mètres, parviennent péniblement à faire le tri entre les vrais et les faux échos. Les postes d'écoute suivent tant bien que mal la course des bombardiers. Les chasseurs de la NJG 3 sont dirigés sur Hambourg, mais trop tard et leur action sombre dans une certaine confusion.

En moins d'une heure et demie, 740 des 791 bombardiers participant à la mission larguent 2 396 tonnes d'incendiaires et d'explosifs sur les deux rives de l'Alster, les quartiers historiques et les faubourgs de Höheluft, Altona, Barmbeck et Eimsbüttel. Seuls 12 bombardiers sont portés disparus — il y a bien des mois que le *Bomber Command* n'a pas enregistré un tel succès. Pourtant, les Allemands n'auraient jamais dû être pris au dépourvu. Non seulement ils n'ignorent rien de ce système de brouillage, mais ils l'ont expérimenté eux-mêmes. Au printemps 1942, sur la plage déserte de Düppel, sur la Baltique, ils ont procédé à des essais de feuilles d'aluminium coupées à la moitié de la longueur des ondes hertziennes. En Allemagne, ces feuilles prennent comme nom de code celui de leur lieu d'expérimentation. Dès que Göring a été informé de l'existence des *Düppel*, il en a interdit jusqu'à la mention du nom et a donné l'ordre au chef des transmissions, le général Wolfgang Martini, de brûler le dossier — qu'il se contentera d'enfermer dans son coffre personnel. Les Allemands ne voudront jamais employer cette méthode de brouillage de crainte de représailles — ce qui ne les empêchera pas d'en être victimes et sans moyen de parade à cause de cette désastreuse politique de l'autruche.

▲
L'Avro Lancaster est un dérivé amélioré du bimoteur Manchester, dont les débuts ont été fort décevants. Équipé de quatre Rolls-Royce Merlin — le moteur du Spitfire —, l'appareil connaîtra le taux d'attrition le plus bas de tous les bombardiers lourds alliés. Ici, trois Lancaster Mk. I du n° 300 *Squadron*. (Collection SHAA)

Les Britanniques ont connu la même appréhension avec leurs *windows*. Les terribles pertes enregistrées au-dessus de la Ruhr au printemps amènent cependant le cabinet de guerre à autoriser leur utilisation le 15 juillet, permettant à Harris de monter une série de raids dévastateurs sur Hambourg, avec le concours de la 8th *Air Force* américaine le jour, qui reçoit le nom d'opération « Gomorrhe ».

Rarement une opération aérienne n'a autant justifié son nom, car, pour la cité hanséatique, le pire reste à venir. La nuit suivante, le *Bomber Command* se déchaîne contre Essen, mais dans la nuit du 27 au 28 juillet, 739 bombardiers reviennent sur Hambourg, ravivant avec 2 417 tonnes de bombes les incendies que les services municipaux et la défense civile, paralysés et désorganisés, n'ont pu circonscrire en totalité. Les grandes artères sont balayées par un vent violent qui naît dans les courants ascendants où la température atteint jusqu'à 1 000°. Hambourg reçoit encore l'attention de la RAF dans la nuit du 30 au 31 juillet, puis dans celle du 2 au 3 août.

En 3 095 sorties (seulement 2 630 appareils bombardant l'objectif), 8 621 tonnes de bombes, dont 1 426 tonnes d'incendiaires, ont provoqué la mort de 41 800 personnes, selon les premières estimations. Des milliers d'autres mourront par la suite et le nombre des disparus n'a jamais été recensé. Un million d'habitants, les deux tiers de la population, a fui dans la campagne. Albert Speer, ministre de l'armement, déclare à Hitler qu'une série de raids de cette ampleur sur les six plus grandes villes du Reich « risque de mettre fin à la production d'armement en Allemagne ». Göbbels, le ministre de la Propagande, évoque « un désastre dont l'ampleur dépasse l'imagination ».

À cette tragédie, il faut un bouc émissaire. Ce sera Kammhuber. Convoqué chez Göring, le lendemain du premier raid, Hajo Hermann s'entend dire qu'il représente la dernière chance de la *Luftwaffe*. Il est indéniable que le système des « baldaquins » a montré ses limites. Le 15 septembre, Kammhuber cède le commandement du XII. *Fliegerkorps* au *Generalmajor* « Beppo » Schmid. Il reste encore *General der Nachtjagd*, mais plus pour très longtemps. Göring annonce le 26 septembre la création des JG 301 (*Major* Weinrich) et JG 302 (*Major* Mössinger) regroupées sous une nouvelle 30. *Jagddivision* confiée à Hermann. La « Truie sauvage » a pris du poids, mais aussi ses distances vis-à-vis de la chasse de nuit, car la 30. *Jagddivision* dépend du *General der Jagdflieger*, autrement dit de la chasse diurne.

LE LIMOGEAGE DE KAMMHUBER

Un grave incident, qui se déroule lors d'un raid sur Cassel, le 3 octobre, met en lumière le degré de confusion dans lequel est tombé la *Nachjagd*. Couplé au second raid sur Schweinfurt par l'USAAF, le 14 octobre, il entraîne la dissolution du XII. *Fliegerkorps* et le limogeage d'un certain nombre de commandants de division. Kammhuber est prié d'aller traiter d'importants dossiers en Norvège et son poste est confié à Galland, assez peu heureux de cumuler les deux fonctions de général de la chasse de jour et de nuit.

La *Wilde Sau*, en laquelle Göring place tous ses espoirs, montre aussi ses limites. Élevées au rang d'escadre, les JG 300, 301 et 302 sont en fait sous-équipées. Un seul groupe par escadre possède ses avions en propre, les autres sont partagés avec des unités de lutte contre les bombardiers américains (*Sturmgruppen*). Par exemple, le II./JG 300 partage ses Bf 109G avec le III./JG 11 à Rheine et le III./JG 300 avec le II./JG 1 à Oldenburg. Chasse conventionnelle le jour, « Truie sauvage » la nuit… À ce rythme, l'usure des avions atteint des sommets. Avec l'arrivée des mauvais jours, à l'automne 1943, la disponibilité des appareils chute d'une manière dramatique. Les démêlés avec les batteries de DCA qui tirent à tort et à travers ne se comptent plus. Les appareils décollent quelles que soient les conditions météorologiques, même « quand les oiseaux se déplacent à pied », comme disent les pilotes allemands. Les atterrissages nocturnes par temps de brouillard ou par forte pluie augmentent le pourcentage des pertes, quand les pilotes ne sautent pas directement en parachute pour ne pas prendre le risque d'un atterrissage. Évidemment, ces méthodes n'améliorent en rien les relations entre les pilotes de Herrmann et leurs hôtes.

Le *Major* Hermann relate la destruction de 75 à 80 bombardiers ennemis, avec ses 55 pilotes, entre le 12 juillet et le 31 août. En août, la *Nachjagd* tout entière revendique 230 victoires, dont seulement 48 grâce aux « baldaquins ». Le meilleur pilote de la *Wilde Sau* sera le *Hauptmann* Friedrich-Karl Müller qui remportera 30 victoires, dont 23 avec des unités de « Truie sauvage », comme le *Stab*/JG 300 et la 1./NJGr.10, dont il sera *Staffelkapitän*.

LA BÊTE NOIRE DE LA *LUFTWAFFE*

Le 31 décembre 1943, la chasse de nuit aligne 517 chasseurs, dont 334 disponibles. La stagnation de la production qui ne parvient pas à combler les pertes explique cette nette régression des effectifs. Par ailleurs, la livraison des radars aéroportés SN-2, insensibles au brouillage des *windows*, est retardée de plusieurs mois.

Dans le courant de l'automne, avec l'installation du FuG 217 Neptun-J dans cinq Fw 190A-5 de la JG 2, la *Luftwaffe* dispose du premier chasseur monoplace tout-temps du monde. Ces appareils, ainsi que quelques Bf 109G-6, sont transférés au NJGr.10 et à la 6./JG 300 (*Kommando* Plöger) pour servir à la « chasse au Mosquito ». Ces insaisissables bimoteurs en bois, volant plus haut et plus vite que les chasseurs monomo-

LM 445, un Lancaster Mk. III du n°619 *Squadron*. Sain sur les plans technique et aérodynamique, le Lancaster ne subira que des transformations d'ordre tactique, comme, par exemple, pour lui permettre d'accommoder une bombe « Grand Chelem » de 11 tonnes ou la célèbre bombe rotative de Barnes Wallis pour l'opération spectaculaire contre les barrages de la Ruhr ou bien encore la « Tallboy » de 6 tonnes avec laquelle sera coulé le *Tirpitz*. (Collection Tallandier)

Le Havilland Mosquito B. Mk. 35 arrive trop tard pour entrer en service avant la fin des hostilités. Le Mosquito atteint alors son apogée, avec une vitesse de 680 km/h à 9 000 mètres, qui le rend virtuellement impossible à intercepter. Les Allemands tenteront par tous les moyens de s'opposer à la « merveille en bois », mais ils n'y parviendront jamais.
(Collection C.-J. Ehrengardt)

teurs allemands, constituent la bête de noire de la *Luftwaffe*. Deux groupes spéciaux de chasse de jour, les JGr.25 et JGr.50, confiés aux meilleurs pilotes de chasse, ont été constitués le 21 juillet 1943 pour contrecarrer cette menace. Ils seront dissous sans gloire le 1er décembre, aucun pilote sous les ordres du *Major* Ihlefeld et du *Major* Graf n'ayant réussi la moindre interception ! Les appareils de la chasse de nuit ne connaîtront pas une plus grande réussite, pas davantage que l'*Erprobungskommando* 410, constitué sur Me 410 en mars à Venloo, dont les avions s'avèrent encore plus lents que le Bf 110 qu'ils sont pourtant chargés de remplacer.

Dans le courant du mois de septembre, la RAF effectue plusieurs raids de nuisance contre Ludwigshafen, Mannheim, Hannovre et Münich entièrement exécutés par des Mosquito. Aucun n'est abattu. Quatre Mosquito en tout sont revendiqués en 1943...

L'année 1943 s'achève sur la « bataille de Berlin » au cours de laquelle le *Bomber Command* s'acharne sur la capitale du Reich. Fin décembre, les grands as de la *Nachtjagd* sont les *Major* Helmut Lent (*Kommodore* NJG 3), avec 76 victoires et le *Major* Heinrich Prinz zu Sayn-Wittgenstein (*Kommandeur* II./NJG 3), avec 68. À cette date, la chasse de nuit a remporté 2 966 victoires depuis sa création, dont près de la moitié sont l'œuvre de 40 pilotes seulement.

Le 21 avril 1945, Hermann Göring, surpris en voiture par un raid aérien, se réfugie dans un abri public. En entrant, il dit aux occupants : « Permettez-moi de me présenter, mon nom est Meier. »

TROISIÈME PARTIE

1944 - 1945
LES AILES DE LA VICTOIRE

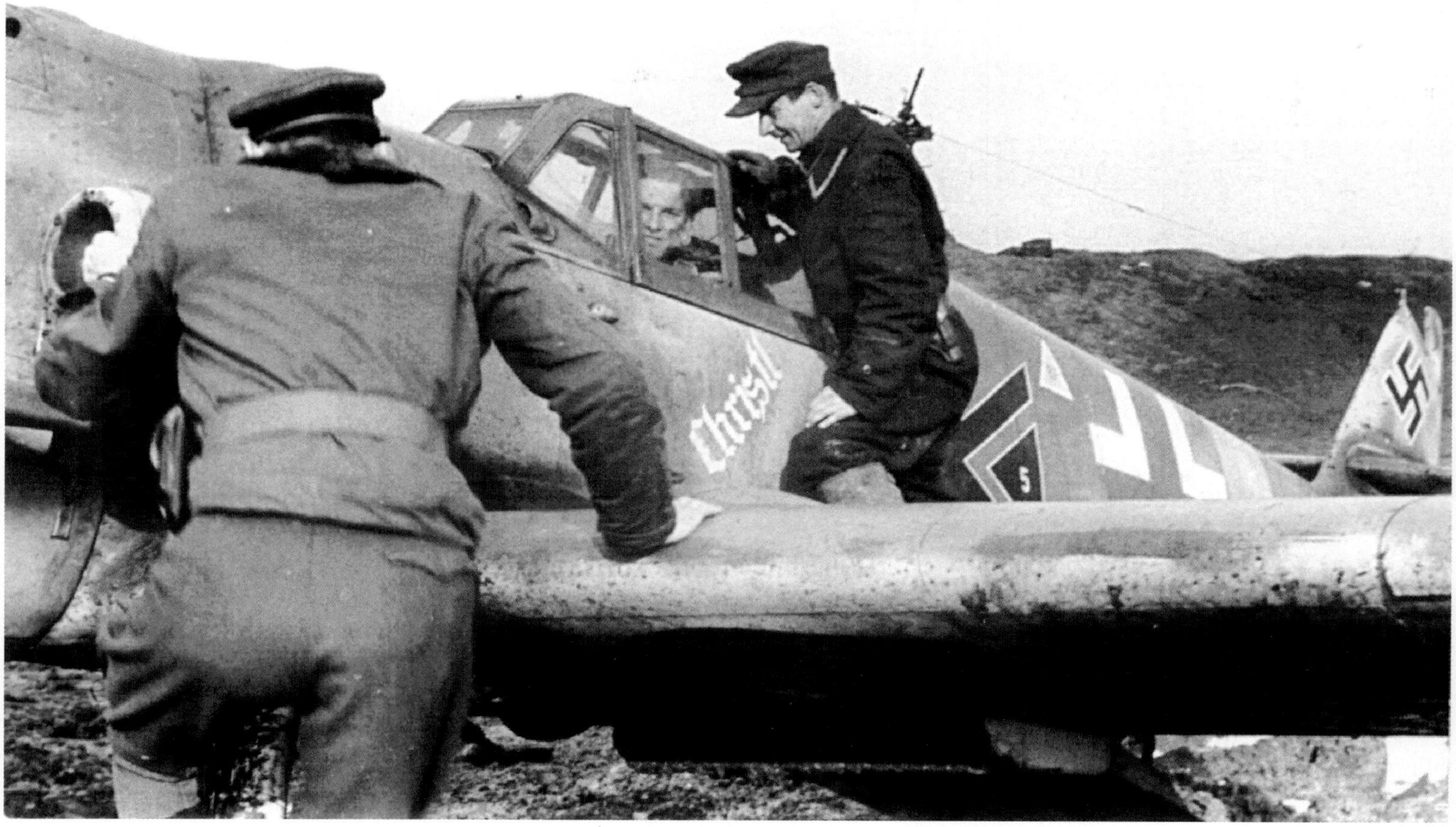
Christl
5

XVI
L'EFFONDREMENT DE LA *LUFTWAFFE*
De la Bérésina au Niémen

En janvier 1944, l'Armée Rouge reprend l'offensive. Ce n'est rien, toutefois, par rapport à ce qui attend les armées allemandes en juin. Culbuté, broyé, pulvérisé, le *Heeresgruppe Mitte* cède près de 700 km de terrain en un mois. Débordée, surclassée, noyée sous le nombre, la *Luftwaffe* ne peut que subir. En juillet, les Soviétiques foulent pour la première fois le sol allemand. Accompagnant leur percée en Prusse Orientale, une cinquantaine de pilotes à bord de Yak arborant fièrement leur cocarde tricolore se couvrent d'honneurs et de gloire entre la Bérésina, de sinistre mémoire et le Niémen, dont le nom n'évoquera plus désormais que l'une des plus belles pages de l'histoire de l'aviation française.

◀ Le *Hauptmann* Gerhard Barkhorn commande le II./JG 52 entre juin 1943 et janvier 1945. S'il figure à la seconde place du palmarès général des as allemand, avec 301 victoires, son ascension sera lente, puisqu'il n'obtiendra son premier succès qu'après plus de 80 missions. « Nous autres, les Prussiens, on apprend lentement, commente-t-il avec humour, mais on va au fond des choses ! » Tous ses avions portent le prénom de sa femme, Christl, avec laquelle il trouvera la mort dans un accident d'automobile en 1983. (Bundesarchiv-Coblence)

1. *Das Jagdgechwader 52*, I. Band — N. Fast — Bensberger Buch, Bergisch Gladbach, 1988.

Les Américains cèdent plus de 14 000 avions aux Soviétiques au cours de la guerre, dont 2 097 P-40. Des P-40M-5-CU attendent preneur sur la base de Fairbanks, Alaska, plaque tournante avec l'Iran des livraisons à destination de l'Union soviétique. (Collection SHAA)
▼

EN JANVIER 1944, la traditionnelle offensive d'hiver soviétique transperce un front un peu mou en Ukraine et dans les Carpates, en direction de Ploesti. L'Armée Rouge atteint les frontières roumaines et polonaises, traversant d'un trait les champs de batailles où s'étaient illustrées les *Panzerdivisionen* au cours de l'été 1941. Dans le nord, les combats reprennent entre Léningrad et Kholm et en deux mois, le front recule de près de 200 kilomètres, jusqu'à Narva, Pskov, Ostrov et Novorjev.

Avec seulement 294 appareils, renforcés par les modestes éléments des aviations roumaines et hongroises, les forces aériennes de l'Axe tiennent un front de 2 900 kilomètres. Rien que dans le secteur de Léningrad, le front du Volkhov (général Merietskov) est appuyé par plus de 1 500 appareils.

BARKHORN EST ABATTU

Le 13 février 1944, le *Hauptmann* Gerhard Barkhorn rentre au terrain avec sa 250e victoire (sa huitième en trois jours). Il est le troisième pilote à atteindre ce nombre. Le 30 mai, il en est à 269 et se hisse à la première place du palmarès de la *Luftwaffe*, devant les *Hauptleute* Günther Rall (muté à la défense du Reich — 268) et Walter Nowotny (rapatrié en France — 255) et l'*Oberleutnant* Erich Hartmann (III./JG 52 - 227). Les II. et III./JG 52 occupent depuis la veille le terrain de Iasi, en Roumanie.

Le lendemain, 31 mai, vers 18 heures, alors qu'il en est à sa sixième mission et à sa troisième victoire depuis 2 heures du matin, Barkhorn protège des Ju 87 de Rudel. Il ne lui reste que cent litres d'essence, vingt minutes de vol. Une voix retentit dans ses écouteurs, celle de « Bubi » Hartmann[1] :

« Gerhard, des Russes en vol ! Cet appel lui fait oublier sa fatigue. Il était prêt à se poser. Il redresse lentement son appareil et au même instant, des traçantes l'encadrent. Barkhorn tourne la tête et reste pétrifié de terreur. Il aperçoit un Airacobra crachant le feu. C'est la fin ! Le chasseur russe est à trente mètres derrière lui, en parfaite position. Ses rafales criblent l'appareil de Barkhorn. Il est parcouru par un frisson glacial. Une odeur de sang envahit sa bouche, tandis qu'il tire de toutes ses forces sur le manche. Mais, son appareil ne réagit plus aux commandes et bascule comme un poids mort sur la gauche. La terre danse devant le nez du Messerschmitt. L'Airacobra n'a plus qu'à donner le coup de grâce. Comme par miracle, l'appareil de Barkhorn se cabre jusqu'à 2 000 mètres d'altitude. Un voile noir obscurcit sa vision à plusieurs reprises. Il parvient à rétablir son appareil et à le maintenir en ligne de vol en rassemblant toutes ses forces. Le moteur et le train d'atterrissage ne répondent plus. Barkhorn effectue un atterrissage de fortune. L'avion heurte le sol brutalement et glisse sur une centaine de mètres. »

Rotule brisée, Barkhorn échappe de peu à l'amputation dans un hôpital de campagne. Il reviendra à son unité en octobre, mais entre-temps, Erich Hartmann a pris le large au palmarès de la *Luftwaffe*.

Les ailes de la victoire — 185

LA JG 51 RÉDUITE À 19 AVIONS DISPONIBLES

La grande offensive d'été soviétique débute dans un secteur inattendu. Alors que la *Wehrmacht* s'attend à une poussée dans la région de Vitebsk, l'Armée Rouge passe à l'action tout au nord, en Carélie, le 10 juin. Mais, le plus dur reste à venir.

Le 23 juin 1944, trois ans presque jour pour jour après « Barbarossa », le front russe se met en branle. En cinq semaines, sur toute la largeur d'un axe allant des marais du Pripet à la Dvina occidentale, les trois fronts de Biélorussie et le 1er front de la Baltique enfoncent les défenses allemandes, pulvérisent le *Heeresgruppe Mitte* et progressent de plus de 700 kilomètres. La *Luftwaffe* a été impuissante à éviter ce désastre.

La situation de la JG 51 (*Major* Fritz Losigkeit) reflète la violence de l'impact soviétique. La veille de l'offensive, le I./JG 51 (*Hauptmann* Erich Leie) est basé à Orcha, le III./JG 51 (*Hauptmann* Diethelm von Eichel-Streiber) à Bobrouisk et le IV./JG 51 (*Hauptmann* Fritz Lange) à Moghilev. La pression est si vive que les trois groupes évacuent les lieux dans les jours qui suivent. Fin juillet, le premier groupe ne dispose plus que de sept avions disponibles, le troisième trois et le quatrième neuf. Entre le 22 juin et le 31 août, la JG 51 perd 29 tués, 14 disparus et 14 blessés[2].

LA MOITIÉ DES RECRUES ABATTUES AVANT LEUR QUATRIÈME MISSION

Les pertes à l'ennemi s'élèvent à 6 259 avions au cours du premier semestre 1944 : 137 % des effectifs en première ligne au 1er janvier ! Pas étonnant qu'à ce rythme de casse, la *Luftwaffe* se retrouve en janvier 1944 avec seulement 192 chasseurs de plus, mais 154 bombardiers de moins que le 10 mai 1940, malgré une production de 24 807 avions en 1943 !

Alors que les pertes en pilotes tournaient à une moyenne mensuelle de 615 avant juin 1941 et de 1167 entre l'invasion de l'URSS et décembre 1943, elles atteignent 1755 en juin 1944. Inévitablement, la qualité des recrues envoyées au front s'en ressent. La durée d'instruction des pilotes de chasse a été divisée par deux par rapport à 1939 (de 240 à 125 heures) et elle n'est que le tiers de celle d'un pilote américain (375 heures). Plus de la moitié d'entre eux sont abattus avant leur quatrième mission.

Sur 84 pilotes perdus par la JG 51 en 1944 :
— 34 n'ont remporté aucune victoire aérienne (40 %) ;
— 10 en ont remporté une seule (12 %) ;
— 7 en ont remporté deux (8 %).

Un rapport de la *Luftflotte* 3 mentionne qu'en juillet 1944, en dehors de rares exceptions, seuls les commandants de groupe et d'escadrille ont plus de six mois d'expérience au front. L'immense majorité des pilotes en première ligne a moins d'un mois de service.

LE SACRIFICE DE MAURICE DE SEYNES

Face aux 2 085 avions allemands, dont 845 rattachés à la *Luftflotte* 4 et 775 à la *Luftflotte* 6, la V-VS a mobilisé plus de 6 000 appareils, dont les derniers-nés de la technologie soviétique : le bombardier moyen rapide Tupolev Tu-2 et les chasseurs Yakovlev Yak-3 et Lavochkin La-7, qui reçoivent leur baptême du feu le 23 juin.

Dans cette débauche d'hommes et de matériel, les 51 Yak-9 du régiment *Normandie* semblent perdus au milieu du 3e front de Biélorussie. Le 26 juin, le régiment repart au combat au-dessus d'un fleuve de sinistre mémoire : la Bérésina. Mais, en huit mois, beaucoup de choses se sont passées.

Isolé dans un pays dont le régime n'est pas nécessairement en odeur de sainteté en haut lieu, éloigné des états-majors d'Alger et de Londres agités par des querelles politiciennes, *Normandie* demeure coupé du reste des forces aériennes françaises. Les promotions sont données au compte-gouttes et tardivement — certaines ne pourront être décernées qu'à titre posthume. Il est officiellement élevé au statut de « régiment » de type soviétique (avec quatre escadrilles) fin décembre 1943, mais il ne perçoit ses renforts qu'à

▲
Premier triple « Héros de l'Union soviétique », le colonel Alexandr Pokrychkin commente son dernier combat à ses pilotes. Le Bell P-39Q au second plan porte 54 marques de victoire. Second as au palmarès individuel de la V-VS avec 59 victoires, Pokrychkin terminera la guerre comme commandant de la 9e division de chasse. (ECPA)

2. *Jagdgeschwader 51 « Mölders »* — G. Aders & W. Held — Motorburch, Stuttgart, 1985.

Vitali Popkov devant son La-7 décoré de 33 victoires. Deux fois « Héros de l'Union soviétique », Popkov ajoutera encore 8 victoires avant de terminer la guerre comme commandant d'une escadrille de la Garde. (ECPA)
▼

Le Lavochkin La-7, qui apparaît fin 1943, conserve la formule chère aux ingénieurs soviétiques, consistant en une structure en bois et un revêtement en toile et contre-plaqué. Robuste, facile de maintenance, mais aussi maniable et puissant, le La-7 révèle toutefois le fossé technologique qui sépare l'Est de l'Ouest. (ECPA)

Le Yakovlev Yak-9 de l'aspirant Roland de La Poype en 1944. Ce pilote quittera le régiment *Normandie-Niémen* à la fin de l'année, avec un palmarès de 16 victoires (ou 9,53 selon les critères américains). (Collection SHAA)

3. *Normandie-Niémen* — C-J. Ehrengardt — Heimdal, Bayeux, 1989.

Le Yak-9 du lieutenant Yves Mourier à Alitous, en juillet 1944. Mourier arrivera en URSS après une spectaculaire évasion de Turquie. (Collection SHAA)

dose homéopathique. Les mécaniciens français ont été remplacés par des mécaniciens soviétiques, dont les pilotes français n'auront qu'à se louer du dévouement et de l'efficacité.

Le 26 juin, *Normandie* renoue avec la victoire, pour la première fois depuis le 15 octobre 1943. Le 15 juillet, alors que le régiment plie ses bagages pour gagner Mikountani, petit terrain plus proche du front, un triste épisode va encore resserrer les liens entre les pilotes français et leurs mécaniciens russes. Le lieutenant Maurice de Seynes, intoxiqué par des vapeurs d'essence qui ont envahi l'habitacle, tente d'atterrir. À côté du commandant Pierre Delfino, le capitaine Pierre Matras fait partie des témoins impuissants du drame qui se noue[3] :

« Il lutta jusqu'au bout et par trois fois tenta l'atterrissage malgré l'ordre de Delfino qui lui parlait à la radio et l'adjurait d'évacuer en parachute, ce qui lui eut été facile. Nous avions compris : comme nous tous, il avait emmené avec lui, coincé dans un petit intervalle entre la plaque de blindage et l'arrière de l'appareil, son mécanicien russe. Après un demi-tonneau, il percuta le sol et explosa instantanément. Sur la carcasse de l'appareil, le numéro de l'avion de Seynes était encore visible… Son fidèle mécanicien, Bielozub, n'ayant pas de parachute, de Seynes avait estimé qu'il n'avait pas le droit de l'abandonner. »

Lorsque l'offensive marque le pas, le 12 août, *Normandie* a accompli 1 015 sorties et remporté 12 victoires, mais il a perdu 6 pilotes. Le régiment reçoit ses premiers Yak-3 le 20 août.

LES « PUMAS » HONGROIS

Envahies par les troupes soviétiques, la Roumanie et la Bulgarie sont contraintes de retourner leurs armes contre leurs anciens alliés, tout comme la Finlande. Le seul pays qui restera fidèle à son alliance avec l'Allemagne sera la Hongrie (en fait un gouvernement fantoche sera mis en place par les Soviétiques en janvier 1945, mais la plupart des forces armées hongroises poursuivront la lutte aux côtés des Allemands jusqu'à la fin). Plusieurs unités de l'armée de l'air hongroise participent aux combats contre les Soviétiques, parmi lesquelles le 101 *Vadasz Ezred* (régiment de chasse), surnommé le « Groupe Pumas », composé de six escadrilles sur Bf 109G-6, dont la plupart sont basées en Hongrie pour faire face à la menace de la 15th *Air Force* américaine.

Le 7 juillet, le 101/I *Vadasz Osztaly* (groupe de chasse) est basé à Veszprem, sur les bords du lac Balaton. Commandé par le lieutenant-colonel Heppes, il se compose de trois escadrilles. Vers 11 heures, 10 Bf 109G décollent pour intercepter un raid de B-17 et de B-24 escortés par des P-51 et des P-38 du 82nd *Fighter Group*. Au sud de Gyor, les 109 découvrent un nombre identique de Lightning appartenant au 96th *Fighter Squadron*. Les Hongrois piquent sur les Américains qui forment aussitôt un cercle défensif. Arrivant à haute altitude, des P-38 du 95th *FS* interviennent. Le *Lieutenant* Walter J. Caroll (commandant le 96th *FS*), se place dans la queue de Heppes, mais son ailier, le caporal-chef Karoly Faludi, le touche et Caroll doit dégager. À son tour encadré par des traçantes, Faludi part en piqué sur sa droite.

Les ailes de la victoire — 187

Le lieutenant Maurice de Seynes devant le Yak-9 dans lequel il trouvera une mort héroïque le 15 juillet 1944. Son mécano, tassé dans le compartiment à bagages, à l'arrière du fuselage, était pris au piège. Le sacrifice du pilote français connaîtra un grand retentissement dans la force aérienne soviétique. (Collection SHAA)

Reprenant de la hauteur, Faludi aperçoit un P-38 isolé, poursuivi par trois Bf 109. Avec l'avantage de l'altitude, il distance ses camarades et rattrape le bimoteur. À moins de 50 mètres, il ouvre le feu sans avoir été aperçu et enflamme son moteur gauche. Le P-38 bascule et son pilote, le *Lieutenant* Charles C. Walker, saute en parachute. Le *Lieutenant* Belton, du 95th *FS*, donne sa version des faits[4] :

« Alors que je menais l'escadrille au retour, au nord du Danube, des chasseurs ennemis ont été repérés au-dessus des formations de bombardiers ; ils ont été attaqués par des P-51. Quelques-uns furent chassés à notre hauteur et la dernière section, dans laquelle le Lt. Walker opérait en n° 2, poursuivit un Me 109 jusqu'au ras du sol. Quelques minutes plus tard, je les ai entendus demander de l'aide et j'ai fait demi-tour pour leur porter secours. Avant de les avoir rejoints, j'ai entendu le Lt. Walker qui disait qu'il volait sur un moteur et qu'il avait sérieusement besoin d'aide. Nous n'avons pas pu le localiser et on ne sait pas ce qu'il est devenu. »

En tout, six B-24, deux B-17 et trois P-38 sont revendiqués par les Hongrois ; notamment Heppes et le sous-lieutenant Lajos Toth obtiennent l'homologation d'un P-38 chacun et le capitaine Gyorgy Debrody, commandant la 101/3, celle d'un B-17 (sa 22e victoire ; il en ajoutera quatre autres avant la fin des hostilités). Un seul Bf 109G est abattu, celui de Toth, qui saute en parachute (il sera crédité de 21 victoires confirmées).

Fin août 1944, le palmarès du 101 *Vadasz Ezred* fait état de 88 victoires confirmées, mais il n'en obtiendra que 13 autres avant la fin de la guerre, étant confiné aux missions d'appui tactique à partir de janvier 1945. Le régiment, placé sous les ordres de la 8. *Fliegerdivision*, se retrouve à Linz en mai 1945 où les derniers Bf 109G sont incendiés avant l'arrivée des troupes américaines.

UN ADVERSAIRE DE TAILLE

Après avoir offert aux Allemands un répit qu'ils ont mis à profit en renforçant leurs défenses en Prusse Orientale, les Soviétiques reprennent l'offensive le 16 octobre. Le régiment Normandie, toujours rattaché à la 303e division de chasse et basé à Antonovo, est envoyé en chasse libre. Dès 11h30 les premières victoires sont enregistrées ; *Normandie* en homologue 29 ce jour-là entre Stallupönen et Goldap, sans perte.

Titulaire de la fameuse *Ritterkreuz* depuis août 1943, l'*Oberleutnant* Rudolf Trenkel, *Kapitän* de la 2./JG 52, a fait mouvement avec son escadrille la veille de Varsovie à Trakehnen. Trenkel a remporté sa 100e victoire le 14 juillet 1944 (il terminera la guerre au grade de *Hauptmann* avec 138 victoires à son palmarès). Le 16 octobre, il décolle sur alerte en compagnie du *Fähnrich* Walter Windisch et du *Leutnant* August Rieckhoff. Ils font la connaissance des Français[1] :

4. *Fighter pilots in aerial combat,* n° 14 — Blake Publishing, Mission Viejo, 1984.

Le « 4 » de l'aspirant Robert Marchi, l'as de la voltige du régiment. Mais, comme le prouvent les 12 croix allemandes derrière l'habitacle, il n'excelle pas uniquement dans les acrobaties aériennes ! L'armée de l'Air le crédite de 14 victoires (9,20 selon la méthode américaine). (Collection SHAA)

« Je vois alors des Il-2 et je découvre au-dessus d'eux un important groupe de B2 — des bombardiers avec une escorte de chasse à 3 000 m. Cap à l'ouest ! À la radio, je crie : « August, reste avec les Il-2, je monte avec Windisch ! » Plein pot, je grimpe droit sur la formation des bombardiers et je tire aussitôt à droite et à gauche. Un B2 tombe tout de suite en feu. Au même moment, je suis tiré par un Yak (pas un Yak-3 !) qui m'arrive par dessus. Je dois immédiatement dégager en piqué, car je n'ai pas assez de vitesse. En piqué, j'aperçois encore la ville d'Ebenrode à la verticale de mon avion. Je jette un regard en arrière, en direction de Windisch, mais je suis à nouveau violemment tiré.

« Pendant mon piqué, je vois plusieurs parachutes russes et un allemand. Le Russe qui me suit doit être derrière ou en dessous de mon appareil — je n'ai pas encore réussi à apercevoir le Yak une seule fois ! Alors, je veux redresser brusquement vers la gauche. Au même instant, de terribles bruits retentissent à droite et à gauche — les deux radiateurs sont percés ! Je devine que j'ai affaire à un adversaire de taille. Je pique le nez du Me 109 en avant, coupe l'allumage et avec mes deux étendards flamboyants (les radiateurs), je me rapproche du sol. Je fais semblant d'être abattu, mais je me prépare intérieurement à un atterrissage forcé et j'espère être déjà à quelques kilomètres à l'intérieur de mes lignes.

« Cependant, je n'ai pas confiance en mon « Kamarade » et j'entrouvre déjà ma verrière avant de me poser entre une meule de foin et une haie. Je glisse sur un pré, me détache et d'un bond me retrouve hors de l'avion. Je cours dans un trou et plonge le visage dans de l'eau. Au même instant, mon Russe tire sur ma machine et sur moi. […] De là, je marche jusqu'à Trakehnen où j'arrive à midi. […] Windisch a été touché en combat par le premier Russe, puis a surgi un autre Russe qui a abattu Windisch d'abord et moi ensuite. Nous avons perdu, ce matin-là, cinq ou six avions. Le colonel Graf et mes hommes nous avaient déjà rayés de la liste ! »

Trenkel est selon toute vraisemblance tombé victime de l'aspirant Maurice Challe (le frère de René) qui a revendiqué, à 11h30 dans les environs de Wirbalis, un 109 qui menaçait un Boston russe du 3e régiment de bombardement. Challe pilotait l'un des quatre derniers Yak 9 du régiment lors de cette mission.

PAR ORDRE DE STALINE, *NORMANDIE* DEVIENT *NORMANDIE-NIÉMEN*

Au sol, les Allemands qui, pour la première fois de la guerre, se battent sur leur sol, opposent une vive résistance. Stallupönen est conquise et perdue plusieurs fois en quelques jours. L'effectif de *Normandie* tombe à 32 Yak-3 et quatre Yak-9. Le 25 octobre, l'Armée Rouge qui campe devant Goldap et Schloßberg. Elle n'ira pas plus loin. Depuis le 16 octobre, les Français n'ont pas revendiqué moins de 95 victoires ! Le 27 novembre, le régiment fait mouvement sur Gross-Kalweitchen, au bord du lac Wysztyter, et est ainsi la première unité française à stationner sur le sol allemand.

Le lendemain, un télégramme informe le commandant Delfino, qui vient de succéder au lieutenant-colonel Pouyade, que les aspirants Marcel Albert et Roland de La Poype sont élevés à la dignité de « Héros de l'Union soviétique ». Un autre lui apprend que par ordre de Staline, l'unité reçoit le titre de « Régiment du Niémen », ce qui lui confère le droit d'accoler au nom de *Normandie* celui de *Niémen*[5] :

« Dans la bataille pour le passage du Niémen et la rupture des défenses allemandes, se sont distingués […] les pilotes du colonel Pouyade… Pour célébrer la victoire, les unités qui se sont le plus distinguées seront proposées pour des décorations et porteront le nom de *Niémen*. Signé Maréchal Staline. »

Au terme de l'année 1944 qui voit s'achever sa deuxième campagne, *Normandie-Niémen* a atteint le total de 201 victoires. Par suite d'une forte usure du matériel, la 4e escadrille a dû être dissoute en date du 16 décembre. L'effectif s'élève à 34 pilotes opérationnels.

▲ Roland de La Poype volera sur une collection de Yak-9 et Yak-3 portant le numéro « 24 ». Sur cet appareil, photographié à Alitous, en juillet 1944, ce numéro et l'éclair du fuselage semblent peints en jaune. (Collection SHAA)

5. Plusieurs noms de province avaient été avancés lors de la création du régiment. Le choix fut finalement heureux, car il est incontestable que *Bretagne-Niémen* n'aurait pas aussi bien sonné. Et que dire de *Flandres Françaises*, également proposé ? C'eût été carrément imprononçable.

Le lieutenant Marcel Albert est l'un des rares survivants du premier contingent de *Normandie*. Il en est aussi le plus grand as, avec un total de 21 victoires (12,06 selon les critères américains, ce qui le classerait second derrière Jacques André et ses 12,67 victoires). (Collection SHAA) ▼

Les ailes de la victoire — 189

LA *LUFTWAFFE* À UN CONTRE QUATRE

Pour répondre aux souhaits des Occidentaux, Staline accepte d'avancer la date de son offensive d'hiver, qui doit permettre, outre de débloquer la situation en Prusse Orientale, de soulager les forces alliées vivement contre-attaquées dans les Ardennes. En fait, le front en Prusse Orientale a peu progressé depuis fin août 1944. Le 12 janvier 1945, le 1er front de Biélorussie et le 1er front d'Ukraine passent à l'attaque en direction de Varsovie et de Breslau. Le lendemain, de Memel à Baranov, les deux autres fronts de Biélorussie et les deux autres d'Ukraine — forts de 3,5 millions d'hommes — obtiennent en quelques jours des succès considérables face aux 1 800 000 soldats allemands. L'effort principal se situe au milieu du *Heeresgruppe Mitte*, en direction d'Elbing (Elblag), de manière à couper les forces allemandes en deux.

Trois flottes aériennes allemandes vont subir de plein fouet l'offensive d'hiver : la *Luftflotte* 6, couvrant la Prusse Orientale et les Carpates avec 1060 avions, la *Luftflotte* 4, dont les 570 avions défendent la Hongrie et le nord de la Yougoslavie et la *Luftflotte* 1, enkystée en Courlande et dans le golfe de Riga, avec 245 appareils.

Face aux 1875 appareils frappés de la croix gammée s'en dressent plus de 7700 arborant l'étoile rouge, dont, parmi ces derniers, les 35 Yak-3 de *Normandie-Niémen* basés près d'un petit village de Prusse Orientale au nom imprononçable, au bord d'un lac dont le nom l'est à peine moins.

STALINE OFFRE LEURS YAK-3 AUX FRANÇAIS

Après la chute d'Insterburg, commencent de terribles combats autour de Königsberg. *Normandie-Niémen* voyage sur les champs de bataille de l'Empire, Friedland, bourbier impraticable et Eylau où les Yak sont cloués au sol par la neige. Entre ces deux étapes, l'aspirant Georges Henry revendique la 273e et dernière victoire de *Normandie-Niémen*, le 12 avril. Il en sera, hélas, le 42e et dernier tué.

Le 25 avril, le dernier îlot de résistance en Prusse Orientale, Pillau, est submergé et ce qui reste de la division SS *Grossdeutschland* — 800 hommes — est évacué sur le Schleswig-Holstein. La guerre est terminée pour *Normandie-Niémen*. Le 20 juin 1945, le régiment effectue une arrivée triomphale au Bourget où les pilotes sont accueillis par une foule en délire.

◀ Les Yak-3 de retour au Bourget, le 20 juin 1945. Une foule immense accueille les pilotes qui, pour la circonstance, ont fait peindre la croix de Lorraine sur la dérive de leurs appareils. Pour respecter la tradition russe qui veut que les vainqueurs rentrent avec leurs armes, Staline a fait cadeau des Yak à *Normandie-Niémen* ; un geste symbolique, car très vite ces appareils perdront toute valeur militaire. (Collection SHAA)

Les pays de l'Axe sont responsables de la défense aérienne de leur territoire, mais ils fournissent également des contingents que la *Luftwaffe* engagé à ses côtés sur le front Est. Les plus importants proviennent de Roumanie, de Bulgarie, de Croatie et de Hongrie, mais aussi d'Italie et d'Espagne. De même, il existe quelques unités éparses formées avec des volontaires estoniens, slovaques et même russes. La plupart du temps, la *Luftwaffe* pourvoit elle-même à leur équipement. Elle n'accorde qu'une valeur théorique à ces unités au combat, car, non sans raison, elle juge les pilotes « alliés » généralement peu motivés et moins bien instruits militairement que les siens.

◀ — Un IAR 80 roumain du groupe Borcescu, arborant l'insigne du trèfle et baptisé « Felicia ». Avec l'apparition de chasseurs soviétiques de plus en plus nombreux et de plus en plus performants, les IAR 80 sont rapatriés en Roumanie et remplacés par des Bf 109G. (ECPA)

▶ — Les Espagnols fournissent quatre contingents rattachés à la JG 51 en tant que 15. (span.)/JG 51. Le troisième contingent obtient 64 victoires pour la perte de 6 pilotes entre le 1er décembre 1942 et le 30 juin 1943. On voit ici l'appareil du *Commandante* Noriega à Orel-sud, en juin 1943. (ECPA)

▶ — Les Hongrois se battront jusqu'à la cessation des hostilités aux côtés des Allemands. Ceux-ci leur fourniront toujours le meilleur matériel et engageront leurs quatre escadrilles (chasse, bombardement, observation et liaisons) d'une manière plus autonome. En avril 1944, l'escadrille de chasse sur le front Est compte 8 Bf 109G-2, G-4 et G-6. (ECPA)

▶ — Un Ju 88A-4 du groupe de bombardement 102/2 hongrois. En avril 1944, ce groupe ne compte que 5 appareils en première ligne, rattachés à la *Luftflotte* 4. (ECPA)

▶ — Un Letov-328 slovaque utilisé pour l'entraînement, l'observation et le harcèlement des partisans sur le front Est. Les Bulgares utiliseront cet appareil pour des patrouilles armées en mer Noire. Trois de ces vénérables biplans prendront part au soulèvement national slovaque contre l'Allemagne en août 1944. (ECPA)

Son activité peut se résumer en quelques termes statistiques : 5 240 sorties, totalisant 4 354 heures de vol de guerre, 272 1/2 victoires confirmées, 156 véhicules et 22 locomotives détruits, mais aussi 42 tués ou disparus, 4 prisonniers et 9 blessés graves. Aucune unité de chasse française ne peut invoquer un palmarès aussi prestigieux.
Les Yak-3, avec lesquels les pilotes ont atterri au Bourget, leur sont offerts par Staline, selon la tradition russe qui veut que le vainqueur regagne ses foyers avec ses armes. Faute de pièces détachées, ils seront réformés deux ans plus tard.

45 000 VICTOIRES SUR LE FRONT EST

Le 8 mai 1945, alors que le groupe qu'il commande, le I./JG 52, est stationné en Tchécoslovaquie dans la région de Plsen, le *Major* Erich Hartmann abat un Yak 11 au-dessus de Brno. C'est la 352e et dernière victoire du plus grand as de tous les temps. Quatre jours plus tard, fidèles aux accords passés entre les Alliés, les Américains livrent l'intégralité des survivants de la JG 52 aux Soviétiques. Considéré comme criminel de guerre, condamné aux travaux forcés pour « avoir contribué au sabotage de l'économie nationale soviétique », Hartmann ne sera libéré qu'en 1955.
Une parenthèse à propos des condamnations dont seront victimes nombre de pilotes allemands mérite d'être ouverte ici pour rapporter une anecdote souriante. Le 30 août 1944, le *Leutnant* Johann Pichler de la 7./JG 77 est fait prisonnier par les Russes sur son lit d'hôpital. Lorsqu'il passe en jugement, le commissaire politique lui demande combien d'avions il a abattu. « 75 » répond Pichler, qui s'empresse d'ajouter que dans ce total il faut inclure 30 avions anglais et américains, dont 16 quadrimoteurs américains. Le visage du commissaire s'éclaire aussitôt. Il se lève, lui tape sur l'épaule et lui dit : « C'est très bien d'avoir abattu autant d'avions capitalistes ! »
Et Pichler d'échapper aux travaux forcés...
C'est sans grande surprise que figurent en tête du palmarès général de la *Luftwaffe* les trois principales escadres ayant combattu pratiquement sans interruption depuis juin 1941 sur le front Est : JG 52 (11 000 victoires), JG 54 (9 500) et JG 51 (9 000). Sur les 69 000 victoires revendiquées par l'aviation allemande entre 1939 et 1945, quelque 45 000 sont créditées aux seuls pilotes de chasse du front Est. À ce nombre qui semble défier l'imagination, on peut mettre en regard le nombre d'avions soviétiques détruits entre 1941 et 1945 : 44 000 de source soviétique, 77 000 de source allemande et près de 90 000 selon certaines estimations d'experts occidentaux.

* * *

Avant de refermer ce chapitre, revenons en arrière, en juin 1944. Depuis deux ans, les Allemands ont pris l'habitude de subir une vaste offensive d'été et celle de 1944 les surprend sans doute encore moins que les précédentes. Au cours des offensives précédentes, l'Armée Rouge obtient des gains de terrain, importants, certes, mais certainement pas décisifs. Pourtant, celle de juin 1944 a littéralement culbuté le *Heeresgruppe Mitte* qui s'écroule d'une manière tout à fait surprenante. Cette fois, la percée est telle que les troupes soviétiques ne s'arrêteront que sur l'Elbe. Que s'est-il donc passé ? Quels éléments nouveaux ont pu entraîner une telle débâcle ? À ces questions, l'historien Paul Carell apporte quelques éléments de réponse fort intéressants :
« Poser ces questions revient à rechercher les facteurs qui se cachent derrière la victoire soviétique. Fut-ce leur écrasante supériorité numérique ? Pourtant, le front allemand à l'Est avait fréquemment fait face à un ennemi numériquement

▲ L'un des plus grands as finlandais, le *Major* Eino Luukkanen décolle à bord de son Bf 109G-2 (MT-201) de la 2./LeLv 34 à Utti en mai 1943. Avec 56 victoires, dont 39 remportées sur Bf 109, Luukkanen termine à la troisième place du palmarès individuel de l'Ilmavoimat. Cet appareil fait partie du premier lot de 16 appareils touchés par l'aviation finnoise en mars 1943. (ECPA)

▲ Ayant récupéré un certain nombre d'avions italiens après l'armistice de septembre 1943, la *Luftwaffe* s'empresse de les remettre en service. Les 2./NSGr.7 et 2./NSGr.9 (*Nachtschlachtgruppe*), qui sont des unités de nuisance nocturne, totalisent une trentaine de Fiat CR.42 à elles deux.
(Collection Dr. G.F. Ghergo)

▲ Le plus grand as de tous les temps : le *Leutnant* Erich Hartmann, alias « Bubi », photographié devant son Bf 109G de la 9./JG 52, le 2 octobre 1943 à Nowo-Zaporojie. Il en est alors à 121 victoires. Dans trois semaines, il recevra la *Ritterkreuz*. Il remportera sa 352e et dernière victoire le 8 mai 1945.
(Collection Tallandier)

▲ Le *Fahnenjunker-Oberfeldwebel* Johann Pichler (à droite) devant un Bf 109F-4/R1 de la 7./JG 77 dans les environs de Leningrad, en septembre 1942. Heureusement pour lui, il combattra également les quadrimoteurs américains au-dessus de l'Italie, car, fait prisonnier par les Soviétiques dans un hôpital de campagne le 30 août 1944, il devra rendre des comptes à ses vainqueurs. (Collection H. Obert)

supérieur. Fut-ce la puissance de feu de l'artillerie soviétique? Mais, ce n'était pas une nouveauté et en aucun cas la raison essentielle de la catastrophe. Les divisions allemandes avaient fait face à ce genre de concentration d'artillerie bien des fois auparavant. Le facteur décisif fut quelque chose d'entièrement différent — en dehors de la vaste supériorité numérique et de l'équipement d'une qualité étonnante de l'Armée Rouge, ce fut par-dessus tout l'apparition d'une aviation soviétique dominante qui fit pencher le plateau de la balance d'une manière décisive. La supériorité aérienne des Soviétiques fut sans doute la plus mauvaise surprise pour les troupes allemandes à l'Est, et aussi la plus décisive. Les longues années de domination allemande au-dessus du champ de bataille étaient désormais révolues. Les forces aériennes alliées avaient nettoyé le ciel pour le compte des Russes. Tout était à mettre au crédit des forces aériennes alliées à l'Ouest ! Au terme des quarante-huit premières heures du débarquement en France, il était devenu évident que la

▲
Le cas des Finlandais est à part. Bien que sous le contrôle global de la *Luftwaffe*, l'Ilmavoimat opère d'une manière totalement autonome. Tout au long de la guerre, elle engage une collection hétérogène d'appareils, dont certains sont déjà de conception très ancienne. Témoin ce Brewster B-239 BW-357 (piloté ici par le *Lieutenant* J. Sarvanto de la 2./LeLv 24 à l'été 1941, qui remportera 4 victoires à son bord), livré en mars 1940 et qui sera abattu par la *Flak* allemande en octobre 1944. (Pääesikunnan)

décision à l'Ouest dépendait de la manière dont la suprématie aérienne d'Eisenhower pouvait être contestée. Cette suprématie aérienne paralysa toute tentative de contre-attaque de la part des forces blindées allemandes, elle écrasa les divisions mécanisées alors qu'elles faisaient mouvement vers les côtes, elle brisa le Mur de l'Atlantique et anéantit la Forteresse Europe de Hitler par le haut. Hermann Göring n'avait pas prévu cette éventualité. De ce fait, au cours des premiers jours du mois de juin 1944, Hitler n'eut d'autre choix que de dénuder le front Est et de transférer toutes les *Geschwadern* de la *Luftwaffe* à l'ouest.

« La situation du front Est le 22 juin se caractérisait par le fait que la Sixième Flotte aérienne ne disposait que de quelque quarante chasseurs lorsque l'offensive soviétique débuta. Quarante chasseurs contre cinq armées soviétiques avec sept mille avions opérationnels. Bien sûr, la *Luftwaffe* se dépêcha d'expédier tous les appareils disponibles à l'est, sur les points les plus menacés du front, mais ce ne fut qu'une goutte d'eau dans l'océan. Le désastre dans le ciel était total. À l'ouest, les *Geschwadern* allemandes étaient en nombre insuffisant pour contester la suprématie aérienne d'Eisenhower, et à l'Est, les troupes allemandes de trouvèrent au moment décisif sans toit, sans aucune protection contre une arme d'une importance vitale dans une guerre moderne. Ainsi, les Soviétiques obtinrent la supériorité aérienne et ceci s'avéra le principal facteur de la défaite catastrophique du groupe d'armées Centre. »

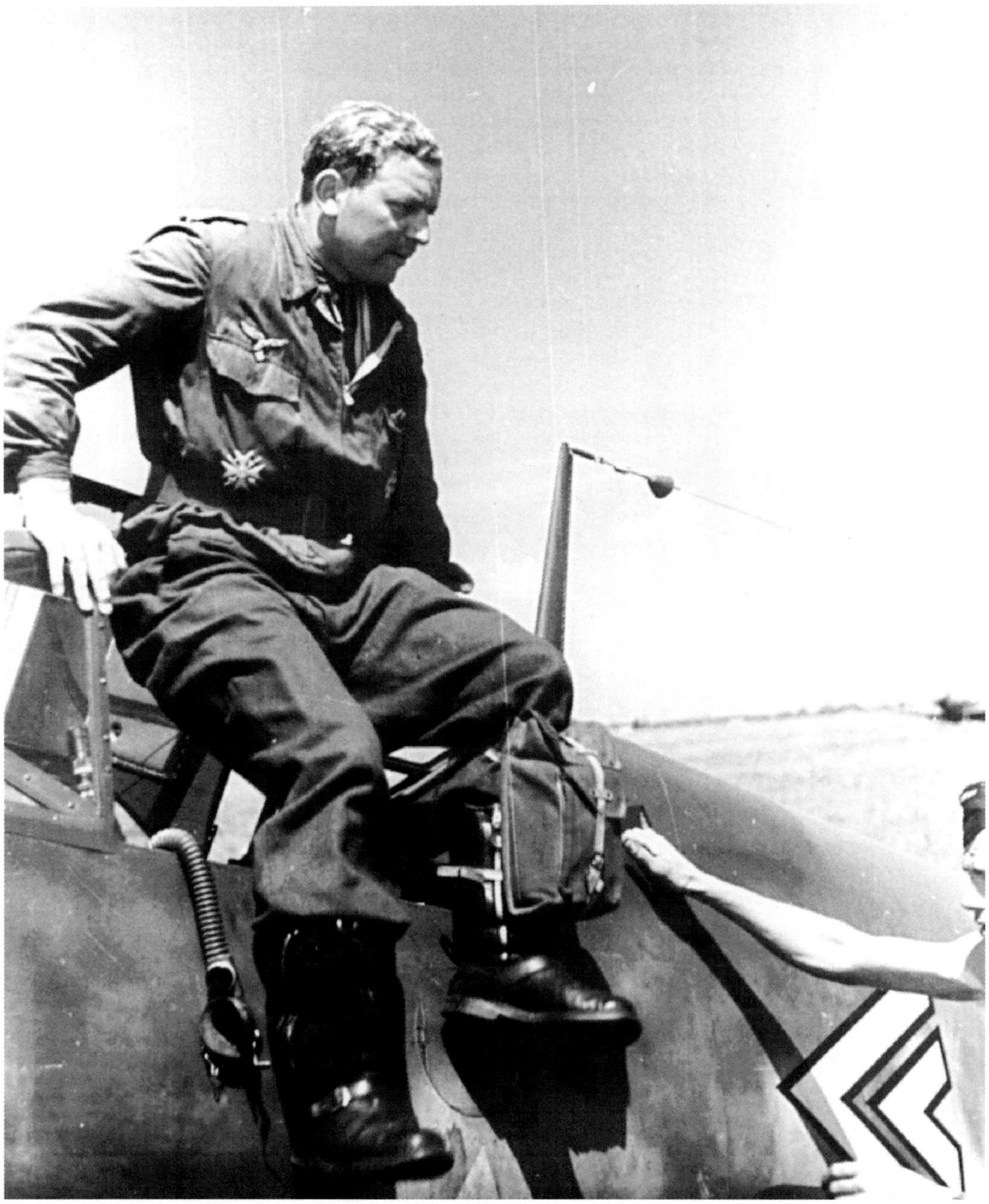

XVII
LES SIGNES DE FEU
La bataille d'Allemagne

En janvier 1944, la situation des armées du Reich est grave mais pas encore désespérée. La *Lufwaffe* se trouve dans la peau d'un homme qui cherche à se protéger avec une couverture trop petite : quand il a chaud aux pieds, il a froid à la tête et inversement. Les forces aériennes allemandes, qui sont déjà bien occupées à l'Est, doivent faire face à la menace des bombardiers américains le jour et à celle des bombardiers anglais la nuit, sans pour autant négliger le front italien. Toutefois, par un système de chaises musicales très perfectionné, la *Luftwaffe* tient bon. Malgré le cuisant échec des Britanniques dans la bataille de Berlin, malgré les lourdes pertes infligées aux bombardiers américains, de nombreux signes indiquent clairement que cela ne durera pas longtemps.

LES BOTTES DE SEPT LIEUES

EN JANVIER 1944, sur les 1561 avions de chasse dont dispose la *Luftwaffe*, pas moins de 68 % font face à la menace venue de l'Ouest. Car, si les pensées du Führer sont accaparées par les combats terrestres du front Est, les principaux responsables de la *Luftwaffe* accordent désormais la plus haute priorité à la défense du Reich.

Si les Américains, après leurs terribles déconvenues au-dessus de Schweinfurt en août et en octobre, ont ralenti le rythme de leurs opérations fin 1943, en février 1944 ils se lancent dans une série de raids massifs destinés à écraser l'industrie aéronautique allemande sous les bombes. Ce sera la *Big Week*, ou opération « Argument ». Et, en effet, la *Luftwaffe* va trouver à qui parler.

Le 1ᵉʳ janvier 1944, le légendaire *Major* Donald J.M. Blakeslee prend le commandement du 4th *Fighter Group* de la 8th *Air Force*. Aussitôt, il demande au *Major General* W. Kepner, commandant la chasse de la 8th *AF*, que son groupe soit transformé sur P-51 Mustang. Il lui affirme que son groupe sera opérationnel vingt-quatre heures après avoir reçu le nouvel appareil, alors qu'il faut normalement deux cents heures d'instruction ! Impressionné par cet aplomb, mais connaissant aussi les capacités de Blakeslee, Kepner marque son accord et le 4th *Fighter Group* touche une première livraison de P-51B le 24 février. Quatre jours plus tard, les Mustang de Blakeslee accompagnent les B-17 jusqu'à Brunswick. Göring qui, à l'été 1943, n'avait jamais voulu admettre que des chasseurs américains étaient parvenus jusqu'à Aix-la-Chapelle, est bien obligé de regarder la vérité en face : les avions de chasse américains ont chaussé leurs bottes de sept lieues.

La « grande semaine » débute le 20 février par un raid multiple sur les usines de construction aéronautique dans le secteur de Brunswick et Leipzig.

◀ Walter Oesau, alors *Kommandeur* du III./JG 3 sur le front Est. (ECPA)

Le *Lieutenant* William T. Whisner du 487th ▶ *Fighter Squadron* (352nd *Fighter Group*) à bord de son P-47D-2-RE, début 1944. Whisner remportera 16 victoires confirmées en 134 missions.
(Collection C.-J. Ehrengardt)

Les ailes de la victoire — 195

Timide au début, la réaction de la *Luftwaffe* se durcit de jour en jour. Le 22 février, le *Leutnant* Adolf Glunz du II./JG 26 se distingue particulièrement en abattant quatre B-17 et un P-47 en deux sorties. Les deux dernières grandes missions se déroulent les 24 et 25 février. La chasse allemande concentre ses efforts contre les bombardiers, 124 sont abattus (dont une partie par la *flak*), portant le total des pertes à 229 quadrimoteurs et 28 chasseurs des deux flottes aériennes (8th et 9th *Air Forces*) au cours de l'opération « Argument ».

L'EFFET INDUIT DES RAIDS AMÉRICAINS

Si l'aviation américaine semble supporter avec plus ou moins de facilité un taux d'attrition proche de 20 % des effectifs engagés, la *Luftwaffe* commence à se faire du souci. En février la *Luftflotte Reich* raie de ses listes plus d'un tiers de ses chasseurs et 18 % de ses pilotes de chasse[1]. Les bimoteurs lourds Messerschmitt Bf 110 lancés dans la grande aventure de la chasse diurne subissent des dégâts considérables : les I. et III./ZG 26 perdent chacun 23 appareils dans le mois, dont onze sur treize engagés le 20.

Sur le plan purement stratégique, la *Big Week* peut être considérée comme un échec. Loin de paralyser l'industrie aéronautique allemande, ces raids lui donnent une nouvelle impulsion. Le 1er mars, Otto Saur, chef du parti nazi, prend la tête d'une nouvelle organisation, le *Jägerstab* (état-major de la chasse), chargé de la réorganisation de la production des avions de chasse. Alors que 1 006 Bf 109G ont été pris en compte en avril 1944, la refonte du système permet la livraison de 1 348 Bf 109G en juillet et 1 605 en septembre[2]. Cependant, la production doit être éclatée sur de nombreux petits sites qui rendent l'industrie aéronautique allemande moins vulnérable aux raids alliés, mais beaucoup plus dépendante des voies de communication et des moyens de transport. C'est de cette trop grande dépendance que viendra la désorganisation de la production à la suite de la priorité accordée par les bombardements stratégiques à la rupture du système de communication allemand.

Toutefois, par son effet induit — la confrontation directe entre la *Luftwaffe* et la chasse alliée — la *Big Week* plonge l'aviation allemande dans une guerre d'usure qu'elle n'a pas les moyens de soutenir. Malgré une augmentation de près de 60 % en cinq mois, la production d'avions neufs ne couvre plus les pertes en combat.

LA CHASSE ALLEMANDE SAIGNÉE À BLANC

Car, loin d'en constituer l'apogée, la *Big Week* n'est que le point de départ d'une vaste campagne de bombardements diurnes. Le 4 mars, les quadrimoteurs prennent la direction de Berlin. Ils sont accompagnés par des P-38 du 55th *Fighter Group* qui en assurent l'escorte de bout en bout. Pire, au cours de certains raids, les chasseurs américains ont l'audace de mitrailler les aérodromes de la *Luftwaffe*. Les pertes allemandes atteignent des sommets ; pour ne prendre qu'un exemple, entre le 15 et le 17 mars, sur un effectif de 25 pilotes, le II./JG 3 perd cinq tués et six blessés.

▲ Le P-51B-15-NA dans lequel le *Lieutenant* (*jg*) Hubert Blanchfield du 334th *Fighter Squadron* (4th *Fighter Group*) sera abattu et fait prisonnier le 9 mai 1944. Avec deux réservoirs supplémentaires de 570 litres sous les ailes, ce modèle possède une distance franchissable de 3 500 km à la vitesse de croisière de 395 km/h à l'altitude de 3 000 mètres. Le 28 février 1944, ce *Squadron* participe à la première mission d'escorte du groupe au-dessus de Brunswick. (Collection C.-J. Ehrengardt)

1. W. Murray, *op. cit.*
2. *The Warplanes of the Third Reich* — W. Green — Doubleday & Cy, New York, 1972.

◄ Un Messerschmitt Bf 110G-4a/R1 du III./NJG 1. Ce modèle est équipé du radar Telefunken FuG 220 Lichtenstein SN-2, insensible au brouillage des « Windows ». Il dispose également de pare-flammes sur les collecteurs d'échappement pour rendre son approche plus discrète. Contrairement à la RAF, qui restera fidèle jusqu'au bout au noir mat, la *Luftwaffe* a développé un camouflage aux teintes dominantes claires. (Bundesarchiv-Coblence)

Hurry Home Honey, un surnom qui traduit sans doute le désir le plus cher du *Major* Richard A. Peterson, un as du 364th *Fighter Squadron* (357th *Fighter Group*), de revoir son Minnesota natal. En attendant, son P-51D (code C5T, serial 44-13586) stationne dans la neige qui recouvre le terrain de Leiston. Peterson remportera 15 victoires, ce qui ne le place qu'en cinquième position dans son groupe.
(Collection C.-J. Ehrengardt)

3. J.V. Mizrahi, *op. cit.*

L'*Oberleutnant* Heinz Knoke commande la 5./JG 11, basée à Wunstorf (escadrille qui fait partie du II./JG 11 commandé par le *Major* G. Specht). Le 8 mars 1944 est pour lui un jour comme un autre[3] :

« Le groupe fond à vue d'œil. Des vétérans, il ne reste que Wennecker et Johnny Fest. Il y a quinze jours, nous étions encore quarante. Aujourd'hui, nous ne sommes plus que huit. Et sur ce petit nombre, deux ou trois sont des gamins qui manquent totalement d'expérience. Aujourd'hui, j'ai eu un appareil gravement endommagé. J'ai dû me poser sur le ventre, poursuivi, le long de la piste, par l'ambulance et les pompiers. Par miracle, je n'en ai pas eu besoin.

« Je repars aussitôt sur un zinc prêté par la 4e escadrille. Comme nous essayons, au-dessus de la lande de Lunebourg, d'intercepter une formation de *Liberator*, une quarantaine de *Thunderbolt* sort d'un nuage et dévale sur nous. Pris en ciseaux, nous allons succomber sous le nombre. C'est un sauve-qui-peut général. Les Américains, déchaînés, se lancent à la curée avec des cris de Peaux-Rouges. Specht et moi arrivons de justesse à nous échapper, après une poursuite effrénée au ras des bruyères. Je sais déjà que mes deux chefs de section ont été descendus. Puis, quelques minutes après mon atterrissage, j'apprends que Wennecker, grièvement blessé, se trouve à l'hôpital de Diepholz. Le soir, Specht téléphone à la division pour demander le retrait provisoire du groupe. Un groupe squelettique, dont les pilotes sont à bout de forces. En haut lieu, on repousse cette demande avec indignation. Le groupe se battra jusqu'au dernier appareil. »

Il n'y a pas que les jeunes « bleus » qui tombent. Déjà clairsemés lors des grandes offensives aériennes de 1943, les rangs des pilotes les plus chevronnés subissent une nouvelle coupe sombre au printemps 1944. Ainsi disparaissent, notamment, le 2 mars, l'*Oberstleutnant* E. Mayer (RK-S, 102 victoires), *Kommodore* de la JG 2, abattu par des P-47 à Montmédy et le 23 mars, l'*Oberst* W-D. Wilcke (RK-S, 162 victoires), *Kommodore* de la JG 3, abattu par des P-51 à Schöppenstedt. Le 27 avril, la JG 2 perd son second *Kommodore* en moins de deux mois, le *Major* K. Ubben. Et le 11 mai, c'est au tour de la JG 1 de perdre son chef, l'*Oberst* Walter Oesau victime de P-38 au-dessus de l'Eifel.

LA BATAILLE DE BERLIN

Depuis le 18 novembre 1943, le *Bomber Command* a été lancé par l'*Air Chief Marshall* Harris dans la bataille de Berlin. En fait, l'offensive britannique s'étend également aux grandes métropoles. La première phase est très favorable aux Anglais qui enregistrent des pertes modestes, en raison des conditions climatiques qui empêchent la *Luftwaffe* de riposter, mais qui sauvent Berlin du désastre qu'a connu Hambourg. En décembre, ce n'est plus tout à fait la même affaire et en janvier 1944, le *Bomber Command* frôle la catastrophe. Au cours du mois, qui voit neuf raids majeurs (dont six sur Berlin), Harris perd 314 appareils (5 % des effectifs engagés). C'est le record historique en nombre d'avions abattus pour le *Bomber Command*.

C'est un résultat d'autant plus étonnant que, début 1944, la chasse de nuit allemande poursuit son expansion… à rebours. Alors qu'elle disposait de 421 chasseurs le 26 décembre 1943, le 7 février 1944, elle n'en aligne que 350. En fait, la courbe des effectifs est calquée sur celle de la production. Au cours du mois de février, seuls quatre Bf 110G sont construits (contre 85 le mois précédent) en raison des violents bombardements dont sont victimes les usines pendant la *Big Week*. Cependant, elle compense son affaiblissement numérique par une optimisation de son emploi et par la mise en œuvre de moyens électroniques sophistiqués.

Le *Generalmajor* Schmid, commandant le I. *Jagdkorps*, qui regroupe la chasse de nuit de la *Luftflotte Reich*, a développé un nouveau système de communications et de guidage des chasseurs de la *Wilde Sau* et de la *Zahme Sau*. Parallèlement, la course aux mesures et contremesures électroniques bat son plein. Si les Allemands ont fini par trouver la parade aux brouillages des *windows* avec le nouveau radar FuG 220 Lichtenstein SN-2 de Telefunken, celui-ci n'équipe qu'un avion sur cinq en janvier. Il faut attendre mai 1944 pour qu'il remplace les radars vulnérables à ces petites feuilles d'aluminium.

Les ailes de la victoire — 197

UN MESSERSCHMITT CHEZ LES HELVÈTES
Un épisode de la guerre électronique

Dans la course à l'électronique que se livrent les deux camps, l'avantage que prend l'un ou l'autre ne dure jamais longtemps. Les Allemands sont prompts à réagir devant la menace que font planer sur leur système défensif ces fameuses petites feuilles d'aluminium qui brouillent leurs radars et que les Anglais ont baptisées *windows*. La parade s'appelle FuG 220 Lichtenstein SN-2, un radar aéroporté que les Britanniques aimeraient bien étudier de près. En avril 1944, ils sont à deux doigts de réussir.
Le 28 avril 1944, l'*Oberleutnant* Wilhelm Johnen et son équipage, appartenant à la 5./NJG 5 volent sur le Bf 110G-4b/R3 portant le code C9+EN. Ils réussissent à abattre deux Lancaster, mais un moteur en panne, ils tentent de rejoindre Stuttgart. Ayant aperçu le terrain entre deux nuages, Johnen pose son avion sur la piste. Las ! ce n'est pas Stuttgart, mais Zürich-Dübendorf en... Suisse ! L'équipage est attendu par un comité d'accueil et fait prisonnier par le commandant de la *Fliegerstaffel* 16.
Équipé du SN-2, mais aussi du Naxos et de la *schräge Musik*, cette prise de guerre suscite immédiatement la convoitise des services secrets alliés qui font pression sur le gouvernement helvétique pour que l'appareil leur soit remis. Pendant ce temps, les autorités allemandes engagent des négociations pour la restitution de l'avion ou, au pis aller, sa destruction. Dès le lendemain, un commando de trois saboteurs franchit la frontière suisse. Il est rapidement arrêté grâce au flair d'un employé des chemins de fer qui trouve suspect que chacun des trois hommes lui ait remis un billet de 1 000 CHF pour payer un ticket de moins d'un franc suisse.
Le 30 avril, le Bf 110 explose sur la piste de Dübendorf. En remerciement de ce geste de bonne volonté, le gouvernement helvétique est autorisé à solliciter l'achat — à un tarif préférentiel — de 12 Bf 109G-6, dont il a le plus grand besoin pour maintenir sa... neutralité !
À tout hasard, Göring avait fait déplacer quelques chasseurs-bombardiers près de la frontière suisse... Quelques jours plus tard, Johnen et ses deux équipiers sont reconduits à la frontière et rejoignent leur unité. Wilhelm Johnen terminera la guerre au grade de *Hauptmann, Kommandeur* du III./NJG 6, titulaire de 34 victoires en 200 missions de nuit et récipiendaire de la *Ritterkreuz*.
Tout vient à point à qui sait attendre. Le 13 juillet, un Ju 88G-1 de la 7./NJG 2, portant le code 4R+UR, se pose par erreur sur la piste de Woodbridge, dans l'Essex. Cet appareil est équipé non seulement du SN-2, mais du tout nouveau FuG 227 Flensburg, détecteur passif du radar Monica anglais.
La guerre électronique connaît un nouveau rebondissement. Un de plus, en attendant le prochain.

Deux vues du Bf 110G-4b/R3 de la 5./NJG 5, sur l'aérodrome de Zürich-Dübendorf. Comme l'attestent les 16 marques de victoires, l'*Oberleutnant* Johnen n'est pas vraiment un néophyte, même si son aptitude à la navigation de nuit peut prêter à discussion. Il terminera la guerre avec le grade de commandant et 36 victoires confirmées à son tableau de chasse. Équipé du dernier cri en matière de détection électronique, son appareil devient l'enjeu de nombreuses tractations diplomatiques et économiques.
(Fliegermuseum-Dübendorf)

Ce Handley-Page Halifax Mk. VI, dont on distingue nettement le proéminent radôme du H2S, porte une cocarde de fuselage aux couleurs inversées par rapport à celles de la RAF. Rien d'étonnant puisqu'il appartient au n°346 *Squadron*, autrement dit le GB 2/23 Guyenne français, qui opère au-dessus de l'Allemagne à partir du 1er juin 1944. (ECPA)

Les Britanniques équipent leurs bombardiers du capteur passif Monica qui détecte les émissions des radars aéroportés allemands. Après en avoir saisi et étudié un exemplaire, Siemens développe le FuG 227 Flensburg qui dirige les chasseurs sur les appareils utilisant le Monica, tandis que Telefunken met au point le FuG 350 Naxos Z qui capte les émissions du radar de navigation H2S.

Bien qu'il s'en défende, fin janvier 1944, Harris a déjà perdu la bataille de Berlin, mais, pour les équipages britanniques, le plus dur reste à venir.

LE RAID SUR NUREMBERG
30 mars 1944

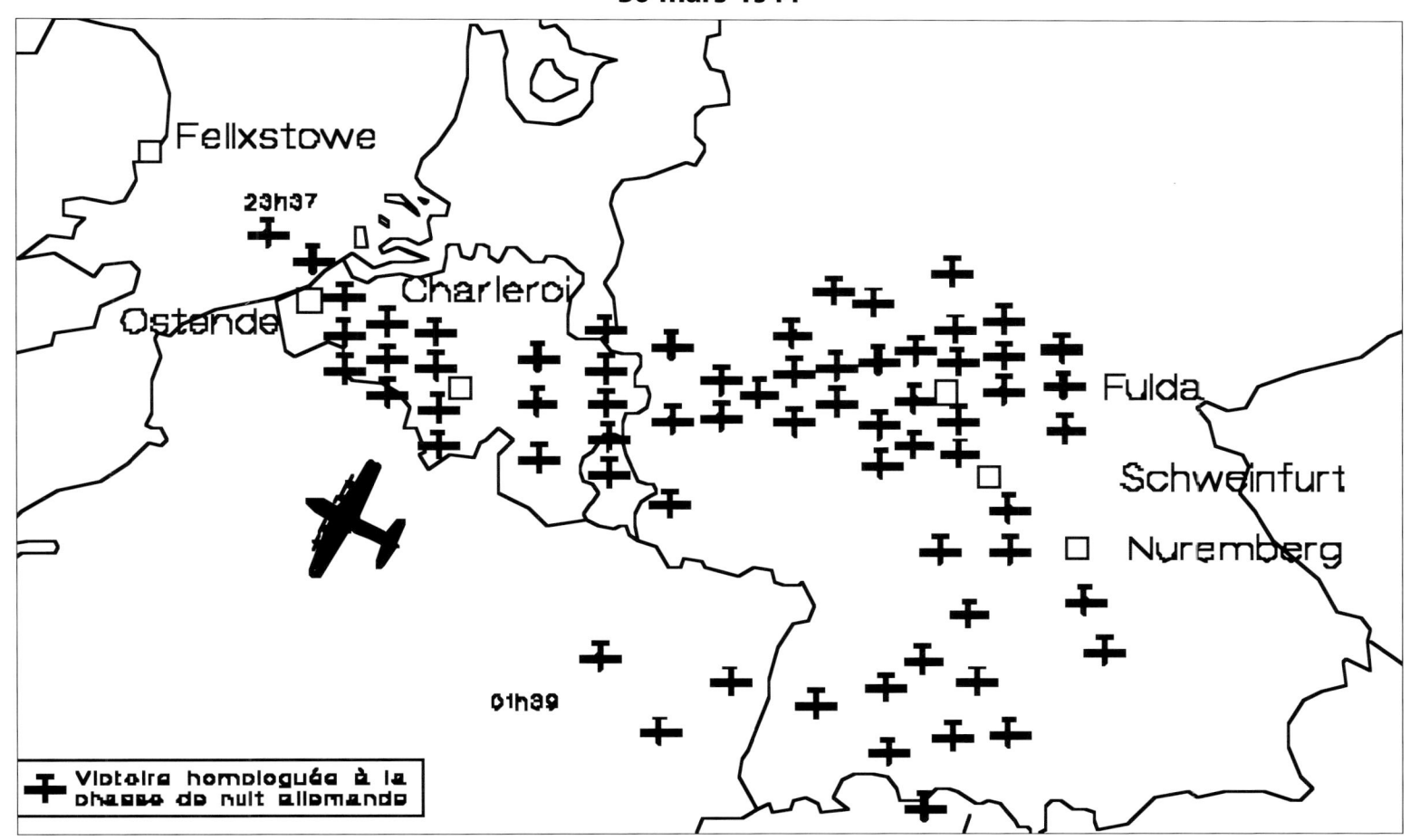

Les ailes de la victoire — 199

OBJECTIF NUREMBERG

« — Messieurs, votre objectif pour cette nuit est Nuremberg ! Depuis Eastmore, dans le Yorkshire, la ligne rouge traversait l'Angleterre, au sud du Wash et passait au-dessus de la mer du Nord. Elle franchissait la côte belge juste à l'ouest d'Ostende et continuait vers le sud-est jusqu'à un point proche de Charleroi. De là, elle obliquait vers l'est, amorce d'un parcours de 425 km de long jusqu'à la ville médiévale de Fulda. Là, un crochet tirait le ruban vers le sud-sud-est, droit sur Nuremberg. C'était un long, très long, trajet en pays ennemi.

« Ce que ce scénario classique d'un "Votre objectif cette nuit" évoquait pour nous était la perspective de se mesurer à la quasi-totalité des escadrilles de chasse de nuit allemandes, ainsi qu'au système défensif, dangereux et hautement sophistiqué, des radars et de la *flak* allemands. Et nous allions le faire dans des conditions météo qui offraient aux défenseurs, qui possédaient déjà une belle marge, un avantage écrasant. On doit admettre qu'en tant qu'individus nous pensions que le QG du *Bomber Command* disposait de nos vies avec une grande largesse.

« Vingt-cinq minutes de vol au-dessus de la Belgique nous amenèrent dans les parages de Charleroi. À cet endroit, notre plan de vol indiquait un virage serré à gauche pour entamer le long et rectiligne trajet qui menait à Fulda. Malheureusement, bien avant que nous ayons atteint ce point, il devint de plus en plus évident que nos bombardiers couraient au-devant de gros ennuis. Cela commença avec la lune, très basse dans le ciel du nord et plus brillante que n'importe quel chasseur de nuit ennemi aurait pu l'espérer. La visibilité était pratiquement illimitée. À notre altitude, il n'existait tout bonnement aucune couverture nuageuse. Les rares nuages existants se promenaient très bas près du sol et permettaient de découper la silhouette des bombardiers pour les chasseurs affamés maraudant au-dessus. Ensuite, les prévisions pour les vents s'avérèrent erronées. Notre navigateur, Vic, s'en rendit compte bien avant que l'avion-météo, dont le travail consistait à détecter les changements du vent, en informât la formation. En outre, les vents que nous rencontrâmes étaient bien plus violents que ce que nous indiqua l'avion-météo. Et, troisièmement, nous découvrîmes que les avions à cette altitude laissaient derrière eux des traînées de condensation, particulièrement attractives pour les chasseurs...

« De ma position privilégiée de commandant de bord, la scène qui s'offrait à mes yeux devenait de plus en plus effrayante à mesure que nous pénétrions en profondeur en Allemagne. Le ciel semblait empli de chasseurs boches, ce qui n'avait rien d'étonnant puisque notre plan de vol avait prévu que nous volions au sud de la Ruhr, pratiquement à la verticale des balises "Ida" et "Otto" de la chasse de nuit. On l'a déjà dit, mais je le redis parce que j'y étais et que j'ai vu comment le désastre a frappé le *Bomber Command* cette nuit : on pouvait pratiquement se diriger sur l'objectif rien qu'en basant sa navigation sur les incendies allumés par les carcasses des appareils abattus tout au long de la route. Pensez que près de 100 bombardiers ont été perdus sur les 425 km qui séparent Charleroi de Fulda[4] — une moyenne d'un tous les 4 km ! La mort, soudaine et violente, était partout. J'ai fini par perdre le compte des avions que j'ai vu exploser ou tomber en flammes... »

4. H. Knoke, *op. cit.*

LA PLUS LOURDE DÉFAITE DE TOUTE LA GUERRE

« En mettant cap au sud pour nous diriger sur Nuremberg, nous nous attendions à tomber pile sur un objectif parfaitement balisé par les fusées colorées des *Pathfinders*. À notre grand étonnement, nous repérâmes les balises, les projecteurs et l'activité de la *flak* lourde à plusieurs kilomètres sur notre gauche. Si nous étions sur la bonne approche, tout ce tumulte se trouvait dans la région de Schweinfurt, mais à supposer que nous n'étions pas sur la bonne approche ? Pouvions-nous être à l'ouest de Nuremberg ? Qui de l'avion-météo ou de nous avait raison ? Est-ce que les *Pathfinders* avaient pu se tromper au point de lancer leurs fusées sur un mauvais objectif ? Qu'est-ce qui se passait donc ? Vic, notre navigateur, avec l'assurance qu'un tour d'opérations lui avait donnée, n'avait aucun doute. Nous arrivions droit sur l'objectif — exactement où nous devions être, et nous y étions. Il ne restait qu'à trouver la cible, lancer les bombes et rentrer à la maison...

Avec le P-51D, équipé d'une verrière panoramique et armé de six mitrailleuses de 12,7 mm, le Mustang atteint son apogée. Sur ce cliché, montrant quatre appareils du 375th *Fighter Squadron* (361st *Fighter Group*), on peut distinguer deux variantes du P-51D, avec et sans filet de dérive et, à l'arrière-plan, un P-51B. Ils sont tous munis de réservoirs de 420 litres. Contrairement à ce que l'on a longtemps cru, les P-51 de cette escadrille n'ont pas reçu une couche de peinture bleue sur les surfaces supérieures, mais tout simplement de camouflage *olive drab*. (Collection Tallandier)

5. *Fighter pilots in aerial combat* n° 10 — Blake publishing, Mission Viejo, automne 1983.

« Vic avait raison et, Nuremberg s'étalant droit devant nous, nous commençâmes notre approche. Il y avait un paquet de *flak*.
— Gauche, gauche, comme ça, comme çaaa.
Un projecteur illumine notre "serre".
— Bougez plus, Skipper! fait Cy depuis le nez de l'avion.
Est-ce qu'un Halifax ne pèse que 25 tonnes? Plutôt 125!
— Comme ça bombes larguées!
Précision superflue, car "Mama" sauta à 75 mètres en l'air lorsque les cinq tonnes de bombes explosives quittèrent la soute. Je maintins une ligne de vol parfaite pendant 30 secondes, les 30 secondes les plus longues qui soient données à connaître à n'importe qui, afin de rapporter les photos indispensables aux officiers de renseignements de la base. Maintenant que nous avions lancé nos bombes, il était l'heure de mettre le cap sur la maison et le petit déjeuner. Nous nous sommes posés à Eastmore à 6h40, très exactement huit heures et demie après le décollage. Épuisés physiquement et abattus moralement, il était hors de question de dormir. Il ne fallut pas longtemps pour obtenir la confirmation de ce que nous soupçonnions tous. Le *Bomber Command* venait de subir sa plus lourde défaite de toute la guerre. Le QG admit que 108 quadrimoteurs avaient été perdus. Cinquante ou soixante autres appareils avaient atterri dans des états parfois lamentables sur des terrains disséminés dans toute l'Angleterre. Plus de 800 aviateurs aguerris avaient été tués, blessés, portés disparus ou faits prisonniers. »

Gordon W. Webb, qui commande le Halifax LWW (baptisé « Pistol Packing Mama ») du n° 318 *Squadron*, est l'un des 712 pilotes qui décollent le 30 mars 1944 à destination de Nuremberg. Moins de 600 en reviendront. Les Halifax du 4 Group sont particulièrement malmenés, avec un taux d'attrition de 20,6 %. Laddie Lucas en commentaire au récit de Gordon W. Webb[5] ajoute que « plus d'équipages britanniques et du Commonwealth ont été perdus au cours de ce seul raid que pendant l'intégralité de la bataille d'Angleterre... »

UN BILAN DÉSASTREUX

La tactique du *Bomber Command* se révèle particulièrement maladroite. Si le parcours retenu entre Charleroi et Fulda permet aux bombardiers de passer entre les puissantes concentrations d'artillerie antiaérienne de la Ruhr et de Coblence, il leur fait survoler les balises « Ida » et « Otto » utilisées par la chasse de nuit. Ce fait n'aurait rien eu de grave en soi, si le plan de vol n'avait pas obligé les bombardiers à voler en ligne droite pendant 25 minutes avant et pendant 35 minutes après. Il a suffi aux contrôleurs allemands de tracer une ligne à la règle pour guider leurs chasseurs de nuit sur la formation britannique! La panique s'emparant des équipages, de nombreuses bombes ont été larguées dans la nature, tandis que la majorité, trompés par les calculs erronés de la vitesse du vent, ont attaqué Schweinfurt.

Quelque 246 chasseurs de nuit ont décollé. Les premières victoires ont été obtenues vers 23 h 35, au-dessus de la côte belge. Lorsque les bombardiers ont survolé la région de Francfort, les appareils des 1. et 7. *Jagddivisionen* sont intervenus à leur tour. L'*Oberleutnant* Martin Becker, à bord d'un Bf 110G-4 du I./NJG 6, remporte sept victoires, exploit qui lui vaut de recevoir le lendemain la *Ritterkreuz*[6].

Le bilan de la bataille de Berlin se passe de commentaires : 190 appareils perdus au cours des sept dernières nuits, 1 128 depuis le 18 novembre 1943. Certes, le *Bomber Command* est habitué à ces hécatombes : n'a-t-il pas laissé 813 bombardiers dans la bataille de Hambourg et 923 dans celle de la Ruhr, l'année passée ? Cependant, les incendies qui ont dévasté la cité hanséatique, Cassel ou Essen ont mis un peu de baume au cœur des équipages ; ils ont justifié les risques pris et les sacrifices consentis. Cette fois, les résultats sont sans commune mesure avec les pertes. Les raids à outrance se succèdent depuis plus d'un an maintenant. D'après Martin Middlebrook, seulement 24 % des aviateurs du *Bomber Command* peuvent espérer accomplir les 30 missions qui constituent leur premier tour d'opérations obligatoire[7]. Le moral des équipages du *Bomber Command* en prend un sérieux coup.

La bataille de Berlin peut être jugée comme une grave erreur d'appréciation. Harris a toujours déclaré que « son » *Bomber Command* écourterait les hostilités et que, Berlin réduite en cendres, la guerre serait terminée le 1er avril 1944. Objectif stratégique s'il en est sur le plan psychologique, la capitale du Reich se révèle être un mauvais choix militaire : elle est trop éloignée et les bombardiers sont contraints à pénétrer profondément en territoire ennemi pour une destination qui aveuglerait les contrôleurs de la *Nachtjagd* les plus myopes.

Harris ne gagnera pas plus la guerre en 1944 avec « son » *Bomber Command* que Göring ne l'a gagnée en 1940 avec « sa » *Luftwaffe* ou que LeMay ne la gagnera en 1945 avec « ses » B-29. Dès la fin janvier, il est manifeste que la bataille est perdue pour la RAF et de plus en plus évident que la persévérance de Harris confine à l'entêtement. Avec le dernier raid sur Nuremberg, il est cependant bien obligé d'admettre la défaite.

Aussi étonnant que cela puisse paraître, cette défaite va avoir des effets bénéfiques sur une opération de beaucoup plus grande envergure que les Alliés commencent à préparer activement au printemps 1944.

---

6. En fait, il n'y en a eu « que » 61 — un tous les 7 km.

7. L. Lucas, *op. cit.*

XVIII
LA CONQUÊTE DE L'OUEST
La guerre sur quatre fronts

Le succès ou l'échec des débarquements alliés en Normandie ne tient qu'à un facteur déterminant : la supériorité aérienne. L'obtenir et la garder sont les objectifs essentiels des Alliés. S'ils ne peuvent les atteindre, alors il est probable que les Allemands regrouperont leurs forces et mettront en péril toute l'opération. Tandis qu'au sol le sort des combats reste hésitant pendant plusieurs semaines, l'aviation alliée domine le ciel d'une manière éhontée. Cette suprématie permet d'écraser les divisions de chars montées à la contre-attaque et de traquer les unités de la *Luftwaffe* jusqu'au-dessus de leurs propres terrains. Puisant dans des réserves dont il ne dispose pas, le haut-commandement allemand dégarnit le front russe qui explose littéralement quelques jours plus tard. La Wehrmacht est prise dans une tenaille qui va se refermer lentement sur elle. Quant à la *Luftwaffe*, partageant déjà ses maigres forces entre l'Italie, la Russie et la défense du Reich, la voilà avec un quatrième front sur les bras.

LES RÉTICENCES DES PARTISANS DU « TOUT STRATÉGIQUE »

Tout au long de l'année 1943, les Alliés préparent activement le débarquement en Europe de l'Ouest. La conférence Quadrant à Québec accorde la plus haute priorité à l'opération « Pointblank » dont les objectifs sont la destruction de l'aviation et de l'industrie aéronautique allemandes au travers des raids stratégiques. L'anéantissement de la *Luftwaffe* et de ses sources industrielles est plus qu'une nécessité, elle conditionne la réussite de l'opération « Overlord ».

Les points de vue divergent, toutefois, quant aux moyens d'y parvenir. Un autre problème surgit lorsque les chefs de l'état-major combiné inscrivent la destruction des réseaux de communication allemands sur la liste des priorités des bombardiers stratégiques. Harris ouvre le débat en janvier 1944 et tente de limiter l'engagement du *Bomber Command* qu'il craint de voir utilisé à des tâches qui ne sont pas celles qu'il a fixées lui-même. Le général Arnold, commandant en chef de l'USAAF, tient des propos qui ne sont guère éloignés.

Cependant, l'échec patent du *Bomber Command* dans la bataille de Berlin va clouer le bec à Harris, d'ordinaire si contestataire vis-à-vis des décisions de l'*Air Ministry*. Il sait que son poste est en jeu et que, cette fois, il n'a guère le choix, sinon que de se conformer aux directives du comité de l'état-major combiné. Le *Major General* Carl Spaatz, devenu commandant des forces aériennes stratégiques américaines en Europe, en décembre 1943, se fait l'avocat d'un bombardement massif sur l'industrie pétrochimique allemande, espérant affaiblir considérablement la *Luftwaffe* en la privant de carburant. Sa thèse et les lignes de force de « Pointblank » ne s'avèrent pas mutuellement exclusives. D'ailleurs, à la mi-mai 1944, la reformulation plus vague des objectifs de « Pointblank », désignant la *Luftwaffe* comme cible prioritaire, laisse toute latitude à Spaatz pour mener sa propre campagne.

▲ Parler de l'ouverture du deuxième front à propos du débarquement de Normandie, c'est passer sous silence les durs combats qui se déroulent en Italie où les Alliés piétinent. Parmi les unités engagées par la *Luftwaffe*, se trouve le I./JG 77. (ECPA)

Avant « Overlord », les unités américaines ▶ subissent un large remaniement. La 8th *Air Force* se standardise sur P-51 et verse tous ses P-47, mieux adaptés à l'appui tactique, à la 9th *Air Force*. Basé à Lashenden, le 353rd *Fighter Squadron* (354th *Fighter Group*) prépare activement le débarquement. Le mécanicien assis sur l'aile guide le pilote dont le champ de vision vers l'avant est sérieusement réduit par le volumineux capot du Thunderbolt.
(Collection Tallandier)

Les ailes de la victoire — 203

En novembre 1943, la RAF rapatrie du front méditerranéen de nombreux pilotes chevronnés et une bonne partie de leurs unités pour former le cadre d'une vaste formation baptisée 2nd *Tactical Air Force* (*Air Marshall* Sir Arthur Coningham), tandis que les Américains transfèrent le QG de la 9th *Air Force* (*Major General* Lewis H. Brereton) en Angleterre dans le même but. Ces deux forces aériennes sont réunies au sein de l'*Allied Expeditionary Air Force* (AEAF), confiée à l'*Air Chief-Marshall* Tedder.

LA NORMANDIE ISOLÉE

La volte-face de Harris commence à faire sentir ses effets : de 70 % en mars, le tonnage de bombes déversé sur l'Allemagne par la RAF passe à 40 % en avril et à peine 25 % en mai. Sur les 80 nœuds de communication classés prioritaires, 39 sont attaqués par le *Bomber Command*, 23 par la 8th *Air Force* et 18 par l'AEAF[1]. En la matière, et au grand soulagement de Winston Churchill qui craignait beaucoup pour la population civile française, les bombardiers britanniques arrivent à un surprenant degré de précision que leur avait toujours dénié Harris, en partie pour justifier sa doctrine du bombardement sur zone. Ce sont finalement les Américains, qui vantent pourtant la précision « chirurgicale » de leurs bombardements, qui causeront le plus de morts parmi les civils.

La première phase des bombardements vise à isoler la Normandie par la création de lignes d'interdiction en profondeur, le long de la frontière belge au nord et le long de la Seine au sud. La seconde phase consiste à couper la zone des débarquements de l'arrière-pays le long d'une ligne nord-sud allant de Liège à Paris, via Charleroi, Saint-Quentin et Creil. Il ne reste plus ensuite qu'à morceler le périmètre ainsi défini par la destruction des ouvrages d'art et des principaux nœuds de communication.

Les défenses côtières ne sont pas ménagées non plus, mais également tardivement pour ne pas éveiller les soupçons des Allemands. Partout où un débarquement paraît plausible, de la Bretagne jusqu'à Ostende, les bombardiers interviennent avec efficacité, larguant quelque 15 000 tonnes de bombes en 12 000 sorties au cours des premiers jours de juin. La destruction des postes de détection allemands achève la phase de préparation de l'opération « Overlord ».

Les opérations aériennes en Normandie, avant, pendant et après le débarquement, constituent un modèle du genre. Les Alliés mettent en application toutes les leçons tirées des campagnes précédentes, en Afrique du Nord, en Tunisie, en Sicile et en Italie, avec une précision et une efficacité inégalées. À la lumière de ces faits, et en se souvenant qu'Einsehower ne sera assuré du succès qu'un mois plus tard, on peut se rendre compte des maigres chances de réussite de l'opération « Seelöwe » à la suite des actions « préparatoires » de la *Luftwaffe*, en septembre 1940 ! Car, bien que ne négligeant aucun détail, les Alliés savent que la partie n'est pas gagnée d'avance.

LA *LUFTWAFFE* À UN CONTRE DOUZE

Le 5 juin 1944 au soir, les Alliés alignent 5 409 chasseurs, 1 645 bombardiers moyens et 3 567 bombardiers lourds (ainsi que 2 316 avions de transport). La *Luftflotte* 3 du *Generalfeldmarschall* Hugo Sperrle dispose de 815 appareils, répartis du nord de la Hollande à Bordeaux, mais il possède très peu d'avions d'appui tactique.

Cent dix chasseurs de jour, dont un bon quart est indisponible, montent la garde : 69 Bf 109G-6 et Fw 190A-8 de la JG 2 (*Oberstleutnant* K. Bühligen) répartis entre Creil et Cormeilles-en-Vexin et 41 Fw 190A-8 des *Stab* (*Oberstleutnant* J. Priller) et I./JG 26 (*Hauptmann* H. Staiger) à Lille et Denain. Les deux autres groupes de la JG 26 se trouvent éloignés de la Manche de plusieurs centaines de kilomètres, le II./JG 26 à Mont-de-Marsan et le III./JG 26 à Nancy. En dehors des chasseurs dépendant du II. *Jagdkorps* (*Oberst* W. Junck), la *Luftflotte* 3 s'appuie sur des unités de bombardiers classiques, d'avions de lutte maritime, de reconnaissance et de chasseurs-bombardiers, parmi lesquelles le III./SG 4 (*Major* G. Weyert) avec 36 Fw 190F et le I./SKG 10 (*Major* K. Dahlmann) avec 37 Fw 190F.

L'aube du 6 juin se lève sur un ciel gris et bas et une mer houleuse. Dès les premières heures, les Typhoon de la 2nd *TAF* se

▲
Le *Major* Francis S. Gabreski, commandant le 61st *Fighter Squadron* du 56th *Fighter Group*. Le 20 juillet 1944, alors titulaire de 28 victoires confirmées, il fracasse son hélice au cours d'un mitraillage à (trop) basse altitude, près de Coblence. Fait prisonnier, il terminera la guerre dans un *Oflag*, non sans avoir eu la fierté d'apprendre que son nom était très connu des Allemands. (USAF)

1. J.V. Mizrahi, *op. cit.*

En fait, il subsistera un unique groupe équipé en P-47 au sein de la 8th *Air Force*, le 56th *Fighter Group*, qui compte dans ses rangs les plus grands as de l'USAAF, comme Hubert Zemke, Francis Gabreski, David Schilling ou encore Walker Mahurin. Ici, un P-47D-28-RE du 82nd *Fighter Squadron* rattaché à ce groupe de légende. (Collection SHAA)
▼

Des F-5B-1, version de reconnaissance photo du Lockheed P-38 Lightning, du 34th *Reconnaissance Squadron*, survolent la Normandie. Comme tous les avions engagés dans l'opération « Overlord », ces appareils portent des bandes d'identification noires et blanches. C'est sur un appareil de ce type que disparaîtra Antoine de Saint-Exupéry. (Collection SHAA)

2. W. Murray, *op. cit.*

Traqués jusqu'au-dessus de leurs bases, les Allemands doivent mettre à profit la protection naturelle qu'offrent bois et bosquets. Des mécaniciens poussent à l'abri un Bf 109G-14 d'une unité inconnue. (Collection G. Botquin)

signalent par une activité débordante. Leurs salves de roquettes sèment la confusion au sein des troupes allemandes. Cette arme, qui se révélera décisive lors de la bataille de Normandie, a été testée fin 1941. Il s'agit d'une fusée des plus rudimentaires se composant d'un corps cylindrique de 75 mm de diamètre portant, à l'extrémité postérieure, un empennage cruciforme et, à l'extrémité antérieure, une charge explosive de 30 kg ou une ogive de perforation, le tout étant propulsé par un comburant solide. Malgré l'emploi de longs rails fixés sous les ailes de l'avion pour guider sa trajectoire au lancement, les caractéristiques balistiques de cette roquette sont davantage soumises au caprice du hasard qu'à l'adresse du pilote. Généralement, les Typhoon en emportent quatre sous chaque aile, pouvant être mises à feu séparément ou toutes à la fois. Comme les rails, par leur importante résistance à l'air, mangent quelque 25 km/h, il est nécessaire d'employer les avions ainsi équipés avec une nette supériorité aérienne. Néanmoins, certains Typhoon continuent à recevoir des bombes de 500 kg, dont ils font un excellent usage, notamment en bloquant les issues des tunnels sous lesquels les trains se réfugient fréquemment en plein jour.

Le soir du 6 juin, l'AEAF a effectué 16 674 sorties et la *Luftwaffe*… 275 ! Les pertes alliées s'élèvent à 113 appareils, pour l'immense majorité victimes de la *flak*, tandis que la *Luftflotte* 3 admet la perte de 31 avions, dont 11 monomoteurs de chasse. « Pips » Priller, *Kommodore* de la JG 26 et son ailier, le *Feldwebel* Wodarczyk, survolent les plages de débarquement dans la matinée, unique apparition de la chasse allemande au-dessus des têtes de pont.

LA RÉACTION DE LA *LUFTWAFFE*

Pourtant, comme en pareil cas, les Allemands sont prompts à réagir, tout au moins en ce qui concerne la *Luftwaffe*, car, pour le reste, ce sera une autre affaire. En moins de trente-six heures, la *Luftflotte* 3 reçoit une première transfusion de 200 chasseurs ; 988 en tout renforceront le II. *Jagdkorps* en sept jours. C'est un vaste mouvement tournant qui s'opère : des groupes arrivent d'Allemagne, remplacés par des unités du front de l'Est, qui cèdent leur place à des formations en provenance d'Italie… Au jeu des chaises musicales, c'est le front italien qui est le grand perdant.

Ainsi, arrive notamment le I./JG 5 du *Hauptmann* T. Weißenberger sur Bf 109G-6. Basé à Montdidier dès la soirée du 6 juin, le groupe ne perd pas de temps. Le lendemain, il revendique cinq Thunderbolt pour la perte d'un pilote. Ces cinq victoires sont toutes portées au crédit de son *Kommandeur*, le *Hauptmann* Theo Weißenberger, qui réalise l'exploit de remporter 26 victoires entre le 7 juin et le 25 juillet pour porter son total personnel à 201.

Le II./JG 1 (*Hauptmann* K-H. Weber) est jeté dans la bataille, mais après avoir perdu son chef en combat le 7 juin au-dessus de Rouen, il est décimé par la chasse américaine. La vague prairie au nord d'Alençon qui lui sert de terrain est mitraillée le 25 juin par 16 P-51. En quelques minutes, 15 de ses 24 Fw 190A s'évanouissent en fumée.

DES EXPÉRIENCES TRAUMATISANTES

Les conditions matérielles dans lesquelles se battent les unités de la *Luftwaffe* dépassent tout ce qu'elles ont connu en Russie. La totalité des terrains aménagés situés à moins de 150 kilomètres du front ont été détruits par l'aviation alliée, obligeant les groupes allemands ou bien à opérer à plus de 200 kilomètres des premières lignes ou bien à utiliser des pistes semi-préparées, ou pas préparées du tout pour être exact.

Le I./JG 1 (*Hauptmann* H. Ehlers) établit ses quartiers vers le 20 juin à Villacoublay, près de Paris, avec ses Fw 190A. L'un de ses pilotes, l'*Oberleutnant* Herbert Kaiser, a été marqué par cette expérience traumatisante[2] :

« Je fus dirigé sur une formation de bombardiers alliés qui attaquait nos troupes en Normandie. Le décollage ne devait s'effectuer que par petits groupes (de 2 à 4 avions normalement) à cause de la présence des chasseurs alliés qui attendaient au-dessus de la base que nos chasseurs émergent des nuages. Nous étions forcés de

Les ailes de la victoire — 205

nous faufiler en rase-mottes jusqu'au point d'interception pour tirer parti de tout ce qui pouvait nous camoufler. En volant à quelques mètres au-dessus du sol, nous échappions à la détection des radars, mais pas toujours aux flancs des collines. Nous ne prenions de l'altitude que lorsque nous étions arrivés sous les avions ennemis.

« Avec ma section de quatre, nous aperçûmes une formation de Spitfire escortant des bombardiers et nous prîmes position pour l'attaquer. Mais, à la place, nous fûmes coiffés par un second groupe de chasseurs alliés et dans cet épisode, je perdis mes trois équipiers. Échapper au désastre me paraissait impossible. Ce ne fut que grâce à mon expérience et à la présence heureuse d'un nuage que je pus sauver ma peau. À cette époque, la *Luftwaffe* était clouée au sol. On pouvait compter sur les doigts d'une main le nombre de jours qui nous restait à vivre. J'étais très surpris de l'esprit combatif que manifestaient encore les pilotes de la *Luftwaffe* et encore plus étonné de leur capacité à se préparer au combat dans de telles conditions. »

Bien aidés par le décryptage des messages de l'OKW par « Ultra », les Alliés peuvent traquer la *Luftwaffe* sur ses bases : le I./SKG 10 est totalement anéanti sur son terrain de Dreux; en six semaines le III./JG 54 perd les trois quarts de ses avions et la moitié de ses pilotes; entre le 6 juin et le 31 août, la JG 26 dénombre 67 tués ou disparus ! Le II. *Jagdkorps* laisse 1000 avions dans la bataille au cours des six premières semaines. Ce bilan se passe de commentaires.

LA GUERRE DU PÉTROLE

Libérée début mai de ses obligations vis-à-vis de « Overlord », la 8th *Air Force* se lance dans la bataille du pétrole. De terribles raids ravagent Leuna, Zwickau, Zeitz et Chemnitz, tandis que la 15th *Air Force*, venue d'Italie, concentre ses efforts sur l'Autriche et Ploesti. Début juin, un message intercepté par « Ultra » montre que la production a chuté de 50 %. Dans le ciel, les pertes sont lourdes, d'un côté comme de l'autre, mais de toute façon Spaatz joue à « pile je gagne, face tu perds », car seuls les Américains ont les moyens de soutenir une guerre d'usure. Si la *Luftwaffe* refuse le combat, son industrie pétrochimique est condamnée, si elle l'engage, c'est elle qui est condamnée. Seul Göring ne se départit pas de son optimisme instinctif : « Je pense que la production de nos avions ne doit dépendre en aucune manière du programme énergétique. Je préfère disposer d'une masse d'avions cloués au sol par manque de carburant que de ne pas avoir d'avions du tout. » C'est une façon de voir les choses.

Les effets de cette campagne ne tardent pas à se faire sentir en première ligne, plus particulièrement dans les unités mécanisées. Le 20 juin, l'OKW demande à la *Luftflotte* 3 de réduire les sorties de ses avions au strict nécessaire pour économiser le carburant.

Mais, rien n'est jamais définitif et les Allemands parviennent à relancer leur production de carburant synthétique. Tombée à 10 % de sa capacité fin mai, elle atteint 46 % en août et 59 % en décembre. Toutefois, ces quota restent largement insuffisants pour à la fois couvrir les besoins du front et maintenir l'instruction des élèves-pilotes à un niveau acceptable. La bataille des Ardennes montrera les limites imposées aux Allemands par la guerre du pétrole. Incontestablement, Spaatz, malgré un avis défavorable de ses chefs, a mis le doigt là où ça fait mal.

LA TRAQUE DES *PANZER*

Dire que la suprématie aérienne alliée contrarie le mouvement des chars allemands est un euphémisme. La 17. *Panzer Grenadier SS* met cinq jours à parcourir 300 kilomètres. La *Panzer Lehr Division* monte au front sur cinq routes différentes, dans une sorte de « course contre la montre avec les chasseurs-bombardiers ». La 2. *Panzerdivision SS Das Reich* quitte Montauban et Bordeaux le 7 juin; le 11 juin, elle n'a pas dépassé Limoges. Énervés par

◀ Faisant flèche de tout bois pour s'accrocher au terrain, la *Luftwaffe* utilise des Reggiane Re 2002 italiens pour combattre le maquis dans le Limousin. Cet appareil a été abattu le 16 juin 1944 dans la région de Jumeau-le-Grand. (ECPA)

◀ Roi de Normandie, le Hawker Typhoon a pris une part prépondérante dans l'écrasement des blindés allemands et, partant, de toute velléité de contre-attaque. Sur cette photo, un Mk. IB du n° 175 *Squadron* armé de huit roquettes air-sol sous les ailes. Transféré au n° 440 *Squadron*, cet appareil (MN171) sera abattu par la *Flak* le 23 juin 1944. (Collection SHAA)

◀ EK183, un Typhoon Mk. IB du n° 56 *Squadron*, probablement celui du *Squadron-Leader* Hugh Dundas. Cette escadrille est la première transformée sur ce type en septembre 1941. Très vite, ses pilotes s'aperçoivent que ce monstre de cinq tonnes se maîtrise plus qu'il ne se pilote et que l'empennage a tendance à se désolidariser du reste du fuselage. Plusieurs accidents mortels manquent de mettre un terme prématuré à la carrière de cet appareil. (DR)

Ce Douglas A-20G du 645th *Bombardment Squadron* (410th *Bombardment Group*) a frôlé la catastrophe. Au décollage de Gosfield, le pneu gauche a éclaté, embarquant l'appareil hors de la piste. Heureusement, les bombes logées sous les ailes n'étaient pas encore armées ! L'avion porte les bandes noires et blanches, mais pas sur les surfaces supérieures pour éviter d'attirer l'attention des chasseurs allemands. Les bandes noires et blanches sur le gouvernail sont propres au 410th BG. Les bombardiers moyens, comme le A-20, le B-25 et le B-26, joueront un rôle essentiel dans la rupture des lignes de communication allemandes et l'isolement de la Normandie.(Collection C.-J. Ehrengardt)

Le Major Josef Priller, *Kommodore* de la JG ▶ 26, photographié devant son Fw 190A-7 à St Pol, quelques mois avant le débarquement. Priller sera l'un des rares pilotes allemands à dépasser le nombre de 100 victoires sur le front ouest.
(Bundesarchiv-Coblence)

cette lenteur, exaspérés par les raids des maquisards, les SS n'arrivent au front qu'à la fin du mois, après avoir fait étape dans un joli village du Limousin qui a pour nom Oradour-sur-Glane…

Le 7 août, les brumes matinales masquent aux Alliés un large mouvement de contre-attaque dans la région de Mortain de la part du XVII *Panzerkorps* commandé par le *Feldmarschall* von Kluge. Vers midi, le brouillard se lève, mais la 2. *Panzerdivision SS* a pris Mortain, tandis que les chars de la 2. *Panzerdivision* de la *Wehrmacht* menacent d'isoler la 3ᵉ armée de Patton qui marche sur la Bretagne. La situation paraît très délicate pour les Alliés.

Pourtant, il n'en est rien. Prévenus depuis quelques jours grâce au décryptage des messages de OKW par « Ultra », les Alliés voient dans cette manœuvre l'occasion rêvée d'attirer von Kluge dans une chausse-trappe qui leur permettra de réaliser la percée tant attendue. La coopération entre les Américains et les Britanniques est un modèle du genre. La 9th *AF* ne disposant pas d'avions antichars, il est décidé que la 2nd *TAF* attaquera les chars, tandis que la 9th *AF* interviendra sur les arrières de l'ennemi et fournira un écran aérien pour empêcher la *Luftwaffe* de gêner l'action des Typhoon.

LES TYPHOON ÉCRASENT VON KLUGE

Revenant d'une reconnaissance aérienne, le *Wing Commander* Green a dénombré plus de 300 chars et organise aussitôt l'ordre de bataille de son 121 *Wing*. Peu après midi, les n° 174 et 181 *Squadrons* décollent avec leurs Typhoon Mk. IB. Ils repèrent une cinquantaine de tanks et près de deux cents véhicules sur la petite départementale sinueuse entre Chérencé-le-Roussel et Saint-Barthélemy, au nord de Mortain. Le *Squadron Leader* C.D. North-Lewis, qui commande le n° 181 *Squadron*, rapporte la suite :

« Nous avons quitté B.6 [*Coulombs, près de Creully, Calvados — NDA*] vers 12 h 25, survolé Vire et moins de cinq minutes plus tard, nous prenions la route de Chérencé en enfilade en direction de Mortain. Notre tactique était simple et bien rodée depuis le désert libyen. Le jeu consistait à détruire le premier et le dernier véhicule de la colonne ; pour les autres, nous avions tout notre temps. Cependant, à l'inverse du désert, le bocage normand, avec ses haies, ses talus et ses fossés, bloquait toute velléité de la part des Boches de quitter la route. Ils nous accueillirent dignement avec leur *flak*, légère mais toujours aussi précise et dangereuse. Personnellement, je visais le véhicule de commandement. Je dus remonter une grande partie de la colonne, ce qui n'est jamais une partie de plaisir. À ma grande surprise, je vis des équipages de char lâcher leur mitrailleuse et sauter au sol pour plonger dans les talus avoisinants. Ils devaient avoir une sacrée frousse de nous, car jamais je n'avais vu un tel comportement de leur part.

« Je vis mes roquettes quitter leur berceau, mais je dus redresser avant d'observer le résultat. Je repris de l'altitude, tout en me tordant le cou pour repérer d'éventuels chasseurs allemands. Mais les Américains avaient tenu parole ; ils avaient nettoyé le ciel pour nous. En faisant le tour, je vis des colonnes de fumée noire monter dans le ciel et des explosions projeter des débris aux alentours. J'ordonnai aux pilotes une nouvelle passe. Avec nos canons de 20 mm, nous causions beaucoup de dégâts aux camions et aux véhicules légers. Ce fut beaucoup moins facile que la première fois, même si la *flak* semblait plus discrète. Les incendies, la poussière et la fumée gênaient considérablement la visibilité et nous devinions plus l'emplacement des cibles que nous ne les voyions. J'eus quand même la satisfaction de me rendre compte que le véhicule de commandement était en flammes. Une fois toutes nos munitions épuisées, nous reprîmes la formation et abandonnâmes les Boches à la 174 qui nous suivait sur les talons. »

Dans le domaine des armes non conventionnelles, les Allemands ne sont pas en panne d'imagination. Le Fieseler Fi.103, mieux connu sous l'appellation de V-1, est une bombe volante non guidée, propulsée par un pulsoréacteur.
(Collection Tallandier)

Deux autres escadrilles prennent le relais. La *flak* n'est pas aussi intense que d'habitude et seulement trois appareils sont abattus, faisant un tué. Cependant, le *Flight Lieutenant* Bob Lee du n° 245 *Squadron* est bien près d'alimenter les statistiques[3]. Touché par la DCA, il perd conscience pour recouvrer ses sens alors que son appareil s'est enfoncé dans le sol, à l'envers, en plein *no man's land*. Il parvient à détacher son harnais, mais il lui est impossible d'évacuer l'appareil. Il passera cinq jours coincé sous la verrière ! De temps en temps, des soldats allemands, pour se faire la main, se servent de son Typhoon comme cible. Lee est atteint à plusieurs reprises, à la main et à la jambe, heureusement sans gravité. Un incendie se déclare même, mais il s'éteint tout seul quelques instants plus tard. Lee sera libéré par une unité du génie américaine venue déminer le champ.

Au soir du 7 août, la force mécanisée de von Kluge n'existe plus. En 294 sorties, les Typhoon revendiquent 84 chars « brûlants », 35 « fumants » et 21 endommagés, plus 112 véhicules mis hors d'usage. Une certaine polémique entoure ces résultats. L'équipe de renseignements envoyée plus tard sur place dénombrera beaucoup moins de chars détruits par les roquettes que ceux dénombrés par les pilotes. Quoi qu'il en soit, la contribution du Typhoon à l'échec de la percée d'Avranches est indiscutable.

Cette déroute et le succès de Patton vers le sud achèvent la déconfiture des troupes allemandes. La bataille de Normandie est désormais gagnée. Mais la guerre, pas tout à fait encore.

AVEC UN « V » COMME REPRÉSAILLES

Contraints de quitter les côtes, les Allemands abandonnent un à un les sites de lancement d'une arme nouvelle qu'ils auraient voulu terrifiante : la bombe volante. En 1942, Fieseler met au point un avion sans pilote de petites dimensions (5,37 m d'envergure pour 8,24 m de longueur). Pesant 2 500 kg avec une charge explosive de 850 kg d'amatol dans la pointe avant, l'engin est mû par un pulsoréacteur. Hitler s'engoue pour cet engin qu'il baptise *Vergeltungswaffe eins* (arme de représailles numéro un), ou V-1, avant de lui accorder toute son attention, les crédits nécessaires et la plus haute priorité.

Le V-1 peut être lancé soit d'un avion soit d'un site terrestre fixe, nécessitant une rampe en béton dont la forme particulière lui vaut le surnom de « piste de ski » de la part des Alliés. Ces sites, construits par l'organisation Todt, comportent en outre trois hangars en béton pour le stockage, un bunker de commandement et plusieurs bâtiments pour le personnel technique, le tout généralement camouflé en fermes paisibles. Fin novembre 1943, 72 sites sont installés sur les côtes de la Manche et de la mer du Nord. Découverts et soigneusement répertoriés par les Alliés, ils sont l'objet d'une étroite surveillance. À la vue des photos aériennes et des rapports des services secrets et de la résistance, les experts britanniques estiment le 11 juin 1944 que le premier lancement aura lieu dans les quarante-huit heures.

Pile poil ! Dans la soirée du 12 juin, le premier V-1 s'envole à destination de l'Angleterre. En quatre-vingts jours, il est suivi par 8 080 autres, dont 2 340 sont pointés sur Londres. Prévenus depuis longtemps, les Anglais ont entouré leur capitale d'une ceinture de DCA et de plus de 2 000 ballons de barrage. Des patrouilles de chasse maintiennent une couverture permanente entre la Manche et Londres.

Retardé dans sa production en série par une mise au point très délicate[4] et par les raids incessants des Alliés, le V-1 possède une vitesse de 600 km/h à 2 500 mètres, calculée en 1942 d'après une estimation des performances futures du Spitfire. Or, en juin 1944, les avions de chasse alliés possèdent une

Des B-17G du 384th *Bombardment Group* illustrent la technique du bombardement à l'américaine. Aux ordres de l'avion-guide, équipé d'un radar, tous les appareils du même *box* larguent leurs charges. Celles-ci sont en train de tomber sur la ville martyre de Dresde, qui sera virtuellement rasée sans que l'on sache jamais pour quelle obscure raison. Un chasseur allemand a eu la malencontreuse idée de traverser le *box* et de s'exposer ainsi au tir groupé des mitrailleurs américains ; on le voit plonger vers le sol en traînant derrière lui un panache de fumée blanche, ce qui n'est généralement pas bon signe. (USIS)

3. *The Typhoon and Tempest story* — C. Thomas et C.F. Shores — Arms & Armour Press, Londres, 1988.

Une chasse au *Diver*. Un Spitfire poursuit une bombe volante au-dessus de la campagne anglaise. (ECPA)

208 — La Guerre aérienne 1939-1945

marge de vitesse non négligeable sur la bombe volante, pré-programmée et incapable de se défendre. Ils en feront une importante consommation : sur les 3 957 V-1 détruits en vol, 1 847 sont à porter au crédit de la chasse.

LA CHASSE AUX *DIVERS* : UN JEU PARFOIS MORTEL

Pour économiser leurs munitions, ou pour éviter qu'elle leur explose sous le nez, les pilotes ont souvent recours à une technique qui requiert courage et habileté. Arrivant doucement par l'arrière, ils placent l'extrémité d'une de leurs ailes sous celle de la bombe et la déséquilibrent en plein vol en relevant l'aile en contact. Grand as à la chasse aux *Divers* (nom de code du V-1), le *Flight Sergeant* J. Bryan volant sur Mosquito Mk. XIII du N°96 *Squadron* en revendique 61.

Le *Flight Lieutenant* Jean-Marie Maridor est un Français libre de 24 ans qui a rejoint la RAF en juin 1940. Pilote au n° 615 puis au n° 91 *Squadrons*, il remporte trois victoires et demie homologuées. Le 3 août 1944, il a déjà abattu dix V-1 et s'apprête à abattre son onzième. Tout à coup, la bombe volante quitte sa trajectoire horizontale et pique droit sur la Benenden School, alors utilisée comme hôpital militaire. Maridor s'approche le plus près possible pour être certain de ne pas manquer sa cible. Malheureusement, en explosant, le V-1 endommage le Spitfire qui tombe en flammes, entraînant dans la mort le jeune Français qui devait se marier la semaine suivante.

Les Allemands ont investi beaucoup d'énergie et d'argent dans les V-1 et dans le premier missile balistique du monde, le V-2. La vitesse de ce dernier (5 400 km/h) le met incontestablement à l'abri des interceptions, mais le coût du développement et de la construction du millier d'engins qui s'abattra entre septembre 1944 et mars 1945 sur l'Europe occidentale équivaut au financement de 20 000 avions de chasse supplémentaires. Grande réussite sur le plan technologique, le V-2 avec sa charge explosive d'une tonne ne sera jamais l'arme absolue dont avait rêvé Hitler.

Un Mistel S.2, connu aussi sous le sobriquet de *Vater und Sohn* (« père et fils », d'après une bande dessinée de l'époque). L'idée est d'accoupler une bombe volante à un avion-guide. Le chasseur puise à l'aller son carburant dans les réservoirs de l'élément inférieur. La bombe volante est munie d'une charge creuse de deux tonnes ! Quelques-uns seront utilisés avec plus ou moins de bonheur contre les ponts sur l'Oder et la Neisse, dans les dernières semaines de combat. (Collection J. Crow)

DRESDE A-T-ELLE ÉTÉ UN PREMIER TOKYO ?

La France envahie, le carburant limité, la *Luftwaffe* à genoux, fin août, la victoire est à portée de main des Alliés. Et pourtant, la guerre va encore durer huit mois. Depuis juin 1944, l'aviation alliée jouit d'une totale et écrasante suprématie aérienne. La chasse traque les restes de la *Luftwaffe* jusque sur ses bases et les bombardiers pilonnent sans répit les villes et les usines allemandes. N'empêche, sur le terrain, les progrès sont lents. Les troupes alliées sont même contenues, voire débordées à plusieurs reprises, en Italie, en Prusse Orientale, en Alsace ou dans les Ardennes.

Harris et Spaatz maintiennent une pression constante sur le territoire du Reich. Ils veulent avoir raison. À tout prix. Le martyre inutile de Dresde[4], sans aucune portée militaire ni stratégique, en février 1945, peut-il être assimilé à une dernière tentative des « tout stratégique » de remporter la décision ? Dresde préfigure-t-elle Tokyo ?

**

L'*École du ciel bleu*, professée par le général italien Douhet vers 1930, rallie de nombreux partisans à sa cause. Convaincu que les fronts continus, tels qu'il les a connus en 1914-1918, sont inviolables et qu'aucune solution militaire ne peut être offerte, Douhet offre une solution civile. En envoyant des hordes de « croiseurs de bataille » aériens raser les principales villes de l'ennemi, il estime que le moral de la population en sera si profondément affecté que le gouvernement subira de très vives pressions pour mettre un terme à la guerre. Il n'est donc plus nécessaire d'entretenir de puissantes forces navales et terrestres, dont le rôle deviendra négligeable et tous leurs crédits doivent être employés à renforcer l'aviation, à qui il appartient désormais de gagner la guerre, seule. Cette thèse fait des émules dans la plupart des pays dotés d'une aviation forte, mais chacun l'adapte en fonction de ses spécificités, géographiques, politiques ou autres, des réticences des autres armes et de son budget.

En Grande-Bretagne, pays à forte tradition maritime, Trenchard doit affronter l'opposition déterminée de l'Amirauté, hérissée à l'idée ridicule que l'avion puisse détrôner le cuirassé. Plus soucieux de se défendre que d'attaquer, les États-Unis prônent l'utilisation du bombardier comme moyen de dissuasion. La nécessité de protéger Hawaï et le canal de Panama d'une agression amène le développement des bombardiers lourds B-17 et B-24 et confine les avions de chasse au rôle d'appui tactique. Dérivée des théories, souvent nébuleuses et parfois contradictoires, du prolifique général Mitchell, la doctrine américaine est formulée ainsi par son chef d'état-major : « L'aviation de bombardement possède une puissance de feu d'une quantité et d'une efficacité telles qu'elles garantissent l'accomplissement de la mission qui lui a été assignée sans autre soutien. » Cette vision de génie empêchera l'USAAF de disposer de chasseurs monomoteurs performants au-dessus de 6 000 mètres avant le printemps 1943.

Göring se passionne pour les thèses développées par Douhet, mais Hitler, qui cherche alors à rallier à sa cause les généraux de la Wehrmacht, qui souhaitent le développement d'une aviation tactique, leur donne finalement raison.

Mais, Douhet avait tort. Le bombardier stratégique est une arme importante, certes, mais il ne représente pas l'arme absolue qu'il avait imaginée. La destruction de Hambourg, de Berlin ou de Dresde n'entraînera pas la cessation des hostilités. L'Allemagne ne capitulera que lorsque les armées alliées occuperont le terrain. Pire, l'emploi du bombardier stratégique est impossible sans la détention préalable de la supériorité aérienne. Or, c'est à l'avion de chasse, un élément oublié par les grands théoriciens de la fin des années trente et du début de la guerre, qu'il appartient de l'obtenir et de la conserver. Les grandes offensives aériennes, le débarquement, la libération de la France et l'occupation de l'Allemagne n'auraient jamais pu avoir lieu si les Alliés n'avaient pas disposé d'avions de chasse plus nombreux et plus performants que ceux de la *Luftwaffe*.

▲

Ce Supermarine Spitfire LF. XVIes (TB675) est la monture personnelle du *Squadron-Leader* D.P. Tidy, qui commande le n° 74 *Squadron* en 1945. Ce modèle, à moteur Packard Merlin 266, est une version optimisée pour l'appui tactique (on note les bombes sous les ailes) et livrée aux unités appartenant à la 2nd *Tactical Air Force*. (Collection R.C. Jones)

4. Aucun recensement précis du nombre des victimes n'a pu être effectué en raison de la présence de plusieurs dizaines de milliers de réfugiés. Selon les sources, l'estimation varie entre 80 000 et 250 000 morts. Quelle que soit l'hypothèse retenue, ce sera le raid le plus meurtrier de toute l'histoire de l'humanité.

XIX
LE TIR AUX PIGEONS DES MARIANNES
Le déclin du Soleil levant

Les Mariannes constituent le bastion avancé du périmètre de défense du Japon. La marine impériale ne peut demeurer passive alors même que les forces américaines le menacent. Dans la bataille qui s'annonce, l'amiral Ozawa voit l'occasion de venger l'affront de Midway. Mais la situation a bien changé depuis. Sacrifiée dans des actions sans portée stratégique, employée en trop petit nombre, trop tard, dans des conditions discutables, l'aéronavale japonaise a perdu de sa superbe. Ses pilotes chevronnés ont disparu pour la plupart dans les durs combats de l'année 1943, la marine impériale ne dispose plus que de trois porte-avions d'escadre et le *Zero* a trouvé son maître. Dans ce combat inégal, l'aviation japonaise subit sa plus totale déroute de toute la guerre du Pacifique. Les vétérans américains évoquent les événements de ce 19 juin 1944 avec un petit sourire en coin, car, pour eux, ce fut la journée du « tir aux pigeons ».

PARTICULIÈREMENT éprouvée depuis juin 1942, la flotte impériale se reconstitue lentement à l'abri des ports de la mer Intérieure. Son état-major attend avec impatience la rencontre « décisive » avec la flotte américaine qui ne manquera pas d'arriver un jour ou l'autre. La marine rêve de venger Midway. Oui, mais avec quoi ?

L'EFFONDREMENT DE L'AVIATION JAPONAISE

Des neuf porte-avions en service au moment de Pearl Harbor, seuls trois subsistent début 1944. Huit nouveaux ont été lancés depuis, mais le *Shôhô* connaît un sort tragique peu de temps après sa mise en service. Cependant, à l'exception des deux vétérans, le *Shôkaku* et le *Zuikaku*, qui embarquent 84 avions chacun, les neuf porte-avions dont dispose la marine impériale ne sont que des porte-avions légers ou d'escorte, dont la capacité est limitée à 53 avions pour les *Junyô*, *Hiyô* et *Hitaka* et à 30/33 avions pour les *Zuihô* (le troisième vétéran), *Ryuhô*, *Shinyô*, *Chiyoda* et *Chitose*. Le dernier-né, le *Taihô*, jaugeant 29 300 tonnes, compte parmi les gros porte-avions d'escadre ; pourtant, sa capacité est limitée à 53 avions.

Début 1944, l'*US Navy* aligne dans le Pacifique 10 porte-avions lourds d'escadre (CV) d'une capacité de 86 ou 100 avions selon les classes et 8 légers (CVL) d'une capacité de 45 avions, sans compter les nombreux porte-avions d'escorte (CVE).

En janvier 1944, le Japon dispose de 4 050 avions en première ligne, contre 11 442 aux Américains. La production couvre tout juste les pertes. Plus grave, la proportion de moteurs construits par rapport aux cellules commence à décroître pour atteindre le rapport d'un pour un à la fin de l'année, ce qui réduit d'une façon dramatique la durée de vie des avions de combat dont il devient vite impossible de changer le moteur. Malgré l'entrée en service de nouveaux modèles très performants, la qualité générale des avions s'est dégradée. Manquant de main-d'œuvre spécialisée, l'industrie aéronautique japonaise souffre en outre d'une organisation déficiente héritée de l'avant-guerre. La pénurie de matériaux stratégiques contraint à utiliser des succédanés, comme le contre-plaqué, que la technologie japonaise maîtrise mal et qui, par leur poids plus élevé, pénalisent le rendement des avions. En combat, déjà submergés sur le plan numérique, ils manifestent de graves lacunes dues pour la plupart à l'accent mis sur la maniabilité au détriment des performances pures. La rivalité qui existe à tous les niveaux entre l'armée et la marine disperse les efforts industriels. Il n'existe aucune compatibilité, par exemple, entre les obus et les batteries des appareils de la marine et ceux des appareils de l'armée. Entre 1941 et 1945, la marine ne développe pas moins de 53 modèles d'avions représentant 112 sous-versions et l'armée 37 modèles avec 52 variantes[1] !

▲
En 1944, le Grumman F6F Hellcat règne en maître au-dessus du Pacifique. Dérivé du F4F Wildcat, mais incorporant les enseignements tirés des combats aériens en Europe, il est produit à 12 274 exemplaires. Le Hellcat reçoit le baptême du feu en août 1943. On voit ici un F6F-3 de l'escadrille VF-2 sur le pont du *Hornet*.
(Collection C.-J. Ehrengardt)

1. R.J. Overy, *op. cit.*

Les ailes de la victoire — 211

TOUTES LES ROUTES MÈNENT À TOKYO

La guerre a bien changé depuis Guadalcanal. La priorité accordée au front européen et la longue période de transition nécessitée par la transformation d'une économie de temps de paix en une économie de guerre n'ont pas permis aux Américains d'exploiter pleinement leur victoire. Un certain équilibre a caractérisé les combats jusqu'en juin 1943, lorsque l'effort industriel américain a commencé à faire pencher la balance dans le Pacifique.

Début 1944, trois routes conduisant au Japon s'offrent aux Alliés. La première, au sud-ouest par les Philippines et Formose, est proposée par le général MacArthur, soucieux de mener à bien sa croisade personnelle et de tenir sa promesse (*I shall return !*). La seconde, mise en avant par la marine, vise à l'occupation des îlots du Pacifique, jusqu'à Iwo Jima et Okinawa qui serviront de tremplins pour le dernier bond sur le sud du Japon. Enfin, la dernière, soutenue par les Britanniques, consiste en une offensive dans le secteur Chine-Birmanie-Indes (CBI). En fait, ces stratégies, qui donnent naissance à de vives polémiques au sein des états-majors alliés, ne sont pas exclusives les unes des autres et, comme l'avenir le prouvera, toutes les routes mèneront à Tokyo.

Il demeure, toutefois, une épine plantée dans le flanc sud : Rabaul. Cette grande base aéronavale, objet d'une considération distinguée de la part de l'aviation alliée depuis six mois, a été fortement renforcée par les Japonais. La réduire semble trop coûteux et les Américains choisissent de la laisser en liberté surveillée. Les appareils de la 5th *Air Force* sont chargés de la neutraliser. Rabaul ne se rendra que le 15 août 1945, sur l'ordre exprès de l'empereur. Il reste alors 9 A6M5 *Zero*, commandés par le premier-maître Fukumoto, qui se battront jusqu'au dernier jour... Mais, dès novembre 1944, les Américains considèrent que la base japonaise ne constitue plus une grosse menace.

Cette politique de l'impasse, préconisée par l'amiral Halsey, est pratiquée à l'encontre d'autres places fortes, comme Bougainville, Wewak, Nauru, Yap, Palau et Wake. Telles des fruits mûrs, elles tomberont d'elles-mêmes lorsque la sève nourricière cessera d'arriver.

Le 31 janvier, l'opération « Flintlock » débute. Tandis que Truk — le Gibraltar du Pacifique — est rayé de la liste des bases navales japonaises par les avions embarqués de la *Task Force* 58, les Américains débarquent à Eniwetok — à 600 km à l'ouest des Marshall — le 18 février. Les forces japonaises sont également menacées plus au sud-ouest lorsque MacArthur met les garnisons de Hollandia (22 avril), Wakde (17 mai) et Biak (27 mai) à la raison.

La percée américaine a de quoi inquiéter le grand quartier général impérial. Les Mariannes ne sont qu'à 1500 km d'Eniwetok et le périmètre intérieur des lignes de défense de la mère patrie est gravement en danger. L'amiral Nagumo laisse dans l'affaire son poste de chef d'état-major de la marine et il est remplacé par l'amiral Shimada. Le Premier ministre, le général Tojo, se nomme lui-même chef d'état-major de l'armée.

Le 15 juin, les avions embarqués américains lancent leurs premiers raids sur les Mariannes. La bataille pour la conquête du bastion avancé de la défense du Japon commence. Par une curieuse ironie du sort, Nagumo, « promu » commandant de la flotte de Saïpan, va être pilonné par trois cuirassés qu'il a coulés un certain 7 décembre 1941.

L'opération « Forager » ne réunit pas moins de 535 navires avec comme objectifs principaux Saïpan et Tinian puis la reconquête de Guam. L'amiral Spruance a disposé les 106 bâtiments de guerre de sa 5e Flotte en un gigantesque « F » long de 55 km, dont les 15 porte-avions des quatre *Task Forces* forment le corps principal et la barre supérieure et les 7 cuirassés de l'amiral Lee la barre centrale.

LA MARINE IMPÉRIALE LÈVE L'ANCRE

Blâmée pour sa passivité lors de l'invasion des Marshall, la marine impériale appareille pour exécuter l'opération « A-GÔ », l'anéantissement de la 5e Flotte américaine. Pour se conformer à la traditionnelle complexité des ordres de bataille de la marine japonaise, l'amiral Kurita sert d'appât avec son avant-garde de trois croiseurs légers, précédant de 100 milles la force principale de l'amiral Ozawa composée de neuf porte-avions et cinq cuirassés, dont les monstres *Yamato* et *Musashi*, les plus gros bâtiments de combat jamais construits. La flamme de l'amiral flotte sur le porte-avions *Taihô*, sorti des chan-

Le Curtiss SB2C Helldiver entre en service en octobre 1943, mais l'appareil se révèle délicat et très lourd. Toutefois, au combat, il manifeste d'indéniables qualités qui amènent l'US Navy à remplacer progressivement les Douglas SBD sur ses porte-avions lourds. En juin 1944, seuls les Lexington et Enterprise ont conservé leurs Dauntless. Sur cette photo, des SB2C-4E de la VB-87 du porte-avions Ticonderoga, peu avant la fin des hostilités. (Collection C.-J. Ehrengardt)

2. Compte rendu de mission du Air Group Commander 16 (Lexington) — Archives US Navy.

tiers navals trois mois plus tôt. Avec ses 73 navires, la flotte d'Ozawa est la plus importante engagée depuis l'opération de Pearl Harbor.

Gêné dans sa liberté de mouvement par un approvisionnement en mazout insuffisant, Ozawa appareille au dernier moment pour se trouver à l'ouest de Saïpan à l'aube du 18 juin. Espérant prendre la flotte américaine dans un étau, il compte sur l'appui de la 1re *Kôkû-Kantai* (flotte aérienne) qui aligne un bon millier d'avions sur les terrains de Saïpan, Tinian, Truk et Iwo Jima, sous les ordres du vice-amiral Kakuta.

Cependant, les raids de la *Task Force* 58 ont prélevé un lourd tribut aux différentes unités aériennes japonaises. Au moment où se déroulent les débarquements américains, la 1re Flotte aérienne ne dispose plus guère que de 500 avions de combat en état.

INCAPABLES D'APPONTER CORRECTEMENT

Et que dire des pilotes de l'aéronavale japonaise ? Les flottilles embarquées ont été réorganisées le 15 février 1944 pour former les 601, 652 et 653 *Kôkûtai*. Le 652 *Kôkûtai* a été constitué autour du noyau provenant de la 2e Flotte anéantie à Rabaul et doit incorporer de nombreux jeunes pilotes sans expérience. Envoyé en Indonésie où il n'existe pas de restriction de carburant, le *Kôkûtai* ne parvient pas à exécuter son programme d'entraînement en raison de l'activité des sous-marins américains qui restreignent les manœuvres des porte-avions. En juin, la majorité des pilotes sont encore incapables d'apponter convenablement !

Peu concernée par la défense des Mariannes — essentiellement une affaire de la marine — l'armée est virtuellement absente du secteur. Ozawa ne peut compter que sur une 1re *Kôkû-Kantai*, dont les effectifs ont été portés à 540 appareils, mais qui est dispersée entre les Mariannes et les Philippines. Il dispose, bien entendu, des 451 appareils répartis à bord des porte-avions *Taihô*, *Shôkaku* et *Zuikaku* (601 *Kôkûtai*), *Junyô*, *Hiyô* et *Ryûhô* (652 *Kôkûtai*) et *Chitose*, *Chiyoda* et *Zuihô* (653 *Kôkûtai*).

Du côté américain, la 5e Flotte du Pacifique du *Rear-Admiral* Raymond A. Spruance engage la *Task Force* 58 du *Rear-Admiral* Marc A. Mitscher. Celle-ci se compose de quatre *Task Groups*, totalisant 896 appareils embarqués sur 7 porte-avions d'escadre lourds (CV) et 8 porte-avions d'escadre légers (CVL) :

Task Group 58.1 : *Yorktown (II)*, *Hornet (II)*, *Belleau Wood*, *Bataan*
Task Group 58.2 : *Bunker Hill*, *Wasp (II)*, *Monterey*, *Cabot*
Task Group 58.3 : *Enterprise*, *Lexington (II)*, *Princeton*, *San Jacinto*
Task Group 58.4 : *Essex*, *Cowpens*, *Langley (II)*.

Les chasseurs sont du type Grumman F6F-3 Hellcat, les bombardiers en piqué (uniquement à bord des CV) des Curtiss SB2C-1C Helldiver (*Yorktown*, *Hornet*, *Bunker Hill*, *Wasp* et *Essex*) et Douglas SBD-5 Dauntless (*Enterprise* et *Lexington*) et les torpilleurs des Grumman TBF-1/TBM-1 Avenger[2].

QUAND SPRUANCE RIME AVEC PRUDENCE

Avec le débarquement sur l'île de Saïpan, l'opération « Forager » commence le 15 juin à l'aube. Les deux forces navales japonaises, qui ont débouché dans la mer des Philippines, effectuent leur jonction sans avoir été repérées par les Américains. Ozawa, qui a découvert les quatre *Task Groups*, jouit d'un avantage non négligeable qu'il va toutefois perdre en envoyant un message à Kakuta. Intercepté par un poste d'écoute américain, il offre à Spruance la position approximative de l'escadre nippone. Mais, ce dernier n'est pas décidé à prendre le moindre risque. Estimant que sa mission consiste essentiellement à protéger les têtes de pont de Saïpan, Spruance décide de se replier vers l'est, une décision qui est loin de satisfaire l'amiral Mitscher. En effet, le rayon d'action de ses avions embarqués se trouve de ce fait limité à 500 km autour de Saïpan, ce qui donne un avantage à Ozawa dont les appareils moins lourds et équipés de réservoirs supplémentaires peuvent parcourir 150 km de mieux.

5 h 50, Task Force 58

L'aube du 19 juin se lève sur un temps radieux, contrastant singulièrement avec les conditions météorologiques des jours précédents. Spruance, satisfait d'avoir mis un peu de distance entre Ozawa et lui et de s'être rapproché des

Les ailes de la victoire — 213

plages de débarquement, ordonne de faire demi-tour pour aller au devant de son adversaire. C'est alors qu'il surprend — et inquiète — tout le monde en donnant l'ordre d'attaquer les terrains de Guam et de Rota. Mitscher objecte que d'envoyer des avions vers l'est sur des objectifs secondaires risque de placer la flotte américaine dans une situation délicate si l'aéronavale japonaise surgit de l'ouest. Spruance motive son attitude par la crainte d'être pris à revers par l'aviation terrestre japonaise. Une crainte parfaitement justifiée, comme le prouvent les nombreux échos détectés par les radars américains dans le secteur de Guam.

LA PREMIÈRE VAGUE JAPONAISE

7h20, Guam

Se préparant à la grande bataille aéronavale, Kakuta rapatrie une grande partie de ses appareils sur Guam à l'aube du 19 juin. Mais, déjà, une cinquantaine d'avions des *Lexington*, *Yorktown*, *Hornet*, *Belleau Wood* et *Cabot* se présentent à partir de 7h20 à la verticale du terrain d'Orote, puis se dirigent vers Truk. À quelques milles au sud-ouest de Guam commence alors une terrible bataille aérienne qui va durer plus d'une demi-heure. À 9h15, le combat cesse faute de combattants. Les Américains revendiquent 35 victoires aériennes, mais la bagarre est loin d'être terminée.

Les actions qui suivent seront contées dans leur continuité et non par ordre chronologique, afin de maintenir un semblant de cohésion et de clarté dans cette bataille aéronavale, la plus longue de toute la guerre du Pacifique, mais aussi la plus importante par le nombre de navires et d'avions engagés.

8h30, 1re Flotte mobile

Après avoir envoyé deux groupes d'avions de reconnaissance et avant même d'en envoyer un troisième, Ozawa libère une première vague offensive en direction des *Task Groups* 58.4 et 58.7, repérés par les hydravions de reconnaissance. À partir de 8h30, 14 chasseurs *Zero*, 45 chasseurs-bombardiers *Zero* et 8 torpilleurs « Jill »[3] s'élancent des porte-avions. Ils sont repérés peu avant 10 heures alors qu'ils se trouvent à 150 milles du TG58.4. À 10h10, Mitscher donne l'ordre de faire décoller tous les chasseurs disponibles[4], tandis que les *Hellcat* qui rentrent de Guam sont dirigés vers le point calculé d'interception.

Mais, le temps presse et les porte-avions américains disputent une véritable course contre la montre. Le premier Hellcat quitte le pont de l'*Essex* à 10h22. À ce moment précis, les avions japonais ne sont plus qu'à 105 milles (190 km) de leurs cibles. Ils vont fondre sur leurs proies avant que tous les chasseurs américains aient eu le temps de décoller et de prendre position.

Par chance, les Japonais eux-mêmes vont venir en aide à leurs adversaires. Souhaitant encadrer au moment de l'attaque ses jeunes pilotes, pour la plupart inexpérimentés, le *lieutenant de vaisseau* Kenji Nakagawa, commandant le 653 *Kôkûtai*, décide d'orbiter pour permettre le regroupement de ses avions. Il n'est alors qu'à 60 milles du TG58.4. Les précieuses minutes qu'il perd — mais lui n'a pas le sentiment de les perdre — sont mises à profit par les pilotes américains pour se masser (c'est le mot, car près de 200 Hellcat l'attendent de pied ferme) sur la route des Japonais.

10h35, Task Force 58

Les premiers en action sont ceux de la VF-15 (*Essex*), conduits par le *Lieutenant-Commander* Brewer. Les Américains revendiquent 25 avions japonais — dont quatre « Zeke » attribués à l'*Ensign* Fowler et cinq au *Lieutenant (jg)* Carr (VF-15). Tandis que quelques appareils tentent sans succès de bombarder les destroyers *Stockham* et *Yarnall* du TG58.7[5], trois A6M2 porteurs chacun d'une bombe de 250 kg se faufilent inaperçus et l'un d'eux place un coup au but sur le cuirassé *South Dakota*, ne causant que des dégâts matériels mineurs, mais tuant 27 membres de l'équipage.

Après le départ des derniers avions japonais, les deux camps font leurs comptes. Les Américains revendiquent 48 victoires, ce qui est assez proche de la vérité puisque les pertes japonaises s'élèvent à 8 A6M5, 32 A6M2 et 2

▲

En 1944, le *Slow But Deadly* (« lent mais mortel », surnom donné par ses équipages en jouant sur la dénomination de l'appareil, SBD) est encore présent à bord de tous les porte-avions d'escorte. Dans sa version SBD-5, il est équipé d'un radar dont on aperçoit une antenne de type Yagi sous le plan gauche. (Collection Tallandier)

3. La seule différence entre le TBF-1 et le TBM-1 réside dans le fait que le premier est construit par Grumman (son concepteur) et le second par Eastern Aircraft (groupe General Motors); les deux versions sont parfaitement identiques.

4. Son appareil (43-188), retrouvé presque intact dans une épaisse végétation qui a amorti sa chute, sera rapatrié au Japon en 1963 et remis en état.

5. Le TG58.7, commandé par le vice-amiral Lee, se compose de 7 cuirassés, 4 croiseurs et 15 destroyers.

Un Grumman TBF-1 Avenger s'apprête à rentrer après une mission de bombardement sur l'aérodrome de Tinian, en juin 1944. Bien que conçu à l'origine comme torpilleur, le TBF est fréquemment utilisé pour le bombardement d'objectifs terrestres. (Collection Tallandier)

6. CAP (Combat Air Patrol) : patrouille a priori de chasseurs maintenant une couverture permanente au-dessus des navires.

B6N2 ; leurs pertes se montent à quatre appareils et trois pilotes, dont le *Lieutenant-Commander* E.W. Wood, commandant la VF-27 (*Princeton*).

DEUXIÈME VAGUE JAPONAISE ET COUPS DE POUCE DU DESTIN

8 h 55, 1re *Flotte mobile*
Alors même que sa première vague se trouve encore sur son trajet aller, Ozawa n'en décide pas moins d'en lancer une seconde. À 8 h 55, le premier des 128 appareils commandés par le *lieutenant de vaisseau* Toshitada Kawazoe décolle du *Taihô*. Cette seconde vague se compose, à l'origine, de 48 A6M5, 53 D4Y2 et 27 B6N2 appartenant au 601 *Kôkûtai*. Par suite d'incidents, seuls 109 poursuivent leur route. Ils sont repérés par les radars américains à 11 h 07, alors qu'ils se trouvent à 115 milles de la TF58.

11 h 40, Task Force 58
Aux 129 F6F déjà en CAP[6] viennent s'ajouter 33 autres rapidement réarmés et ravitaillés. Le *Commander* David S. McCampbell, commandant l'*Air Group* 15 du porte-avions *Essex* plonge le premier à la tête de ses chasseurs sur les assaillants. Il s'ensuit une mêlée particulièrement confuse.

Il est 12 h 05 quand cessent les attaques de la seconde vague. Sur les 109 appareils engagés, seuls 23 réussissent à rentrer à leur porte-avions ou à rejoindre les terrains de Guam et de Rota. Les pertes du 601 *Kôkûtai* s'élèvent à 32 A6M5, 41 D4Y2 et 23 B6N2, y compris les dix appareils détruits ou fortement endommagés par leur propre artillerie antiaérienne. L'*US Navy* déplore la destruction de quatre Hellcat et la disparition de trois pilotes.

Les seuls succès des assaillants sont une bombe sur l'ascenseur arrière du *Bunker Hill* et quelques dégâts mineurs causés à l'*Indiana* par un « Jill » qui a percuté (volontairement ?) le cuirassé.

9 h 09, 1re *Flotte mobile*
Si Mitscher n'a pas réussi à localiser la flotte japonaise, le destin va lui donner un fameux coup de pouce. Ou plutôt deux coups de pouce. Le premier prend la forme de six torpilles lancées à 9 h 09 par le sous-marin *Albacore* contre un gros porte-avions qu'il identifie comme étant le *Taihô*. Le premier maître Komatsu aperçoit la salve au moment où il décolle et n'hésite pas à se sacrifier en précipitant son avion sur une torpille. Il ne peut cependant empêcher l'une des cinq autres de frapper le porte-avions. L'explosion rompt plusieurs canalisations, provoquant une accumulation dangereuse d'essence, de mazout et d'eau dans la cale. Toutefois, à peine ébranlé, le *Taihô* maintient sa place.

11 h 18, 1re *Flotte mobile*
Le second coup de pouce est donné par le sous-marins *Cavalla*. Émergeant pratiquement au beau milieu de la 1re division de porte-avions, il envoie une salve de torpilles en direction du *Shôkaku*. Trois frappent le gros bâtiment de plein fouet, à 11 h 18, provoquant un important incendie.

LA TROISIÈME VAGUE JAPONAISE

9 h 45, 1re *Flotte mobile*
Ozawa lance une troisième vague de 15 A6M5, 25 A6M2 et 7 B6N2 du 652 *Kôkûtai*, sous les ordres du lieutenant de vaisseau Hiroshi Yoshimura. Cette unité provient des restes de la 2e Flotte aérienne virtuellement anéantie à Rabaul. Recréée en mars 1944, sa reconstitution s'est avérée si pénible que ses pilotes sont considérés comme les plus médiocres de la 1re Flotte mobile. Déroutés sur des coordonnées contradictoires, les appareils de la troisième vague se scindent en deux formations distinctes, dont l'une maintenant le cap sur un relèvement erroné rentrera bredouille.

Les ailes de la victoire — 215

13 h 00, Task Force 58

Le premier groupe aperçoit des « cuirassés » qui sont en fait les porte-avions du TG58.1, mais aussitôt après, il est pris à partie par 40 Hellcat des VF-1 (*Yorktown*) et VF-2 (*Hornet*). Sept avions japonais sont abattus (2 A6M5, 4 A6M2 et 1 B6N2), les autres ne demandant pas leur reste après avoir tenté une timide attaque repoussée par un tir nourri de la DCA américaine.

LA QUATRIÈME VAGUE JAPONAISE

11 h 00, 1re Flotte mobile

Les premiers équipages qui appontent manifestent une vive exaltation. Ils clament que quatre porte-avions ont été coulés et six autres avariés et que de nombreux chasseurs américains ont été abattus. Au milieu de ce débordement d'enthousiasme, faire la part des choses n'est pas chose aisée et, dans ce domaine, les Japonais n'ont jamais vraiment excellé. Ozawa se laisse sans nul doute envahir par l'ambiance surexcitée qui règne à bord du porte-avions *Taihô*. Bien sûr, il manque beaucoup d'avions, mais tout laisse à penser qu'ils ont rejoint les bases terrestres de la 1re Flotte aérienne. Les rares messages laconiques et pour le moins ambigus de Kakuta ne sont pas de nature à le faire départir de son optimisme. En outre, il sait qu'il dispose d'un avantage décisif sur les Américains : lui seul connaît la position de la flotte adverse. Si les Américains l'avaient repéré, il y a longtemps que leurs avions seraient apparus au-dessus de la 1re Flotte mobile. Or, à 11 heures, il n'en est rien. Cet avantage ne durera pas, il faut donc en profiter le plus vite possible.

Il décide alors de lancer une quatrième vague en rassemblant le maximum d'avions disponibles. Celle-ci, qui se compose de 82 appareils provenant des 601 et 652 *Kôkûtai*, prend l'air à partir de 11 heures. Par un malheureux concours de circonstances, elle est envoyée sur les mauvaises coordonnées. Au terme d'un parcours de deux heures, ne trouvant aucune trace de la flotte américaine, les équipages japonais se mettent à tourner en rond. Dans le climat d'hésitation qui prévaut alors, chaque commandant de *Buntai*[7] prend sa propre décision. Les 18 *Zero* du 601 *Kôkûtai* rebroussent purement et simplement chemin et rentrent se poser sur le *Zuikaku*. Un groupe de neuf « Judy » et six *Zero* se dirige sur Rota, tandis que 20 *Zero*, 27 « Judy » et 2 « Jill » décident de mettre le cap sur Guam.

14 h 25, Task Force 58

Le premier groupe tombe par hasard sur le TG58.2, prenant la détection américaine par surprise. Les rares bombes qui prennent le *Wasp* et le *Bunker Hill* comme cibles ne trouvent pas leurs marques. Un A6M2 et cinq D4Y2 sont abattus par les Hellcat. Les neuf survivants vont se poser à Rota.

14 h 50, Guam

Au moment où le second groupe se présente au-dessus de Guam, il est surpris par 41 Hellcat des VF-2 (*Hornet*), VF-10 (*Enterprise*), VF-15 (*Essex*) et VF-25 (*Cowpens*) dirigés par le contrôleur de la chasse, alerté par les nombreux échos détectés sur les radars de la TF58. Certains appareils sont attaqués alors qu'ils s'apprêtent à se poser, train et volets sortis. La réaction des pilotes japonais, vexés d'être ainsi « coiffés » sur leurs propres bases, est vive. Les *Zero* revendiquent six victoires, mais seulement un *Zero*, sept « Judy » et un « Jill » parviennent à se poser sans encombre. Parmi les victimes américaines se trouve le *Lieutenant-Commander* C.W. Brewer, commandant l'escadrille VF-15. Deux autres pilotes de Hellcat sont tués dans le combat.

LE TIR AUX PIGEONS DES MARIANNES

15 h 00, 1re Flotte mobile

À bord du *Shôkaku*, frappé par les torpilles du Cavalla, les équipes de sécurité n'ont pas réussi à maîtriser l'incendie. La chaleur dégagée est si intense que les bombes et les torpilles aériennes explosent spontanément vers 15 heures, brisant le porte-avions en deux. En quelques minutes, le vétéran de Pearl Harbor s'enfonce dans les eaux de la mer des Philippines.

Trente-deux minutes plus tard, c'est au tour du *Taihô*. Les vapeurs hautement volatiles d'essence et de mazout enfermées dans la cale se répandent dans tout le bâtiment. La première étincelle sera la bonne. La déflagration soulève le pont d'envol. Le croiseur *Haguro* s'approche pour prendre à son bord

7. La *Buntai* (escadrille) est l'unité de base de la marine impériale. Plusieurs *Buntai* forment un *Kôkûtai* et chacune possède sa spécialité propre (chasse, bombardement en piqué, torpillage...) et, bien entendu, un type d'appareil spécifique. Pour compliquer les choses, ces *Buntai* sont réparties par sections sur chacun des trois porte-avions assignés au *Kôkûtai*.

l'amiral Ozawa et son état-major. Deux heures plus tard, une nouvelle explosion entraîne le porte-avions au fond du Pacifique et, avec lui, plus de 1500 membres de son équipage.

18h45, Guam

La bataille aérienne cesse enfin. Commencée au-dessus de la Task Force 58 à 5h50, elle s'achève au-dessus de Guam treize heures plus tard. C'est dans la soirée que naît dans la bouche du Lieutenant Commander Paul Buie, commandant la VF-16, l'expression « Marianas Turkey Shoot », le « tir aux pigeons des Mariannes ». Elle frappera tant l'imagination des correspondants de guerre qu'elle s'étalera dans les jours qui suivent à la une de tous les quotidiens aux États-Unis. Il y a de quoi !

Les quatre vagues japonaises ont été noyées dans un bain de sang. Pour la perte de 30 appareils et de 27 aviateurs, les Américains ont infligé une cuisante défaite à la marine impériale. Sur les 324 appareils engagés par Ozawa, 191 ont été abattus et une bonne partie de ceux qui ont réussi à rentrer ont été trop fortement avariés pour être réparés. Il faut également tenir compte des avions qui ont sombré dans les flancs des Taihô et Shôkaku, dont on ignore le nombre exact, mais qui viennent grossir les rangs des pertes, au même titre que les 35 appareils de la 1re Flotte aérienne abattus au large de Guam dans la matinée et ceux, non précisément dénombrés, détruits au sol.

Vingt-quatre pilotes de la VF-16 se sont taillés la part du lion, se partageant les 44 victoires homologuées à cette escadrille. Le grand vainqueur de cette journée s'appelle Alexander Vraciu. Lieutenant (jg) à la VF-16, il revendique six « Judy » abattus en quelques minutes, pour porter son palmarès personnel à 18 victoires homologuées.

Toutefois, la première bataille de la mer des Philippines ou bataille des Mariannes est loin d'être terminée, car les Américains sont bien décidés à prendre — enfin — l'initiative. Mais, l'affaire ne se présente pas pour le mieux.

À LA POURSUITE DE L'INSAISISSABLE ESCADRE JAPONAISE

Tout au long de la bataille, la TF58 a évolué à la manière d'un danseur de tango, avançant selon une ligne générale est-ouest, mais mettant fréquemment cap à l'est, face au vent, pour faire décoller ou apponter les avions. Il faut attendre 20 heures pour que Mitscher se dirige enfin plein ouest. La flotte japonaise n'a pas échappé à ces manœuvres erratiques, mais elle a pu mettre définitivement cap au nord-ouest deux heures avant les Américains afin de mazouter pour reprendre l'offensive ultérieurement. Ozawa a donc pris une avance substantielle sur un ennemi qui le poursuit en aveugle et, qui plus est, dans une mauvaise direction.

Il est pour le moins étonnant qu'aucun avion de reconnaissance n'ait été lancé par Mitscher pendant la nuit. Ce n'est qu'à 5h30 le 20 juin que des SBD-5 s'envolent pour localiser la flotte nippone. Mais toutes les recherches restent vaines. Pris d'une subite inspiration, Mitscher infléchit sa route en direction du nord-ouest vers midi.

Pendant ce temps, la vision des événements de la veille commence à s'éclaircir pour Ozawa. Un rapport d'avions de l'armée impériale retransmis par l'Amirauté de Tokyo l'informe que la flotte américaine n'a pas été aussi malmenée qu'il le croit. Il est alors informé qu'un de ses avions d'exploration a croisé la route de deux appareils embarqués américains. Sans pour autant être intacte, l'escadre américaine est indéniablement à ses trousses. Vers 13 heures, il établit son poste de commandement à bord du porte-avions Zuikaku où il apprend la destruction de la quasi-totalité des avions basés ou recueillis à Guam. Cependant, il est conscient de disposer encore d'une puissance navale supérieure à celle des Américains et il demeure persuadé que le sort des armes peut toujours lui être favorable.

LE CRUEL DILEMME DE MITSCHER

Après le changement de cap de la TF58, un TBF de la VT-10 (Enterprise) repère enfin plusieurs navires à près de 530 km de la TF58. Mais, il est 15h40. Mitscher a vite fait ses calculs. Les décollages ne peuvent pas être terminés avant une

À l'été 1944, le Zero constitue toujours l'épine dorsale de la chasse de la marine impériale. Mais les temps ont bien changé. La version A6M5c représentée ici, armée de deux canons de 20 mm et trois mitrailleuses de 13 mm (dont une dans le capot), pèse 350 kg de plus que les versions précédentes mais conserve le même moteur Sakae 21 de 1 130 ch (à titre de comparaison, le moteur du Hellcat développe 2 000 ch). Si l'on ajoute la piètre formation des jeunes pilotes japonais, on comprend que le Zero a quelque peu perdu de sa superbe. (Collection C.-J. Ehrengardt)

Les ailes de la victoire — 217

bonne heure et il faudra deux heures aux appareils pour atteindre la flotte japonaise — à l'extrême limite de leur rayon d'action. À cette heure, sous ces latitudes tropicales, il ne fera pratiquement plus jour, ce qui signifie qu'inévitablement les appontages devront s'effectuer en pleine nuit.

Dans les minutes qui suivent la réception de cette information cruciale, l'amiral Mitscher est en proie à un terrible dilemme. Ancien aviateur, il a toujours répugné à engager ses « boys », comme il les appelle affectueusement, dans des opérations trop risquées. Peu de pilotes sont qualifiés pour les appontages nocturnes et les chasseurs seront à la limite maximale de leur endurance. Même sans tenir compte de dommages subis au combat, un certain nombre d'avions, en délicatesse avec leur jauge, devront amerrir en pleine nuit avec le risque de ne pas pouvoir repêcher les équipages. Son potentiel en sera d'autant diminué pour d'éventuelles opérations ultérieures. Attendre le lendemain serait la solution de la sagesse, mais où sera alors cette insaisissable escadre japonaise ? Midway a prouvé que la victoire ne sourit pas nécessairement au plus fort ni au plus prudent, mais bien souvent au plus rapide.

À 16 h 10, sa décision est prise. Dix minutes plus tard, la TF58 fait une nouvelle fois demi-tour, face au vent et les premiers appareils décollent. En un quart d'heure, six porte-avions d'escadre et cinq légers lancent 85 F6F-3 Hellcat, 77 SBD-5 Dauntless et SB2C-1 Helldiver et 54 TBF-1/TBM-1 Avenger.

FACE AU SOLEIL COUCHANT

Les Japonais se retrouvent brutalement dans la situation inverse de la veille. Ayant intercepté le message du TBF, ils savent qu'ils ont été repérés, tandis qu'eux sont désespérément à la recherche de l'escadre américaine. Cependant, une heure plus tard, à 17 h 15, un « Jill » envoyé en reconnaissance localise l'un des *Task Groups*. Trois quarts d'heure plus tard, Ozawa lance 7 torpilleurs « Jill », dont un seul trouvera l'escadre américaine dans des circonstances tragi-comiques que nous verrons plus tard.

Les deux formations aériennes se croisent à 18 h 25 entre deux nuages. Toutefois, aucune ne rompt son dispositif de vol; les uns craignent trop la panne d'essence et les autres sont sans escorte. Averti de l'arrivée d'avions ennemis, Ozawa fait décoller tous les avions en état. Environ 75 se mettent à décrire de larges cercles au-dessus de la flotte, parmi lesquels huit A6M5 *Zero* du 601 *Kôkûtai* menés par l'enseigne de vaisseau Yoshio Fukui, l'un des derniers vétérans comptant alors sept victoires remportées pour la plupart en Chine.

Pendant près de deux heures, les pilotes américains se dirigent droit sur un soleil couchant dont la taille et la couleur flamboyante imprégneront fortement leur esprit. Au fur et à mesure de leur avance, le disque solaire prend une teinte rouge-orangée et semble emplir tout l'horizon en s'enfonçant lentement dans la mer, aveuglant une dernière fois les pilotes derrière leur pare-brise avant de céder progressivement sa place à une pénombre angoissante.

UN RÉSULTAT DÉCEVANT

À 18 h 45, les pilotes américains aperçoivent l'escadre japonaise. Onze SBD-5 et cinq TBF-1 du *Lexington*[8] bombardent le *Hiyô*, plaçant onze coups au but. Sous les ordres de l'*Ensign* George B. Brown, quatre TBF du *Belleau Wood* armés d'une torpille s'en prennent au même porte-avions. Touché et blessé, Brown fait sauter ses deux coéquipiers et s'approche le plus près possible de sa cible pour lancer sa torpille. L'appareil part en abattée quelques secondes plus tard et percute la surface de l'eau. La torpille frappe le porte-avions par le travers, provoquant une violente explosion suivie d'un gigantesque incendie qui se propage rapidement à tout le bâtiment. Transformé en brûlot flottant, le *Hiyô* coulera vers 20 h 40.

Quatre TBF et plusieurs SB2C-1 du *Yorktown*, quatre TBF-1 du *Hornet*, ainsi que des bombardiers en piqué de l'*Enterprise* et du *San Jacinto* visent le *Zuikaku* qui subit diverses avaries. Plusieurs autres navires, notamment le porte-avions *Chiyoda* et le croiseur lourd *Maya* sont légèrement endommagés et deux pétroliers sont abandonnés en feu.

Si la DCA japonaise a dressé un rideau d'obus de toute nature, à la thermite et au phosphore, sans grande précision, la chasse japonaise s'est montrée très agressive. Il semble que sur les vingt-huit appareils américains abattus, vingt l'ont été par les *Zero*. Le 601 *Kôkûtai* revendique la destruction de quinze appareils ennemis, mais sept des huit A6M5 de Fukui sont contraints

8. Le *Lexington* a dépêché 11 F6F-3 de la VF-16.

d'amerrir en raison de l'obscurité. Le 652 *Kôkûtai* revendique sept TBF sûrs et quatre autres appareils probables, mais il perd onze « Zeke » en combat, trois autres devant amerrir. Le 653 *Kôkûtai* partage environ vingt victoires sûres et probables avec le 652, mais à la fin de la bataille ses effectifs sont brutalement ramenés à 2 A6M5, 3 A6M2 et 6 B6N2 (ce qui porte le total de ses pertes à soixante et onze appareils pour ces deux jours).

Les pertes de l'*US Navy* sont, cette fois, loin d'être négligeables (plus de 13 %) et les résultats demeurent somme toute mitigés. Lorsque les équipages quittent le théâtre de la bataille, vers 19 h 10, ils n'ont obtenu aucun résultat tangible. Comparée au succès éclatant de Midway, la conclusion de cet affrontement est pour le moins décevant. Mais, pour les pilotes américains, le plus dur reste à venir.

LES AVIATEURS ONT PEUR DU NOIR

Plus que par l'attaque de l'escadre japonaise proprement dite, les pilotes américains ont été préoccupés tout au long du trajet aller par la panne sèche qui les guette au retour et la dangereuse manœuvre que constitue un appontage de nuit au moment où ils toucheront au but. Encaisser un coup direct de la DCA ou être mis en flammes par un « Zeke » ne constitue pas nécessairement une fin plaisante, mais pour eux, elle est plus enviable qu'une mort par épuisement dans un canot de sauvetage ou flottant à une *Mae West*, après un amerrissage nocturne qui amoindrit considérablement les chances d'être retrouvé.

Le commandant de la TF58 le sait. Curieux personnage que ce Marc A. Mitscher, au visage rude et buriné de fermier du Middle West, dont la frêle silhouette (65 kg pour 1,65 m) n'a rien pour imposer le respect naturel. Breveté pilote de l'*US Navy* en 1915, il a ensuite gravi tous les échelons de l'aéronavale sans cesser de manifester une grande prévenance pour ses aviateurs, qui la lui ont toujours rendue. S'exprimant peu et calmement, il s'est finalement imposé par la douceur et la sympathie qui n'ont jamais exclu la détermination et le courage dans ses prises de décision.

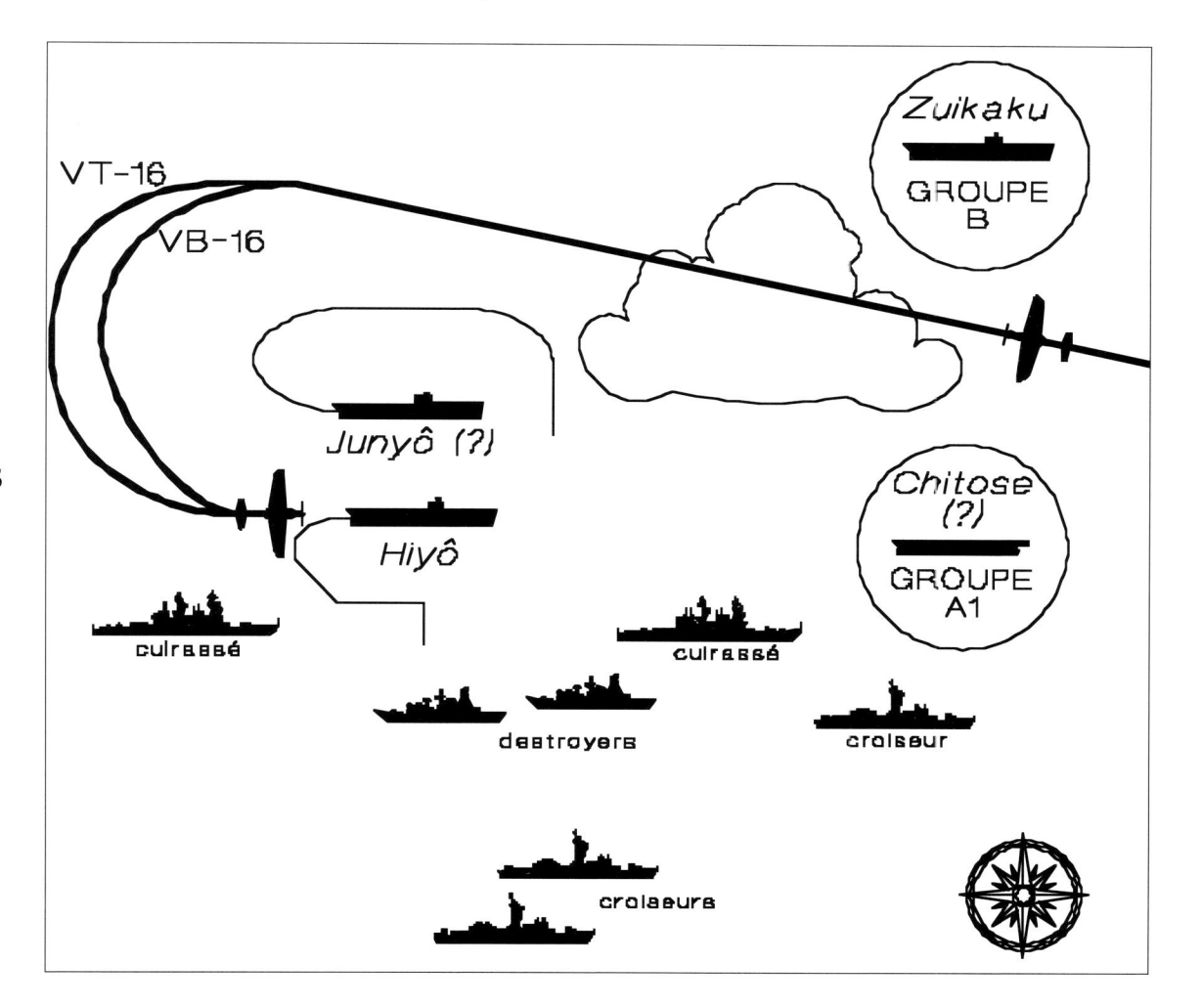

L'ATTAQUE DES AVIONS DU LEXINGTON
20 juin 1944

Il prend alors un nouveau risque en donnant l'ordre de maintenir un cap nord-ouest de manière à raccourcir la distance qui sépare ses « boys » des porte-avions. Ce faisant, il raccourcit également la distance qui le sépare d'une éventuelle escadre japonaise dont on sait qu'elle excelle dans l'art du combat naval nocturne. Les avions américains sont guidés pour le retour par l'émission d'un radiophare, mais ce moyen paraît bien insuffisant à l'amiral. De risque, il en prend un supplémentaire — et de taille — en demandant aux porte-avions d'allumer tous leurs projecteurs de pont et de pointer le plus puissant à la verticale dès que les avions arriveront à moins de 10 milles. Les sous-mariniers savent que la lueur d'une cigarette qu'on allume est visible à plus de 15 milles. C'est donc un gigantesque phare que Mitscher fait allumer et qui peut attirer tout ce que le Japon peut faire naviguer sur l'eau, sous l'eau et voler dans les airs à plus de 100 milles à la ronde.

À 20 h 45, les marins américains décèlent un bruit de moteur. La *Task Force 58* s'illumine comme les gratte-ciel de Manhattan. Mitscher fait signaler par radio que les pilotes peuvent se poser sur le premier porte-avions venu. C'est un Avenger qui apponte le premier à 20 h 50. Mais, derrière lui, la situation a pris un tour catastrophique.

Les pilotes des avions endommagés lors de l'attaque et ceux qui ont dû livrer un long combat en surrégime savent depuis longtemps qu'ils ne rentreront pas. Les autres espèrent. Au ras des flots, où le rapport vitesse/consommation est le meilleur, regroupés par petits paquets autour d'un Avenger qui bénéficie d'un navigateur, tous feux allumés, les pilotes ont les yeux rivés sur la jauge de carburant. La tension nerveuse est telle que certains oublient simplement de regarder l'altimètre et percutent les flots. Les isolés sont habités par une peur panique de s'égarer ; s'ils doivent « aller au bain », personne ne pourra jamais les récupérer. À partir de 20 heures, la radio retransmet de plus en plus régulièrement le drame personnel de certains équipages. Jauge à *zero*, certains annoncent leur position « estimée » à leurs camarades et les conversations se terminent généralement par un *so long* qui pour les autres résonne comme un adieu.

Le Mitsubishi B6N1 (« Jill »), qui succède au « Kate », devient le torpilleur standard de la marine impériale à partir de 1943. Il souffre cependant des mêmes défauts que la plupart des avions japonais, aggravés par la pénurie de main-d'œuvre qualifiée. (Collection W. Green)

UN « JILL » TENTE DE SE POSER SUR LE *WASP*

Une nuée d'abeilles s'abat sur les ruches, dans tous les sens — et parfois en dépit du bon sens. Parmi ces abeilles s'est glissé un faux bourdon. L'officier de pont du *Wasp* s'apprête à diriger les manœuvres d'un appareil qui se présente train et volets sortis, mais il éprouve quelques difficultés à l'identifier. À sa grande surprise, il aperçoit les fameux disques rouges (que les Américains surnomment « boulettes de viande ») sous les ailes et reconnaît aussitôt la silhouette d'un « Jill ». Immédiatement, il agite ses raquettes lumineuses pour lui faire signe qu'il lui est impossible d'apponter. Discipliné, le pilote Japonais remet les gaz et, tous feux allumés, tente une approche sur le *Lexington* où le *batman* lui signifie la même interdiction. Les servants de DCA pointent leurs tubes sur l'intrus, mais, brutalement, sans que rien ne le laisse prévoir, le torpilleur glisse sur l'aile et s'abîme dans la mer, victime probablement lui aussi d'une panne d'essence.

Quelques appareils tombent encore, à quelques encablures de la terre promise. Un pilote de Helldiver, cédant à la panique, grille la priorité à un appareil en approche et s'écrase sur le pont du *Lexington*, obligeant les pilotes qui attendent leur tour à aller chercher refuge ailleurs.

Cent appareils n'ont pas regagné la TF58. Si l'on en déduit les 28 abattus pendant l'attaque de l'escadre d'Ozawa, ce sont donc 72 avions qui ont fait le grand plongeon. Ces pertes se décomposent en 23 F6F-3 Hellcat, 45 SB2C-1 Helldiver et SBD-5 Dauntless et 32 TBF-1/TBM-1 Avenger. Sur les 209 aviateurs portés disparus, 160 seront repêchés dans les jours suivants. Toutefois, parmi les 116 appareils qui ont réussi à apponter, au moins quatre d'entre eux ont été détruits et plusieurs fortement endommagés.

Le 21 juin, les avions de reconnaissance américains localisent l'escadre japonaise qui se trouve alors hors de portée de l'aviation embarquée. Quant à Ozawa, à qui il ne reste plus, en tout et pour tout, que 35 avions, il reçoit dans la soirée l'ordre de Tokyo de se replier. La bataille est bel et bien terminée. Signalons, en épilogue, que le vainqueur de Pearl Harbor, l'amiral Nagumo,

▲
L'un des rares avions japonais équipés d'un moteur en ligne, le Aichi D4Y2 («Judy») est destiné à remplacer le Type 99 («Val»). Deux prototypes sont utilisés à titre expérimental comme avions de reconnaissance à Midway et l'appareil arrive en service fin 1942. Cet appareil appartient au 653 Kôkûtai qui sera particulièrement actif les 19 et 20 juin 1944.
(Collection C.-J. Ehrengardt)

exilé comme commandant de la flotte de Saïpan, se fera *hara kiri* le 6 juillet, quatre jours avant la chute de l'île.

UNE VICTOIRE STRATÉGIQUE DE PREMIÈRE IMPORTANCE

Les raisons de l'échec d'Ozawa sont faciles à analyser. La plus importante, que nous avons déjà mise en avant, concerne la disparition de la majorité des pilotes chevronnés depuis un an au cours d'opérations sans portée stratégique, entre Rabaul et les Salomon. Encadrer quelques « bleus » dans une formation n'est pas toujours facile, mais quand le leader lui-même n'a pas plus de 500 heures de vol, son unité tout entière est vouée à la mort. Un historien japonais a parfaitement résumé la situation : « [...] au cours de ces deux années [1942-1944], l'âge moyen des commandants de groupe aérien était tombé d'au moins dix ans. Et la valeur des équipages avait diminué parallèlement. »

À l'inverse de Spruance, le vainqueur de Midway, et de Mitscher, qui a fait ses armes aux côtés de Halsey à Guadalcanal, l'amiral Ozawa n'a aucune expérience de la guerre aéronavale, pas davantage que son chef d'état-major et son chef des opérations. Sur le plan stratégique, Ozawa a commis l'erreur d'envoyer quatre vagues distinctes contre l'escadre américaine. Une plus importante, ou à la rigueur deux, aurait permis à davantage d'avions de s'approcher des porte-avions américains en provoquant un phénomène de saturation de la défense aérienne.

Bien que décevant en apparence, le bilan de la première bataille des Philippines est particulièrement favorable aux Américains. La forme peut prêter à discussion, mais le fond est incontestable. Il s'agit d'une victoire stratégique de première importance. Les Japonais ne s'y trompent pas, qui en forme de sanction font tomber le cabinet Tojo, remplaçant des extrémistes par des jusqu'au-boutistes. L'aviation embarquée a été rayée des listes de l'inventaire des forces armées impériales. Incapable d'armer de nouveaux porte-avions, la marine utilisera les derniers qui lui restent — sans avion — comme vulgaires appâts quatre mois plus tard.

Avec Saïpan est tombé le dernier rempart de la Sphère de coprospérité de la Grande Asie. Entre les Mariannes et le Japon, il n'y a désormais plus rien, que l'immensité d'un océan qu'un monstre de fer ne va pas tarder à combler pour semer la mort et la destruction au cœur même de la mère patrie. Il a pour nom Boeing B-29.

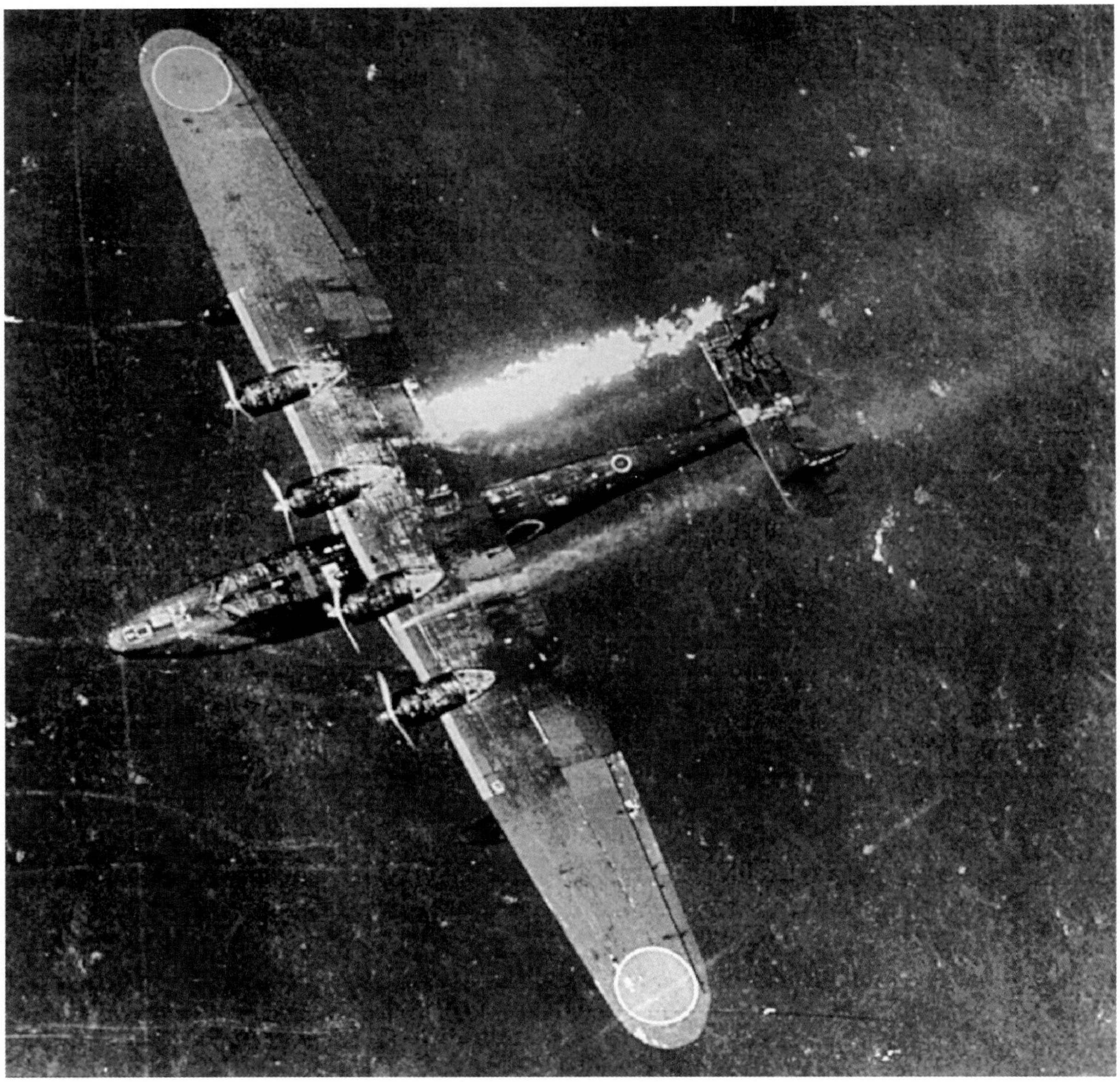

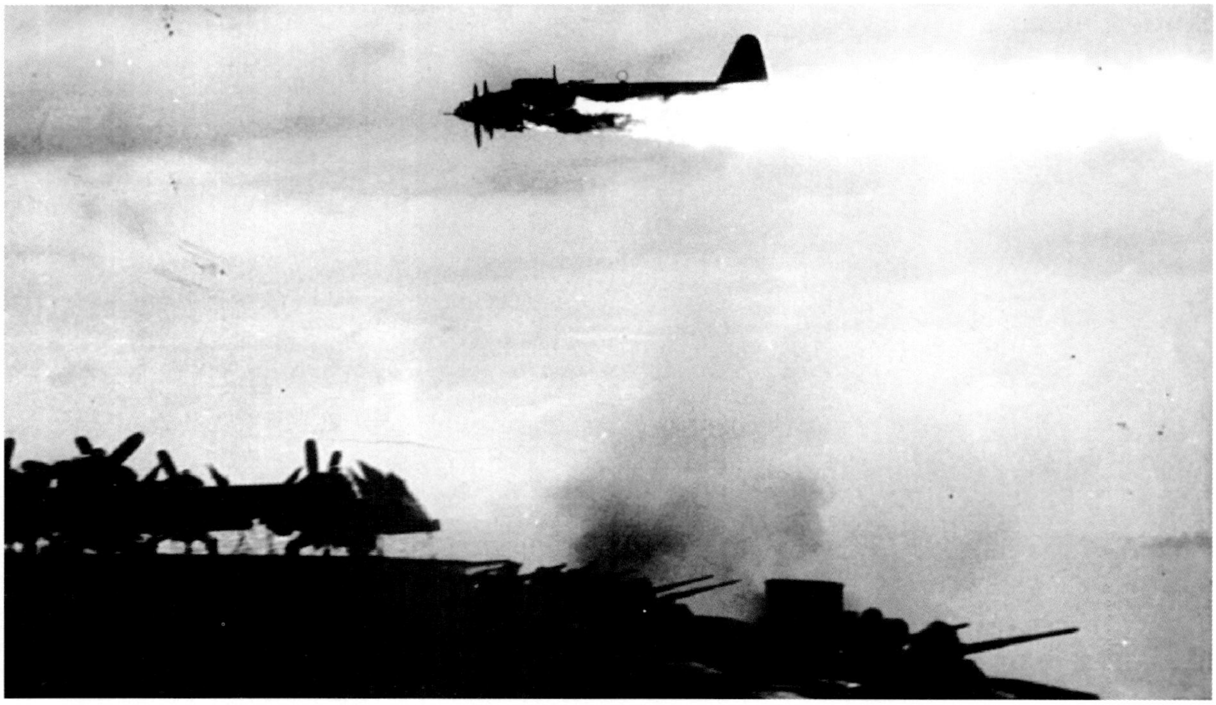

XX
LE SOUFFLE DU VENT DIVIN
L'épopée des Kamikaze

Alors que la seconde bataille de la mer des Philippines tourne, comme la première, à la confusion de la marine impériale, un groupe d'aviateurs reçoit le feu vert officiel pour former un corps des « volontaires de la mort », que l'imagerie populaire a immortalisé sous le nom de Kamikaze. Quelles chances pensent-ils avoir réellement d'influer sur le cours de la guerre en s'écrasant à bord de leur avion sur les navires américains ? S'en soucient-ils vraiment ? Le résultat n'est-il pas pour eux moins important en définitive que leur sacrifice suprême pour leur honneur et celui de l'empereur, pour celui de leur patrie et de leur famille, et la sauvegarde de leurs traditions séculaires ?

PIQUÉ À LA MORT

◀ Une photo saisissante d'un hydravion géant Kawanishi H6K2-L « Mavis » sous le feu d'un PB4Y (un Liberator de l'*US Navy*) au large de Truk. Le réservoir d'aile gauche crevé et le droit incendié, l'appareil japonais n'ira pas bien loin.
(Collection Tallandier)

Il EST 7 h 50 quand les veilleurs du porte-avions *Sangamon* aperçoivent, arrivant du sud-ouest, quatre chasseurs japonais du type « Zeke », évoluant d'une manière assez déconcertante vers 3 000 mètres d'altitude. Alors même que de nombreuses proies faciles s'offrent à eux sous la forme de lourds bombardiers-torpilleurs décollant d'autres porte-avions, ces avions de chasse les survolent avec dédain, sans leur accorder la moindre attention. Un nuage les cache, comme s'ils souhaitaient passer inaperçus.

Au débouché de la masse nuageuse, trois « Zeke » se mettent en piqué, tandis que le quatrième maintient son altitude et se met à décrire des cercles. À peine les veilleurs quittent-ils des yeux cet appareil, qu'ils s'aperçoivent que l'un des trois autres se trouve pratiquement à la verticale du porte-avions *Santee*. Le piqué n'a pas duré plus de vingt secondes.

Mais alors que l'appareil aurait dû depuis longtemps larguer la bombe qu'il porte sous le fuselage et entamer sa ressource, il accentue au contraire son piqué. À bord du *Santee*, les servants de la DCA n'ont pas vu venir les « Zeke ». Ils n'ont pas le temps d'armer leurs canons. Dans un suprême réflexe, ils se jettent à plat ventre. Le « Zeke » percute le porte-avions au niveau de l'ascenseur avant. Il déclenche une série d'explosions, à commencer par celle de sa bombe qu'il n'a pas décrochée. Il a creusé une brèche de huit mètres dans l'acier.

Les hommes se relèvent tandis que résonnent les sirènes d'incendie. Un bref regard échangé dénote leur inquiétude. Ils restent silencieux, mais la même question est sur toutes les lèvres : le Japonais s'est-il écrasé délibérément ou à la suite d'une fausse manœuvre ? Les deux autres « Zeke » leur fournissent la réponse. Ils leur arrivent dessus, de la même manière. Cette fois, la DCA ouvre le feu. L'un des deux prend feu et s'écrase dans l'eau, l'autre, également touché, dévie sa course et manque le porte-avions.

◀ 5 mai 1945, au large d'Okinawa. Un bombardier « Betty » incendié par la DCA tente de s'écraser sur un porte-avions d'escorte.
(Collection Tallandier)

Il n'y a plus de doute possible. Ces piqués à la mort sont volontaires. Souvent par le passé, des avions japonais, frappés à mort ou trop endommagés pour pouvoir rentrer à la base, ont tenté de percuter des navires américains. Il y en a même eu un dès Pearl Harbor qui, touché par la DCA, s'est précipité sur le porte-hydravions *Curtiss*. Mais, aucun des trois « Zeke » n'a été atteint par l'artillerie antiaérienne avant de plonger sur le *Santee* — et pour cause.

La DCA touche le quatrième, qui tourne toujours en rond, comme s'il hésitait sur la conduite à tenir ou comme s'il choisissait sa cible, avec sérénité, indifférent à tout ce tumulte. Une fumée noire s'échappe du moteur. Alors, le pilote semble se décider. Il pique à son tour, sur le porte-avions *Suwanee*. Tout ce qui dans la flotte américaine peut tirer sur cet avion fou ouvre le feu. Les servants de la DCA du *Suwanee* ont compris : c'est lui ou eux. L'avion est touché à mort, mais trop tard. Il percute un TBF qui vient juste d'apponter — ses trois hommes d'équipage sont tués sur le coup. La bombe que porte l'avion japonais explose. Le choc, terrible, ébranle le gros navire dans ses œuvres vives. L'incendie se propage à neuf autres appareils parqués sur le pont ; ils sont rapidement la proie des flammes. Il faudra plusieurs heures aux pompiers pour en venir à bout. On relève 143 cadavres, 102 marins sont blessés à des degrés divers.

Ce 25 octobre 1944 marque la première mission officielle du corps des « volontaires de la mort ». Elle a valeur de symbole à plus d'un titre. Pour ces quatre premiers pilotes, comme pour les 2 936 autres qui les suivront[1], les résultats ne seront jamais à la hauteur des sacrifices consentis ni de leurs espérances. Car, bien qu'ayant subi de lourdes avaries, aucun des deux porte-avions touchés lors de cette première sortie ne coule.

LE VENT DIVIN D'ISE

Le 14 août 1281, 3 500 navires de guerre portant plus de 100 000 guerriers du redoutable chef mongol Kubilaï-Khan traversent la mer pour envahir les îles du Japon afin d'achever l'unification de l'immense empire que le Khan vient de bâtir. La menace qui pèse sur le Japon est effroyable. C'est alors que se déchaîne l'une des tornades les plus épouvantables que ces rivages aient jamais connue. Tels des fétus de paille, les navires du Khan sont balayés et engloutis les uns après les autres. Les rares survivants qui atteignent le rivage sont impitoyablement massacrés ou emmenés en esclavage. Les Japonais voient dans cet ouragan une providentielle intervention divine. L'empereur Komei s'agenouille sur la plage et rend grâce au « vent divin » d'Ise qui a sauvé son pays de la horde mongole. À quel plus beau surnom pourraient s'identifier les aviateurs japonais qui choisissent de sacrifier leur modeste existence terrestre pour sauver l'empire, que celui de Kamikaze : le vent divin ?

Pilotes-suicides ? Certainement pas. Le terme de suicide est empreint d'une connotation trop occidentale. Pilotes du sacrifice, plutôt. Il faut avoir à l'esprit que le Japon de 1944 vit depuis très longtemps en autarcie, quasiment coupé du reste du monde et que ce repli sur lui-même a renforcé le respect des valeurs traditionnelles séculaires. Le Samouraï brille dans l'imaginaire des jeunes pilotes comme l'archétype du guerrier. Comme le dit un proverbe : « De même que la fleur du cerisier est la première parmi les fleurs, le guerrier est le premier parmi les hommes. » Le sens de l'honneur est poussé à son paroxysme ; plutôt la mort que le déshonneur, car il rejaillit non seulement sur le coupable, mais sur toute sa famille. L'esprit du *Bushidô*, le code de l'honneur des Samouraïs, réglemente tous les actes de la vie militaire. Difficile d'y échapper, car même ceux qui n'y adhèrent pas pleinement sont l'objet de fortes pressions, conscientes ou non, de la part de leur entourage, qui influent forcément sur leur choix. Par-delà la simple histoire d'avions s'écrasant sur des navires, l'épopée des Kamikaze est un choc entre deux mondes, entre deux cultures qui n'accordent ni la même valeur à la vie humaine, ni le même regard à la mort.

L'idée a germé lentement dans les esprits. L'insolente supériorité dont fait preuve l'*US Navy* depuis l'été 1944 irrite les pilotes japonais qui se sentent frustrés par leur impuissance. Le haut-commandement n'a pas paru emballé par ce nouveau mode d'action, pour plusieurs raisons. D'abord, à Tokyo on est encore loin de mesurer le fossé qui sépare les forces américaines des forces impériales et l'état-major pense qu'il est toujours possible de redresser la situation par des moyens conventionnels. Cautionner ce système équivaut à rayer des listes des centaines d'avions et de pilotes qui peuvent faire défaut ailleurs ou plus tard. Ce n'est que lorsque la situation apparaît sans issue que le haut-commandement donne son feu vert. Il pose comme condition que ces attaques « spéciales » soient limitées dans le temps et qu'une fois la situation redressée, on en revienne aux attaques classiques. Ce ne sera qu'un vœu pieu.

UNE BATAILLE PLACÉE SOUS LE SIGNE DE L'ATTAQUE-SUICIDE

Le 20 octobre 1944, les forces américaines débarquent sans grande opposition à Leyte, l'une des grandes îles qui forment les Philippines. Deux flottes entières y collaborent, la 7e Flotte de l'amiral Kinkaid et la 3e Flotte de Halsey, qui en formation habituelle couvre un rectangle de 80 km de long sur 20 de large ! La menace est de première importance pour le Japon. La perte des Philippines signifierait l'asphyxie pure et simple.

Le haut-commandement impérial accouche du plan « SHO-GÔ » qui, par sa nature, va placer la bataille des Philippines tout entière sous le signe de l'at-

▶ Bataille du golfe de Leyte, 24 octobre 1944. Ce F6F-5 de la VF-7 est contraint de se poser sur l'*Essex*, son porte-avions d'origine, le *Princeton*, vient d'être l'objet d'une attaque particulièrement audacieuse d'un « Judy » isolé. (US Navy)

▶ Les derniers moments du *Princeton*. C'est l'unique succès de l'aviation japonaise contre un bâtiment lourd américain depuis janvier 1943 ! L'attaque a fait 229 morts et 420 blessés, dont le commandant. Celui-ci dira plus tard : « Des ruisseaux de sang glissaient à la mer et continuèrent de couler encore un bon moment. » (Collection Tallandier)

1. *J'étais un kamikaze* — R. Nagatsuka — Stock, Paris, 1972.

taque-suicide. Ce plan n'a rien à envier aux précédents en matière de complexité.

Appareillant de Ryûkyû par le nord-est, une escadre dite de diversion, sous le commandement de l'amiral Ozawa joue le rôle de la *muleta* pour attirer Halsey-le-taureau le plus loin possible des plages de débarquement. Alors, arrivant par l'ouest, une escadre d'intervention, subdivisée en trois groupes (amiraux Shimada, Kurita et Nishimura), pénétrera dans la mer des Philippines en enveloppant Leyte et Samar, pour écraser les têtes de pont américaines. Kurita aligne les super-cuirassés *Yamato* et *Musashi* qui surclassent de 15 000 tonneaux les plus puissants navires de guerre américains. Pour rendre le potentiel d'Ozawa crédible, lui sont affectés les quatre derniers porte-avions en état de prendre la mer, le *Zuikaku*, le *Zuihô*, le *Chiyoda* et le *Chitose*, avec à leur bord les derniers ossements de l'aviation embarquée : 116 appareils ! Pour faire bonne mesure, on lui adjoint deux navires hybrides, les vieux cuirassés *Ise* et *Hyuga*, dont la partie arrière a été débarrassée de son armement pour y installer un pont d'envol pour hydravions. Assurément, le rôle joué par Ozawa est bien celui d'un Kamikaze des mers, car il sait pertinemment qu'il n'a aucune chance d'échapper à la puissante aviation embarquée de la 3e Flotte. Mais, l'heure n'est plus aux risques mesurés.

L'ABSOLUE PARTIALITÉ DU TOUT-PUISSANT

Le 17 octobre, débarque à Manille le vice-amiral Takijiro Onishi, nommé commandant de la 1re Flotte aérienne — un nom bien pompeux pour 30 A6M5 « Zeke » du 201 *Kôkûtai*, à peu près autant de G4M2 « Betty » et une poignée d'autres appareils divers. Onishi jouit d'un certain prestige auprès des aviateurs. Ancien chef d'état-major de Yamamoto, il est rompu au délicat exercice des opérations aériennes. Mais, il arrive aux Philippines avec une autre idée derrière la tête.

Devant l'ampleur des pertes subies en un mois (début septembre, la 1re Flotte aérienne comptait plus de 500 avions), Onishi demande du renfort. Il lui est rapidement fourni sous la forme de la 2e Flotte aérienne du vice-amiral Fukudome, dont les quelque 350 appareils sont transférés de Formose et de ses environs aux Philippines à partir du 23 octobre.

Le lendemain, commence la seconde bataille de la mer des Philippines, encore connue sous le nom de bataille de Leyte ou bataille du cap Engano. Il n'entre pas dans nos intentions de la détailler. Disons seulement que « Bull » Halsey tombe dans le piège d'Ozawa et que les nerfs de Kurita, soumis à rude épreuve[2], finissent par craquer ; il fait demi-tour prématurément alors que la victoire lui tend les bras, sa force d'intervention arrivant à moins de dix kilomètres de la flotte de Kinkaid, dramatiquement délaissée par Halsey. L'amiral Sprague, dont les vulnérables porte-avions d'escorte échappent par miracle au désastre, attribue l'échec des Japonais « à l'absolue partialité du Tout-Puissant[3] ».

ÇA SE PASSE COMME ÇA CHEZ McCAMPBELL !

Le 24 octobre, Fukudome, négligeant la protection de la force d'intervention, lance trois vagues d'assaut, comportant en tout 163 appareils, contre la flotte américaine. Elles sont repérées vers 8 heures par les radars et aussitôt, 54 F6F Hellcat sont dirigés à la rencontre des intrus. La bataille qui s'ensuit n'est pas sans rappeler la célèbre journée du « tir aux pigeons ». Les pilotes du *Princeton* revendiquent 24 victoires et ceux du *Lexington* 13, mais la VF-15 du porte-avions *Essex*, sous les ordres du *Commander* David McCampbell va encore faire mieux.

« [La formation ennemie] se composait d'au moins 60 « Rats », « Faucons » et « Poissons »[4]. Comme il y avait beaucoup de « Rats » au-dessus de nous, nous avons immédiatement grimpé et, à peu près au même instant, la formation ennemie a rebroussé chemin, ce qui a entraîné son effilochement. À ce moment, j'ai donné l'ordre à ma deuxième section d'attaquer les traînards par l'arrière et j'ai informé ma propre section qu'on allait les « travailler » par

2. Son navire-amiral est torpillé le 23 par un sous-marin et le lendemain, l'aviation américaine coule sous ses yeux le *Musashi*, le deuxième plus gros navire de guerre du monde, réputé insubmersible.

3. *The battle of Leyte Gulf* — A. Stewart — Robert Hale, Londres, 1979.

4. Le compte rendu établi par le *Commander* McCampbell (archives US Navy) utilise une terminologie spécifique à l'aviation embarquée américaine : VF, chasseurs embarqués américains, « Rats », chasseurs japonais, « Faucons », bombardiers japonais, identifiés ici comme étant des « Val » et « Poissons », avions-torpilleurs « Jill » et « Kate ».

le dessus. En raison de la nature précipitée du décollage [...], 5 VF ont suivi la deuxième section, ne laissant que mon ailier, le Lt (jg) R.W. Rushing et moi-même en altitude.

« L'attaque des deux sections a commencé en même temps, ce qui a amené les « Faucons » et les « Poissons » à piquer à travers la masse nuageuse pour s'échapper. Après que nous ayons effectué 3 ou 4 passes, les « Rats », ayant perdu de vue leurs protégés, ont formé un large cercle « Lufbery » parfaitement organisé, qui n'a offert aucune ouverture à mon ailier et à moi-même. Nous avions bien compris qu'ils avaient perdu les avions qu'ils escortaient et, imaginant qu'ils ne devaient pas regorger de carburant, nous avons décidé de conserver l'avantage de l'altitude et d'attendre leur départ, ce qui, dans la confusion de la manœuvre, ne manquerait pas de nous fournir quelques cibles faciles parmi les traînards. Et ça n'a pas manqué ! Dans l'heure qui a suivi, nous avons collé à la formation des chasseurs qui volaient en zig-zags, mettant à profit chaque occasion de tirer sur : 1) ceux qui essayaient de grimper à notre altitude, 2) ceux qui s'écartaient de leur protection mutuelle, 3) ceux qui traînaient et 4) ceux, qui n'y tenant plus, tentaient d'engager le combat individuellement avec nous. [...] Les avions ennemis volaient en un seul groupe, plutôt en désordre, vers Manille, en perdant de l'altitude progressivement. Il restait 18 appareils quand nous avons rompu le combat. Il s'agissait seulement d'attendre l'ouverture, de les abattre, de transformer en altitude la vitesse que nous avions accumulée en piqué et d'attendre que deux autres viennent s'exposer.

« Ma demande d'homologation de 9 avions détruits ne porte que sur ceux que mon ailier ou moi-même avons vu exploser ou tomber en flammes. [...] Nous n'avions pas alors essayé de noter le type des appareils ni l'angle des attaques[6] ; en fait, ce ne fut qu'après avoir détruit 5 avions et avoir eu la certitude que l'affaire était bien engagée que j'ai décidé de tenir un décompte en marquant les victoires sur le tableau de bord avec un crayon. L'estimation la plus précise que je puisse faire est de 9 « Zeke », 3 « Hamp » et 3 « Oscar »[5] détruits par le Lt (jg) Rushing et moi-même. »

Avec neuf victoires homologuées dans ce combat, David McCampbell fait exploser le record d'Alex Vraciu établi le jour du « tir aux pigeons » des Mariannes. Le *Lieutenant (jg)* R.W. Rushing reçoit l'homologation de six victoires (4 « Zeke », 1 « Hamp » et 1 « Oscar ») et le *Lieutenant (jg)* A.C. Slack de quatre. La VF-15 est créditée de 25 victoires en tout, sans la moindre perte.

Remis en forme à Formose en juillet 1944, le 252 *Kôkûtai* compte alors quatre escadrilles de 48 chasseurs A6M5. Les durs combats d'Iwo Jima prélèvent leur tribut et, le 24 octobre, le 252 *Kôkûtai* fournit 26 des 100 chasseurs qui escortent 63 bombardiers au-dessus de la flotte américaine. Il perd 11 « Zeke », dont celui de son commandant, le capitaine de corvette Minoru Kobayashi. Les pertes totales japonaises s'élèvent à 67 appareils (les Américains revendiquant 62 victoires).

LE MORAL EN-DESSOUS DE *ZERO*...

En lisant attentivement le rapport de McCampbell, on se rend compte que les pilotes de la marine impériale ont perdu le mordant et la pugnacité qui avaient été deux de leurs grandes qualités par le passé. À aucun moment, dans son compte rendu, il ne signale la moindre contre-attaque coordonnée des « Rats » qu'il poursuit, qui ne cherchent qu'une chose : le salut dans la fuite vers Manille. Ce rapport corrobore tout à fait l'opinion de l'historien Bernard Millot[6] :

« Tokyo avait envisagé de prendre des mesures disciplinaires contre les équipages de bombardiers et d'avions-torpilleurs dont le moral avait baissé d'une façon inquiétante. Le découragement des pilotes de ces appareils provenait des échecs cuisants qu'ils subissaient depuis quelques mois : résultats insignifiants obtenus au prix de la perte d'un grand nombre d'hommes et d'avions. Le moral, jusque-là inébranlable, de ces aviateurs s'était trouvé très affecté et beaucoup de pilotes partaient en mission sans aucun espoir de réussite et de survie. Le rendement s'était trouvé réduit à néant, car bien des aviateurs, devant la puissance efficace de l'adversaire, rebroussaient chemin avant même d'avoir atteint l'objectif. Informé de l'inefficacité certaine des mesures disciplinaires qu'il envisageait de prendre pour essayer de redresser la désastreuse situation, le grand état-major impérial s'était résigné à laisser à ses subordonnés le choix d'autres tactiques. »

5. Il est peu probable que dans une formation de la marine se soient trouvés des « Oscar » (Nakajima Ki.43), qui sont des chasseurs de l'armée. Les relations entre les deux services sont empreintes d'une telle indifférence qu'il n'existe pratiquement aucun exemple de mission menée conjointement.

6. *L'épopée Kamikaze* — B. Millot — J'ai lu, Paris, 1970.

Le *Commander* David S. McCampbell dans l'habitacle de son F6F-5 « Minsi III ». Il est l'as des as de l'US Navy avec un total de 34 victoires confirmées, dont la première n'a été remportée que le 11 juin 1944. (*US Navy*)

UNE CONSCIENCE COLLECTIVE NOUVELLE

Cette preuve par l'absurde que vient de lui administrer Fukudome et la latitude que lui laisse désormais Tokyo renforcent la détermination d'Onishi d'essayer « autre chose ». Le contre-amiral Masafumi Arima, commandant la 26e Flottille de la 1re Flotte aérienne est arrivé aux mêmes conclusions. Après avoir vainement tenté de convaincre le prédécesseur d'Onishi, il a décidé de passer à l'acte, seul.

Le 13 octobre, il se présente en tenue de vol, sans galons, sur le terrain de Clark Field, près de Manille, où une vague d'assaut se prépare à attaquer la 3e Flotte américaine au large de Luçon. À la surprise générale de tous les équipages, car il est contraire au règlement qu'un officier général participe à une mission, il monte à bord d'un « Judy ». Quelques minutes plus tard, il précipite l'appareil sur le pont du *Franklin*. Sérieusement endommagé, le porte-avions doit être retiré des opérations. C'est la première véritable attaque d'un Kamikaze.

Son geste déclenche aussitôt une vague d'enthousiasme qui se communique non seulement aux équipages de la 26e Flottille, mais à toutes les unités stationnées aux Philippines et même partout ailleurs, car la nouvelle a été propagée par Radio-Tokyo. C'est toute une conscience collective nouvelle qui s'éveille ce jour-là chez les aviateurs japonais. Ce contexte, où les idées sont en pleine mutation, va favoriser l'entreprise d'Onishi.

Deux jours après son arrivée à Manille, le vice-amiral se rend à Mabalacat au PC du 201 *Kôkûtai*, commandé par le capitaine de vaisseau Sakae Yamamoto. Réorganisé en juillet 1944, pour être placé sous la tutelle de la 26e Flottille de la 1re Flotte aérienne, ce *Kôkûtai* possède une dotation théorique de 192 chasseurs, répartis en quatre *Sentô*. Comme on l'a vu plus haut, les lourdes pertes enregistrées depuis son retour aux Philippines ont considérablement diminué le potentiel du groupe. Notamment, le 12 septembre, au-dessus de Cebu, 41 A6M5 ont intercepté les appareils embarqués américains venus attaquer les principaux aérodromes. Les *Zero* ont revendiqué 23 victoires (les pertes américaines s'élèvent à cinq appareils), mais 25 des leurs ont été abattus, auxquels il convient d'ajouter 14 autres qui ont effectué un atterrissage forcé et 55 mitraillés au sol. Le 19 septembre, 20 A6M5 sont détruits, dont 10 au sol. En moins de deux mois, le *Kôkûtai* a perdu plus de 150 avions...

UNE RESPONSABILITÉ ÉCRASANTE

Onishi réunit les officiers en présence du sous-chef d'état-major de la 1re Flotte aérienne, de l'officier d'état-major de la 26e Flottille et du capitaine de frégate Asaichi Tamai, qui assure l'intérim à la tête du groupe en l'absence de

Le porte-avions *Franklin* semble avoir particulièrement attiré les Kamikaze. Déjà, le 13 octobre 1944, au large de Formose, il est la cible d'un bombardier « Betty » touché à mort. Sept jours plus tard, il est sévèrement endommagé par le contre-amiral Arima. Le 30 octobre, deux Kamikaze le percutent. Et à nouveau le 18 mars 1945, mais cette fois, il devra regagner les États-Unis. (Collection Tallandier)

Les ailes de la victoire — 227

Yamamoto, hospitalisé à Manille à la suite d'un accident d'avion. Il commence par brosser un tableau de la situation. Il n'a pas besoin de le noircir à dessein, les perspectives ne s'annoncent guère réjouissantes. Il évoque ensuite la faillite du *Zero* comme chasseur-bombardier, avant d'aborder la raison de sa présence ce soir-là[7] :

— À mon avis, dit-il, il n'y a qu'un moyen de s'assurer de l'efficacité maximale de nos maigres forces. C'est d'organiser des unités d'attaques spéciales de chasseurs *Zero*, armés d'une bombe de 250 kg et de s'écraser en piqué sur les porte-avions ennemis... Qu'en pensez-vous ?

Onishi a bien ménagé ses effets. Un long silence pesant tombe dans la salle de conférence du PC de Mabalacat. Onishi sait qu'il a abattu tous ses atouts. S'il n'a pas su se montrer suffisamment persuasif vis-à-vis des officiers du 201 *Kôkûtai*, l'état-major de la marine impériale n'acceptera jamais de le suivre sur ce terrain. Une éternité s'écoule avant que Tamai, qui se sent écrasé par une lourde responsabilité, parvienne à s'exprimer :

— Quel résultat peut-on espérer en s'écrasant avec un chasseur porteur d'une bombe sur un porte-avions ? demande-t-il à l'officier de l'état-major de la 26e Flottille.

— Probablement pas de le couler, mais on peut espérer le rendre indisponible pour plusieurs jours, voire plusieurs semaines, répond le capitaine de frégate Yoshioka.

Un cruel dilemme déchire Tamai. Certes, son chef, le capitaine de vaisseau Yamamoto, lui a conféré les pleins pouvoirs en son absence, mais il sent que la responsabilité qui lui échoit dépasse ses compétences. A-t-il le droit, en tant que simple commandant en second, de prendre la décision d'envoyer ses hommes à la mort ? Mais, a-t-il aussi le droit de refuser ce qui apparaît clairement dans les esprits comme la dernière chance pour le Japon ? Il demande l'autorisation au vice-amiral de se retirer dans la pièce voisine pour réfléchir et demande au lieutenant de vaisseau Ibusuki de l'accompagner. Tamai a besoin de connaître l'attitude prévisible des autres officiers et des sous-officiers. Leur dérobade serait très embarrassante. Ibusuki pense que les pilotes accueilleront cette tactique nouvelle avec enthousiasme.

Rassuré, Tamai regagne la salle de conférence. L'impatience d'Onishi est à son comble. Très énervé, il est parfaitement conscient que sa crédibilité vis-à-vis de ses supérieurs est suspendue à la décision de Tamai. D'une voix tremblant d'émotion, Tamai s'adresse au vice-amiral :

— Je ne suis que le commandant en second du 201 *Kôkûtai*, mais je crois pouvoir parler au nom du commandant de l'unité, le capitaine de vaisseau Yamamoto, absent ce soir. J'assume l'entière responsabilité de mes actes. Ibusuki et moi-même sommes d'avis de nous rallier au projet de l'amiral. De plus, nous vous demandons de confier à notre groupe l'honneur d'organiser cette unité d'attaque spéciale.

L'exemple de l'amiral Arima est encore bien présent dans les esprits lorsque Tamai réunit 23 de ses pilotes, ceux qu'il connaît le mieux, pour les avoir déjà eus sous ses ordres à Tinian en juin 1944, à l'époque où il commandait le *263 Kôkûtai*. Le discours qu'il leur tient déclenche l'enthousiasme général. Tous se portent volontaires, sans l'ombre d'une hésitation. Des larmes d'émotion coulent sur les joues de Tamai.

Les 26 A6M5 encore disponibles au 201 *Kôkûtai* sont divisés en quatre escadrilles qui reçoivent le nom de *Yamazakura*, *Asahi*, *Yamato* et *Shikishima*[8], les deux premières devant servir d'escorte aux deux dernières, choisies pour les attaques spéciales. Celles-ci n'attendent plus qu'un chef. Tamai et le sous-chef d'état-major de la 1re Flotte aérienne, qui a assisté à la conférence historique d'Onishi, arrêtent leur choix sur le lieutenant de vaisseau Yukio Seki. Récemment transféré de la 2e Flotte aérienne de Fukudome, Seki n'a pas une formation de chasseur, ayant fait ses armes comme pilote de bombardier-torpilleur embarqué, mais il bénéficie d'une grande popularité parmi les autres pilotes par sa détermination et ses qualités techniques.

▲
Le 11 mai 1945, en pleine bataille d'Okinawa, le porte-avions *Bunker Hill*, navire-amiral de Mitscher reçoit la visite de deux Kamikaze qui causent des dégâts considérables et tuent 400 hommes de l'équipage. Le porte-avions doit être retiré des opérations. (Collection Tallandier)

7. *The Kamikazes* — E.P. Hoyt — Panther books, Londres, 1984. L'auteur met dans la bouche d'Onishi le terme d'attaques-suicides, qui paraît incompatible avec la mentalité des pilotes japonais et que nous avons pris la liberté de remplacer par « attaques spéciales » qui, d'ailleurs, correspond à la terminologie officielle adoptée par la marine impériale.

8. Ces noms sont extraits d'un poème traditionnel : *Shikishima no Yamato Gokoro o hito towaba Asahi ni niu Yamazakura hana*. Pour l'homme, le cœur de l'âme du Japon (*Shikishima*) est la fragrance de la fleur du cerisier sauvage (*Yamazakura*) dans le soleil levant (*Asahi*). *Yamato* est le nom poétique du Japon millénaire.

L'ASCENSEUR EST PROJETÉ À DIX MÈTRES DE HAUTEUR

Le 21 octobre, la flotte américaine forte de six porte-avions est repérée à l'est de l'île Suluan. Cependant, si le mauvais temps qui sévit jusqu'au 25 fait l'affaire des trois escadres japonaises chargées de détruire les têtes de pont américaines à Leyte, il retarde la première mission des escadrilles *Yamato* et *Shikishima*.

Enfin, le 25 octobre, à l'aube, dix Zero décollent. Les quatre appareils de l'escadrille *Yamato* s'en prennent aux porte-avions *Santee* et *Suwanee*, comme on l'a vu plus haut. À 10h40, le lieutenant de vaisseau Seki, qui commande la section de l'escadrille *Shikishima*, adresse un message radio à Mabalacat : « Quatre porte-avions et six destroyers, 90 milles à l'est de Tacloban. Nous attaquons ! »

Suivant les conseils d'Onishi, les Zero se présentent au ras des vagues, déjouant ainsi la surveillance des radars américains. Deux Zero qui ont pris le porte-avions *Fanshaw Bay* dans leur collimateur sont abattus simultanément. Deux autres se présentent en altitude. Émergeant des nuages qui les ont masqués aux défenses antiaériennes, ils piquent sur le porte-avions *White Plains*. L'un des deux, touché par un obus, lâche une épaisse fumée noire et dévie sa course sur le *St Lo*, dont les artilleurs ne l'aperçoivent que trop tard. Le Kamikaze traverse littéralement le pont du porte-avions et termine sa course folle dans le hangar inférieur. L'explosion de sa bombe entraîne celle de torpilles stockées à proximité du point d'impact. Sous la violence de la déflagration, l'ascenseur avant est projeté à plus de dix mètres de hauteur. Transformé en brûlot flottant, le *St Lo* doit être évacué sans délai. Il coule à 11h25.

Touché par un obus, le second Zero se présente face au *White Plains* en effectuant des manœuvres erratiques. Il rate le pont mais explose avant même d'avoir touché la surface de la mer, couvrant le porte-avions de débris divers. Les marins horrifiés retrouveront une main du pilote sur le pont.

Entre le 25 octobre 1994 et le 6 janvier 1945, date de la perte du dernier avion japonais aux Philippines, les attaques spéciales coûtent 128 pilotes au 201 *Kôkûtai*.

DES RÉSULTATS QUI DÉPASSENT LES ESPÉRANCES

Ainsi s'achève la première mission officielle des Kamikaze. Pour Onishi, c'est indéniablement une grande victoire. Cela faisait des mois et des mois que la flotte américaine affichait son insolente impunité dans le Pacifique. Au prix de plusieurs centaines d'avions abattus et d'équipages tués, la marine impériale n'avait pas enregistré le moindre succès digne de ce nom. Ce que des flottes aériennes tout entières n'avaient pu réaliser, une poignée d'aviateurs, animés par une farouche détermination, l'avait accompli. Depuis combien de temps des avions japonais avaient-ils réussi à ne serait-ce que s'approcher des porte-avions américains ? La réussite des escadrilles *Yamato* et *Shikishima* ouvre de

Un Yokosuka MXY-8 Ohka capturé intact à Okinawa. La construction est rudimentaire et fait appel à une structure métallique pour le fuselage et au bois pour les ailes et l'empennage arrière. À pleine vitesse, l'engin se révèle instable et peu sensible aux ailerons, ce qui rend la tâche des jeunes recrues encore un peu plus difficile.
(Collection SHAA)

Pendant la campagne d'Okinawa, l'armée a prêté main forte aux Kamikaze de la marine. Ce Nakajima Ki.84 « Frank » du 102 Sentai, équipé d'une bombe sous l'aile droite et d'un réservoir supplémentaire sous l'aile gauche, est salué au moment où il décolle pour une attaque « spéciale » contre les navires américains.
(Collection W. Green)

vastes perspectives qu'Onishi n'a peut-être pas imaginées alors.

En effet, il est vraisemblable que, dans son esprit, ces attaques spéciales n'étaient destinées qu'à affaiblir les forces navales américaines au profit des trois escadres japonaises sur lesquelles reposaient le sort de l'opération « SHO-GÔ ». Diminuer temporairement le potentiel de l'ennemi par cette tactique nouvelle, afin d'offrir la victoire aux amiraux de la puissante flotte impériale, était sans doute le seul but qu'il recherchait. Nul ne le saura jamais, car l'échec de l'opération « SHO-GÔ » précipite la formation d'autres unités Kamikaze aux quatre coins des restes de l'empire.

En avril 1945, pour la bataille d'Okinawa, les Kamikaze accomplissent 1162 attaques spéciales. L'*US Navy* perd définitivement 40 navires de toutes classes pendant la durée de la campagne, au moins le double subissant des avaries à des degrés variables. Le nombre des tués avoisine 5000, presque autant que chez les Marines et les GIs réunis lors la conquête de l'île. Le moral des marins américains chute d'une manière alarmante. Des mois de succès ininterrompus ont atténué chez certains la conscience du danger qu'il y a à faire la guerre. Ils sont durement rappelés à la réalité. Pour les autres, c'est une chose que de participer à un engagement naval ou de subir l'attaque d'avions-torpilleurs, mais contre des fanatiques qui se précipitent volontairement à la mort, que peut-on faire ? La chasse a beau être vigilante, la DCA efficace, il en suffit d'un qui passe. À qui le tour ? Les pertes en matériel et en vies humaines et le stress psychologique n'auront pourtant pas raison de la marine américaine. Tout juste ses plans en seront-ils altérés.

Cependant, l'ampleur de ces attaques constitue une véritable impasse pour les Japonais. Les premiers volontaires se recrutent parmi les pilotes expérimentés que la frustration ressentie depuis des mois conduit à s'exposer une dernière fois dans l'espoir que leur sacrifice modifiera le cours des événements. Ce réservoir tari par les ordres du haut-commandement qui s'inquiète de voir fondre les effectifs de ses officiers d'encadrement, il ne reste plus qu'une solution : puiser dans celui des recrues. Or, les graves restrictions en carburant et les fréquentes incursions des chasseurs embarqués américains jusqu'au-dessus de la mère patrie réduisent d'une manière dramatique la durée d'instruction des élèves-pilotes. Lancés dans la bataille avec parfois moins de quatre-vingts heures de vol, ils savent tout juste maintenir leur appareil en ligne. Quand ils ne s'égarent pas, ils n'offrent qu'une résistance symbolique à la puissante et efficace chasse embarquée américaine.

BAKA, LE FOU

En septembre 1944, le centre de recherches naval de Yokosuka commence à produire en série une bombe à réaction pilotée. Dénommé officiellement MXY-8 et baptisé *Ohka* (fleur de cerisier), l'engin se présente sous la forme d'un cylindre de 6 mètres de long, muni de deux ailes, d'un empennage cruciforme et propulsé par cinq fusées à poudre développant une poussée de 800 kg. Avec le pilote et une charge de 1200 kg de trinitroanisol logée dans le nez, l'engin peut atteindre un peu plus de 1000 km/h en fin de piqué. Sa distance franchissable étant limitée à 100 km, Mitsubishi met au point parallèlement une version de son bombardier G4M2 « Betty » pouvant larguer l'engin en vol, à proximité de sa cible.

Très léger, l'engin se montre capricieux et d'un pilotage délicat. Au-delà de 900 km/h, il devient extrêmement difficile à manier avec précision, les gouvernes se révélant virtuellement inopérantes. Le *Ohka* est largué à une altitude de 8000 mètres, à une vitesse stabilisée de 280 km/h, à une quarantaine de kilomètres de l'objectif. Il utilise ses fusées jusqu'à épuisement du comburant, puis entame un piqué à 50° jusqu'à l'anéantissement final.

Le 1er octobre 1944, le 721 *Kôkûtai* est mis sur pied à Kounoike avec des G4M2e et des MXY-8, ainsi que 45 A6M5 devant leur servir d'escorte. En février 1945, l'unité, confiée au capitaine de vaisseau Motoharu Okamura, fait mouvement sur Kanoya. La première mission effectuée le 10 mars se solde par un échec. Ralentis par un fort vent debout, les avions-porteurs doivent faire demi-tour avant d'atteindre l'atoll d'Ulithi. Un seul poursuit sa route et son *Ohka* s'écrase sur le porte-avions *Randolph* auquel il ne cause que des dégâts mineurs. Le 21 mars, 18 G4M2e conduits par le capitaine de corvette Gorô Nonaka, protégés par 30 A6M5, sont interceptés par la chasse américaine. Tous les bombardiers, sans exception, et dix chasseurs de l'escorte sont abattus !

Au cours de la bataille d'Okinawa, entre le 1er avril et le 22 juin 1945, le 721

L'armée impériale n'est pas en reste en matière d'attaques dites « spéciales ». Des sections de quatre puis huit appareils sont formées au sein des escadres de chasse pour attaquer les B-29 de la même manière que les porte-avions. Les résultats sont moins spectaculaires, car les B-29 volent souvent trop haut et trop vite pour les chasseurs japonais, même dépouillés de tout le superflu. À gauche, le lieutenant Torû Shinomiya du 244 *Sentai* devant le Kawasaki Ki.61 avec lequel il a percuté un B-29 le 3 décembre 1944. Le caporal Masao Itagaki (à droite) a effectué une attaque similaire, mais a dû sauter en parachute. (Collection Y. Izawa)

Kôkûtai lance 40 *Ohka* sans réussite spectaculaire. Seuls six coups au but sont enregistrés, dont celui de l'enseigne de vaisseau Dohi, le 12 avril, qui coule le destroyer *Mannert L. Abele*. Toutefois, les *Ohka* réussissent à déclencher un vent de panique parmi les équipages de la marine américaine, là où les avions conventionnels ont échoué. Trop rapides pour être interceptés par la chasse ou la DCA, ils créent un sentiment d'impuissance très préjudiciable chez les marins. Les Américains les surnomment très vite *Baka* (ce qui en japonais signifie « fou »), mais ils apprennent à les combattre. L'association du « Betty » et du *Baka* constitue une proie relativement aisée en dépit de l'escorte des « Zeke ». Les patrouilles de chasse augmentent leur périmètre de battue et la plupart des avions-porteurs sont abattus avant d'avoir eu la possibilité de s'approcher de la flotte américaine.

* * *

L'amiral Onishi restera fidèle jusqu'au bout à ses idées. Apprenant la nouvelle de la capitulation, le 15 août 1945, il se retire seul dans son bureau après avoir congédié les amis avec lesquels il a passé la soirée. Il écrit plusieurs lettres, en forme de testament, puis rédige un dernier poème. Il s'agenouille sur son tatami et sort du fourreau son court sabre d'apparat. Il ouvre son kimono et plante la fine lame d'acier dans son ventre. D'un geste rapide, il s'ouvre l'abdomen, puis retirant son arme, il tente de se trancher la gorge. Il n'y parvient pas et s'écroule sur le dos. Il est découvert agonisant et gisant dans son sang par l'un de ses serviteurs le lendemain matin. Refusant toute assistance, il attendra la mort seul. Elle ne viendra le chercher qu'à six heures du soir, pour l'emmener retrouver les milliers de jeunes aviateurs qu'il a précipités avant lui dans le sacrifice suprême dans l'espoir que le Japon demeure à tout jamais *Yamato*.

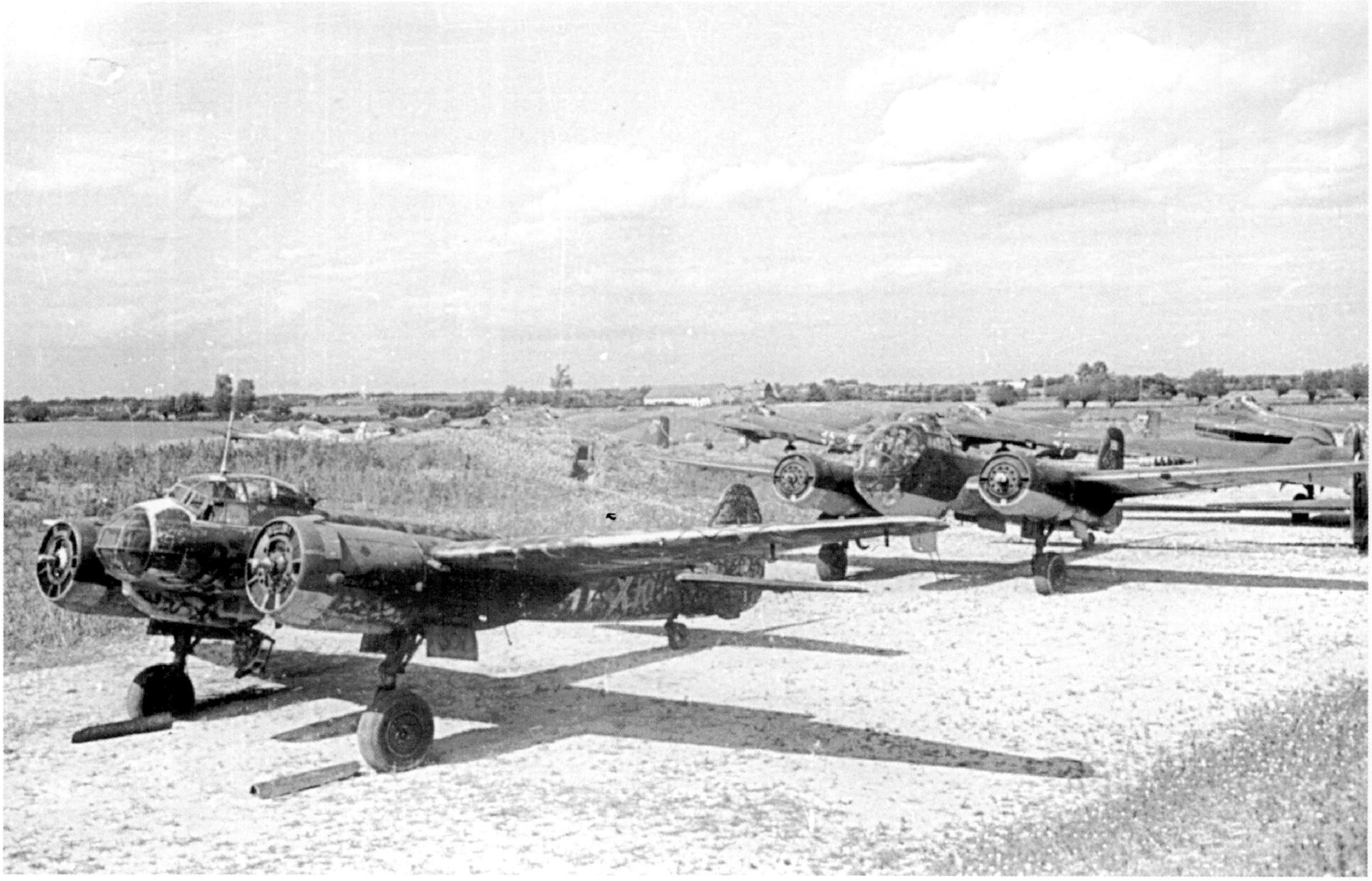

XXI
LE CRÉPUSCULE DES AIGLES
Le sacrifice de la Luftwaffe

Les douze derniers mois de la guerre sont marqués par l'introduction de nouvelles armes de haute technologie et, dans le domaine de la guerre aérienne, les Allemands possèdent une certaine avance sur les Alliés. Ils collectionnent les grandes premières mondiales : premiers avions à réaction en opérations, première bombe volante téléguidée, premier missile balistique, premières roquettes air-air... Mais il est déjà bien tard.

LA SCÈNE se passe le 22 mai 1943 à Lechfeld, aérodrome d'essais de la firme Messerschmitt près d'Augsbourg. Un cortège de voitures s'immobilise à l'extrémité de la piste. Il en descend le Pr. Willy Messerschmitt, Otto Behrens, chef-pilote de la firme, un certain nombre d'ingénieurs et de techniciens et le *Generaleutnant* Adolf Galland, commandant en chef de la chasse. Ce dernier retrace lui-même les grands moments de cette journée qu'il n'a jamais oubliée[1] :

« C'est là que se trouvaient les deux chasseurs à réaction Me 262, qui étaient l'objet et le centre de notre réunion et, en même temps, notre grand espoir à tous. [...] Tout d'abord, le chef pilote de l'usine présenta l'un des deux taxis en vol. Le plein ayant été refait, je pris place sur le siège. [...] La première turbine démarra sans problème. La deuxième prit feu. [...] L'incendie fut rapidement éteint. Le deuxième avion ne fit pas d'histoires. [...] L'appareil accepte alors gentiment de quitter le sol, longtemps avant d'avoir atteint l'extrémité de la piste. Pour la première fois, je vole grâce à la propulsion par réaction ! Pas de moteur qui vibre, pas de couple et pas de claquements produits par une hélice. Accompagné d'un son sifflant, mon « turbo » s'élance dans le ciel. Plus tard, lorsqu'on me demande comment cela s'est passé, je réponds : On dirait qu'un ange pousse. »

UNE TECHNOLOGIE MAL MAÎTRISÉE

Sans parler des difficultés techniques, le développement du Messerschmitt Me 262 connaîtra bien des vicissitudes. Son étude commence à la fin de l'automne 1938, mais BMW et Junkers maîtrisent avec beaucoup de difficultés la technologie nouvelle des turbines. Ce n'est qu'en juillet 1942 qu'un prototype peut enfin décoller sur la seule puissance de ses réacteurs. Erhard Milch, qui a succédé à Udet après le suicide de ce dernier en novembre 1941, manifeste un enthousiasme modéré et estime, non sans raison, que la mise en production en série du Me 262 est prématurée. La décision est finalement prise en juin 1943, principalement sur l'insistance de Galland. Or, à cette époque, il n'existe que quatre prototypes et les incidents sont fréquents.

En novembre 1943, à la requête d'Hitler, Göring visite les usines d'Augsbourg et demande si le Me 262 peut porter des bombes. Willy Messerschmitt noie le poisson et cherche à gagner du temps, mais, dans une note de décembre, le conseiller de la *Luftwaffe* auprès de Hitler rappelle à Göring les raisons de son intervention du mois précédent[2] : « Le *Führer* a attiré notre attention une fois de plus sur l'importance primordiale que revêt la production d'avions à réaction comme chasseurs-bombardiers. Il est impératif que la *Luftwaffe* dispose d'un nombre important de chasseurs-bombardiers à réaction pour être engagés sur le front dès le printemps 1944. »

Contrairement à certaines affirmations, Hitler n'a jamais eu l'idée de transformer le Me 262 en bombardier pur, mais bien en chasseur-bombardier. Le Me 262 n'a jamais été prévu pour porter des bombes et les modifications rendues nécessaires par ce changement de rôle retardent de six mois la mise en route de la production en série. Toutefois, Junkers n'a toujours pas résolu les problèmes du Jumo 004, dont la construction en série est contrariée par le déménagement des chaînes dans l'usine souterraine de

---

1. A. Galland, *op. cit.*

◀ 9 mai 1945, la guerre est finie. Partout, sur les bases de la *Luftwaffe* qui ne sont pas encore occupées par les Alliés, les mêmes scènes de désolation. À Beldringe, à la frontière danoise, un alignement de Junkers Ju 88A et Ju 188A, dont les hélices ont été déposées afin d'empêcher tout décollage intempestif. (RDAF)

2. *Deutsche Düsenflugzeuge im Kampfeinsatz* — J. Ethell & A. Price — Motorbuch, Stuttgart, 1981.

Un Fw 190A-8 du III./JG 11 abattu aux environs d'Aix-la-Chapelle, vraisemblablement par la *flak*. Le groupe commandé par le *Hauptmann* von Fassong a particulièrement souffert le 1er janvier puisqu'il a enregistré la perte de douze pilotes. (Collection H. Obert)
▼

Les ailes de la victoire — 233

Nordhausen et par la pénurie de nickel et de chrome employés pour les pales des turbines. Plus que le caprice de Hitler, les problèmes engendrés par cette technologie nouvelle n'ont pas permis au Me 262 d'entrer en service plus tôt. Achevées en février 1944, les cellules des premiers Me 262A-0 de série attendent jusqu'en avril leurs propulseurs et si Hitler n'avait pas retardé leur construction, elles les auraient attendus huit mois au lieu de deux.

Après la dissolution du détachement spécial chargé de l'évaluation du Me 262, la tâche de mettre au point les tactiques de combat est dévolue au nouveau *Kommando* Nowotny, formé le 1er septembre 1944 sous les ordres du célèbre as allemand. La quarantaine d'avions qui lui est attribuée est répartie entre Achmer et Hesepe, dans la périphérie d'Osnabrück. La première mission qui se déroule le 3 octobre voit la première victoire, mais le 7, le *Lieutenant* Urban Drew du 361st *Fighter Squadron* abat le *Leutnant* Gerhard Korbert et l'*Oberleutnant* Paul Bley alors qu'ils décollent d'Achmer[3] :

« L'appareil le plus proche se trouvait prêt à décoller sur la piste orientée est-ouest et le deuxième tournait juste à côté. Pour virer en position d'attaque avec ma section, j'attendis qu'ils décollent tous les deux. Je me rapprochai du deuxième alors qu'il se trouvait à environ 300 mètres au-dessus du sol. Ma vitesse devait atteindre quelque 700 km/h, tandis que les avions à réaction ne devaient pas dépasser les 300. À 360 mètres de distance avec une inclinaison de 30°, j'ouvris le feu. En me rapprochant, j'observai des impacts dans les ailes et dans le fuselage et, au moment où je passai à la verticale, des flammes jaillirent à l'emplanture des ailes. En me retournant, je vis une violente explosion. L'autre appareil se trouvait à environ 450 mètres devant moi et entamait une chandelle sur sa gauche. Volant encore plus vite, à près de 720 km/h, je dus tirer sur le manche pour rester dans son sillage. Je tirai en piqué à 60° à une distance de 270 mètres ; la salve atteignit l'avion ennemi à l'empennage. Je redressai un peu plus et observai d'autres obus pénétrer en avant du poste du pilotage. À cet instant, la verrière éclata en deux parties, l'appareil bascula sur le flanc et partit en spirale à plat avant de se retourner et de percuter le sol à un angle de 60°. »

Korbert est tué mais Bley réussit à sauter en parachute. Le III./JG 54 du *Hauptmann* Dortemann, nouvellement équipé en Fw 190D-9, arrive alors à Osnabrück pour protéger les avions à réaction au moment où ils sont le plus vulnérables : au décollage et à l'atterrissage. La *flak* est également considérablement renforcée pour transformer en un sport suicidaire ce que la chasse britannique appelle « la chasse au rat[4] ».

LA CHASSE AU RAT

« Le principe en est le suivant : deux paires de Tempest sont maintenues en permanence en état d'alerte immédiate renforcée — c'est-à-dire que les avions sont en position de décollage en bout de piste, avec les pilotes attachés dans leur cockpit, le doigt sur le démarreur, moteur chaud, radio branchée. Dès qu'un Messerschmitt 262 franchit le Rhin vers nos lignes, [le *Wing Commander*] Lapsey prévient de son poste de contrôle, directement en phonie, les pilotes en alerte dans les termes suivants :
Hullo, Talbot Leader, scramble rat, scramble rat.

« Immédiatement les moteurs sont démarrés, on lance trois fusées rouges pour libérer le circuit et donner la priorité aux chasseurs de rats. Sans chercher à chasser un gibier trop rapide, la paire de Tempest file immédiatement sur Rheine-Hopsten, base des avions à réaction. Exactement huit minutes après que l'alarme a été donnée, les deux Tempest patrouillent à 3 000 mètres les abords de Rheine, et essaient d'accrocher le Me 262 au retour de sa mission, quand il doit ralentir pour baisser ses roues et ses volets avant de se poser. En une semaine, nous mettons au tapis de cette façon huit "rats"[5]. »

LA MORT DE NOWOTNY

Le 8 novembre, le *Kommando* Nowotny perd son chef. Tout a pourtant bien commencé, puisqu'en interceptant une formation de bombardiers et de chasseurs de retour d'une mission, le *Leutnant* Franz Schall abat trois P-51, un quatrième étant crédité à l'*Oberleutnant* Günther Wegmann. Touché aux réacteurs par le *Lieutenant* James Kenney du 357th *Fighter Group*, Schall évacue son avion en parachute. Walter Nowotny s'en prend à des B-17 qui survolent Osnabrück. Il descend l'un d'eux — sa 258e (et dernière) victoire. Puis les

Le *Generalmajor* Adolf Galland, au centre, discute avec le *Hauptmann* Wolfgang Spate, commandant l'*EKdo* 16 chargé des essais du Me 163 et le Pr. Willy Messerschmitt des perspectives nouvelles qu'offrent les avions à réaction. Lechfeld, 22 mai 1943. (DR)

3. Dans ce cas le « V » signifie *Versuch* (expérimental), alors que pour les V-1 et V-2, il signifie *Vergeltung* (représailles). Il équivaut au « X » des Américains et au double zéro des Français ; curieusement, les Britanniques n'attribuent aucune dénomination particulière à leurs prototypes.

4. W. Green, *op. cit.*

5. Il convient d'accueillir les statistiques citées par Clostermann (*in Le grand cirque — J'ai lu leur aventure*, Paris, 1963) avec une certaine circonspection. En effet, entre le 13 octobre 1944 et le 25 avril 1945, les Tempest n'ont abattu que 7 Me 262 (un était en fait un Ar 234), dont seulement deux au voisinage de Rheine.

6. Cette phrase est citée par les deux historiens anglo-saxons, J. Ethell et A. Price, dans leur livre (*cf. supra*), mais ceux-ci ne révèlent pas leurs sources. Elle ne figure pas dans l'ouvrage *Walter Nowotny, Tiger von Wolchowstroj*, écrit en 1957 par son frère, Rudolf Nowotny (*op. cit.*). Dans son livre, *Turbinenjäger Me 262* (Motorbuch, Stuttgart, 1986), Mano Ziegler précise : «... la turbine gauche est tombée en panne... suis attaqué... suis touché », sans que l'on sache par quoi ou par qui.

Le Messerschmitt Me 262A-la de l'*Oberfähnrich* Rolf Prigge, du II./JG 7 à Brandenburg-Briest, en février 1945. (DR)

La RAF fait entrer en service son premier avion de chasse à réaction, le Gloster Meteor, fin juillet 1944 ; Toutefois, cet appareil confié au n° 616 *Squadron* n'est utilisé que pour la chasse aux V-I. En janvier 1945, le *Squadron* s'installe sur le continent, mais le faible nombre d'appareils disponibles ne lui permet pas d'engager le combat avec la Luftwaffe. Le Meteor ne rencontrera jamais le Me 262 ! (DR)

Un Messerschmitt Me 262A-la du III./JG 7 photographié sur le terrain de Perleberg, le 15 avril 1945. (DR)

témoins au sol l'entendent crier dans la radio : « Je suis touché ![6] », sans qu'ils puissent savoir s'il s'agit de son avion ou de lui-même, puis : « M..., m..., m..., mes turbines, mes turbines — oh ! mon Dieu, mon Dieu ! » Les témoins, parmi lesquels se trouve Adolf Galland en visite d'inspection, aperçoivent le Me 262 dont le piqué s'accentue. Une masse blanche est éjectée du poste de pilotage. Ils soupirent. Mais le parachute reste coincé dans l'habitacle et l'appareil percute le sol à la verticale derrière une petite colline.

Deux pilotes américains, le *Lieutenant* Edward Haydon du 357th *Fighter Group* et le *Captain* Ernest Fiebelkorn du 20th *Fighter Group*, ont assisté à la chute du Me 262. « Le Me 262 bascula vers le haut, passa sur le dos et plongea à 30 mètres devant moi. Je me trouvais moi-même à 15 mètres au-dessus du sol. Je n'ai vu aucun parachute », dira Haydon au retour. Si le sort de Nowotny reste un mystère (victime d'une panne de réacteurs ou de sa propre *flak*, voire des deux), il est en tout cas assuré qu'aucun des deux pilotes américains ne s'est trouvé en position de tir.

SIX Me 262 ABATTUS EN QUELQUES MINUTES

Le *Kommando* Nowotny, dissous peu après, est crédité de 24 victoires entre le 1er octobre et le 8 novembre. Le Me 262 peut désormais entrer en service dans les escadres régulières de la *Luftwaffe*. La JG 7, confiée à l'*Oberst* Johannes Steinhoff, remplacé peu après par le *Major* Theodor Weissenberger, est la seule escadre de chasse à être entièrement équipée de cet appareil révolutionnaire, bien que le III./JG 7 du *Major* Rudi Sinner en soit en fait l'unique groupe réellement opérationnel.

Parmi les autres unités transformées figure le I./KG (J) 54. Ce groupe est dédié aux opérations par mauvais temps (*Schlechtwetterjagd*), pour une obscure raison puisqu'il semble que ses Me 262 ne soient équipés d'aucun instrument spécifique. Il ne se remettra jamais de sa première mission. Le 25 février 1945, seize de ses appareils emmenés par le *Kommodore* en personne, l'*Oberstleutnant* Volprecht Riedesel *Freiherr* von und zu Eisenbach, décollent de Giebelstadt par très mauvais temps avec un plafond de 1000 mètres à peine. Émergeant d'un strato-cumulus, ils se font coiffer par un groupe de P-51D du 38th *Fighter Squadron*. Six sont rapidement abattus, dont celui du *Kommodore*, mortellement blessé. Ce jour-là, le I./KG (J) 54 perd en tout douze Me 262, dont quatre mitraillés au sol sur leur terrain.

L'ESCADRILLE DES AS

Tombé en disgrâce et limogé, le *Generalmajor* Adolf Galland obtient néanmoins la permission de réaliser son dernier rêve : former une escadrille d'as équipée en Me 262. Il appelle à ses côtés ce qui reste de la fine fleur de la chasse allemande, comme Günther Lützow (108 victoires), Gerhard Barkhorn (301), Johannes Steinhoff (176), Walter Krupinski (197) et bien d'autres, presque tous titulaires au minimum de la *Ritterkreuz*. Baptisée *Jagdverband* 44, son escadrille voit le jour le 24 février 1945 à Brandenburg-Briest avec 16 appareils et 15 pilotes. Le 31 mars, elle est opérationnelle sur le terrain de Riem (actuellement l'aéroport international de Münich). Phagocytant un grand nombre d'unités secondaires, la JV 44 gonfle son effectif à 95 Me 262 fin avril. Selon les sources les plus fiables, elle obtient 56 victoires avant l'arrivée des chars américains à la lisière du terrain de Salzbourg-Maxglan, le 3 mai 1945. Elle est alors commandée par Heinz Bär, car, le 26 avril, Galland a été mis hors de combat juste après avoir remporté sa 104e victoire.

Il semble que rarement plus de 200 Me 262 aient été alignés en première ligne en même temps, toutes unités confondues, avec sans doute quelques pointes, notamment le 10 avril 1945, lorsque 55 Me 262 ont attaqué une formation de plus de 1 100 bombardiers puissamment escortés. Au palmarès, le *Stab* et le III./JG 7 se sont taillés la part du lion avec 427 victoires. Sans compter la JV 44, les autres unités ont totalisé moins de 150 victoires.

Les ailes de la victoire — 235

LE « GRAND COUP »

Depuis le mois de novembre 1944, l'*Oberkommando der Luftwaffe* a imaginé une opération de grande envergure, baptisée « Bodenplatte », sur les terrains de la chasse alliée en France et au Bénélux. En réduisant le potentiel de l'ennemi, cette action peut lui redonner une maîtrise temporaire du ciel le temps de mener à bien l'offensive prévue à travers les Ardennes jusqu'à la reprise du port d'Anvers. Informés de cette entreprise par Göring, les commandants d'escadre ne manifestent qu'un enthousiasme déférent, estimant qu'il serait plus judicieux de conserver les maigres ressources de l'aviation de chasse pour les futurs combats au-dessus de l'Allemagne.

Seuls les groupes de chasse sont retenus et, à l'exception d'un unique groupe, aucune unité d'appui tactique n'est conviée à participer à l'opération. Ce que l'état-major de la *Luftwaffe* appelle déjà « le grand coup » est prévu pour la mi-décembre, dès que les conditions climatiques offriront au millier d'avions pressenti une opportunité de réussite.

L'idée est loin de séduire les commandants d'escadre et de groupe convoqués le 14 décembre à Altenkirchen, dans le PC du II. *Jagdkorps*. Ils craignent — et l'avenir leur donnera raison — que leurs effectifs déjà bien faibles fondent dans une opération qui n'a qu'un lointain rapport avec la mission de la chasse. La majorité des pilotes proviennent directement des centres d'instruction et peu savent voler en formation. Déjà, entre le 1er et le 16 décembre 1944, 136 pilotes ne sont pas revenus de mission sur le front Ouest. Près de 75 % des pilotes de chasse sont abattus alors qu'ils ne sont pas au front depuis plus d'un mois.

UN SACRIFICE INUTILE

La chasse allemande sera amenée à survoler la redoutable ceinture anti-aérienne de la 16. *Flakdivision*, dont le QG est installé à l'ouest d'Arnheim. Cette division compte 271 batteries lourdes et 287 batteries légères auxquelles il convient d'ajouter la centaine de batteries de la marine située sur les côtes hollandaises. La division est avertie du raid, mais de façon fragmentaire de telle sorte que, sur le terrain, nombre de batteries restent dans l'ignorance du projet. Peu auront connaissance de l'itinéraire et des horaires exacts des avions allemands. Par ailleurs, le mauvais temps retardera le départ de certains groupes et personne ne s'inquiétera de prévenir la *flak* du changement d'horaire.

Pour les commandants de batterie, pour lesquels une formation aérienne supérieure à dix appareils et qui n'a, de surcroît, satisfait à aucune identification préalable, ne peut être qu'ennemie, la tentation est grande d'ouvrir le feu sur ces apparitions inattendues. Ils n'y résisteront pas. On chiffre, en gros, à 100 avions le tribut payé à cette énorme faille dans l'organisation de « Bodenplatte ».

Les objectifs visés sont principalement constitués par les terrains occupés par les chasseurs-bombardiers de la 2nd *Tactical Air Force*. En tout, 18 bases alliées sont assignées à la *Luftwaffe*, dont les principales sont Saint-Trond, Volkel, Eindhoven, Le Culot et les satellites de Bruxelles. Sans mentionner les escadrilles d'état-major (*Stab*), 38 groupes et une escadrille participent à « Bodenplatte ». Le nombre d'avions n'est pas connu avec exactitude et oscille entre 800 et 1035 (ce dernier chiffre provenant de l'OKL).

Le 16 décembre, von Rundtsedt lance sa grande offensive dans les Ardennes. Le mauvais temps cloue au sol l'aviation alliée, mais empêche aussi le déclenchement de « Bodenplatte ». L'appui des blindés et la défense de leurs propres terrains emploient la chasse allemande à plein temps dès que les conditions météo s'améliorent. « Bodenplatte » — au grand soulagement des chefs d'escadre — semble avoir été rangé au placard. Or, c'est au moment où ils s'y attendent le moins que Peltz décide de déclencher l'opération. Les commandants d'escadre et de groupe ne sont avertis par l'OKL qu'en fin d'après-midi, le 31 décembre, un grand nombre de pilotes ne pouvant pas être convoqués au briefing avant le milieu de la nuit.

Au petit matin du 1er janvier 1945, dans la pénombre du jour naissant, avec un plafond bas et gris et parfois dans le brouillard, Messerschmitt Bf 109 et Focke-Wulf Fw 190, équipés pour la plupart d'un réservoir supplémentaire de 300 litres, décollent derrière des avions-guides depuis 35 terrains allant de Delmenhorst à Stuttgart.

▲ Traduisant dans les faits l'idée fixe du haut état-major de la *Luftwaffe*, Messerschmitt lance la version Me 262A-2, équipée de rateliers pour deux bombes de 250 kg. Ainsi lestée, cette petite merveille de la technologie redevenait un avion comme les autres et une proie facile pour les omniprésents chasseurs alliés. La KG 51 sera l'unique unité organique à être opérationnelle sur ce modèle. (Messerschmitt Archiv)

▲ Dans les ultimes semaines de la guerre apparaît le Dornier Do 335, équipé de deux moteurs à pistons classiques en configuration dite « push-pull ». On voit ici un prototype de la version Do 335A-12 biplace d'entraînement. Ce bimoteur possédait une marge de vitesse sensible sur les plus rapides chasseurs alliés. (DR)

L'Arado Ar 234B est le premier bombardier à réaction du monde. Construit à 210 exemplaires, dont à peine les deux tiers sont confiés au III./KG 76, seul véritable groupe opérationnel, il reste une proie insaisissable pour la chasse alliée qui n'en enverra que quatre au tapis. (DR)

LE *KOMMODORE* BORGNE

En quittant l'unique tente qui sert à la fois de bureau et de salle d'opérations, le *Lieutenant-Colonel* John C. Meyer lève la tête vers le ciel. Le temps semble vouloir s'éclaircir, mais le plafond reste bas. Un petit brouillard couvre la base d'As, mais il n'est que 8 h 30 et il devrait se lever. As, connue par les Américains sous le nom de code de Y-29, abrite, à une quinzaine de kilomètres au nord du canal Albert, le 352nd *Fighter Group* de l'USAAF et ses P-51D Mustang. Meyer a le sourire. Il vient, non sans mal, d'arracher à ses supérieurs l'autorisation de conduire lui-même une mission d'escorte de bombardiers moyens de la 8th *Air Force* dans le secteur de Trèves-Cassel-Coblence.

Au même instant, 250 km plus au sud-est, une trentaine de moteurs BMW 801 s'éveillent à la vie, couvrant d'un vacarme assourdissant la campagne paisible de Griesheim, près de Darmstadt. Une autre opération se prépare et elle est d'envergure car le grand patron de l'escadre a tenu à y participer personnellement. Le *Major* Günther Specht a rarement manqué une occasion de mener ses hommes au combat. Aussi, son Fw 190A-9 frappé des chevrons de *Kommodore*, se trouve-t-il en tête de file des appareils du *Stab* et du premier groupe de la JG 11.

Sans pouvoir rivaliser avec le palmarès de ses pairs, Specht est un personnage très connu dans la *Luftwaffe* et admiré pour ses qualités de meneur d'hommes et de battant. Il a perdu un œil lors d'un combat contre des bombardiers anglais, le 3 décembre 1939, mais son courage et sa volonté lui ont permis de revenir au front pour la campagne de France au cours de laquelle il a abattu trois Spitfire en quelques minutes. En raison de son handicap, il a été muté en état-major, mais il ne s'y est guère senti à l'aise. À sa grande satisfaction, il a rejoint le front en février 1943 pour commander le II./JG 11, avant d'être nommé commandant de l'escadre fin avril 1944. Specht, décoré de la célèbre *Ritterkreuz*, est titulaire de 31 victoires, dont la moitié remportée contre des quadrimoteurs américains.

John Meyer se dirige vers son avion, un P-51D qu'il a baptisé « Petie II » (l'original ayant été détruit par l'un de ses équipiers le jour du débarquement). Son appareil, comme tous ceux sur lesquels il a volé, porte le code HO+M. Plus qu'une tradition, une superstition. Meyer, comme tous les pilotes, est superstitieux, mais il n'a pas à se plaindre de la chance qui l'accompagne depuis son arrivée au front, en juillet 1943. Il a épinglé 22 avions ennemis à son tableau de chasse et ne se trouve qu'à 3 5/6 victoires du « top-scorer » de son groupe, le *Major* Preddy qui a été tué en combat le jour de Noël 1944. Meyer a remporté sa deuxième victoire le 4 décembre 1943, un Bf 109G-6, près de Nimègue. Ce qu'il ignore alors, c'est que cet appareil était piloté par le *Hauptmann* Wilhelm Lemke, *Kommandeur* du II./JG 3, récipiendaire de la Croix de Chevalier avec feuilles de chêne et titulaire de 131 victoires. Mais, en ce matin du jour de l'an 1945, les pensées de Meyer sont ailleurs. Il est 8 h 35 et il a une heure devant lui pour régler les détails de sa mission.

Les deux Ju 188 éclaireurs décollent les premiers, suivis par les Focke-Wulf, et la formation se dirige vers le point de rendez-vous fixé aux autres groupes de la JG 11, le II./JG 11 qui vient de quitter Zellhausen et le III./JG 11 venant de Großostheim. Au-dessus de Francfort, les Fw 190A de Specht font leur jonction avec les Bf 109G du *Hauptmann* Leonhardt et les Fw 190A du *Hauptmann* von Fassong. Pour la première et la dernière fois de toute la guerre, les trois groupes de l'escadre sont réunis pour une mission commune. Entre 60 et 70 monomoteurs de chasse, toujours précédés par les deux Ju 188, mettent le cap sur Aix-la-Chapelle et se dirigent vers As.

Un Focke-Wulf Fw 190D-9 du II./JG 26, probablement celui du commandant de groupe, le *Hauptmann* Schauder. Cette version, l'une des plus performantes, est surnommée « long nez » en raison de l'allongement du capot nécessité par l'installation d'un moteur en ligne Junkers Jumo 213. (Collection Musée de l'Air)

Y-29 déborde d'activité. Outre le 352nd *Group* américain, y stationnent un groupe de la 9th *Air Force* et quatre *Squadrons* de la RAF équipés de Spitfire dont un se trouve déjà quelque part au-dessus de l'Eifel. Meyer saute dans son Mustang dont les mécaniciens mettent le moteur en route. Onze autres appareils se préparent à ses côtés. Parvenue au-dessus d'Aix, l'escadre de Specht est saluée par la *flak*, à la grande surprise des pilotes. Un chasseur est touché et doit se poser sur le ventre. Les Ju 188 suivent le cours de la Meuse, dépassent Maastricht et plongent sur As. Leur mission terminée, ils battent des plans pour annoncer que l'objectif est en vue, puis virent pour reprendre de l'altitude et rentrer à leur base. C'est aux chasseurs de jouer maintenant. Specht conduit ses avions en piqué. Il est 9 h 40.

Les ailes de la victoire — 237

DES AVIONS ALLEMANDS PARTOUT

Les P-51, cales ôtées, roulent pour prendre la piste. Leur commandant, en tête, vérifie ses instruments tout en roulant en zigzag pour s'assurer une meilleure visibilité vers l'avant. Tant de pilotes ont raté une mission pour n'avoir pas vu une ornière ou heurté un obstacle avec le bout de leur aile. La tour donne le feu vert et Meyer met « la gomme ». Il est sur le point de lâcher les freins lorsque l'officier du contrôle aérien lui hurle dans les oreilles : « Cinquante "bandits" attaquent le terrain. » Meyer aperçoit des flocons caractéristiques en bout de piste. La DCA du terrain a ouvert le feu. Il n'a pas le temps de se demander sur quoi qu'un Focke-Wulf le survole à grande vitesse. Sans réfléchir, Meyer s'élance. Il aperçoit des avions allemands partout au-dessus de la base. Il tire sur le manche pour arracher son avion du sol. Le *Gefreiter* Gerhard Böhm a aperçu des C-47 stationnés à l'autre bout de la piste. Il plonge pour les mitrailler. Voyant le Fw 190 défiler à bonne distance juste devant lui, Meyer écrase la détente de ses armes. Touché ! L'appareil de Böhm percute le sol près des avions de transport et explose. Seulement alors, Meyer rentre son train et prend de l'altitude aussi vite qu'il le peut.

Pendant une vingtaine de minutes, la bataille fait rage au-dessus d'As, avions alliés et allemands s'entrecroisant sur un périmètre restreint. Tirant au beau milieu des duels aériens, la DCA ajoute à la confusion. D'épaisses fumées noires marquent la trace des avions abattus et de ceux qui ont été incendiés au sol. Meyer obtient une nouvelle victoire pour porter son palmarès à 24, mais il terminera la guerre sans augmenter son score. Son groupe revendique 23 avions allemands, dont 4 crédités au *Lieutenant* Moats et 4 au *Captain* Whisner, ce dernier obtenant ses victoires à bord d'un avion fortement endommagé.

Dans ce maelström, personne n'a vu s'abattre le Fw 190 de Specht. Son sort demeure encore un mystère. En face de son nom est toujours portée la mention *vermißt* (disparu).

UN VRAI DÉSASTRE POUR LA *LUFTWAFFE*

Les résultats précis de « Bodenplatte » demeurent inconnus à ce jour. Les chiffres diffèrent considérablement d'une source à l'autre : 479 avions alliés détruits au sol pour l'OKL, 150 selon l'USAAF et 144 d'après la 2nd *Tactical Air Force*. La vérité doit se situer — comme toujours — quelque part à mi-chemin. Les Britanniques manifestent toujours une grande réticence à considérer un avion comme détruit; dans la mesure où il peut être évacué vers les ateliers de l'arrière, même en plusieurs morceaux, il reste classé dans la catégorie « endommagé ».

Quel qu'en soit le bilan, « Bodenplatte » est tombé loin de son objectif. Ce « grand coup » qui devait redonner la suprématie aérienne à la *Luftwaffe* ne contribue qu'à l'affaiblir un peu plus. Sur près de 875 chasseurs engagés, environ 300 n'en reviennent pas et 232 pilotes sont tués, portés disparus ou faits prisonniers. Quelque 27 %… Dans la meilleure des hypothèses, l'opération a coûté aussi cher à la *Luftwaffe* qu'aux Alliés sur le plan purement quantitatif. Pour le reste, « Bodenplatte » se solde par un désastre.

Si les Alliés peuvent s'offrir le luxe de radier 300 appareils de leurs effectifs, à cette période de la guerre la *Luftwaffe* ne peut se permettre une telle hémorragie de pilotes confirmés. Pas moins de 19 commandants d'unité, du simple chef d'escadrille au commandant d'escadre, parmi les plus chevronnés, figurent au nombre des disparus du 1er janvier 1945. « Bodenplatte » a coûté à la *Luftwaffe* trois *Kommodoren* et six *Gruppenkommandeure*. Un luxe qu'elle ne peut guère se permettre à cette époque…

Quels qu'en soient les risques potentiels, une vaste opération aérienne s'explique pleinement au moment où les Allemands lancent leurs divisions blindées à travers les Ardennes. Son maintien, quinze jours plus tard, alors que l'offensive terrestre se solde manifestement par un échec, constitue un manque de réalisme criminel de la part de l'état-major allemand. Le 1er janvier, rien ne justifie plus un tel sacrifice.

Pour les Alliés, « Bodenplatte » ne constitue qu'un simple épisode, peut-être un peu plus coûteux que les précédents, mais la guerre continue. Et à 10 h 30, soit une demi-heure après la conclusion de l'opération, des B-17 de la 8th *Air Force* décollent d'Angleterre en direction de Brême, « Bodenplatte » ou pas « Bodenplatte »…

▲ Le P-51D « Petite 2nd » piloté par le *Lieutenant-Colonel* John C. Meyer, commandant le 487th *Fighter Squadron*, arbore fièrement 24 symboles de victoire sous l'habitacle. Tout l'avant de l'appareil est peint en bleu, la couleur de l'escadrille. Il porte également l'insigne traditionnel du 487th *FS*. (Collection C.-J. Ehrengardt)

▲ Bf 109G-14 du IV./JG 53 à Echterdingen. Ce groupe, commandé par le *Hauptmann* Müer, ne perd pas moins de huit pilotes au cours de l'attaque de la base de Metz-Frescaty à l'aube du 1er janvier 1945. (Collection J. Crow)

XXII
APOCALYPSE NOW!
De Tokyo à Nagasaki

En cinq mois, de mars à août 1945, les B-29 étranglent un peu plus un Japon déjà exsangue. Malgré leur courage, les pilotes japonais, dont certains n'hésitent pas à se précipiter avec leur avion sur les bombardiers, ne peuvent endiguer ce tsunami de fer et de feu qui dévaste leurs villes et ruine leur économie de guerre. Le Japon se prépare dans la fièvre à l'assaut final, mais la mise à mort arrive du ciel et tombe par un beau matin d'été d'un avion isolé dont personne ne se méfie. L'humanité vient d'entrer dans l'ère atomique, de la pire manière qui soit et, pour être bien sûr qu'elle y restera, une seconde bombe sera larguée sur Nagasaki trois jours plus tard. Mais, était-ce la dernière bombe de la Seconde Guerre mondiale ou la première de la Guerre froide ?

L'ENFER SE DÉCHAÎNE SUR HIROSHIMA

« 2 DIXIÈMES plus bas et au milieu et 2 dixièmes à 4 500 mètres. » Cet anodin bulletin météorologique scelle le destin d'une ville et de ses 245 000 habitants : Hiroshima. Le *Colonel* Paul W. Tibbets dirige son B-29 baptisé *Enola Gay* (les prénoms de sa mère) sur le point d'entrée initial. Il l'atteint à 9 h 11 à une altitude de 9 500 mètres et abandonne les commandes au *Major* T.W. Ferebee, le bombardier, au *Captain* T.J. Van Kirk, le navigateur et au *Sergeant* J.A. Stiborik, l'opérateur radar. Quatre minutes plus tard, parvenu à la verticale de l'extrémité nord de l'île où se trouve l'aéroport d'Hiroshima, Ferebee libère « la » bombe. Aussitôt, il rend la main au pilote qui exécute un violent virage à 150 degrés et pique du nez pour augmenter sa vitesse.

La bombe a été réglée pour exploser en altitude afin d'augmenter son pouvoir destructeur. Elle explose vers 600 mètres, quelque cinquante secondes après avoir été larguée. Tibbets a mis 25 km entre elle et lui, mais *Enola Gay* n'en est pas moins secoué par deux ondes de choc distinctes. L'équipage, pétrifié, aperçoit à travers des lunettes polaroïd une énorme boule de feu, suivie d'un colonne de nuage qui s'élève en prenant la forme d'un champignon jusqu'à une altitude de 15 000 mètres. À plus de 600 km, l'équipage distingue encore la fumée qui monte d'Hiroshima.

À 8 h 15, heure d'Hiroshima, les ouvriers sont déjà au travail, tandis que la majorité de la population vaque tranquillement à ses occupations. Une heure plus tôt, le passage d'un B-29 isolé a déclenché le hurlement des sirènes, mais ce n'était qu'une fausse alerte. Hiroshima compte parmi les rares villes du Japon à n'avoir pas subi la hargne des bombardiers américains. Ses habitants ne cherchent pas à savoir pourquoi, ils compatissent au malheur des autres, mais savourent leur tranquillité. Le survol d'un autre B-29 isolé ne déclenche aucune alerte, qu'une vague indifférence des gens qui passent dans la rue et qui lèvent la tête.

L'enfer se déchaîne sur Hiroshima. Dans un rayon de 2 000 mètres à partir de la verticale du point d'explosion, il ne subsiste aucun vestige de ce qui étaient encore des maisons et des boutiques quelques secondes auparavant. Des 50 000 habitations de la ville *intra-muros*, plus de 97 % ont été détruites ou sévèrement endommagées. Le chiffre des morts est estimé à 80 000, mais il ne tient évidemment pas compte de ceux qui décéderont plus tard des suites des radiations.

▲
Le 12 octobre 1944, les premiers B-29 se posent sur la piste d'Isley Field, à Saipan. Les carcasses d'avions japonais détruits pendant la conquête des Mariannes n'ont pas encore été nettoyées. Ici, un appareil du 498th *Bombardment Group* du 73rd *Bomb Wing*. (Collection Tallandier)

TOUT EST NOUVEAU, MÊME LES AVIONS

Le raid de l'impudent Doolittle et de ses pilotes en avril 1942 entraîne un renforcement considérable de la défense aérienne du Japon. Pourtant, les bombardiers américains ne feront pas de nouvelle apparition avant le 15 juin 1944.

Ce jour-là, choisi justement parce que simultanément les Marines débarquent à Saïpan, quelque quatre-vingts B-29 frappent le Japon en plein cœur en lançant leurs bombes sur les aciéries de Yawata. Or, si les Américains veulent s'emparer des Mariannes, c'est précisément pour établir de nouvelles bases pour les B-29 dans le cadre d'une vaste offensive stratégique aérienne. Dans cette affaire, tout est nouveau : le commandement, la stratégie, les armes, les bases et même les avions.

En novembre 1943, le président Roosevelt approuve le principe du plan « Matterhorn », l'offensive stratégique contre le Japon. Le 27, naît sur la base de Salina (Kansas) le XX *Bomber Command*, sous les ordres du *Brigadier General* K.B. Wolfe, incorporant sous sa tutelle le 58th *Bombardment Wing (VH)*. Le « VH » signifie *Very Heavy*, qualificatif qui s'applique sans réserve au nouvel avion qui a justifié à lui seul la création de ce commandement : le Boeing B-29. Rapidement baptisé « Superforteresse », le B-29 n'arrive en Chine qu'en avril 1944 et sa première mission, très décevante, ne se déroule que le 5 juin. L'appareil a connu de nombreuses maladies infantiles, mais il a aussi causé bien des migraines aux ingénieurs du génie.

Sa taille et son poids ont posé de gros problèmes pour la réalisation des infrastructures destinées à l'accueillir. Un énorme complexe a été établi en Chine, autour de Chengtu, et les pistes ont été aménagées par plusieurs dizaines de milliers de travailleurs chinois, cassant les cailloux à la masse et transportant les matériaux et les gravats sur leur dos. Mais tout manque. Malgré un pont aérien réalisé par des avions de transport, les B-29 doivent subvenir à leurs propres besoins. La conquête de la Birmanie a coupé l'unique route entre la Chine et les Indes et la seule voie utilisable est celle des airs, survolant la jungle et passant plus souvent entre qu'au-dessus des sommets de l'Himalaya, au milieu de tourbillons et d'ouragans. Cette zone inhospitalière a été surnommée *The Hump* (la bosse) par les Américains. Pendant le premier semestre 1944, 12 000 tonnes de carburant, de munitions, de vivres et de rechanges franchissent cette « bosse », dont une bonne partie transportée par les B-29. En février 1945, 71 000 tonnes sont convoyées au rythme d'un avion toutes les 80 secondes.

RAIDS SUR TOKYO

Le 16 juin 1944, lendemain du premier raid des B-29 sur le Japon, l'existence de la 20th *Air Force* est publiquement révélée. Elle existe pourtant officiellement depuis le 4 avril et le général H.H. Arnold, commandant en chef de l'USAAF, s'en est nommé lui-même à la tête, ce qui souligne l'importance que l'*Army Air Force* accorde à cette flotte. Comme les journées n'ont que vingt-quatre heures, même pour un chef d'état-major et qu'elles sont déjà bien remplies, le commandement effectif est en fait assuré par son adjoint, le *Brigadier General* H.S. Hansell.

Le 29 août, le *Major General* Curtis E. LeMay prend le commandement du XX *Bomber Command*. La capture de Saïpan, effective le 10 juillet, ouvre de meilleures perspectives aux B-29 qui se débattent en Chine au milieu d'énormes problèmes de logistique et de carburant. La construction des bases aux Mariannes se heurte à diverses difficultés, mais la piste d'Isley Field accueille le B-29, le 12 octobre. Début novembre, quatre groupes (497th, 498th, 499th et 500th *BG*) de trente appareils chacun y stationnent.

La dernière mission au départ de Chengtu s'effectue le 14 janvier 1945 et l'exode général vers les Mariannes entraîne l'abandon du plan « Matterhorn » qui avait déjà subi de profondes modifications. Le transfert des unités entraîne une réorganisation administrative au sein de la 20th *AF*, amorcée avec la création du XXI *Bomber Command* en août 1944, dont le général Hansell prend le commandement à Saïpan. À cette période, la stratégie de la 20th *AF* a été repensée par le comité de l'état-major combiné qui prépare à long terme l'invasion du Japon. Les hauts fourneaux disparaissent de la liste des objectifs prioritaires au profit des usines de construction aéronautique.

Le 18 novembre 1944, pour la première fois, le B-29 rend visite à Tokyo. Sur les 110 appareils qui décollent d'Isley Field à partir de 6 h 15, seuls 24 lancent leurs bombes sur l'objectif imparti, l'usine Nakajima dans les faubourgs de la capitale nippone. Si la DCA s'avère faible et imprécise et les attaques des chasseurs désordonnées et inefficaces, les B-29 rencontrent de vives difficultés avec un fort vent qui souffle à leur altitude de bombardement (10 000 mètres) et qui leur confère une vitesse au sol de 710 km/h. Un seul B-29 est perdu, victime d'un « Tony » qui a délibérément percuté l'empennage arrière du bombardier.

Quinze jours plus tôt, le général K. Yoshida, commandant la 10e Division aérienne, responsable de la défense de Tokyo, a ordonné la création de sec-

▶ Au décollage d'Isley Field, un B-29 du 499th *Bombardment Group*. Le B-29 a la forme d'un long cylindre cloisonné en trois compartiments pressurisés. À l'avant se trouvent le bombardier, le pilote, le copilote, le mécanicien, le radio et le navigateur. Un couloir mène au second compartiment qui loge trois mitrailleurs et l'opérateur du radar. Le mitrailleur de queue est isolé du reste de l'équipage. (Collection SHAA)

▶ Le Kawanishi N1K2 « George 21 » (ici des appareils du 343 *Kôkûtai* sous la neige à Matsuyama, début 1945) est souvent considéré comme le meilleur avion de chasse de la guerre du Pacifique. Malgré des débuts difficiles, consécutifs à des maladies infantiles et à une désorganisation des chaînes de production, il s'avère supérieur au F6F et au P-51. En février, l'enseigne de vaisseau Kaneyoshi Mutô du 343 *Kôkûtai*, seul au milieu de douze Hellcat, parvient à en abattre quatre et à mettre les autres en fuite. (Collection Y. Izawa)

▶ Pour avoir trop longtemps privilégié la maniabilité, les avions de chasse japonais accusent un net retard technologique sur leurs adversaires, encore aggravé par l'absence de moteurs performants. Le Nakajima Ki.44 « Tojo » peut être considéré comme le premier véritable chasseur moderne de l'armée, car, pour la première fois, l'accent a été mis sur la vitesse et le taux de montée. L'un des as de l'armée impériale, le capitaine Yasuhiko Kuroe, est photographié à bord d'un prototype confié au 47 *Chutai* indépendant, début 1942. (DR)

▶ Grosso modo équivalent au Messerschmitt Bf 110, le Nakajima Ki.45 « Nick » présente les mêmes travers : rapport poids/puissance défavorable, maniabilité moyenne. L'appareil est essentiellement utilisé pour la défense de la mère patrie, mais pour la chasse au B-29, il part avec un lourd handicap. Deux Ki.45-KAIc du 53 *Sentai* basé à Matsudo (Tokyo). (Collection Y. Izawa)

tions « spéciales » au sein des groupes de chasse, dont la méthode d'attaque est copiée sur celle des Kamikaze de la marine. Chaque commandant de *Sentai* choisit quatre pilotes (puis huit) qui reçoivent des appareils allégés pour rattraper les B-29. Tout ce qui n'est pas indispensable, armement, blindage et même le système d'auto-obturation des réservoirs, est déposé. Mais, ce n'est pas toujours suffisant...

UNE PROFONDE REMISE EN QUESTION

Le 18 décembre, lors du second raid sur Nagoya, l'armée impériale revendique 9 victoires. Les pertes américaines s'élèvent à 464 aviateurs tués, disparus et blessés. Comme d'habitude, un grand nombre de bombardiers n'ont pas suivi le plan de vol et sur les 89 qui ont pris l'air, seuls 63 bombardent à travers une épaisse couche nuageuse, qui oblige la majorité à utiliser le radar. L'usine Mitsubishi visée n'est paralysée que pendant dix jours.

La stratégie du XXI *BC* est l'objet de vives critiques de la part de certains membres de l'état-major qui la trouvent inefficace et coûteuse. Il y a longtemps que Norstad, le « patron » de la 20th *Air Force*, pense que des raids incendiaires sur les zones urbaines, particulièrement denses et construites en matériaux facilement inflammables, pourraient procurer des résultats plus tangibles. Cette idée se heurte toutefois de plein fouet à la politique générale du bombardement stratégique de précision adoptée par Hansell, dont la ligne de force repose sur la destruction de l'industrie aéronautique ennemie. Elle fait pourtant son chemin et les médiocres résultats du XXI *BC* au cours du premier trimestre 1945 contribuent à la faire progresser.

Le 20 janvier 1945, Hansell, limogé, est remplacé par LeMay à la tête du XXI *Bomber Command*. Par une curieuse ironie du sort, Hansell vient juste de toucher au but la veille, lorsque 62 B-29 ont écrasé sous 155 tonnes de bombes explosives l'usine Kawasaki à Akashi. Les dégâts sont si importants que Kawasaki devra transférer la production sur d'autres sites. C'est la première mission pleinement satisfaisante des B-29 sur le Japon ! Cependant, le principal reproche à l'encontre de Hansell concerne la trop grande pression qu'il a exercée sur ses équipages, entraînant un taux insupportable de sorties avortées (21 %) et d'amerrissages forcés (28 %), en raison d'une maintenance et de réserves inadéquates. Les pertes sont lourdes (5,7 % en janvier) et sont dues pour une bonne part à des pannes mécaniques ou d'essence sur le trajet du retour. Les résultats sont décevants, mais la faute en incombe essentiellement aux conditions atmosphériques impropres au bombardement de précision. En outre, le radar de bombardement AN/APQ-13 s'avère déficient à haute altitude. En 22 missions, représentant 2 148 sorties, 5 398 tonnes de bombes ont été lancées sur le Japon, mais à peine la moitié sur les objectifs impartis. Les équipages rencontrent des vents soufflant à plus de 300 km/h qui perturbent les lancers de bombes et augmentent de manière dramatique la consommation au retour. Les passes doivent être effectuées dans le sens du vent, à une vitesse qui excède parfois 800 km/h pour laquelle les viseurs n'ont pas été conçus[1].

Ayant reçu carte blanche de la part de Norstad et l'aval d'Arnold pour reconsidérer la situation, LeMay lance dès le 4 février un raid incendiaire sur le centre de Kobe, où s'entasse une population de 40 000 habitants au kilomètre carré. Pour la première fois, deux *Wings* prennent part à la mission. Même si seulement 69 avions larguent leurs bombes, les résultats se révèlent bien plus encourageants qu'à Nagoya : 26 hectares sont ravagés par 159 tonnes de bombes incendiaires et une grande partie des zones industrielles de la ville est durement touchée. Cependant, cette mission est tout autant perturbée par les conditions atmosphériques que les précédentes. Il devient urgent d'essayer une autre tactique.

COUP DE TORCHON SUR DIX ANS DE STRATÉGIE RAISONNÉE

Le 8 mars 1945 marque le grand tournant de la campagne du bombardement stratégique sur le Japon. L'heure zero est fixée à 18 h 20 ! Les B-29 bombarderont Tokyo de nuit. Mais, ce n'est pas tout. Les appareils attaqueront individuellement, à basse altitude, et largueront chacun 5 400 kg de bombes

---

1. *The Army Air Forces in WWII* — Volume Five — The Pacific : Matterhorn to Nagasaki — Office of Air Force History, Washington, nouvelle édition 1983.

incendiaires. Les équipages ne sont pas au bout de leur surprise : les avions seront dépouillés de tout leur armement défensif. Les objections sont vite dissipées. La chasse de nuit japonaise brille par son incapacité permanente. D'ailleurs, les F-13 (version de reconnaissance du B-29), qui ne disposent pas d'armement défensif, se jouent régulièrement des chasseurs japonais en plein jour et 8 000 obus représentent 1500 kg de bombes supplémentaires. En volant vers 1500 mètres, les B-29 peuvent emporter une charge offensive maximale et ils ne rencontreront pas les vents violents qui soufflent à haute altitude. L'attaque de nuit offre de multiples avantages. D'abord, la ceinture défensive de Tokyo n'est pas celle de Berlin. La nuit, il n'y a pratiquement pas de nuages et le bombardement peut s'opérer visuellement. Les incendies allumés par les avions-éclaireurs seront facilement repérables. Enfin, et les équipages ne manquent pas d'apprécier ce dernier point, les B-29 se trouveront dans les parages d'Iwo Jima quand l'aube se lèvera. Certes, cette île n'est pas encore totalement nettoyée des derniers nids de résistance japonais, mais les *Seabees*[2] sont déjà au travail pour aménager le terrain d'aviation. Les appareils endommagés, déficients sur le plan mécanique ou à court de carburant, pourront soit s'y poser, soit amerrir près de la plage.

Pour une remise en question, c'est une remise en question. C'est même un fameux coup de torchon sur dix ans d'une stratégie mûrement réfléchie, sur laquelle l'*Army Air Force* a basé sa doctrine d'emploi, a obtenu (et dépensé) ses budgets, a dicté les cahiers des charges aux avionneurs et a formé des générations d'équipages. On peut mesurer la force de l'aviation américaine au fait que non seulement ses chefs ont été capables de reconnaître leurs erreurs, mais ont eu aussi, à la fois, la volonté et le courage de modifier leur stratégie et surtout la possibilité de le faire. Reste maintenant à juger les résultats...

LE NÉRON DES TEMPS MODERNES

« Bombardement visuel. De grands incendies observés. *Flak* modérée. Chasse absente. » Ce message laconique résume la mission 23 qui s'achève sur un large succès. Depuis Guam, les premiers avions du 314th *Wing* ont commencé à décoller à 17 h 35, suivis quarante minutes plus tard par ceux des 73rd et 313th *Wings* basés à Saïpan et Tinian. Les derniers ne prennent l'air que deux heures et quarante-cinq minutes plus tard. En tout, 334 B-29 mettent le cap sur Tokyo. Les avions-éclaireurs se présentent au-dessus de l'objectif quelques minutes avant minuit et leurs bombes allument des incendies facilement repérables par les formations qui les suivent. Arrivant entre 1 500 et 2 700 mètres d'altitude, les B-29 s'étalent en éventail pour toucher les zones encore intactes, tandis qu'ils survolent un océan de flammes attisé par le vent. Les derniers groupes sont gênés dans leur passe par la fumée et les turbulences engendrées par les vagues de chaleur.

La zone de bombardement abrite une population très dense (jusqu'à 52 000 habitants/km^2) et quelques cibles industrielles de portée plus « stratégique ». Les habitations de construction traditionnelle, à base de bambou et de plâtre, constituent un aliment de premier choix pour le feu. Les incendies se propagent à la vitesse d'un feu de brousse en période de sécheresse, débordant les services de sécurité et les pompiers en moins d'une demi-heure. Contenu uniquement par la barrière naturelle des rivières et des canaux, l'incendie s'éteint de lui-même dans la matinée, après avoir ravagé 40 km^2 de quartiers résidentiels. Les services officiels japonais dénombrent 83 793 victimes et plus d'un million de sans-abri. La panique est responsable d'un grand nombre de morts, beaucoup de gens ayant cherché à s'enfuir en traversant les flammes. Plusieurs centaines d'autres, ayant cherché refuge dans les canaux, ont littéralement bouilli lorsque la chaleur de l'incendie a porté la température de l'eau à plusieurs centaines de degrés.

Néron des temps modernes, Curtis LeMay a provoqué le plus tragique holocauste de toute l'histoire de l'humanité, qui n'a pourtant pas été avare dans ce domaine. Le plus grand incendie du monde occidental, celui de San Francisco, en 1906, n'avait détruit que 10 km^2 et aucun bombardement sur l'Europe n'a causé autant de victimes — à l'exception de celui de Dresde (postérieur à cette mission).

Véritable succès pour le patron du XXI *BC*, la mission n'a pas été pour autant une partie de plaisir pour les équipages. Quatorze B-29 ont été abattus par la DCA et quarante-deux autres endommagés. Le taux d'attrition ressort à 4,2 %, supérieur à la moyenne de 3,5 % enregistrée depuis les débuts opérationnels du B-29, mais nettement inférieur aux 5,7 % de janvier 1945.

2. *Japan's WWII balloon bomb attacks on North America* — R.C. Mikesh — Smithsonian Annals of Flight n° 9, Smithsonian Institution Press, Washington, 1973.

◀ Quelques as japonais :
— Le premier maître Takeo Tanimizu devant son A6M5c du 203 Kôkûtai basé à Kagoshima (Kyûshû), au printemps 1945. Le nombre de ses victoires est estimé à 18 (l'état-major impérial interdisant, en effet, de tenir tout décompte individuel). La rangée du haut montre deux B-29, l'un endommagé (à gauche), l'autre détruit (à droite). (Collection Y. Izawa)

◀ — Le capitaine Yoshi Yoshida du 70 Sentai à Kashiwa (Tokyo), en avril 1945. On note les deux marques de victoire contre des B-29 (l'une datée du 13 avril, l'autre du 20) sur le fuselage de son Ki.44-II. (Collection Y. Izawa)

◀ — L'un des plus célèbres as de l'armée, le commandant Teruhiko Kobayashi, commandant le 244 Sentai, aux commandes de son Ki.61-I-KAI. Il termine la guerre avec 12 victoires confirmées, dont 10 B-29. (Collection Y. Izawa)

Un Mitsubishi J2M3a « Jack » du 302 ▶ Kôkûtai au décollage d'Atsugi. Cette unité prend part à l'ultime combat aérien de la Seconde Guerre mondiale, lorsque seize Zero et huit « Jack » surprennent six F6F-5 de la VF-88 (Yorktown), le 15 août 1945 vers 7 heures. Les pilotes américains viennent d'apprendre que la guerre est finie, mais cette nouvelle n'est pas encore parvenue aux Japonais. La VF-88 perd quatre pilotes tués ou portés disparus et le 302 Kôkûtai deux Zero.
(Collection C.-J. Ehrengardt)

La nouvelle stratégie ayant fait ses preuves, LeMay se lance dans une série de raids incendiaires dont l'intensité est cependant freinée par deux facteurs. Fin mars, le XXI BC tombe pratiquement à court de bombes M69. L'estimation de leur consommation, établie sur six mois, n'avait évidemment pas pris en compte le tournant du 9 mars et les délais d'acheminement par cargo sont très longs. Soixante heures de vol par mois et un tour d'opérations de 35 missions constituent des maxima pour les équipages. L'écart entre les effectifs présents et les besoins pour une campagne soutenue se creuse au fil des semaines. Or, grisé par son succès, LeMay estime que la victoire lui tend les bras. Dans un message adressé à Norstad, le 25 avril, il plaide en faveur de l'offensive à outrance, convaincu qu'il réussira là où l'USAAF a échoué en Europe[1] :

« Je suis influencé par la conviction que le stade actuel de développement de la guerre aérienne contre le Japon offre pour la première fois à l'AAF l'occasion de prouver la puissance de l'arme aérienne stratégique. Je considère que pour la première fois, le bombardement aérien stratégique se trouve dans une situation où sa force est proportionnée à l'ampleur de sa tâche. J'ai le sentiment que la destruction de la capacité du Japon à poursuivre la guerre est à portée de main de ce commandement, à condition que sa puissance maximale s'exerce sans ménagement au cours des six prochains mois, que l'on peut considérer comme la phase critique. Bien que naturellement réticent à pousser ma force aérienne à un régime excessif, je crois que l'occasion qui s'offre justifie des mesures exceptionnelles de la part de tous ceux qui y sont associés. »

Il s'y emploiera de toute son énergie, après une diversion de ses forces pour soutenir les débarquements à Okinawa et pour miner la mer Intérieure. Entre le 17 juin et le 14 août 1945, les B-29 reviendront 60 fois au-dessus du Japon y lancer leurs bombes incendiaires. Le problème des « avortements » a été réglé, mais celui des retours difficiles reste d'actualité. Fort heureusement, l'île d'Iwo-Jima accueille un grand nombre d'avions en délicatesse avec leurs moteurs ou leurs réservoirs. Sans cette étape salvatrice, les pertes auraient augmenté d'une manière substantielle et le « score » de LeMay n'aurait sans doute pas été meilleur que celui de son prédécesseur.

LA CAMPAGNE DES MINES AÉRIENNES

L'épisode du mouillage de mines dans la mer Intérieure du Japon est souvent passé inaperçu. La campagne n'a duré que cinq mois et ses effets immédiats ont été sans nul doute moins spectaculaires aux yeux du grand public que les hectares flambés au napalm. Et pourtant, les mines aériennes mouillées par les B-29 entreront pour près de 10 % dans le total du tonnage perdu par la marine marchande japonaise.

Confiée à la 20th Air Force pour la simple raison que l'US Navy ne dispose pas d'avions adéquats, la campagne suscite un enthousiasme pour le moins modéré de la part de ses chefs, qui voient d'un mauvais œil cette dispersion de leurs efforts. Une attention toute particulière est accordée aux routes d'accès aux ports d'Hiroshima, Kure, Kobe et Osaka, par le détroit de Bungô et le chenal de Kii. La première mission se déroule le 27 mars, prenant les Japonais complètement par surprise. Progressivement, l'activité des principaux ports du Pacifique cesse définitivement, à commencer par Nagoya le 27 avril. Dédié au mouillage des mines, le 313th *Wing* en lance 12 053 en 1528 sorties, avec des pertes insignifiantes.

Le Japon s'est lancé dans la guerre avec près de 7 millions de tonneaux auxquels se sont ajoutés plus de 4 autres millions sortis des chantiers navals pendant la durée des hostilités. Sur ce total, 8,9 millions ont été coulés pendant la guerre, dont près de 55 % (1 042 bâtiments) par les sous-marins américains. L'aviation entre directement pour plus d'un quart, le solde étant réparti entre les mines, les navires de surface et les accidents. L'activité du 313th *Wing* se solde par la perte de 82 770 tonneaux (9,3 %), ce qui, en quatre mois et demi, ne constitue pas un mince exploit.

DES MONGOLS... FIERS !

Les Japonais n'ont pas été insensibles aux arguments de la force de frappe à longue distance. Cependant, à aucun moment de la guerre, leur technologie ne leur a permis de réaliser des avions capables de toucher les États-Unis en plein cœur. Pourtant, par deux fois, un avion isolé a bombardé la côte ouest des États-Unis.

Le 9 et le 29 septembre 1942, mis à l'eau par le sous-marin I-25 au large du cap Blanco (Oregon), un hydravion Yokosuka E14Y1 («Glen ») piloté par le second maître Nubuô Fujita, lance à chaque reprise deux bombes incendiaires de 65 kg entre Eugene et Roseburg. Les Japonais espèrent ainsi déclencher de vastes incendies dans les massifs boisés de l'Oregon. Ils en seront pour leurs frais.

Le 4 novembre 1944, un patrouilleur côtier de l'*US Navy* trouve, flottant sur l'eau, à 80 kilomètres des côtes californiennes au large de San Pedro, un gros morceau de tissu auquel est accroché tout un assemblage bizarre. Les marins repêchent ce qui leur semble être les restes d'un gros ballon fait de soie caoutchoutée portant un appareillage sur lequel ils ne peuvent déchiffrer des inscriptions en japonais.

Cette étrange prise, transmise aux instances hiérarchiques supérieures, pique davantage la curiosité des Américains qu'elle ne les inquiète. Quinze jours plus tard, pourtant, une seconde pêche similaire est rapportée. Puis, en un mois de temps, six autres fragments sont découverts sur la terre ferme, dans le Montana et le Wyoming. Tous portent des inscriptions en japonais et, à n'en pas douter, il s'agit bien de débris de ballons libres.

Les Américains en arrivent à la conclusion que les Japonais viennent de mettre au point une arme, à la fois originale et très ancienne, pour attaquer les États-Unis par la voie des airs. Cette nouvelle, si elle se répand dans le public, risque de provoquer un courant de panique. Les autorités locales de la côte ouest sont invitées à ouvrir l'œil, mais à garder le secret le plus absolu sur ces trouvailles insolites.

En effet, leurs déductions sont bonnes. Les Japonais ont créé un vecteur stratégique sous la forme de gros ballons libres, fabriqués soit en papier soit en soie caoutchoutée, de neuf mètres de diamètre, gonflés à l'hydrogène et capables de transporter une bombe incendiaire d'une douzaine de kilos. Ces ballons sont lâchés depuis la côte est de l'île de Honshû et montent à une altitude approximative de 12 000 mètres à laquelle ils sont maintenus pendant tout leur trajet par un système automatique de lâcher de lest. Ils franchissent le Pacifique en trois jours, profitant des grands courants soufflant régulièrement d'ouest en est. Un mécanisme à retardement déclenche la descente et la chute de la bombe, dont le but est de mettre le feu aux grandes forêts bordant la côte ouest du continent nord-américain.

Les Japonais construisent 6 700 ballons, dont les premiers sont lâchés le 3

▲
Une photo dramatique prise par un B-29 après une série de raids entre le 24 et le 26 mai 1945 sur Tokyo. Plus de mille appareils ont déversé quelque 8 500 tonnes de bombes incendiaires. Les zones blanches sont celles qui ont été ravagées par les incendies. Au centre, en noir, le palais de l'empereur, miraculeusement épargné. (Collection Tallandier)

Le *Major* Richard I. Bong, commandant le 9th *Fighter Squadron* du 49th *Fighter Group*, pose devant son P-38J étalant ses 40 victoires. Décoré de la Médaille du Congrès, Bong est retiré des opérations le 18 décembre 1944. Malheureusement, il devait se tuer accidentellement en décollant à bord d'un chasseur à réaction P-80 sur la base de Fairbanks, le 6 août 1945. Dick Bong est l'as numéro un de l'USAAF de la Seconde Guerre mondiale.
(Collection Tallandier)

Les Ki.61 du 244 *Sentai* à Chofu (Tokyo), l'unité la plus performante de la 10ᵉ division aérienne, responsable de la défense de Tokyo. Entre décembre 1944 et mai 1945, ce groupe revendique 84 victoires, dont 73 B-29. Le Kawasaki Ki.61 est un des rares avions japonais équipés d'un moteur en ligne, qui n'est en fait que le Daimler-Benz DB 601A du Messerschmitt Bf 109 construit sous licence. Sa silhouette « italienne » lui vaut le nom de code de « Tony » dans l'inventaire de MacCoy.
(Collection Y. Izawa)

novembre 1944 (soit deux jours, compte tenu du franchissement de la ligne de changement de date, avant la découverte du patrouilleur de l'*US Navy*). Le programme est abandonné en mars 1945[3].

Deux raisons entraînent cet arrêt prématuré. La première est un manque d'hydrogène, conséquence directe des bombardements aériens et du blocus des sous-marins américains. La seconde provient de l'autocensure que s'est imposée la presse américaine sur ces événements, privant ainsi les Japonais de précieux renseignements sur les points de chute, la durée exacte de la traversée transocéanique et les conséquences de l'explosion des bombes. Faute de ces données primordiales, les Japonais n'ont jamais pu connaître l'efficacité de leur machine infernale ni remédier à ses inévitables défauts.

En fait, les dégâts causés sont infimes, car l'immense majorité des ballons tombent en mer ou dans des régions désertes et les quelques débuts d'incendie sont rapidement circonscrits grâce à la vigilance des gardes forestiers. Pourtant, six personnes sont tuées par l'explosion d'une bombe qu'elles ont découverte au cours d'un pique-nique. Ce sont les seules et uniques victimes de la guerre sur le sol américain. Les Américains ne retrouveront que 285 ballons (dont le dernier en 1955) sur une très vaste zone s'étendant d'Hawaï au Manitoba et du nord de l'Alaska à Mexico. La plus grande partie est tombée dans une région comprise entre l'Oregon et le Wyoming, preuve que les calculs à l'estime des ingénieurs et des météorologues nippons n'étaient pas si mauvais que ça. Onze ballons sont abattus par des chasseurs en patrouille, dont neuf le même jour par des F6F aux Aléoutiennes.

Cette arme que l'on peut qualifier de stratégique, pour le moins originale dans sa conception, aurait pu obtenir ses meilleurs succès sur le plan psychologique. La saine réaction de la presse américaine a évité une probable psychose parmi la population des régions concernées.

À cette arme, ingénieuse certes, mais aussi désuète qu'artisanale, les Américains vont opposer la plus terrifiante invention de l'homme : la bombe atomique.

LITTLE BOY, 20 000 TONNES DE TNT

Il n'entre pas dans nos intentions de discuter du bien-fondé de la décision du président Truman. Fallait-il ou non lancer la bombe atomique ? La réponse à cette question comporte trop d'éléments subjectifs et de considérations politiques pour que nous nous refusions à hasarder ne serait-ce qu'un début d'argumentation. Le fait est que la bombe a été lancée et qu'il y a en a même eu deux. Pourquoi deux ? La deuxième a-t-elle réellement précipité la décision du cabinet Suzuki et fait taire les derniers « faucons » davantage que la déclaration de guerre des Soviétiques ? Quand on sait qu'à cette époque le front jusque-là uni des Alliés commence à se lézarder, on peut se demander si Nagasaki n'a pas été plutôt la première manifestation de la Guerre froide.

Dès septembre 1943, la décision est prise d'utiliser le B-29 pour transporter la bombe atomique, dans le cadre du projet « Manhattan ». Il n'est pas inutile de rappeler qu'à cette date, les premiers exemplaires de série du B-29 commencent tout juste à être livrés.

Pour conduire les quinze appareils qui doivent être modifiés par Martin, le général Arnold choisit le *Colonel* Paul W. Tibbets dont les états de service en Europe et en Afrique du Nord sont impressionnants. Tirant ses ressources en hommes et en matériel du 393rd *Bombardment Squadron*, commandé par le *Major* Charles W. Sweeney, Tibbets forme le 509th *Composite Group* sur la base de Wendover (Utah), le 17 décembre 1944. Seul Tibbets est mis dans le secret du projet « Manhattan », les autres équipages n'étant informés que de la nature « particulière » de la bombe dont ils seront armés.

Rattaché administrativement au 313th *Wing*, le groupe fait mouvement sur Tinian le 11 juin 1945. En fait, le groupe dépend directement d'Arnold et, au-dessus de lui, du *Major General* Groves, directeur du projet « Manhattan » et de H. Stimson, secrétaire d'État à la Guerre. Toutefois, pour les missions spécifiques, à l'origine de sa création, il est placé directement sous l'autorité du président. Le groupe participe à quelques missions classiques, tant pour familiariser les équipages avec la topographie du Japon que pour en habituer les habitants à être survolés par de petites formations de B-29 volant à haute altitude en plein jour. À cette occasion, les appareils larguent des bombes aux caractéristiques balistiques proches de celle de la bombe atomique, remplies de TNT, dont la forme et la couleur leur valent immanquablement le sobriquet de « citrouilles ».

Arnold et Stimson choisissent soigneusement les cibles parmi les villes épargnées par LeMay. Hiroshima arrive en tête, suivie de Niigata, de Kokura et de Nagasaki. Le 26 juillet, le cuirassé *Indianapolis* débarque à Tinian la première bombe atomique, baptisée *Little Boy*; une bombe de 5 tonnes à base d'uranium 235, représentant la même puissance de destruction que 20 000 tonnes de TNT. Le même jour, le 509th *Composite Group* reçoit son ordre de mission : « Lancer sa première bombe spéciale dès que le temps permet un bombardement à vue après le 3 août ». Le 2 août, le président Truman, dont dépend la décision finale, approuve son utilisation. La date est fixée au 6 août et Hiroshima, Kokura et Nagasaki sont désignées comme objectifs primaire, secondaire et tertiaire respectivement.

Sept B-29 changent leurs marques d'identification, mais conservent leurs numéros individuels sur le fuselage. Trois appareils météo décollent très tôt dans la nuit du 5 au 6 août et survolent les trois villes retenues. À 2 h 45, le *Colonel* Tibbets s'envole à bord d'*Enola Gay*, suivi par deux avions non armés, *The Great Artiste* du *Major* Sweeney et *Necessary Evil*, piloté par le *Captain* G. Marquardt, bourrés de caméras, d'appareils scientifiques et d'observateurs. À 8 h 15, Tibbets reçoit le message du *Major* C. Eatherly, à bord de *Straight Flush*, l'informant d'une excellente visibilité au-dessus de l'objectif primaire. Les dés sont jetés.

Trois jours plus tard, le *Major* Sweeney, empruntant *Bocks'Car* au *Captain* F. Bock, se dirige sur Kokura. Les conditions atmosphériques qu'ils y trouvent ne leur permettent pas de lancer leur bombe. En délicatesse avec son carburant, Sweeney décide de se rendre au-dessus de l'objectif secondaire, Nagasaki, et de bombarder à vue ou par radar s'il le faut. Il survole la ville couverte par des bancs de nuage et commence son approche par radar. Au dernier moment, le bombardier découvre un trou dans la couverture nuageuse et appuie sur le bouton. Il est 10 h 58, heure locale. Une minute plus tard, l'équipage contemple le même spectacle que Tibbets à Hiroshima, avec les mêmes ingrédients : la boule de feu, le nuage, le champignon et les ondes de choc qui secouent le B-29.

Le 15 août à midi, les habitants de Tokyo médusés entendent pour la première fois de leur vie la voix de l'empereur. Dans un message radiodiffusé, Hiro-Hito annonce à son peuple que la guerre est finie.

LES DERNIÈRES VICTOIRES DE LA GUERRE

La dernière victoire de la Seconde Guerre mondiale est attribuée à l'*Ensign* C.A. Moore de la VF-31 (*Belleau Wood*), qui revendique un « Judy », le 15 août 1945 à 14 heures. L'avant-dernier « as » de la guerre est le *Captain* Abner M. Aust du 506th *Fighter Group* qui abat trois « Frank » le 16 juillet 1945 et deux « Zeke » le 10 août. Cependant, en l'absence de témoin oculaire et de la panne malencontreuse de sa cinémitrailleuse, son second « Zeke » ne lui sera confirmé que quinze ans plus tard, quand l'un de ses amis obtiendra le témoignage qui manquait lors d'un entretien avec d'anciens pilotes au Japon ! Le dernier est le *Lieutenant* Oscar Pedromo du 507th *Fighter Group* qui abat cinq avions japonais au-dessus de la Corée le 13 août 1945. Il était temps...

*
* *

Pas plus au Japon qu'en Allemagne le bombardier stratégique n'a rempli la mission qui lui avait été dévolue avant et pendant les hostilités : gagner la guerre. La bombe atomique n'a été qu'un épiphénomène de la doctrine de l'*Army Air Force* et elle s'apparente davantage à un *casus pacis* offert au Japon pour qu'il accepte les termes de la déclaration de Postdam, alors que l'URSS vient de lui déclarer la guerre et que son économie de guerre est totalement ruinée.

La force des États-Unis a été d'amener le Japon à livrer une guerre d'usure dont il n'avait aucune chance de sortir vainqueur. Ne possédant aucune ressource naturelle, le Japon est totalement dépendant des importations de ses matières premières : riz, pétrole, charbon, bauxite, fer, métaux non ferreux, caoutchouc... Si l'invasion du Sud-Est asiatique garantit un approvisionnement abondant, le Japon reste à la merci d'une rupture de ses lignes de communication. Utilisant une tactique ressemblant étrangement aux « meutes » de

Hiroshima, le lendemain de la tragédie. Au centre, le point d'impact. Les services de renseignements américains ont évalué les dégâts :
1) Caserne de transport de l'armée (25 %) – 2) Dépôt de l'armée – 3) Magasin de vivres de l'armée (35 %) – 4) Magasin d'habillement de l'armée (85 %) – 5) Gare de l'est (30 %) - 6) Usine (90 %) – 7) Usine de rayonne Sumitomo (25 %) – 8) Filatures de rayonne Kinkwa (10 %) – 9) Filatures Teikoku (100 %) – 10) Centrale électrique (?) – 11) Dépôt de carburant (en feu) – 12 et 13) Centrales électriques (100 %) – 14) Central téléphonique (100 %) – 15) Usine à gaz (100 %) – 16 et 17) Gares (100 %). De 18 à 30, des ponts, pour la plupart intacts mais couverts de débris. Seuls les ouvrages 20, 25 et 28 se sont écroulés.
(Collection Tallandier)

▲
Les quatre cavaliers de l'apocalypse, membres de l'équipage du B-29 Enola Gay. De gauche à droite : le *Colonel* Paul W. Tibbets (pilote), le *Major* Thomas W. Ferebee (bombardier), le *Captain* Robert A. Lewis (copilote) et le *Captain* Theodore J. Van Kirk (navigateur). (Collection Tallandier)

Dönitz, les sous-marins de l'amiral Lockwood établissent un blocus sévère qui commence à porter ses fruits début 1944. Les importations chutent progressivement et atteignent des proportions si sévères à l'été 1945 que l'économie du Japon est virtuellement anéantie. De 4 millions de tonnes en 1941, la production d'acier est tombée à 270 000 et celle d'aluminium, alimentée par la bauxite de Malaisie, de 73 000 à 9 000 tonnes. Les historiens de l'*US Army Air Force*[1], que l'on ne peut guère soupçonner de partialité, en arrivent à écrire que « l'approvisionnement en pétrole avait chuté au point que les raffineries tournaient à des cadences si faibles que la campagne des B-29, très efficace sur le plan tactique, s'avéra dans une large mesure superflue. Il y eut une redondance des efforts dans d'autres secteurs, notamment dans la production d'aluminium où la destruction des usines fut moins importante que la baisse brutale des importations de bauxite qui réduisit le rendement à 9 % des maxima atteints. » Et plus loin : « Après une étude des sites industriels dans trente-neuf villes représentatives, l'USSBS (*US Strategical Bombing Survey* — organisme chargé de l'évaluation de la campagne de bombardement stratégique) a calculé que dans les usines endommagées par les attaques aériennes, la production avait chuté en juillet 1945 à 27 % des maxima ; dans les usines intactes à 54 % et, tout confondu, à 35 % en moyenne. Si ces chiffres constituent un échantillon représentatif de l'industrie japonaise, ils suggèrent que le bombardement stratégique a eu moins d'effet sur la production que le blocus sur les importations. »

TABLE

INTRODUCTION 5

PREMIÈRE PARTIE : LES ANNÉES NOIRES (1939-1941)

I	Le pont de Tczew *La campagne de Pologne*	9
II	Ils « les » avaient vus *L'aviation française au royaume des aveugles*	15
III	Du sang, de la sueur et des larmes *La bataille d'Angleterre*	21
IV	Opération « Barbarossa » *La Luftwaffe frappe à l'Est*	33
V	Pearl Harbor *La victoire inachevée*	39
VI	Le naufrage d'un mythe *Les dernières heures du Prince of Wales et du Repulse*	53

DEUXIÈME PARTIE : LE GRAND TOURNANT (1942-1943)

VII	Midway *La victoire en 120 secondes*	67
VIII	La *Luftwaffe* dans l'enfer blanc *Stalingrad, mission impossible*	87
IX	L'Étoile d'Afrique *Hans-Joachim Marseille*	97
X	Le temps du Condor *La bataille de l'Atlantique*	107
	Les avions de la Seconde Guerre mondiale	113
XI	Et saute la fouine ! *Le jugement des Salomon*	131
XII	Les désillusions de la *Luftwaffe* *La bataille d'Orel*	143
XIII	L'été meurtrier *Objectifs Schweinfurt et Ratisbonne*	151
XIV	La loi de Murphy *Raz de marée sur Ploesti*	163
XV	Opération « Gomorrhe » *Les disciples de la religion cathodique*	173

TROISIÈME PARTIE : LES AILES DE LA VICTOIRE (1944-1945)

XVI	L'effondrement de la *Luftwaffe* *De la Bérésina au Niémen*	185
XVII	Les signes de feu *La bataille d'Allemagne*	195
XVIII	La conquête de l'Ouest *La guerre sur quatre fronts*	203
XIX	Le tir aux pigeons des Mariannes *Le déclin du Soleil levant*	211
XX	Le souffle du Vent divin *L'épopée des Kamikaze*	223
XXI	Le crépuscule des aigles *Le sacrifice de la Luftwaffe*	233
XXII	Apocalypse now ! *De Tokyo à Nagasaki*	239